普通高等教育"十三五"规划教材
经济数学应用教程

经济运筹方法

张从军　李　辉
鲍远圣　孙春燕　编

科　学　出　版　社
北　京

内 容 简 介

本书是"经济数学应用教程"之一. 主要内容包括线性规划方法、目标规划方法、整数规划方法、动态规划方法、非线性规划方法、网络分析方法、存储优化方法、排队优化方法、决策方法、博弈方法等各章, 并配有适量习题.

本书贯彻问题教学法的基本思想, 对许多数学概念, 先从提出经济问题入手, 再引入数学概念, 介绍数学工具, 最后解决所提出的问题, 从而使学生了解应用背景, 提高学习的积极性; 书中详细介绍相应的数学软件, 为学生将来的研究工作和就业奠定基础; 穿插于全书的数学建模的基本思想和方法, 引导学生学以致用, 学用结合.

本书可作为普通高等学校财经类各专业运筹学课程的教材, 最大限度地适应财经类各专业学习该课程和后续课程的需要, 以及报考研究生的需要和将来从事与财经有关的实际工作的需要.

图书在版编目 (CIP) 数据

经济运筹方法/张从军等编. —北京: 科学出版社, 2016.8
普通高等教育"十三五"规划教材·经济数学应用教程
ISBN 978-7-03-048042-2

Ⅰ. ①经… Ⅱ. ①张… Ⅲ. ①经济数学–高等学校–教材 ②运筹学–应用–经济管理–高等学校–教材 Ⅳ. ①F224.0 ②F224.3

中国版本图书馆 CIP 数据核字(2016) 第 077648 号

责任编辑: 姚莉丽 张中兴 / 责任校对: 钟 洋
责任印制: 白 洋 / 封面设计: 陈 敬

科学出版社 出版
北京东黄城根北街 16 号
邮政编码: 100717
http://www.sciencep.com
文林印务有限公司 印刷
科学出版社发行 各地新华书店经销
*
2016 年 8 月第 一 版 开本: 720 × 1000 B5
2016 年 8 月第一次印刷 印张: 18 1/4
字数: 368 000
定价: 32.00 元
(如有印装质量问题, 我社负责调换)

前　言

经济学是一门研究人类经济行为和经济现象及人们如何进行权衡取舍的学问. 正是由于资源的稀缺性与人的欲望的无止境性这一对基本冲突才产生了经济学, 逼迫人们作出权衡取舍的选择, 尽可能有效地利用资源, 用有限的资源最大限度地满足人们的欲望. 现代经济学是按照科学方法系统探索人类经济行为和社会经济现象的一门学科. 本书介绍的运筹方法是现代经济学最常用的科学方法之一.

所谓经济运筹方法, 就是在经济管理领域, 运用数学工具, 对需要进行管理的问题统筹规划, 作出最优决策的方法. 它是 "管理系统的人为了获得关于系统运行的最优解而必须使用的一种科学方法". 经济运筹方法应用许多数学工具和逻辑推理, 研究系统中人、财、物的组织管理、筹划调度等问题, 以期发挥最大效益.

随着现代经济学的教育和研究在中国迅速发展和深入, 越来越多的人感到数学在经济学中的重要性. 但面对数学纷繁复杂的类目, 高等学校财经类各专业培养的人才, 数学应该学什么? 换句话说, 怎样使经济数学课程体系更趋符合财经专业培养的目标体系? 怎样兼顾经济数学课程的理论性与应用性、思想性与工具性? 怎样实现经济数学课程在经管类专业的作用? 作为我们主持承担的全国高等教育科学 "十五" 规划重点研究课题、中国高等教育学会 "十一五" 教育科学研究规划课题、教育部高等理工教育数学教学研究与改革课题、江苏省高等教育教改立项研究课题的研究内容之一, 结合一线教学实践, 多年来我们一直进行着探索, 现在的这本《经济运筹方法》就是我们所做的尝试.

配合我们的教学观念更新, 教学改革实践, 教学项目研究, 我们早年编写了经济数学基础教程 —— 微积分、线性代数、概率论与数理统计. 作为上述工作的继续和深入, 我们继而编写了经济数学应用教程, 本书就是其中之一, 并于 2009 年 3 月在复旦大学出版社出版了第一版.

该书自 2009 年出版以来, 得到了许多院系、教师和广大学生的充分肯定. 经过多年使用, 我们陆续收到了许多读者特别是一些一线任课教师的宝贵意见. 作为江苏省重点教材的系列教材, 根据江苏省重点教材的要求, 我们将修订后的教材交由科学出版社于 2016 年纳入普通高等教育 "十三五" 规划教材再版.

本书由张从军教授提出编写思想和编写提纲、列出章节目录、编写附录部分, 最后对全书进行修改补充、统稿、定稿. 李辉副教授编写了第 1~4 章, 鲍远圣副教授编写了第 5~7 章, 孙春燕副教授编写了第 8~10 章.

　　值此新版之际, 我们希望再次表达我们的谢意. 感谢使用本教材的教师和读者给我们提出的宝贵意见, 感谢相关院系对我们的支持和帮助, 感谢关心本教材不断完善的有关校领导和教务部门, 感谢审定本教材的相关专家, 感谢复旦大学出版社特别是范仁梅总监为本教材在复旦大学出版社出版的第一版所做的一切有益工作.

　　本书在编写过程中, 参考了大量的相关教材和资料, 选用了其中的有关内容和例题、习题, 在此谨向有关编者、作者一并表示我们的谢意.

　　最后, 我们还要特别感谢科学出版社对本教材出版给予的大力支持.

　　我们再次恳切期望有关专家、学者不吝赐教, 诚恳期望使用本教材的教师和同学们, 提出并反馈宝贵意见.

　　联系邮箱: yysxx@njue.edu.cn

编　者

2016 年 3 月

目　　录

第1章 线性规划方法

线性规划 (简称为 (LP)) 问题是指目标函数和约束条件都是线性函数的数学规划问题, 它是运筹学的一个重要分支. 线性规划最早由旦茨格 (G.B.Dantzig) 在 1947 年提出, 1949 年旦茨格提出了求解线性规划问题的一个有效的方法 —— 单纯形方法, 它被列为 20 世纪 10 大算法之一. 借助线性规划软件在计算机上能处理成千上万个约束条件和决策变量的线性规划问题. 目前线性规划在工业、农业、商业、交通运输业、军事、管理决策等领域都发挥着重要作用. 本章主要介绍常见的线性规划方法及其经济应用, 最后介绍常用的解线性规划的计算机软件.

1.1 图 解 法

具有两个变量的线性规划问题可用图解法求解.

1.1.1 图解法的步骤

步骤 1: 在平面直角坐标系中, 画出可行解区域. 可行解区域是各约束条件所表示的半平面的公共部分.

步骤 2: 求最优解. 将目标函数中的 Z 看作参数, 作出等值线. 选取一条等值线, 使它与可行解区域有公共点, 并取得最大值或最小值.

例 1.1 用图解法求解下列线性规划问题, 并指出这些问题是具有唯一最优解、无穷多最优解、无界解还是无可行解?

(1) $\max Z = 3x_1 + 4x_2$;
$$\text{s.t.} \begin{cases} x_1 + 2x_2 \leqslant 6, \\ 3x_1 + 2x_2 \leqslant 12, \\ x_2 \leqslant 2, \\ x_1 \geqslant 0, x_2 \geqslant 0. \end{cases}$$

(2) $\max Z = x_1 + 2x_2$;
$$\text{s.t.} \begin{cases} x_1 + 2x_2 \leqslant 6, \\ 3x_1 + 2x_2 \leqslant 12, \\ x_2 \leqslant 2, \\ x_1 \geqslant 0, x_2 \geqslant 0. \end{cases}$$

(3) $\max Z = x_1 + x_2$;
$$\text{s.t.} \begin{cases} x_1 + 2x_2 \geqslant 2, \\ x_1 - x_2 \geqslant -1, \\ x_1 \geqslant 0, x_2 \geqslant 0. \end{cases}$$

(4) $\min Z = 3x_1 - 2x_2$;
$$\text{s.t.} \begin{cases} x_1 + x_2 \leqslant 1, \\ 2x_1 + 3x_2 \geqslant 6, \\ x_1 \geqslant 0, x_2 \geqslant 0. \end{cases}$$

解 (1) 图 1-1 中的阴影区域为可行域, 目标函数 $Z = 3x_1 + 4x_2$ 在点 $B\left(3, \dfrac{3}{2}\right)$

处达到最大. 该线性规划问题的最优解为 $x_1 = 3$, $x_2 = \dfrac{3}{2}$；最优值为 $\max Z = 15$, 且最优解是唯一的.

　　(2) 图 1-2 中的阴影区域为可行域, 目标函数 $Z = x_1 + 2x_2$ 在点 $B\left(3, \dfrac{3}{2}\right)$ 与点 $C(2, 2)$ 连线上的任一点处达到最大值. 该线性规划问题的最优解为 $\boldsymbol{x} = \lambda \cdot \left(3, \dfrac{3}{2}\right) + (1 - \lambda) \cdot (2, 2)$, $0 \leqslant \lambda \leqslant 1$；最优值 $\max Z = 6$, 且有无穷多个最优解.

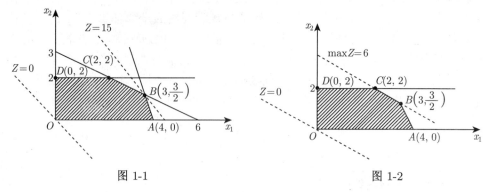

图 1-1   图 1-2

　　(3) 图 1-3 中的阴影区域为可行域, 可行域为无界域, 目标函数可以增加到无穷大. 此时该线性规划问题无最优解或为无界解. 如果将该问题的目标函数改为求最小值, 即 $\min Z = x_1 + x_2$, 则有唯一最优解 $x_1 = 0$, $x_2 = 1$, 最优值为 $\min Z = 1$.

　　(4) 如图 1-4 所示, 该问题的可行域为空集, 即无可行解, 也不存在最优解.

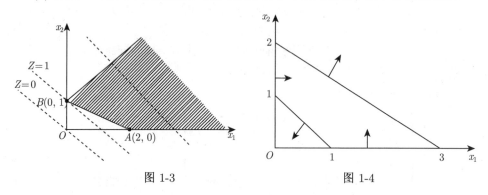

图 1-3   图 1-4

1.1.2　图解法评析

　　图解法简单直观, 有助于初学者了解线性规划问题的几何意义及求解的基本原理. 求解线性规划问题时不需将问题化为标准型, 可以直接在平面上作图, 但此法只适用于解两个变量的线性规划问题, 对于 3 个以上变量的线性规划问题, 图解法失效, 故该方法有一定的局限性.

1.2 单纯形法

考虑标准形式的线性规划问题:

$$\max Z = c_1 x_1 + c_2 x_2 + \cdots + c_n x_n;$$

$$\text{s.t.} \begin{cases} a_{11} x_1 + a_{12} x_2 + \cdots + a_{1n} x_n = b_1, \\ a_{21} x_1 + a_{22} x_2 + \cdots + a_{2n} x_n = b_2, \\ \cdots\cdots\cdots\cdots\cdots \\ a_{m1} x_1 + a_{m2} x_2 + \cdots + a_{mn} x_n = b_m, \\ x_j \geqslant 0\,(j = 1, 2, \cdots, n). \end{cases}$$

令

$$c = (c_1, c_2, \cdots, c_n), \quad \boldsymbol{x} = (x_1, x_2, \cdots, x_n)^{\mathrm{T}},$$
$$\boldsymbol{b} = (b_1, b_2, \cdots, b_m)^{\mathrm{T}}, \quad A = (a_{ij})_{m \times n}.$$

于是标准形式的线性规划问题可表示为

$$\max Z = cx;$$
$$(\text{LP}) \quad \text{s.t.} \begin{cases} A\boldsymbol{x} = \boldsymbol{b}, \\ \boldsymbol{x} \geqslant 0. \end{cases}$$

设矩阵 A 为满秩矩阵且 A 的秩为 m, 则称 A 的任一 m 阶可逆子阵为 (LP) 的一个基. 若变量 x_j 所对应的列 $\boldsymbol{p}_j$ 包含在基 B 中, 则称 x_j 为 B 的基变量, 否则称 x_j 为 B 的非基变量.

设 $B = (\boldsymbol{p}_{J_1}, \boldsymbol{p}_{J_2}, \cdots, \boldsymbol{p}_{J_m})$ 为 A 的一个基, 以及

$$\boldsymbol{x}_B = (x_{J_1}, x_{J_2}, \cdots, x_{J_m})^{\mathrm{T}}, \quad B^{-1}\boldsymbol{b} = (b_{10}, b_{20}, \cdots, b_{m0})^{\mathrm{T}},$$

称方程组 $A\boldsymbol{x} = \boldsymbol{b}$ 的解: $x_{J_1} = b_{10}, x_{J_2} = b_{20}, \cdots, x_{J_m} = b_{m0}$, 其余的 $x_j = 0$ 为对应于 B 的基本解. 将满足 $B^{-1}\boldsymbol{b} \geqslant 0$ (即 $x_{J_i} \geqslant 0, i = 1, 2, \cdots, m$) 的基本解叫做 (LP) 的基本可行解, 而 B 称为 (LP) 的可行基.

1.2.1 单纯形法的基本思想

单纯形法的基本思想是从一个基本可行解出发, 寻找使目标函数上升的另一个基本可行解.

1.2.2   单纯形表

设 $B = (\boldsymbol{p}_{J_1}, \boldsymbol{p}_{J_2}, \cdots, \boldsymbol{p}_{J_m})$ 为可行基, $c_B = (c_{J_1}, c_{J_2}, \cdots, c_{J_m})$, 其中 $c_{J_i}(i = 1, 2, \cdots, m)$ 为目标函数中基变量的系数, 称

$$T(B) = \left(\begin{array}{c|c} B^{-1}\boldsymbol{b} & B^{-1}A \\ \hline c_B B^{-1}\boldsymbol{b} & c - c_B B^{-1}A \end{array} \right)$$

为对应于可行基 B 的单纯形表. $c - c_B B^{-1}A$ 称为检验数. 令

$$\boldsymbol{x}_B = (x_{J_1}, x_{J_2}, \cdots, x_{J_m})^{\mathrm{T}}, \quad B^{-1}\boldsymbol{b} = (b_{10}, b_{20}, \cdots, b_{m0})^{\mathrm{T}},$$
$$B^{-1}A = (b_{ij})_{m \times n}, \quad c - c_B B^{-1}A = (\sigma_1, \sigma_2, \cdots, \sigma_m),$$

则单纯形表可以具体表示为表 1-1.

表 1-1

		$c_j \rightarrow$	c_1	c_2	$\cdots$	c_n
c_B	$\boldsymbol{x}_B$	$B^{-1}\boldsymbol{b}$	x_1	x_2	$\cdots$	x_n
c_{J_1}	x_{J_1}	b_{10}	b_{11}	b_{12}	$\cdots$	b_{1n}
c_{J_2}	x_{J_2}	b_{20}	b_{21}	b_{22}	$\cdots$	b_{2n}
$\vdots$	$\vdots$	$\vdots$	$\vdots$	$\vdots$	$\cdots$	$\vdots$
c_{J_m}	x_{J_m}	b_{m0}	b_{m1}	b_{m2}	$\cdots$	b_{mn}
检验数 $\sigma_j = c_j - Z_j$			σ_1	σ_2	$\cdots$	σ_n

1.2.3   单纯形程序

假设已知 (LP) 的可行基 $B = (\boldsymbol{p}_{J_1}, \boldsymbol{p}_{J_2}, \cdots, \boldsymbol{p}_{J_m})$, 其单纯形表为表 1-1, 由 B 的可行性知:

$$b_{i0} \geqslant 0, \quad i = 1, 2, \cdots, m.$$

步骤 1: 若检验数 $\sigma_j \leqslant 0 (j = 1, 2, \cdots, n)$, 则 (LP) 有基本最优解

$$x_{J_1} = b_{i0}, \quad i = 1, 2, \cdots, m; \quad x_j = 0, \quad j \neq J_1, J_2, \cdots, J_m.$$

运算终止.

步骤 2: 若不满足 $\sigma_j \leqslant 0 (j = 1, 2, \cdots, n)$, 则至少存在一个 j, 使 $\sigma_j > 0$, 以及

$$\sigma_s = \max\{\sigma_j | \sigma_j > 0, j \geqslant 1\}.$$

若 $b_{is} \leqslant 0 (i = 1, 2, \cdots, m)$, 则 (LP) 无最优解. 运算终止.

步骤 3: 若不满足 $b_{is} \leqslant 0 (i = 1, 2, \cdots, m)$, 则至少存在一个 i, 使 $b_{is} > 0$, 这时, 先求

$$\theta = \min\left\{ \frac{b_{i0}}{b_{is}} \,\middle|\, b_{is} > 0, 1 \leqslant i \leqslant m \right\}.$$

注意这样的正数 i 可能不唯一, 据此要求, 有

$$J_r = \min\left\{ J_i \,\middle|\, \theta = \frac{b_{i0}}{b_{is}}, b_{is} > 0 \right\}.$$

由此得到 r, 旋转元为 b_{rs}.

步骤 4: 作 (r, s) 旋转变换, 把 x_s 所对应的列变换为单位列向量 (旋转元 b_{rs} 变为 1). 旋转变换具体运算如下:

① 把旋转元 b_{rs} 所在的第 r 行都除以 b_{rs}, 得新表.

② 对于 $i \neq r$, 有

新表的第 i 行 = 旧表的第 i 行 $- b_{is} \times$ (新表的第 r 行).

③ 将 x_B 列中的 x_{J_r} 换为 x_s.

这样就得新基 $\overline{B} = \left(\boldsymbol{p}_{J_1}, \cdots, \boldsymbol{p}_{J_{r-1}}, \boldsymbol{p}_s, \boldsymbol{p}_{J_{r+1}}, \cdots, \boldsymbol{p}_{J_m} \right)$ 的单纯形表 $T(\overline{B})$, 转步骤 1, 并依次继续下去.

例 1.2 用单纯形法求解线性规划问题:

$$\max Z = 3x_1 + 4x_2;$$
$$\text{s.t.} \begin{cases} x_1 + 2x_2 \leqslant 6, \\ 3x_1 + 2x_2 \leqslant 12, \\ x_2 \leqslant 2, \\ x_1 \geqslant 0, x_2 \geqslant 0. \end{cases}$$

解 将原线性规划化为标准形式:

$$\max Z = 3x_1 + 4x_2;$$
$$\text{s.t.} \begin{cases} x_1 + 2x_2 + x_3 = 6, \\ 3x_1 + 2x_2 + x_4 = 12, \\ x_2 + x_5 = 2, \\ x_i \geqslant 0 \,(j = 1, 2, 3, 4, 5). \end{cases}$$

约束条件的系数矩阵为

$$A = \begin{pmatrix} 1 & 2 & 1 & 0 & 0 \\ 3 & 2 & 0 & 1 & 0 \\ 0 & 1 & 0 & 0 & 1 \end{pmatrix},$$

可行基为

$$B = (\boldsymbol{p}_3, \boldsymbol{p}_4, \boldsymbol{p}_5) = \begin{pmatrix} 1 & 0 & 0 \\ 0 & 1 & 0 \\ 0 & 0 & 1 \end{pmatrix}.$$

对应于基 B 的单纯形表 $T(B)$ 如表 1-2 所示.

表 1-2

c_B	$c_j \rightarrow$ $\boldsymbol{x}_B$	$B^{-1}\boldsymbol{b}$	3 x_1	4 x_2	0 x_3	0 x_4	0 x_5	θ_i
0	x_3	6	1	2	1	0	0	3
0	x_4	12	3	2	0	1	0	6
0	x_5	2	0	[1]	0	0	1	2
	检验数行		3	4	0	0	0	

于是

$$\max\{3,4\} = 4, \quad \sigma_2 = 4, \quad \min\left\{\frac{6}{2}, \frac{12}{2}, \frac{2}{1}\right\} = \frac{2}{1}.$$

旋转元为 $b_{32} = 1$, 将基变量 x_5 旋出, 将 x_2 旋入作为基变量, 得表 1-3.

表 1-3

c_B	$c_j \rightarrow$ $\boldsymbol{x}_B$	$B^{-1}\boldsymbol{b}$	3 x_1	4 x_2	0 x_3	0 x_4	0 x_5	θ_i
0	x_3	2	[1]	0	1	0	-2	2
0	x_4	8	3	0	0	1	-2	$\frac{8}{3}$
4	x_2	2	0	1	0	0	1	—
	检验数行		3	0	0	0	-4	

于是

$$\max\{3\} = 3, \quad \sigma_1 = 3, \quad \min\left\{\frac{2}{1}, \frac{8}{3}\right\} = \frac{2}{1}.$$

旋转元 $b_{11} = 1$, 将基变量 x_3 旋出, 将 x_1 旋入作为基变量, 得表 1-4.

表 1-4

c_B	$c_j \rightarrow$ $\boldsymbol{x}_B$	$B^{-1}\boldsymbol{b}$	3 x_1	4 x_2	0 x_3	0 x_4	0 x_5	θ_i
3	x_1	2	1	0	1	0	-2	—
0	x_4	2	0	0	-3	1	[4]	$\frac{1}{2}$
4	x_2	2	0	1	0	0	1	2
	检验数行		0	0	-3	0	2	

于是

$$\max\{2\} = 2, \quad \sigma_5 = 2, \quad \min\left\{\frac{2}{4}, \frac{2}{1}\right\} = \frac{2}{4}.$$

旋转元 $b_{25} = 4$, 将基变量 x_4 旋出, 将 x_5 旋入作为基变量, 得表 1-5.

表 1-5

$c_j \rightarrow$			3	4	0	0	0	θ_i
c_B	$\boldsymbol{x}_B$	$B^{-1}\boldsymbol{b}$	x_1	x_2	x_3	x_4	x_5	
3	x_1	3	1	0	$-\frac{1}{2}$	$\frac{1}{2}$	0	
0	x_5	$\frac{1}{2}$	0	0	$-\frac{3}{4}$	$\frac{1}{4}$	1	
4	x_2	$\frac{3}{2}$	0	1	$\frac{3}{4}$	$-\frac{1}{4}$	0	
检验数行			0	0	$-\frac{3}{2}$	$-\frac{1}{2}$	0	

从表 1-5 知, 所有检验数均小于等于零, 故最优解为 $x_1 = 3$, $x_2 = \frac{3}{2}$, $x_3 = 0$, $x_4 = 0$, $x_5 = \frac{1}{2}$; 目标函数的最大值为 $\max Z = 15$.

例 1.3 用单纯形法求解线性规划问题:

$$\max Z = -5x_1 + 5x_2 + 13x_3;$$
$$\text{s.t.} \begin{cases} -x_1 + x_2 + 3x_3 \leqslant 20, \\ 12x_1 + 4x_2 + 10x_3 \leqslant 90, \\ x_1, x_2, x_3 \geqslant 0. \end{cases}$$

解 将原线性规划化为标准形式:

$$\max Z = -5x_1 + 5x_2 + 13x_3 + 0 \cdot x_4 + 0 \cdot x_5;$$
$$\text{s.t.} \begin{cases} -x_1 + x_2 + 3x_3 + x_4 = 20, \\ 12x_1 + 4x_2 + 10x_3 + x_5 = 90, \\ x_1, x_2, x_3, x_4, x_5 \geqslant 0. \end{cases}$$

约束条件系数矩阵为

$$A = \begin{pmatrix} -1 & 1 & 3 & 1 & 0 \\ 12 & 4 & 10 & 0 & 1 \end{pmatrix},$$

可行基为

$$B = (\boldsymbol{p}_4, \boldsymbol{p}_5) = \begin{pmatrix} 1 & 0 \\ 0 & 1 \end{pmatrix}.$$

列出初始单纯形表 (见表 1-6), 并求解.

表 1-6

c_B	x_B	$B^{-1}b$	$c_j \rightarrow$ x_1 -5	x_2 5	x_3 13	x_4 0	x_5 0	θ_i
0	x_4	20	-1	1	$[3]$	1	0	$\dfrac{20}{9}$
0	x_5	90	12	4	10	0	1	9
	检验数行		-5	5	13	0	0	
13	x_3	$\dfrac{20}{3}$	$-\dfrac{1}{3}$	$\left[\dfrac{1}{3}\right]$	1	$\dfrac{1}{3}$	0	20
0	x_5	$\dfrac{70}{3}$	$\dfrac{46}{3}$	$\dfrac{2}{3}$	0	$-\dfrac{10}{3}$	1	35
	检验数行		$-\dfrac{2}{3}$	$\dfrac{2}{3}$	0	$-\dfrac{13}{3}$	0	
5	x_2	20	-1	1	3	1	0	
0	x_5	10	16	0	-2	-4	1	
	检验数行		0	0	-2	-5	0	

　　于是该线性规划问题的最优解为 $x_1 = 0$, $x_2 = 20$, $x_3 = 0$, $x_4 = 0$, $x_5 = 10$, 最优值 $\max Z = 100$.

　　例 1.4　用单纯形法求解线性规划问题:

$$\max Z = -x_1 + 3x_2 + 2x_3;$$
$$\text{s.t.} \begin{cases} x_1 + 2x_2 - 2x_3 \leqslant 2, \\ 3x_1 - x_2 - x_3 \leqslant 3, \\ x_1 + x_2 - x_3 \leqslant 1, \\ x_1 \geqslant 0, x_2 \geqslant 0, x_3 \geqslant 0. \end{cases}$$

　　解　将原线性规划化为标准形式:

$$\max Z = -x_1 + 3x_2 + 2x_3;$$
$$\text{s.t.} \begin{cases} x_1 + 2x_2 - 2x_3 + x_4 = 2, \\ 3x_1 - x_2 - x_3 + x_5 = 3, \\ x_1 + x_2 - x_3 + x_6 = 1, \\ x_i \geqslant 0 \, (j = 1, 2, 3, 4, 5, 6). \end{cases}$$

约束条件的系数矩阵为

$$A = \begin{pmatrix} 1 & 2 & -2 & 1 & 0 & 0 \\ 3 & -1 & -1 & 0 & 1 & 0 \\ 1 & 1 & -1 & 0 & 0 & 1 \end{pmatrix},$$

可行基为

$$B = (\boldsymbol{p}_4, \boldsymbol{p}_5, \boldsymbol{p}_6) = \begin{pmatrix} 1 & 0 & 0 \\ 0 & 1 & 0 \\ 0 & 0 & 1 \end{pmatrix}.$$

对应于可行基 B 的单纯形表如表 1-7 所示.

表 1-7

c_B	$\boldsymbol{x}_B$	$B^{-1}\boldsymbol{b}$	x_1	x_2	x_3	x_4	x_5	x_6
	$c_j \rightarrow$		-1	3	2	0	0	0
0	x_4	2	1	2	-2	1	0	0
0	x_5	3	3	-1	-1	0	1	0
0	x_6	1	1	1	-1	0	0	1
	检验数行		-1	3	2	0	0	0

由表 1-7 可知, 检验数 $\sigma_3 = 2 > 0$, 但所在列的元素

$$b_{13} = -2 < 0, \quad b_{23} = -1 < 0, \quad b_{33} = -1 < 0,$$

故原线性规划问题无最优解.

1.2.4 单纯形法评析

(1) 单纯形法是求解一般线性规划问题的有效方法, 该方法简单明了, 便于掌握, 是目前最常使用的解线性规划的方法.

(2) 利用单纯形法求解线性规划问题有时会出现循环现象, 导致永远求不出最优解, 1974 年勃兰特 (Bland) 提出了解决循环的方案, 即只要在单纯形程序的步骤 2 中, 将

$$\sigma_s = \max\{\sigma_j | \sigma_j > 0, j \geqslant 1\}$$

改为

$$s = \min\{j | \sigma_j > 0, j \geqslant 1\},$$

就可避免出现循环现象. 由于在实际中极少碰到利用单纯形程序求解线性规划问题会出现循环的现象, 且勃兰特法计算速度较慢, 故在实际中仍用单纯形程序求解线性规划问题.

下面是数学家索洛 (Solow) 给出的利用单纯形程序而导致循环的例子:

$$\min Z = -2x_3 - 2x_4 + 8x_5 + 2x_6;$$
$$\text{s.t.} \begin{cases} x_1 - 7x_3 - 3x_4 + 7x_5 + 2x_6 = 0, \\ x_2 + 2x_3 + x_4 - 3x_5 - x_6 = 0, \\ x_i \geqslant 0\,(i = 1, 2, \cdots, 6). \end{cases}$$

初始可行解 $x_0 = (0, 0, \cdots, 0)^{\mathrm{T}} \in \mathbf{R}^6$, 可行基 $B^0 = (p_1, p_2)$. 采用单纯形法得到下面的迭代:

$$x_1 = (0, 0, \cdots, 0)^{\mathrm{T}} \in \mathbf{R}^6, \quad B^1 = (p_1, p_3);$$
$$x_2 = (0, 0, \cdots, 0)^{\mathrm{T}} \in \mathbf{R}^6, \quad B^2 = (p_4, p_3);$$
$$x_3 = (0, 0, \cdots, 0)^{\mathrm{T}} \in \mathbf{R}^6, \quad B^3 = (p_4, p_5);$$
$$x_4 = (0, 0, \cdots, 0)^{\mathrm{T}} \in \mathbf{R}^6, \quad B^4 = (p_6, p_5);$$
$$x_5 = (0, 0, \cdots, 0)^{\mathrm{T}} \in \mathbf{R}^6, \quad B^5 = (p_6, p_2);$$
$$x_6 = (0, 0, \cdots, 0)^{\mathrm{T}} \in \mathbf{R}^6, \quad B^6 = (p_1, p_3).$$

可见 6 次迭代后就出现了循环.

(3) 利用单纯形法求解线性规划问题的前提是必须预先知道一个初始可行基, 但在实际中这是比较困难的一件事情, 于是运筹学家又提出了处理这一问题的方法, 即人工变量法.

1.3　人工变量法

考虑标准形式的线性规划问题:

$$\max Z = c_1 x_1 + c_2 x_2 + \cdots + c_n x_n;$$
$$\mathrm{s.t.} \begin{cases} a_{11} x_1 + a_{12} x_2 + \cdots + a_{1n} x_n = b_1, \\ a_{21} x_1 + a_{22} x_2 + \cdots + a_{2n} x_n = b_2, \\ \cdots\cdots\cdots\cdots \\ a_{m1} x_1 + a_{m2} x_2 + \cdots + a_{mn} x_n = b_m, \\ x_1, \cdots, x_n \geqslant 0. \end{cases}$$

当在每一个约束条件中加入人工变量 $x_{n+1}, x_{n+2}, \cdots, x_{n+m}$ 时, 得到

$$\mathrm{s.t.} \begin{cases} a_{11} x_1 + a_{12} x_2 + \cdots + a_{1n} x_n + x_{n+1} = b_1, \\ a_{21} x_1 + a_{22} x_2 + \cdots + a_{2n} x_n + x_{n+2} = b_2, \\ \cdots\cdots\cdots\cdots \\ a_{m1} x_1 + a_{m2} x_2 + \cdots + a_{mn} x_n + x_{n+m} = b_m, \\ x_1, \cdots, x_n \geqslant 0; x_{n+1}, \cdots, x_{n+m} \geqslant 0. \end{cases}$$

此时人工变量 $x_{n+1}, x_{n+2}, \cdots, x_{n+m}$ 为 m 个基变量, 并得到一个 m 阶单位矩阵 B, 构成一个可行基. 因为人工变量是人为地加入等式约束中的基变量, 它不同于问题中的决策变量和松弛变量, 所以要求它们最终都为零, 以保持原约束条件成立, 即

要求它们最终从基变量中全部退出. 若经过基的变换, 在基变量中不再含有人工变量, 则表示问题有解; 否则, 若最后在基中还含有一个或几个人工变量, 则表示原问题无可行解.

引入人工变量后用单纯形法求解线性规划, 有以下两种方法.

1.3.1 大 M 法

因为我们希望在约束条件中加入人工变量后目标函数的取值不受影响, 因此只有在迭代过程中将人工变量变换出去, 使之成为非基变量. 为此, 假定人工变量在目标函数中的系数取为 $-M$(其中 M 为充分大的正数). 这样, 显然只要在基变量中还存在人工变量, 则目标函数就不可能实现最大化. 类似地, 在目标函数求最小值时, 取人工变量的价值系数为 M. 大 M 法的目标函数一般设为

$$\max Z = c_1 x_1 + c_2 x_2 + \cdots + c_n x_n - M x_{n+1} - \cdots - M x_{n+m},$$

或

$$\min Z = c_1 x_1 + c_2 x_2 + \cdots + c_n x_n + M x_{n+1} + \cdots + M x_{n+m}.$$

1.3.2 两阶段法

此方法是将加入人工变量后的线性规划问题分成两个阶段来求解.

(1) 第一阶段: 其目的是为原问题求初始基本可行解. 为此, 对于求极大化 (或极小化) 的线性规划问题, 建立一个新的人工变量的目标函数, 用单纯形法求解新的问题:

$$\min \omega = x_{n+1} + x_{n+2} + \cdots + x_{n+m};$$
$$\text{s.t.} \begin{cases} a_{11} x_1 + \cdots + a_{1n} x_n + x_{n+1} = b_1, \\ \quad\quad\cdots\cdots\cdots\cdots\cdots \\ a_{m1} x_1 + \cdots + a_{mn} x_n + x_{n+m} = b_m, \\ x_1, \cdots, x_n \geqslant 0, x_{n+1}, \cdots, x_{n+m} \geqslant 0. \end{cases}$$

若 $\omega = 0$, 即所有的人工变量都变换为非基变量, 说明原问题已得到了初始基本可行解; 反之, 若目标函数 ω 的值为正, 则人工变量中至少有一个为正, 这表示原问题无可行解, 应停止计算.

(2) 第二阶段: 将第一阶段求得的基本可行解对原问题的目标函数进行优化, 即将目标函数换成原目标函数, 以第一阶段得到的最终单纯形表除去人工变量的列后作为第二阶段计算的初始表, 继续用单纯形法以求得问题的最优解.

例 1.5 分别用大 M 法和两阶段法求解下列线性规划问题:

$$\max Z = -x_1 + x_2 - x_3;$$

$$\text{(LP)} \quad \text{s.t.} \begin{cases} x_1 + 2x_2 + 3x_3 = 6, \\ 4x_1 + 5x_2 - 6x_3 = 6, \\ x_1 \geqslant 0, x_2 \geqslant 0, x_3 \geqslant 0. \end{cases}$$

解 (1) 采用大 M 法. 引入人工变量 x_4, x_5, 将原线性规划化为

$$\max Z' = -x_1 + x_2 - x_3 - Mx_4 - Mx_5,$$

$$\text{(LP)}' \quad \text{s.t.} \begin{cases} x_1 + 2x_2 + 3x_3 + x_4 = 6, \\ 4x_1 + 5x_2 - 6x_3 + x_5 = 6, \\ x_i \geqslant 0 \, (j = 1, 2, 3, 4, 5), \end{cases}$$

其中 M 为充分大的正数.

(LP)′ 约束条件的系数矩阵为

$$A = \begin{pmatrix} 1 & 2 & 3 & 1 & 0 \\ 4 & 5 & -6 & 0 & 1 \end{pmatrix},$$

可行基为

$$B = (\boldsymbol{p}_4, \boldsymbol{p}_5) = \begin{pmatrix} 1 & 0 \\ 0 & 1 \end{pmatrix}.$$

对应于可行基 B 的单纯形表如表 1-8 所示.

表 1-8

c_B	$\boldsymbol{x}_B$	$B^{-1}\boldsymbol{b}$	$c_j \rightarrow$ -1 x_1	1 x_2	-1 x_3	$-M$ x_4	$-M$ x_5	θ_i
$-M$	x_4	6	1	2	3	1	0	3
$-M$	x_5	6	4	[5]	-6	0	1	$\dfrac{6}{5}$
	检验数行		$-1+5M$	$1+7M$	$-1-3M$	0	0	

于是

$$\max\{-1+5M, 1+7M\} = 1+7M, \quad \min\left\{\frac{6}{2}, \frac{6}{5}\right\} = \frac{6}{5}.$$

$b_{22} = 5$ 为旋转元, 将 x_5 旋出, 将 x_2 旋入作为基变量, 得表 1-9.

表 1-9

	$c_j \rightarrow$		-1	1	-1	$-M$	$-M$	θ_i
c_B	$\boldsymbol{x}_B$	$B^{-1}\boldsymbol{b}$	x_1	x_2	x_3	x_4	x_5	
$-M$	x_4	$\dfrac{18}{5}$	$-\dfrac{3}{5}$	0	$\boxed{\dfrac{27}{5}}$	1	$-\dfrac{2}{5}$	$\dfrac{2}{3}$
1	x_2	$\dfrac{6}{5}$	$\dfrac{4}{5}$	1	$-\dfrac{6}{5}$	0	$\dfrac{1}{5}$	—
检验数行			$-\dfrac{9}{5}-\dfrac{3}{5}M$	0	$\dfrac{1}{5}+\dfrac{27}{5}M$	0	$-\dfrac{1}{5}-\dfrac{7}{5}M$	

于是

$$\max\left\{\frac{1}{5}+\frac{27}{5}M\right\}=\frac{1}{5}+\frac{27}{5}M, \quad \min\left\{\frac{\dfrac{18}{5}}{\dfrac{27}{5}}\right\}=\frac{2}{3}.$$

$b_{13}=\dfrac{27}{5}$ 为旋转元, 将 x_4 旋出, 将 x_3 旋入作为基变量, 得表 1-10.

表 1-10

	$c_j \rightarrow$		-1	1	-1	$-M$	$-M$	θ_i
c_B	$\boldsymbol{x}_B$	$B^{-1}\boldsymbol{b}$	x_1	x_2	x_3	x_4	x_5	
-1	x_3	$\dfrac{2}{3}$	$-\dfrac{1}{9}$	0	1	$\dfrac{5}{27}$	$-\dfrac{2}{27}$	—
1	x_2	2	$\dfrac{2}{3}$	1	0	$\dfrac{2}{9}$	$\dfrac{1}{9}$	—
检验数行			$-\dfrac{16}{9}$	0	0	$-M-\dfrac{1}{27}$	$-M-\dfrac{5}{27}$	

最优解为 $x_1=0$, $x_2=2$, $x_3=\dfrac{2}{3}$; 最优值为 $\max Z=\dfrac{4}{3}$.

(2) 采用两阶段法.

第一阶段: 引入人工变量 x_4, x_5, 考虑辅助问题:

$$\min \omega = x_4 + x_5;$$
$$(\text{LP})_1 \quad \text{s.t.} \begin{cases} x_1 + 2x_2 + 3x_3 + x_4 = 6, \\ 4x_1 + 5x_2 - 6x_3 + x_5 = 6, \\ x_1, x_2, x_3, x_4, x_5 \geqslant 0. \end{cases}$$

将 $(\text{LP})_1$ 化为标准形:

$$\max \omega' = -x_4 - x_5;$$
$$(\text{LP})_2 \quad \text{s.t.} \begin{cases} x_1 + 2x_2 + 3x_3 + x_4 = 6, \\ 4x_1 + 5x_2 - 6x_3 + x_5 = 6, \\ x_1, x_2, x_3, x_4, x_5 \geqslant 0. \end{cases}$$

$(LP)_2$ 的约束条件的系数矩阵为

$$A = \begin{pmatrix} 1 & 2 & 3 & 1 & 0 \\ 4 & 5 & -6 & 0 & 1 \end{pmatrix},$$

可行基为

$$B = (\boldsymbol{p}_4, \boldsymbol{p}_5) = \begin{pmatrix} 1 & 0 \\ 0 & 1 \end{pmatrix}.$$

对应于可行基 B 的单纯形表如表 1-11 所示.

表 1-11

c_B	$c_j \rightarrow$ $\boldsymbol{x}_B$	$B^{-1}\boldsymbol{b}$	0 x_1	0 x_2	0 x_3	-1 x_4	-1 x_5	θ_i
-1	x_4	6	1	2	3	1	0	3
-1	x_5	6	4	[5]	-6	0	1	$\dfrac{6}{5}$
	检验数行		5	7	-3	0	0	

于是

$$\max\{5, 7\} = 7, \quad \min\left\{\frac{6}{2}, \frac{6}{5}\right\} = \frac{6}{5}.$$

旋转元为 $b_{22} = 5$, 将 x_5 旋出, 将 x_2 旋入作为基变量, 得表 1-12.

表 1-12

c_B	$c_j \rightarrow$ $\boldsymbol{x}_B$	$B^{-1}\boldsymbol{b}$	0 x_1	0 x_2	0 x_3	-1 x_4	-1 x_5	θ_i
-1	x_4	$\dfrac{18}{5}$	$-\dfrac{3}{5}$	0	$\left[\dfrac{27}{5}\right]$	1	$-\dfrac{2}{5}$	$\dfrac{3}{2}$
0	x_2	$\dfrac{6}{5}$	$\dfrac{4}{5}$	1	$-\dfrac{6}{5}$	0	$\dfrac{1}{5}$	—
	检验数行		$-\dfrac{3}{5}$	0	$\dfrac{27}{5}$	0	$-\dfrac{7}{5}$	

于是

$$\max\left\{\frac{27}{5}\right\} = \frac{27}{5}, \quad \min\left\{\frac{\frac{18}{5}}{\frac{27}{5}}\right\} = \frac{2}{3}.$$

旋转元 $b_{13} = \dfrac{27}{5}$, 将 x_4 旋出, 将 x_3 旋入作为基变量, 得表 1-13.

表 1-13

c_B	$\boldsymbol{x}_B$	$B^{-1}\boldsymbol{b}$	$c_j \to$ 0 x_1	0 x_2	0 x_3	-1 x_4	-1 x_5	θ_i
0	x_3	$\frac{2}{3}$	$-\frac{1}{9}$	0	1	$\frac{5}{27}$	$-\frac{2}{27}$	
0	x_2	2	$\frac{2}{3}$	1	0	$\frac{2}{9}$	$\frac{1}{9}$	
	检验数行		0	0	0	-1	-1	

$(\text{LP})_2$ 的最优解为

$$x_1 = 0, x_2 = 2, x_3 = \frac{2}{3}, x_4 = 0, x_5 = 0, \text{ 最优值 } \max \omega' = 0.$$

第二阶段: 在表 1-13 中, 去掉第 4 列和第 5 列, 去掉 c_j 行、c_B 列以及检验数行. 将 c_j 行换成原线性规划问题 (LP) 的目标函数的系数, 将 c_B 列换成原线性规划问题 (LP) 的基变量的系数, 得表 1-14.

表 1-14

c_B	$\boldsymbol{x}_B$	$B^{-1}\boldsymbol{b}$	$c_j \to$ -1 x_1	1 x_2	-1 x_3
-1	x_3	$\frac{2}{3}$	$-\frac{1}{9}$	0	1
1	x_2	2	$\frac{2}{3}$	1	0
	检验数行		$-\frac{16}{9}$	0	0

由表 1-14 知, 原线性规划问题 (LP) 的最优解为

$$x_1 = 0, x_2 = 2, x_3 = \frac{2}{3}, \text{ 最优值 } \max Z = \frac{4}{3}.$$

例 1.6 分别用大 M 法和两阶段法求解下列线性规划问题:

$$\max Z = 2x_1 + 3x_2 - 5x_3;$$
$$\text{s.t.} \begin{cases} x_1 + x_2 + x_3 = 7, \\ 2x_1 - 5x_2 + x_3 \geqslant 10, \\ x_1, x_2, x_3 \geqslant 0. \end{cases}$$

解 (1) 采用大 M 法. 在上述问题的约束条件中加入人工变量 x_4, x_6, 减去剩

余变量 x_5, 得

$$\max Z = 2x_1 + 3x_2 - 5x_3 - Mx_4 + 0 \cdot x_5 - Mx_6;$$

$$\text{s.t.} \begin{cases} x_1 + x_2 + x_3 + x_4 = 7, \\ 2x_1 - 5x_2 + x_3 - x_5 + x_6 = 10, \\ x_j \geqslant 0 \, (j = 1,2,3,4,5,6), \end{cases}$$

其中 M 是一个充分大的正数. 由表 1-15 中的最终表得到

$$\text{最优解 } \boldsymbol{x} = \left(\frac{45}{7}, \frac{4}{7}, 0, 0, 0\right)^{\mathrm{T}}, \quad \text{最优值 } \max Z = \frac{102}{7}.$$

表 1-15

c_B	$\boldsymbol{x}_B$	$B^{-1}\boldsymbol{b}$	x_1 (2)	x_2 (3)	x_3 (−5)	x_4 (−M)	x_5 (0)	x_6 (−M)	θ_i
$-M$	x_4	7	1	1	1	1	0	0	7
$-M$	x_6	10	[2]	−5	1	0	−1	1	5
检验数行			$3M+2$	$3-4M$	$2M-5$	0	$-M$	0	
$-M$	x_4	2	0	$\left[\frac{7}{2}\right]$	$\frac{1}{2}$	1	$\frac{1}{2}$	$-\frac{1}{2}$	$\frac{4}{7}$
2	x_1	5	1	$-\frac{5}{2}$	$\frac{1}{2}$	0	$-\frac{1}{2}$	$\frac{1}{2}$	—
检验数行			0	$\frac{3}{2}M+8$	$\frac{M}{2}-6$	0	$\frac{M}{2}+1$	$-\frac{3}{2}M-1$	
3	x_2	$\frac{4}{7}$	0	1	$\frac{1}{7}$	$\frac{2}{7}$	$\frac{1}{7}$	$-\frac{1}{7}$	
2	x_1	$\frac{45}{7}$	1	0	$\frac{6}{7}$	$\frac{5}{7}$	$-\frac{1}{7}$	$\frac{1}{7}$	
检验数行			0	0	$-\frac{50}{7}$	$-M-\frac{16}{7}$	$-\frac{1}{7}$	$-M+\frac{1}{7}$	

(2) 两阶段法.

第一阶段: 引入人工变量 x_4, x_6, 考虑辅助问题:

$$\min \omega = x_4 + x_6;$$

$$\text{s.t.} \begin{cases} x_1 + x_2 + x_3 + x_4 = 7, \\ 2x_1 - 5x_2 + x_3 - x_5 + x_6 = 10, \\ x_j \geqslant 0 \, (j = 1,2,3,4,5,6). \end{cases}$$

见表 1-16, 第一阶段求得最优解 $\boldsymbol{x} = \left(\frac{45}{7}, \frac{4}{7}, 0, 0, 0, 0\right)^{\mathrm{T}}$, 最优值 $\max \omega = 0$, $\boldsymbol{x}$ 为线性规划问题的基本可行解.

表 1-16

c_B	$c_j \to$ $\boldsymbol{x}_B$	$B^{-1}\boldsymbol{b}$	0 x_1	0 x_2	0 x_3	1 x_4	0 x_5	1 x_6	θ_i
1	x_4	7	1	1	1	1	0	0	7
1	x_6	10	[2]	-5	1	0	-1	1	5
	检验数行		-3	4	-2	0	1	0	
1	x_4	2	0	$\left[\dfrac{7}{2}\right]$	$\dfrac{1}{2}$	1	$\dfrac{1}{2}$	$-\dfrac{1}{2}$	$\dfrac{4}{7}$
0	x_1	5	1	$-\dfrac{5}{2}$	$\dfrac{1}{2}$	0	$-\dfrac{1}{2}$	$\dfrac{1}{2}$	——
	检验数行		0	$-\dfrac{7}{2}$	$-\dfrac{1}{2}$	0	$-\dfrac{1}{2}$	$\dfrac{3}{2}$	
0	x_2	$\dfrac{4}{7}$	0	1	$\dfrac{1}{7}$	$\dfrac{2}{7}$	$\dfrac{1}{7}$	$-\dfrac{1}{7}$	
0	x_1	$\dfrac{45}{7}$	1	0	$\dfrac{6}{7}$	$\dfrac{5}{7}$	$-\dfrac{1}{7}$	$\dfrac{1}{7}$	
	检验数行		0	0	0	1	0	1	

第二阶段的单纯形表如表 1-17 所示.

表 1-17

c_B	$c_j \to$ $\boldsymbol{x}_B$	$B^{-1}\boldsymbol{b}$	2 x_1	3 x_2	-5 x_3	0 x_5
3	x_2	$\dfrac{4}{7}$	0	1	$\dfrac{1}{7}$	$\dfrac{1}{7}$
2	x_1	$\dfrac{45}{7}$	1	0	$\dfrac{6}{7}$	$-\dfrac{1}{7}$
	检验数行		0	0	$-\dfrac{50}{7}$	$-\dfrac{1}{7}$

由表 1-17 知, 原线性规划问题的最优解为

$$x_1 = \frac{45}{7}, x_2 = \frac{4}{7}, x_3 = 0; \text{ 最优值 } \max Z = \frac{102}{7}.$$

1.4 改进单纯形法

当用单纯形表求解线性规划问题时, 都要计算每行每列的数字, 而有些行列的数字在下一步计算时并不需要, 因为每次迭代只需计算要变换的列、常数列及检验数行. 改进单纯形法通过矩阵运算求解线性规划问题, 大大减少了所需的计算机的存储量, 提高了计算效率.

改进单纯形法的计算步骤如下.

步骤 1: 第 0 次迭代. 构造初始可行基 B_0, 并计算 B_0^{-1}; 利用 $\sigma_{N_0} = c_{N_0} - c_{B_0}B_0^{-1}N_0$, 计算第 0 次迭代表中的检验数. 若初始基本可行解为非最优解, 则确定换入向量 $\boldsymbol{p}_k$ 和换出向量 $\boldsymbol{p}_{B_l}$, 其主元素为 a_{lk}, 置 $i = 0$.

步骤 2: 计算 B_{i+1}^{-1}.

(1) 构成基本矩阵 B_{i+1}, 其中各基向量的下标取第 $i+1$ 次迭代中各基向量的下标, 而各基向量的各元素的具体数值取这些向量在第 0 次迭代表中的相应数值.

(2) 计算 B_{i+1}^{-1}: 有两种方法.

① 已知 B_{i+1}, 用初等变换求 B_{i+1}^{-1}, 即在 B_{i+1} 右边添一个 m 阶单位阵 I, 构成 $m \times 2m$ 的新矩阵, 再对新矩阵施行初等行变换, 使原来的 B_{i+1} 化为单位阵, 则右边的原来的单位阵就变成了 B_{i+1}^{-1}.

② 已知 B_i^{-1} 和第 i 次迭代表中的换入列 $\boldsymbol{p}_k'$, 主元素为 a_{lk}', 通过取主变换求出 B_{i+1}^{-1}, 即首先在 B_i^{-1} 的右边补上列 $\boldsymbol{p}_k'$, 构成 $m \times (m+1)$ 阶的新矩阵; 然后以 a_{lk}' 为主元素, 对新矩阵进行取主变换, 即把列 $\boldsymbol{p}_k'$ 变为单位向量 (其中 a_{lk}' 要变为 1). 完成上述变换后, 丢掉最右边的一列, 则得 B_{i+1}^{-1}.

步骤 3: 计算第 $i+1$ 次迭代表的常数列和检验数:

$$\boldsymbol{b} = B_{i+1}^{-1}\boldsymbol{b}, \quad Y_{i+1} = c_{B_{i+1}} \cdot B_{i+1}^{-1},$$
$$\sigma_{N_{i+1}} = c_{N_{i+1}} - Y_{i+1} \cdot N_{i+1},$$

其中, $\boldsymbol{b}_0$ 为第 0 次迭代表中的常数列向量, N_{i+1} 是非基矩阵, 各非基向量的各元素的具体数值取这些向量在第 0 次迭代表中的相应数据.

步骤 4: 进行最优性检验. 若 $\sigma_{N_{i+1}} \leqslant 0$, 且人工变量为零, 则已得最优解, 停止迭代; 否则转下一步.

步骤 5: 计算第 $i+1$ 次迭代表中的换入列 $\boldsymbol{p}_k'$: 首先依 $\sigma_{N_{i+1}}$ 确定换入列下标 k, 然后计算 $\boldsymbol{p}_k' = B_{i+1}^{-1} \cdot \boldsymbol{p}_k$ (其中 $\boldsymbol{p}_k$ 为第 0 次迭代表中的第 k 列).

步骤 6: 确定第 $i+1$ 次迭代表中换出向量的下标 l, 即根据最小比值 θ 法则, 确定换出向量的下标 l, 亦即将与第 l 行约束的基变量 x_l 相应的基向量换出, 令 $i = i+1$, 返回步骤 2.

例 1.7 用改进单纯形法求解线性规划问题:

$$\max Z = 6x_1 - 2x_2 + 3x_3;$$
$$\text{s.t.} \begin{cases} 2x_1 - x_2 + 2x_3 \leqslant 2, \\ x_1 + 4x_3 \leqslant 4, \\ x_1, x_2, x_3 \geqslant 0. \end{cases}$$

解 在上述线性规划问题中约束条件加入松弛变量 x_4, x_5, 得

$$\max Z = 6x_1 - 2x_2 + 3x_3 + 0 \cdot x_4 + 0 \cdot x_5;$$

$$\text{s.t.} \begin{cases} 2x_1 - x_2 + 2x_3 + x_4 = 2, \\ x_1 + 4x_3 + x_5 = 4, \\ x_1, x_2, x_3, x_4, x_5 \geqslant 0. \end{cases}$$

$$B_0 = (\boldsymbol{p}_4, \boldsymbol{p}_5) = \begin{pmatrix} 1 & 0 \\ 0 & 1 \end{pmatrix}, \quad \boldsymbol{x}_{B_0} = (x_4, x_5)^{\mathrm{T}}, \quad c_{B_0} = (0, 0);$$

$$\boldsymbol{x}_{N_0} = (x_1, x_2, x_3)^{\mathrm{T}}, \quad c_{N_0} = (6, -2, 3).$$

非基变量检验数 $\sigma_{N_0} = c_{N_0} - c_{B_0} B_0^{-1} N_0 = (6, -2, 3)$, 故 x_1 为换入变量, 及

$$\begin{aligned} \theta &= \min \left\{ \left. \frac{(B_0^{-1} \boldsymbol{b})_i}{(B_0^{-1} \boldsymbol{p}_1)_i} \right| (B_0^{-1} \boldsymbol{p}_1)_i > 0 \right\} \\ &= \min \left\{ \frac{2}{2}, \frac{4}{1} \right\} = 1, \end{aligned}$$

所以 x_4 为换出变量, 则

$$B_1 = (\boldsymbol{p}_1, \boldsymbol{p}_5) = \begin{pmatrix} 2 & 0 \\ 1 & 1 \end{pmatrix}, \quad \boldsymbol{x}_{B_1} = (x_1, x_5)^{\mathrm{T}}, \quad c_{B_1} = (6, 0),$$

$$\boldsymbol{x}_{N_1} = (x_4, x_2, x_3)^{\mathrm{T}}, \quad c_{N_1} = (0, -2, 3).$$

第一步迭代

$$\boldsymbol{\xi}_1 = \begin{pmatrix} \frac{1}{2} \\ -\frac{1}{2} \end{pmatrix},$$

$$B_1^{-1} = E_1 B_0^{-1} = \begin{pmatrix} \frac{1}{2} & 0 \\ -\frac{1}{2} & 1 \end{pmatrix} \begin{pmatrix} 1 & 0 \\ 0 & 1 \end{pmatrix} = \begin{pmatrix} \frac{1}{2} & 0 \\ -\frac{1}{2} & 1 \end{pmatrix}.$$

非基变量检验数

$$\sigma_{N_1} = c_{N_1} - c_{B_1} B_1^{-1} N_1 = (0, -2, 3) - (6, 0) \begin{pmatrix} \frac{1}{2} & 0 \\ -\frac{1}{2} & 1 \end{pmatrix} \begin{pmatrix} 1 & -1 & 2 \\ 0 & 0 & 4 \end{pmatrix}$$

$$= (0, -2, 3) - (3, -3, 6) = (-3, 1, -3),$$

所以 x_2 为换入变量.

$$\theta = \min \left\{ \left. \frac{(B_1^{-1}\boldsymbol{b})_i}{(B_1^{-1}\boldsymbol{p}_2)_i} \right| (B_1^{-1}\boldsymbol{p}_2)_i > 0 \right\} = \min \left\{ \frac{3}{\frac{1}{2}} \right\} = 6.$$

x_5 为换出变量, 则

$$B_2 = (\boldsymbol{p}_1, \boldsymbol{p}_2), \quad \boldsymbol{x}_{B_2} = (x_1, x_2)^{\mathrm{T}}, \quad c_{B_2} = (6, -2),$$
$$\boldsymbol{x}_{N_2} = (x_4, x_5, x_3)^{\mathrm{T}}, \quad c_{N_2} = (0, 0, 3).$$

第二步迭代:

$$\boldsymbol{p}_2' = B_1^{-1}\boldsymbol{p}_2 = \begin{pmatrix} \frac{1}{2} & 0 \\ -\frac{1}{2} & 1 \end{pmatrix} \begin{pmatrix} -1 \\ 0 \end{pmatrix} = \begin{pmatrix} -\frac{1}{2} \\ \frac{1}{2} \end{pmatrix},$$

$$\boldsymbol{\xi}_2 = \begin{pmatrix} 1 \\ 2 \end{pmatrix}, \quad B_2^{-1} = E_2 B_1^{-1} = \begin{pmatrix} 1 & 1 \\ 0 & 2 \end{pmatrix} \begin{pmatrix} \frac{1}{2} & 0 \\ -\frac{1}{2} & 1 \end{pmatrix} = \begin{pmatrix} 0 & 1 \\ -1 & 2 \end{pmatrix}.$$

非基变量的检验数

$$\sigma_{N_2} = c_{N_2} - c_{B_2} B_2^{-1} N_2 = (0, 0, 3) - (6, -2) \begin{pmatrix} 0 & 1 \\ -1 & 2 \end{pmatrix} \begin{pmatrix} 1 & 0 & 2 \\ 0 & 1 & 4 \end{pmatrix}$$
$$= (-2, -2, -9).$$

因为非基变量的检验数都小于 0, 所以目标函数达到最优值. 最优解为

$$\boldsymbol{x}^* = \begin{pmatrix} x_1 \\ x_2 \end{pmatrix} = B_2^{-1}\boldsymbol{b} = \begin{pmatrix} 0 & 1 \\ -1 & 2 \end{pmatrix} \begin{pmatrix} 2 \\ 4 \end{pmatrix} = \begin{pmatrix} 4 \\ 6 \end{pmatrix},$$

即 $\boldsymbol{x}^* = (4, 6, 0)^{\mathrm{T}}$. 最优值为 $\max Z = 12$.

1.5　对偶单纯形法

对偶单纯形法是运用对偶原理求解原问题的一种方法, 而不是求解对偶问题的单纯形法. 它和单纯形法的主要区别在于: 单纯形法是从一个原始问题的基本可行解转到另一个基本可行解, 即迭代中始终保持原问题的可行性, 亦即常数列 $\boldsymbol{b}$ 中数字全部大于等于 0, 而检验数 $\sigma = c - c_B B^{-1} A$ 由有正分量逐步变为全部小于等于 0 为止. 对偶单纯形法为保持对偶问题解是基本可行解 (即全部检验数 $\sigma \leqslant 0$), 而

原问题在非可行解 (即常数列 b 有负的分量) 的基础上通过逐步迭代达到基本可行解 (即常数列 b 中数字全部大于等于 0). 这样, 同时得到原问题和对偶问题的最优解.

设对某标准形式的线性规划问题:

$$\max Z = cx;$$
$$\text{s.t.} \begin{cases} A\boldsymbol{x} = \boldsymbol{b}, \\ \boldsymbol{x} \geqslant 0. \end{cases}$$

存在一个对偶问题的可行基 B (即 $c - c_B B^{-1} A \leqslant 0$), 不妨设对偶可行基 $B = (\boldsymbol{p}_1, \boldsymbol{p}_2, \cdots, \boldsymbol{p}_m)$, 对应于 B 的单纯形表如表 1-18 所示.

表 1-18

	$c_j \rightarrow$		c_1	$\cdots$	c_r	$\cdots$	c_m	c_{m+1}	$\cdots$	c_s	$\cdots$	c_n
c_B	$\boldsymbol{x}_B$	$B^{-1}\boldsymbol{b}$	x_1	$\cdots$	x_r	$\cdots$	x_m	x_{m+1}	$\cdots$	x_s	$\cdots$	x_n
c_1	x_1	$\overline{b}_1$	1	$\cdots$	0	$\cdots$	0	$a_{1,m+1}$	$\cdots$	a_{1s}	$\cdots$	a_{1n}
$\vdots$	$\vdots$	$\vdots$	$\vdots$		$\vdots$		$\vdots$	$\vdots$		$\vdots$		$\vdots$
c_r	x_r	$\overline{b}_r$	0	$\cdots$	1	$\cdots$	0	$a_{r,m+1}$	$\cdots$	a_{rs}	$\cdots$	a_{rn}
$\vdots$	$\vdots$	$\vdots$	$\vdots$		$\vdots$		$\vdots$	$\vdots$		$\vdots$		$\vdots$
c_m	x_m	$\overline{b}_m$	0	$\cdots$	0	$\cdots$	1	$a_{m,m+1}$	$\cdots$	a_{ms}	$\cdots$	a_{mn}
	σ_j		0	$\cdots$	0	$\cdots$	0	σ_{m+1}	$\cdots$	σ_s	$\cdots$	σ_n

对偶单纯形法的计算步骤如下.

步骤 1: 若 $\overline{b}_i \geqslant 0 \, (i = 1, 2, \cdots, m)$, 则表中原问题和对偶问题均为最优解, 计算终止. 否则转步骤 2.

步骤 2: 令 $\overline{b}_r = \min_i \left\{ \overline{b}_i \mid \overline{b}_i < 0 \right\}$, 若 $a_{rj} \geqslant 0 \, (j = m + 1, \cdots, n)$, 则原问题无可行解, 这时对偶问题的目标函数值无界, 运算终止. 否则, 转步骤 3.

步骤 3: 令 $\theta = \min_j \left\{ \dfrac{\sigma_j}{a_{rj}} \, \middle| \, a_{rj} < 0 \right\} = \dfrac{\sigma_s}{a_{rs}}$. 称 a_{rs} 为主元素, x_s 为换入基的变量, 转步骤 4.

步骤 4: 用换入变量替换换出变量, 得到一个新的基. 对新的基再检查是否所有 $\overline{b}_j \geqslant 0 \, (i = 1, 2, \cdots, m)$. 如果是, 就找到了两者的最优解, 否则, 转到步骤 1.

例 1.8 用对偶单纯形法求解线性规划问题:

$$\min \omega = 15x_1 + 24x_2 + 5x_3;$$
$$\text{s.t.} \begin{cases} 6x_2 + x_3 \geqslant 2, \\ 5x_1 + 2x_2 + x_3 \geqslant 1, \\ x_1, x_2, x_3 \geqslant 0. \end{cases}$$

解 先将问题改写为

$$\max \omega' = -15x_1 - 24x_2 - 5x_3 + 0 \cdot x_4 + 0 \cdot x_5;$$

$$\text{s.t.} \begin{cases} -6x_2 - x_3 + x_4 = -2, \\ -5x_1 - 2x_2 - x_3 + x_5 = -1, \\ x_i \geqslant 0\,(j = 1, 2, 3, 4, 5). \end{cases}$$

对偶可行基为

$$B = (\boldsymbol{p}_4, \boldsymbol{p}_5) = \begin{pmatrix} 1 & 0 \\ 0 & 1 \end{pmatrix}.$$

列出对应于 B 的单纯形表, 并用上述对偶单纯形法求解步骤进行计算, 其过程见表 1-19.

表 1-19

	$c_j \rightarrow$		-15	-24	-5	0	0
c_B	$\boldsymbol{x}_B$	$B^{-1}\boldsymbol{b}$	x_1	x_2	x_3	x_4	x_5
0	x_4	-2	0	$[-6]$	-1	1	0
0	x_5	-1	-5	-2	-1	0	1
	σ_j		-15	-24	-5	0	0
-24	x_2	$\frac{1}{3}$	0	1	$\frac{1}{6}$	$-\frac{1}{6}$	0
0	x_5	$-\frac{1}{3}$	-5	0	$-\frac{2}{3}$	$-\frac{1}{3}$	1
	σ_j		-15	0	-1	-4	0
-24	x_2	$\frac{1}{4}$	$-\frac{5}{4}$	1	0	$-\frac{1}{4}$	$\frac{1}{4}$
-5	x_3	$\frac{1}{2}$	$\frac{15}{2}$	0	1	$\frac{1}{2}$	$-\frac{3}{2}$
	σ_j		$-\frac{15}{2}$	0	0	$-\frac{7}{2}$	$-\frac{3}{2}$

1.6 表上作业法 (运输单纯形法)

表上作业法是单纯形法在求解运输问题时的一种简化方法. 所谓运输问题是这样的问题:

设某种物资有 m 个产地 A_i, 产量为 $a_i(i = 1, 2, \cdots, m)$, 另外有 n 个销地 B_j, 其销量为 $b_j(j = 1, 2, \cdots, n)$, $\sum\limits_{i=1}^{m} a_i = \sum\limits_{j=1}^{n} b_j$. 已知由产地 A_i 向销地 B_j 运输单位物资的运价为 c_{ij}. 现在要确定总运费最小的物资调运方案. 运输问题的产销平衡表如表 1-20 所示.

表 1-20

产地 ＼ 销地	B_1	B_2	$\cdots$	B_n	产量
A_1	c_{11}	c_{12}	$\cdots$	c_{1n}	a_1
A_2	c_{21}	c_{22}	$\cdots$	c_{2n}	a_2
$\vdots$	$\vdots$	$\vdots$		$\vdots$	$\vdots$
A_m	c_{m1}	c_{m2}	$\cdots$	c_{mn}	a_m
销量	b_1	b_2	$\cdots$	b_n	

设 x_{ij} 表示从 A_i 到 B_j 的运量 $(i = 1, 2, \cdots, m; j = 1, 2, \cdots, n)$, 则运输问题的数学模型为

$$\min Z = \sum_{i=1}^{m} \sum_{j=1}^{n} c_{ij} x_{ij};$$

$$\text{s.t.} \begin{cases} \sum_{j=1}^{n} x_{ij} = a_i, i = 1, 2, \cdots, m, \\ \sum_{i=1}^{m} x_{ij} = b_j, j = 1, 2, \cdots, n, \\ x_{ij} \leqslant 0. \end{cases}$$

1.6.1 产销平衡时的运输问题

表上作业法的步骤如下.

步骤 1: 找出初始基本可行解. 即在 $m \times n$ 个格子的产销平衡表上给出 $m+n-1$ 个有数字格. 确定初始基本可行解的方法有两种.

① 最小元素法. 此法是从单位运价表中最小的运价开始确定供销关系, 再按次小运价, 依次类推, 直到给出初始基本可行解为止.

② 伏格尔 (Vogel) 法 (亦称元素差额法). 此法是在分配运量以确定产销关系时, 不从最小元素开始, 而是由运价表中各行和各列的最小元素和次小元素之差额来确定产销关系, 其具体步骤如下:

a. 在运输表上写出每行和每列运价中最小元素和次小元素之间的差额.

b. 从所有的行差额和列差额中选取差额最大的一行或一列进行分配, 并对该行 (或列) 的最小元素格填数. 若出现几个相同的最大差额的行 (或列), 则可任选其中一行 (或一列) 进行.

c. 重新计算差额, 重复上述手续.

d. 剩下最后一行或一列按余额分配, 只准填数, 不准画线, 以确保有数字的个数为 $m + n - 1$ 个.

步骤 2: 检验 (位势法). 设每一行的位势为 $u_1, u_2, \cdots, u_m$, 每一列的位势为 $v_1, v_2, \cdots, v_n$. 对圈起来的运价有: $u_i + v_j = c_{ij}$, 检验数 $\sigma_{ij} = c_{ij} - (u_i + v_j)$. 如果

$\sigma_{ij} \geqslant 0(i = 1, 2, \cdots, m; j = 1, 2, \cdots, n)$, 则初始基本可行解为最优解; 否则, 进行下一步.

步骤 3: 调整初始的基本可行解 (闭回路法).

从负的检验数所对应的空格出发, 找出一条闭回路, 并对闭回路上每个拐点进行编号 (起始点为偶数), 调整量为奇数格子中数字的最小者. 奇数格子减去调整量, 偶数格子加上调整量. 得到新的基本可行解, 转下一步.

步骤 4: 重复步骤 2 和步骤 3, 直到得到最优解为止.

例 1.9　设有某类物资要从产地 A_1, A_2, A_3 运往销地 B_1, B_2, B_3, B_4. 各产地的产量、各销地的销量以及从某产地 $A_i(i = 1, 2, 3)$ 运往某销地 $B_j(j = 1, 2, 3, 4)$ 一吨物资所需运费 (万元) 如表 1-21 所示, 试分别用最小元素法和伏格尔法, 求出使总运费最小的运输方案.

表 1-21

产地＼销地	B_1	B_2	B_3	B_4	产量
A_1	3	11	3	10	7
A_2	1	9	2	8	4
A_3	7	4	10	5	9
销量	3	6	5	6	

解　(1) 用最小元素法.

① 确定初始方案: 有下述 3 步.

步骤 1: 从表 1-21 中找出最小运价为 1, 这表示先将 A_2 的产品供应给 B_1. 因 $a_2 > b_1$, A_2 除满足 B_1 的全部需要外, 还可多余 1 吨产品. 在 (A_2, B_1) 的交叉格处填上 3, 得表 1-22, 并划去运价表中的 B_1 列, 得表 1-23.

表 1-22

产地＼销地	B_1	B_2	B_3	B_4	产量
A_1					7
A_2	3				4
A_3					9
销量	3	6	5	6	

步骤 2: 在表 1-21 的未划去的元素中再找出最小运价 2, 确定 A_2 多余的 1 吨供应 B_3, 得表 1-24 和表 1-25.

表 1-23

产地 \ 销地	B_1	B_2	B_3	B_4	
A_1	3	11	3	10	
A_2	1	9	2	8	
A_3	7	4	10	5	

表 1-24

产地 \ 销地	B_1	B_2	B_3	B_4	产量
A_1					7
A_2	3		1		4
A_3					9
销量	3	6	5	6	

表 1-25

产地 \ 销地	B_1	B_2	B_3	B	
A_1	3	11	3	10	
A_2	1	9	2	8	
A_3	7	4	10	5	

步骤 3: 在表 1-21 的未划去的元素中再找出最小运价 3, 这样一步步进行下去, 直到单位运价表上的所有元素划去为止, 最后在产销平衡表上得到一个调运方案, 见表 1-26. 初始方案的总运费为 86 万元.

表 1-26

产地 \ 销地	B_1	B_2	B_3	B_4	产量
A_1			4	3	7
A_2	3		1		4
A_3		6		3	9
销量	3	6	5	6	

② 用位势法检验初始的调运方案是否为最优. 设每一行的位势为 $u_1, u_2, \cdots, u_m$, 每一列的位势为 $v_1, v_2, \cdots, v_n$. 对圈起来的运价有: $u_i + v_j = c_{ij}$, 检验数

$\sigma_{ij} = c_{ij} - (u_i + v_j)(i = 1, 2, 3; j = 1, 2, 3, 4)$, 构造位势表 1-27. 由方程组

$$\begin{cases} u_1 + v_3 = 3, \\ u_1 + v_4 = 10, \\ u_2 + v_1 = 1, \\ u_2 + v_3 = 2, \\ u_3 + v_2 = 4, \\ u_3 + v_4 = 5, \end{cases}$$

令 $u_1 = 0$, 得 $u_2 = -1$, $u_3 = -5$; $v_1 = 2$, $v_2 = 9$, $v_3 = 3$, $v_4 = 10$. $\sigma_{11} = 3 - (2 + 0) = 1$, $\sigma_{12} = 11 - (0 + 9) = 2$, $\sigma_{13} = 3 - (0 + 3) = 0$, $\sigma_{14} = 0$, $\sigma_{21} = 0$, $\sigma_{22} = 9 - (-1 + 9) = 1$, $\sigma_{23} = 0$, $\sigma_{24} = 8 - (-1 + 10) = -1$, $\sigma_{31} = 7 - (-5 + 2) = 10$, $\sigma_{32} = 0$, $\sigma_{33} = 10 - (-5 + 3) = 12$, $\sigma_{34} = 0$.

表 1-27

产地 ＼ 销地	B_1	B_2	B_3	B_4	u_i
A_1	$1^{\underline{3}}$	$2^{\underline{11}}$	$0^{\underline{③}}$	$0^{\underline{⑩}}$	0
A_2	$0^{\underline{①}}$	$1^{\underline{9}}$	$0^{\underline{②}}$	$-1^{\underline{8}}$	-1
A_3	$10^{\underline{7}}$	$0^{\underline{④}}$	$12^{\underline{10}}$	$0^{\underline{⑤}}$	-5
v_j	2	9	3	10	

由于 $\sigma_{24} = -1 < 0$, 因此初始的调运方案不是最优的调运方案.

③ 初始方案的调整. 从空格 (A_2, B_4) 出发至格子 (A_1, B_4) 至格子 (A_1, B_3) 至格子 (A_2, B_3) 至格子 (A_2, B_4) 找一条闭回路, 编号分别为 0, 1, 2, 3, 4. 调整量 $Q = \min\{1, 3\} = 1$, 见表 1-28, 于是得到新的调运方案, 见表 1-29. 新的调运方案的运价为 85 万元.

表 1-28

产地 ＼ 销地	B_1	B_2	B_3	B_4	产量
A_1			4	3	7
A_2	3		1		4
A_3		6			9
销量	3	6	5	6	

表 1-29

产地 \ 销地	B_1	B_2	B_3	B_4	产量
A_1			5	2	7
A_2	3			1	4
A_3		6			9
销量	3	6	5	6	

解方程组

$$\begin{cases} u_1 + v_3 = 3, \\ u_1 + v_4 = 10, \\ u_2 + v_1 = 1, \\ u_2 + v_4 = 8, \\ u_3 + v_2 = 4, \\ u_3 + v_4 = 5, \end{cases}$$

令 $u_1 = 0$, 得 $u_2 = -2$, $u_3 = -5$; $v_1 = 3$, $v_2 = 9$, $v_3 = -3$, $v_4 = 10$. $\sigma_{11} = 0$, $\sigma_{12} = 2$, $\sigma_{13} = 0$, $\sigma_{14} = 0$, $\sigma_{21} = 0$, $\sigma_{22} = 0$, $\sigma_{23} = 7$, $\sigma_{24} = 0$, $\sigma_{31} = 9$, $\sigma_{32} = 0$, $\sigma_{33} = 18$, $\sigma_{34} = 0$. 新的调运方案的位势表如表 1-30 所示.

表 1-30

产地 \ 销地	B_1	B_2	B_3	B_4	u_i
A_1	$0^{\underline{3}}$	$2^{\underline{11}}$	$0^{\underline{3}}$	$0^{\underline{10}}$	0
A_2	$0^{\underline{①}}$	$2^{\underline{9}}$	$7^{\underline{2}}$	$0^{\underline{⑧}}$	-2
A_3	$9^{\underline{7}}$	$0^{\underline{④}}$	$18^{\underline{10}}$	$0^{\underline{5}}$	-5
V_j	3	9	-3	10	

因为 $\sigma_{ij} \geqslant 0$, 所以该调运方案为最优调运方案. 以 $\sigma_{11} = 0$(空格对应非基变量检验数), 所以该运输问题有无穷多最优解.

(2) 用伏格尔法.

① 确定初始方案: 有下述 3 步.

步骤 1: 在运价表中分别计算出各行和各列的最小运费和次小运费的差额, 并填入该表的最右列和最下行, 得表 1-31.

步骤 2: 从行或列差额中选出最大者 5, 选择它所在行或列中的最小元素 4, 由 A_3 向 B_2 调运 6 吨物资, 得表 1-32.

表 1-31

产地 ＼ 销地	B_1	B_2	B_3	B_4	行差额
A_1	3	11	3	10	0
A_2	1	9	2	8	1
A_3	7	④	10	5	1
列差额	2	5	1	3	

表 1-32

产地 ＼ 销地	B_1	B_2	B_3	B_4	产量
A_1					7
A_2					4
A_3		6			9
销量	3	6	5	6	

步骤 3: 划去运价表中的 B_2 列, 重新计算行差额和列差额, 得表 1-33. 由此可看出, B_4 列的差额最大, 该列的最小元素为 5; A_3 向 B_4 调运 3 吨物资, 得表 1-34. 在此表中, 划去运价表 A_3 行, 重新计算行差额和列差额. 这样依次进行下去, 最后得到初始的调运方案, 见表 1-35.

表 1-33

产地 ＼ 销地	B_1	B_2	B_3	B_4	行差额
A_1	3	11	3	10	0
A_2	1	9	2	8	1
A_3	7	4	10	⑤	2
列差额	2		1	3	

表 1-34

产地 ＼ 销地	B_1	B_2	B_3	B_4	产量
A_1					7
A_2					4
A_3		6		3	9
销量	3	6	5	6	

表 1-35

销地 \ 产地	B_1	B_2	B_3	B_4	产量
A_1			5	2	7
A_2	3			1	4
A_3		6		3	9
销量	3	6	5	6	

② 检验: 计算行位势数 $u_1 = 0$, $u_2 = -2$, $u_3 = -5$, 列位势数 $v_1 = 3$, $v_2 = 9$, $v_3 = -3$, $v_4 = 10$. 再计算每个格子的检验数, $\sigma_{11} = 0$, $\sigma_{12} = 2$, $\sigma_{13} = 0$, $\sigma_{14} = 0$, $\sigma_{21} = 0$, $\sigma_{22} = 2$, $\sigma_{23} = 7$, $\sigma_{24} = 0$, $\sigma_{31} = 9$, $\sigma_{32} = 0$, $\sigma_{33} = 18$, $\sigma_{34} = 0$. 因为 $\sigma_{ij} \geqslant 0 (i = 1, 2, 3; \ j = 1, 2, 3, 4)$, 所以此调运方案为最优调运方案. 最小运费为 85 万元.

表上作业法评价: 最小元素法和伏格尔法是求解运输问题的有效方法, 该法简单易于掌握. 最小元素法的缺点是: 为了节省一处的费用, 有时造成在其他处要多花几倍的运费, 伏格尔法克服了这个缺点, 从这个意义上来讲, 伏格尔法优于最小元素法.

1.6.2 产销不平衡的运输问题

若当产地大于销地时, 则只要增加一个假想的销地 $j = n + 1$(实际上是储存), 该销地总需要量为

$$\sum_{i=1}^{m} a_i - \sum_{j=1}^{n} b_j,$$

而在单位运价表中从各产地到假想销地的单位运价为 $c'_{i,n+1} = 0$, 就可以将产地大于销地的问题转化为一个产销平衡的运输问题. 类似地, 当销地大于产地时, 可以在产销平衡表中增加一个假想的产地 $i = m + 1$, 该地产量为

$$\sum_{j=1}^{n} b_j - \sum_{i=1}^{m} a_i,$$

在单位运价表上令从该假想产地到各销地的运价 $c'_{m+1,j} = 0$, 同样就可以将销地大于产地的运输问题转化为一个产销平衡的运输问题.

1.7 单纯形法的灵敏度分析

在讨论线性规划问题时, 前面我们总是假定 a_{ij}, b_i, $c_j (i = 1, 2, \cdots, m; \ j = 1, 2, \cdots, n)$ 为常数, 但实际上这些系数往往是通过估计、预测或人为决策得到的, 不可能很准确, 更不可能一成不变. 所谓灵敏度分析即是研究以下两个问题: 其一

是这些系数中的一个或多个发生变化时, 对已求得的线性规划问题的最优解的影响, 即研究系数在什么范围内变化时, 原最优基仍然是最优的; 其二是若原最优基不再是最优的, 如何用最简便的方法找到新的最优解.

1.7.1   在灵敏度分析中可能遇到的各种情况的处理

(1) 若原问题为可行解, 而对偶问题也是可行解, 则此时表中的解仍为最优解, 计算停止.

(2) 若原问题为可行解, 而对偶问题为非可行解, 则用单纯形法继续迭代, 以求最优解.

(3) 若原问题为非可行解, 而对偶问题为可行解, 则此时用对偶单纯形法继续迭代, 以求最优解.

(4) 若原问题为非可行解, 对偶问题亦为非可行解, 则此时引进人工变量后编制新的单纯形表, 以求最优解.

1.7.2   各类灵敏度分析

1. 资源数量 b_r 变化的分析

b_r 的变化范围为

$$\max\left\{-\frac{\overline{b_i}}{\overline{a}_{ir}}\,\middle|\,\overline{a}_{ir}>0\right\}\leqslant \Delta b_r \leqslant \min\left\{-\frac{\overline{b_i}}{\overline{a}_{ir}}\,\middle|\,\overline{a}_{ir}<0\right\},$$

其中 $\overline{b}_i=(B^{-1}\boldsymbol{b})_i$, $\overline{a}_{ir}$ 为 B^{-1} 的第 i 行第 r 列的元素. 若 Δb_r 超出上述范围, 则新得到的解为不可行解. 但由于 b_r 的变化不影响检验数, 故仍保持所有检验数 $\sigma_j\leqslant 0$, 即满足对偶可行性, 这时可在原最终单纯形表的基础上换上改变后的右端项, 用对偶单纯形法继续迭代, 以求出新的最优解.

2. 价值系数 c_j 的变化分析

设某决策变量 x_r 的价值系数 c_r 变为 $c_r'=c_r+\Delta c_r$. 下面分两种情况讨论.

(1) 在最终表中 c_r 为非基变量的价值系数, 因此情况 c_B 不变, 只引起一个检验数 σ_r 的变化:

$$\sigma_r'=c_r+\Delta c_r-c_B B^{-1}\boldsymbol{p}_r=\sigma_r+\Delta c_r.$$

若 $\sigma_r'\leqslant 0$, 即 $\Delta c_r\leqslant-\sigma_r$ 时, 最优解不变;

若 $\sigma_r'>0$, 即 $\Delta c_r>-\sigma_r$ 时, 则最优基不再是最优的, 以 x_r 为换入变量, 把最终单纯形表上的 σ_r 换成 σ_r', c_r 换成 c_r', 继续用单纯形法求解.

(2) 在最终表中 c_r 为基变量的价值系数. 在这种情况下, 由于在最终单纯形表中 c_B 要改变, 因此影响到各个检验数, Δc_r 的变化范围为

$$\max_j \left\{ \left. \frac{\sigma_j}{a'_{rj}} \right| a'_{rj} > 0 \right\} \leqslant \Delta c_r \leqslant \min \left\{ \left. \frac{\sigma_j}{a'_{rj}} \right| a'_{rj} < 0 \right\}.$$

其中, a'_{rj} 为矩阵 $B^{-1}A$ 的第 r 行第 j 列.

在 Δc_r 的某个变化范围内, 如果 $\sigma'_j \leqslant 0$, 则最优解不变; 如果 $\sigma'_j > 0$, 则以原最终单纯形表为基础, 换上变化后的价值系数和检验数, 继续迭代, 可以求出新的最优解.

3. 技术系数 a_{ij} 的变化分析

下面分 3 种情况讨论技术系数 a_{ij} 的变化.

(1) 非基向量列 $\boldsymbol{p}_j$ 改变为 $\boldsymbol{p}'_j$. 此种情况指初始单纯形表中的 $\boldsymbol{p}_j$ 列数据改变为 $\boldsymbol{p}'_j$, 而第 j 列向量在原最终表上是非基变量.

最终表上第 j 列数据变为 $B^{-1}\boldsymbol{p}'_j$; 而第 j 列的检验数

$$\sigma'_j = c_j - c_B B^{-1} \boldsymbol{p}'_j.$$

若 $\sigma'_j \leqslant 0$, 则原最优解仍是新问题的最优解; 若 $\sigma'_j > 0$, 则原最优解基在非退化情况下不再是最优基. 这时应在原最终单纯形表上换上改变后的第 j 列数据 $B^{-1}\boldsymbol{p}'_j$ 和 σ'_j, 将 x_j 作为换入变量, 用单纯形法继续迭代.

(2) 基向量 $\boldsymbol{p}_j$ 改变为 $\boldsymbol{p}'_j$. 此种情况是指初始单纯形表中的 $\boldsymbol{p}_j$ 列数据改变为 $\boldsymbol{p}'_j$, 而第 j 列向量在原最终表上是基向量. 此时原最优解的可行性和最优性都可能遭到破坏, 因此需要引进人工变量后重新求解.

(3) 增加一个列向量 $\boldsymbol{p}'_j$. 此种情况指在最终单纯形表中再增加新的一列向量 $\boldsymbol{p}'_j$, 该列在最终单纯形表中第 j 列对应的数据为 $B^{-1}\boldsymbol{p}'_j$, 其相应的检验数 $\sigma'_j = c'_j - c_B B^{-1}\boldsymbol{p}'_j$. 此时由于原问题 $\boldsymbol{b}$ 列的数字未发生变化, 因此原问题的解是可行解, 而检验数行起了变化. 或已经得到的最优解或目标函数值还可以改善, 用单纯形法继续求出新的最优解.

(4) 增加新的约束条件的分析.

设在原问题中再增加一个约束条件:

$$a_{m+1,1}x_1 + \cdots + a_{m+1,n}x_n \leqslant b_{m+1},$$

其中 $A_{m+1} = (a_{m+1,1}, a_{m+1,2}, \cdots, a_{m+1,n})$. 由于增加一个约束, 或使可行域减少或使其保持不变, 而绝不会使可行域增加, 因此, 若原最优解满足新约束, 则它就是新问题的最优解; 否则需要寻找新的最优解. 对于后者, 因增加约束后的新问题在现

行基下对应变量 $x_j (j \neq n+1)$ 的检验数 σ'_j 与原问题 σ_j 相同, 又因为 x_{n+1} 是基变量, 故 $\sigma'_{n+1} = 0$. 因此, 现行的基本解是对偶可行的. 若 $b'_{m+1} \geqslant 0$, 则现行的对偶可行的基本解是新问题的可行解, 即最优解; 反之, 若 $b'_{m+1} < 0$, 则在原最终单纯形表的基础上增加新约束

$$a_{m+1,1}x_1 + \cdots + a_{m+1,n}x_n + x_{n+1} = b_{m+1}$$

的数据, 再对矩阵施行新的行变换, 将原最终表上的各基向量列及新增列 $\boldsymbol{p}_{n+1}$ 化为单位阵, 再用对偶单纯形法继续求解.

例 1.10   设有线性规划问题:

$$\max Z = -5x_1 + 5x_2 + 13x_3;$$

$$\text{s.t.} \begin{cases} -x_1 + x_2 + 3x_3 \leqslant 20, & (1.1) \\ 12x_1 + 4x_2 + 10x_3 \leqslant 90, & (1.2) \\ x_1, x_2, x_3 \geqslant 0. \end{cases}$$

用单纯形法解, 所得的最终表见表 1-36, 最优解 $\boldsymbol{x}^* = (0, 20, 0, 0, 10)^{\mathrm{T}}$, 目标函数的最优值为 $\max Z = 100$. 分析在下列各种条件下, 最优解分别有什么变化?

(1) 约束条件 (1.1) 式的右端常数由 20 变为 30;

(2) 约束条件 (1.2) 式的右端常数由 90 变为 70;

(3) 目标函数中 x_3 的系数由 13 变为 8;

(4) 增加一个约束条件

$$2x_1 + 3x_2 + 5x_3 \leqslant 50; \tag{1.3}$$

(5) x_1 的系数列向量由 $\begin{pmatrix} -1 \\ 12 \end{pmatrix}$ 变为 $\begin{pmatrix} 0 \\ 5 \end{pmatrix}$;

(6) 将原约束条件 (1.2) 式改变为 $10x_1 + 5x_2 + 10x_3 \leqslant 100$.

解   将原线性规划问题化为标准形式为

$$\max Z = -5x_1 + 5x_2 + 13x_3 + 0 \cdot x_4 + 0 \cdot x_5$$

$$\text{s.t.} \begin{cases} -x_1 + x_2 + 3x_3 + x_4 = 20, \\ 12x_1 + 4x_2 + 10x_3 + x_5 = 90, \\ x_1, x_2, x_3, x_4, x_5 \geqslant 0. \end{cases}$$

其最终单纯形表为表 1-36.

(1) 约束条件 (1.1) 式的右端常数由 20 变为 30, 则

$$B^{-1}\Delta\boldsymbol{b} = \begin{pmatrix} 1 & 0 \\ -4 & 1 \end{pmatrix} \begin{pmatrix} 10 \\ 0 \end{pmatrix} = \begin{pmatrix} 10 \\ -40 \end{pmatrix},$$

$$b' = \begin{pmatrix} 20 \\ 10 \end{pmatrix} + \begin{pmatrix} 10 \\ -40 \end{pmatrix} = \begin{pmatrix} 30 \\ -30 \end{pmatrix}.$$

表 1-36

c_B	$c_j \rightarrow$ x_B	$B^{-1}b$	-5 x_1	5 x_2	13 x_3	0 x_4	0 x_5
5	x_2	20	-1	1	3	1	0
0	x_s	10	16	0	-2	-4	1
	σ_j		0	0	-2	-5	0

列出单纯形表 (见表 1-37), 并利用对偶单纯形法求解. 故线性规划问题的最优解发生了变化, 其最优解为

$$x^* = (0, 0, 9, 3, 0)^{\mathrm{T}},$$

最优值为 $\max Z = 117$.

表 1-37

c_B	$c_j \rightarrow$ x_B	$B^{-1}b$	-5 x_1	5 x_2	13 x_3	0 x_4	0 x_5
5	x_2	30	-1	1	3	1	0
0	x_5	-30	16	0	$[-2]$	-4	1
	σ_j		0	0	-2	-5	0
5	x_2	-15	23	1	0	$[-5]$	$\frac{3}{2}$
13	x_3	15	-8	0	1	2	$-\frac{1}{2}$
	σ_j		-16	0	0	-1	-1
0	x_4	3	$-\frac{23}{5}$	$-\frac{1}{5}$	0	1	$-\frac{3}{10}$
13	x_3	9	$\frac{6}{5}$	$\frac{2}{5}$	1	0	$\frac{1}{10}$
	σ_j		$-\frac{103}{5}$	$-\frac{1}{5}$	0	0	$-\frac{13}{10}$

(2) 约束条件 (1.2) 式的右端常数由 90 变为 70, 则

$$\Delta b' = B^{-1}\Delta b = \begin{pmatrix} 1 & 0 \\ -4 & 1 \end{pmatrix} \begin{pmatrix} 0 \\ -20 \end{pmatrix} = \begin{pmatrix} 0 \\ -20 \end{pmatrix},$$

$$b' = b + \Delta b' = \begin{pmatrix} 20 \\ 10 \end{pmatrix} + \begin{pmatrix} 0 \\ -20 \end{pmatrix} = \begin{pmatrix} 20 \\ -10 \end{pmatrix}.$$

列出初始单纯形表 (见表 1-38), 并利用对偶单纯形法求解. 故线性规划问题的最优

解发生了变化, 其最优解为

$$\boldsymbol{x}^* = (0,5,5,0,0)^{\mathrm{T}},$$

最优值为

$$\max Z = 90.$$

表 1-38

c_B	$\boldsymbol{x}_B$	$B^{-1}\boldsymbol{b}$	$c_j \to$ x_1 -5	x_2 5	x_3 13	x_4 0	x_5 0
5	x_2	20	-1	1	3	1	0
0	x_5	-10	16	0	$[-2]$	-4	1
	σ_j		0	0	-2	-5	0
5	x_2	5	23	1	0	-5	$\frac{3}{2}$
13	x_3	5	-8	0	1	2	$-\frac{1}{2}$
	σ_j		-16	0	0	-1	-1

(3) 目标函数的系数由 13 变为 8, 则 x_3 为非基变量, 其检验数

$$\sigma_3 = 8 - [5 \times 3 + 0 \times (-2)] = -7 < 0,$$

故线性规划问题的最优解不变.

(4) 增加一个约束条件 (1.3) 式. 在 (1.3) 式加入松弛变量 x_6, 得 $2x_1 + 3x_2 + 5x_3 + x_6 = 50$, 加入原单纯形表, 得表 1-39. 故线性规划问题的最优解发生了变化, 其最优解 $\boldsymbol{x}^* = \left(0, \dfrac{25}{2}, \dfrac{5}{2}, 0, 15, 0\right)^{\mathrm{T}}$, 最优值 $\max Z = 95$.

表 1-39

c_B	$\boldsymbol{x}_B$	$B^{-1}\boldsymbol{b}$	$c_j \to$ x_1 -5	x_2 5	x_3 13	x_4 0	x_5 0	x_6 0
5	x_2	20	-1	1	3	1	0	0
0	x_5	-10	16	0	-2	-4	1	0
0	x_6	50	2	3	5	0	0	1
5	x_2	20	-1	1	3	1	0	0
0	x_5	10	16	0	-2	-4	1	0
0	x_6	-10	5	0	$[-4]$	-3	0	1
	σ_j		0	0	-2	-5	0	0
5	x_2	$\frac{25}{2}$	$\frac{11}{4}$	1	0	$-\frac{5}{4}$	0	$\frac{3}{4}$

$c_j \rightarrow$			-5	5	13	0	0	0
c_B	$\boldsymbol{x}_B$	$B^{-1}\boldsymbol{b}$	x_1	x_2	x_3	x_4	x_5	x_6
0	x_5	15	$\dfrac{27}{2}$	0	0	$-\dfrac{5}{2}$	1	$-\dfrac{1}{2}$
13	x_3	$\dfrac{5}{2}$	$-\dfrac{5}{4}$	0	1	$\dfrac{3}{4}$	0	$-\dfrac{1}{4}$
	σ_j		$-\dfrac{5}{2}$	0	0	$-\dfrac{7}{2}$	0	$-\dfrac{1}{2}$

(5) x_1 的系数列向量由 $\begin{pmatrix} -1 \\ 12 \end{pmatrix}$ 变为 $\begin{pmatrix} 0 \\ 5 \end{pmatrix}$, 则

$$\boldsymbol{p}_1' = B^{-1}\boldsymbol{p}_1'' = \begin{pmatrix} 1 & 0 \\ -4 & 1 \end{pmatrix}\begin{pmatrix} 0 \\ 5 \end{pmatrix} = \begin{pmatrix} 0 \\ 5 \end{pmatrix},$$

$$\sigma_1' = c_1 - c_B B^{-1}\boldsymbol{p}_1' = -5 - (5,0)\begin{pmatrix} 1 & 0 \\ -4 & 1 \end{pmatrix}\begin{pmatrix} 0 \\ 5 \end{pmatrix}$$
$$= -5 < 0.$$

故线性规划问题的最优解不变.

(6) 将原约束条件 (1.2) 式改为 $10x_1 + 5x_2 + 10x_3 \leqslant 100$, 则

$$\boldsymbol{p}_1' = B^{-1}\boldsymbol{p}_1'' = \begin{pmatrix} 1 & 0 \\ -4 & 1 \end{pmatrix}\begin{pmatrix} -1 \\ 0 \end{pmatrix} = \begin{pmatrix} -1 \\ 14 \end{pmatrix},$$

$$\boldsymbol{p}_2' = B^{-1}\boldsymbol{p}_2'' = \begin{pmatrix} 1 & 0 \\ -4 & 1 \end{pmatrix}\begin{pmatrix} 1 \\ 5 \end{pmatrix} = \begin{pmatrix} 1 \\ 1 \end{pmatrix},$$

$$\Delta\boldsymbol{b} = B^{-1}\Delta\boldsymbol{b}' = \begin{pmatrix} 1 & 0 \\ -4 & 1 \end{pmatrix}\begin{pmatrix} 0 \\ 10 \end{pmatrix} = \begin{pmatrix} 0 \\ 10 \end{pmatrix},$$

$$\boldsymbol{b} = \begin{pmatrix} 20 \\ 10 \end{pmatrix} + \begin{pmatrix} 0 \\ 10 \end{pmatrix} = \begin{pmatrix} 20 \\ 20 \end{pmatrix},$$

$$\sigma_1' = -5 - [5 \times (-1) + 0 \times 16] = 0,$$

$$\sigma_2' = 5 - (5 \times 1 + 0 \times 0) = 0.$$

故线性规划问题的最优解不发生变化.

1.8　线性规划方法软件介绍

常用的解线性规划的软件有 Lingo, Matlab, Mathematical, QM 等. 下面介绍用 Lingo 求解线性规划.

在 Lingo 中, 输入总是以 model: 开始, 以 end 结束; 中间的语句之间必须以 ";" 分开; 目标函数用 max=...; 或 min=...; 给出 (注意有等号 "="). 在 Lingo 中所有的函数均以 "@" 符号开始, 如约束中 @gin(X1) 表示 X1 为整数, 用 @bin(X1) 表示 X1 为 $0-1$ 整数. 现在的 Lingo 中, 默认设置假定所有变量非负.

例 1.11　用 Lingo 求解线性规划问题:

$$\max Z = 3x_1 + 4x_2;$$
$$\text{s.t.} \begin{cases} x_1 + 2x_2 \leqslant 6, \\ 3x_1 + 2x_2 \leqslant 12, \\ x_2 \leqslant 2, \\ x_1 \geqslant 0, x_2 \geqslant 0. \end{cases}$$

解　在 Lingo 中输入

```
model :
max=3*X1+4*X2;
 X1+2X2<=6 ;
3X1+2X2<=12 ;
     X2<=2 ;
end
```

运行后得最优解为 $x_1 = 3$, $x_2 = 1.5$, 最优值为 15.

例 1.12　设有 3 个产地和 4 个销地的运输问题, 其产销平衡表见表 1-40. 试用 Lingo 软件求总运费最少的运输方案以及总运费.

表 1-40

产地＼销地	B_1	B_2	B_3	B_4	产量
A_1	6	2	6	7	30
A_2	4	9	5	3	25
A_3	8	8	1	5	21
销量	15	17	22	12	

解　在 Lingo 中写出求解该问题的 Lingo 程序.

```
model:
```

```
1]!  3 Warehouse, 4 Customer Transportation Problem;
2] sets:
3] Warehouse/1..3/:a;
4] Customer/L..4/:b;
5] Routes(Warehouse, Customer):  c, X;
6] endsets
7] !  Here are the parameters;
8] data:
9] a = 30, 25, 21;
10] b=15, 17, 22, 12;
11]c=6, 2, 6, 7,
12]  4, 9, 5, 3,
13]  8, 8, 1, 5;
14] enddata
15]!  The objective;
16] [OBJ]min=@sum(Routes:c*X);
17]!  The Supply Constraints;
18]@ for(Warehouse(i):[sup]);
19]@ sum(Customer(j):X(i, j)<=a(i));
20]!  The demand Constraints;
21]@ for(Customer(j):[DEM]);
22]@ sum(Warehouse(i):X(i, j)=b(j));
end
```

下面列出 Lingo 软件的求解结果 (仅保留非零变量):

```
Global Optimal Solution Found at Iteration: 6
Objective Value: 161. 0000
Variable        Value        Reduced Cost
X(1, 1)         2.000000     0.000000
X(1, 2)         17.000000    0.000000
X(1, 3)         1.000000     0.000000
X(2, 1)         13.000000    0.000000
X(2, 4)         12.000000    0.000000
X(3, 3)         21.000000    0.000000
Row         Slack or Surplus Dual Price
OBJ             161.0000         -1.000000
```

SUP(1)   10.000000   0.000000

1.9　线性规划方法的经济应用案例

例 1.13　投资问题. 某公司有 100 万元用于投资, 可选择的投资项目有 4 个.

项目 1: 从第一年到第四年每年年初都可投资, 并于次年年末回收本利 110%, 规定每年的最低投资额为 10 万元.

项目 2: 第二年年初可以投资, 到第五年年末能收回本利 135%, 规定投资额不超过 20 万元.

项目 3: 第三年年初可以投资, 到第五年年末回收本利 125%, 规定最低投资额为 20 万元, 最高投资额为 40 万元.

项目 4: 5 年内每年年初都可投资, 年末回收本利 104%.

问: 该公司应如何确定给这些项目每年的投资额, 使到第五年年末回收资金的本利总额为最大?

解　设 x_{ij} 表示第 i 年年初给项目 j 的投资额 (单位: 万元)($i=1,2,3,4,5$; $j=1,2,3,4$); 由题意知一共有 11 个变量: $x_{11}, x_{14}, x_{21}, x_{22}, x_{24}, x_{31}, x_{33}, x_{34}, x_{41}, x_{44}, x_{54}$.

第五年年末回收资金的本利总额为

$$Z = 1.1x_{41} + 1.35x_{22} + 1.25x_{33} + 1.04x_{54}.$$

下面建立约束条件. 由于项目 4 每年都可以投资, 并且当年年末就能回收本息. 因此, 每年都应把手中资金全部投出去, 即每年年初的投资额应等于当年年初可用的资金额. 具体如下:

第一年年初: $x_{11} + x_{14} = 100$.

第二年年初: 公司可用的资金额仅为项目 4 在第一年年末回收的本息 $1.04x_{14}$, 于是有

$$x_{21} + x_{22} + x_{24} = 1.04x_{14}.$$

第三年年初: 可用的资金额是从项目 1 第一年年初投资及项目 4 第二年年初投资中回收的本利总和 $1.1x_{11} + 1.04x_{24}$, 得关系式:

$$x_{31} + x_{33} + x_{34} = 1.1x_{11} + 1.04x_{24}.$$

同理, 有

第四年年初: $x_{41} + x_{44} = 1.1x_{21} + 1.04x_{34}$.

第五年年初: $x_{54} = 1.1x_{31} + 1.04x_{44}$.

由上面的分析知, 该投资问题的数学模型为

$$\max Z = 1.1x_{41} + 1.35x_{22} + 1.25x_{33} + 1.04x_{54};$$

$$\text{s.t.} \begin{cases} x_{11} + x_{14} = 100, \\ -1.04x_{14} + x_{21} + x_{22} + x_{24} = 0, \\ -1.1x_{11} - 1.04x_{24} + x_{31} + x_{33} + x_{34} = 0, \\ -1.1x_{21} - 1.04x_{34} + x_{41} + x_{44} = 0, \\ -1.1x_{31} - 1.04x_{44} + x_{54} = 0, \\ 10 \leqslant x_{11}, x_{21}, x_{31}, x_{41} \leqslant 100, \\ 0 \leqslant x_{22} \leqslant 20, \\ 20 \leqslant x_{33} \leqslant 40, \\ x_{ij} \geqslant 0 \, (i = 1, 2, 3, 4, 5; j = 1, 2, 3, 4). \end{cases}$$

用 Lingo 软件求解该问题, 写出该模型的 Lingo 程序:

```
model:
max=1.1*X41+1.35*X22=1.25*X33+1.04*X54;
X11+X14=100;
-1.04*X14+X21+X22+X24=0;
-1.1*X11-1.04*X24+X31+X33+X34=0;
-1.1*X21-1.04*X34+X41+X44=0;
-1.1*X31-1.04*X44+X54=0;
@ bnd(10, X11, 100);
@ bnd(10, X21, 100);
@ bnd(10, X31, 100);
@ bnd(10, X41, 100);
@ bnd(0, X22, 20);
@ bnd(20, X33, 40);
end
```

运行后得求解结果如下.

第一年年初: x_{11}=45.4545(万元), x_{14}=54.545 5(万元);

第二年年初: x_{21}=36.7273(万元), x_{22}=20(万元), x_{24}=0;

第三年年初: x_{31}=10(万元), x_{33}=40(万元), x_{34}=0;

第四年年初: x_{41}=40.4(万元), x_{44}=0;

第五年年初: x_{54}=11(万元).

到第五年年末该公司回收资金的本利总额为 132.88(万元), 即盈利 32.88%.

例 1.14   营销策略问题. 某贸易公司专门经营某种杂粮的批发业务. 公司现有库容为 5000 担的仓库. 1 月 1 日, 公司拥有库存 1000 担杂粮, 并有资金 200 万元. 估计第一季度杂粮价格如表 1-41 所示.

表 1-41

月份	进货价/(百元/担)	出货价/(百元/担)
1 月	2.85	3.10
2 月	3.05	3.25
3 月	2.90	2.95

如买进的杂粮当月到货, 但需到下月才能卖出, 且规定 "货到付款". 公司希望本季末库存为 2000 担. 问: 该公司应采取什么样的买进与卖出的策略, 使 3 个月总的获利最大?

解   设 x_i 表示每月买进的杂粮担数, y_i 表示每月卖出的杂粮担数. 公司所获利润为

$$Z = 3.10y_1 + 3.25y_2 + 2.95y_3 - 2.85x_1 - 3.05x_2 - 2.90x_3.$$

存货限制为

$$y_1 \leqslant 1000,$$
$$y_2 \leqslant 1000 - y_1 + x_1,$$
$$y_3 \leqslant 1000 - y_1 + x_1 - y_2 + x_2;$$

库容限制为

$$1000 - y_1 + x_1 \leqslant 5000,$$
$$1000 - y_1 + x_1 - y_2 + x_2 \leqslant 5000;$$

资金限制为

$$2.85x_1 \leqslant 20000 + 3.10y_1,$$
$$3.05x_2 \leqslant 20000 + 3.10y_1 - 2.85x_1 + 3.25y_2,$$
$$2.90x_3 \leqslant 20000 + 3.10y_1 - 2.85x_1 + 3.25y_2 - 3.05x_2 + 2.95y_3.$$

期末库存为

$$1000 - y_1 + x_1 - y_2 + x_2 - y_3 + x_3 = 2000.$$

于是得该营销策略问题的数学模型为

$$\max Z = 3.10y_1 + 3.25y_2 + 2.95y_3 - 2.85x_1 - 3.05x_2 - 2.90x_3;$$

$$\text{s.t.}\begin{cases} y_1 \leqslant 1000, \\ y_2 \leqslant 1000 - y_1 + x_1, \\ y_3 \leqslant 1000 - y_1 + x_1 - y_2 + x_2, \\ 1000 - y_1 + x_1 \leqslant 5000, \\ 1000 - y_1 + x_1 - y_2 + x_2 \leqslant 5000, \\ 2.85x_1 \leqslant 20000 + 3.10y_1, \\ 3.05x_2 \leqslant 20000 + 3.10y_1 - 2.85x_1 + 3.25y_2, \\ 2.90x_3 \leqslant 20000 + 3.10y_1 - 2.85x_1 + 3.25y_2 - 3.05x_2 + 2.95y_3, \\ 1000 - y_1 + x_1 - y_2 + x_2 - y_3 + x_3 \leqslant 2000, \\ x_1, x_2, x_3 \geqslant 0, y_1, y_2, y_3 \geqslant 0. \end{cases}$$

用 Lingo 软件解上述模型, 写出该模型的 Lingo 程序.

```
model:
max= 3.10*Y1+3.25*Y2+2.95*Y3-2.85*X1-3.05*X2-2.90*X3;
Y1 < =1000;
Y2 < =1000-Y1+X1;
Y3 < =1000-Y1+X1-Y2+X2;
1000-Y1+X1 < =5000;
1000-Y1+X1-Y2+X2 < =5000;
2.85*X1 < =20000+3.10*Y1;
3.05*X2 < =20000+3.10*Y1-2.85*X1+3.25*Y2;
2.90*X3 < =20000+3.10*Y1-2.85*X1+3.25*Y2-3.05*X2+2.95*Y3;
1000-Y1+X1-Y2+X2-Y3+X3=2000 ;
end
```

运行结果得最优解:

第一个月买进 5000 担, 卖出 1000 担;

第二个月不买进, 卖出 5000 担;

第三个月买进 2000 担, 不卖出.

例 1.15 汽车装配问题. 汽车联盟公司是一个大的汽车制造公司, 制造的汽车分 3 个车系: 卡车系、小汽车系、中型和豪华车系. 在密歇根有一个工厂组装中型和豪华车的两个车型. 第一个车型 ——Family Thrillseeker, 是四门的私家轿车, 有聚乙烯制的座位、塑料内部构件、标准特征、优良的汽油消耗定额. 它定位于紧缩预算的中产阶级家庭, 每销售一辆 Family Thrillseeker 可为公司产生 3600 美元的利润. 第二个车型 ——Classy Cruiser 是一辆双门的豪华私家轿车, 有皮革座位、木质内部构件、习惯特征和行驶能力. 它定位于有影响的富裕的中上层家庭. 每销售一辆 Classy Cruiser 可为公司产生 5400 美元的利润.

　　Rachel Rosencrantz 是装配工厂的管理者, 现要决定下一个月的生产计划. 具体地说, 她必须决定在工厂里分别生产多少辆 Family Thrillseeker 和 Classy Cruiser, 以使公司的利润最大化. 她知道公司本月有 4800 劳动力小时的生产能力. 她也知道使用 6 个劳动力组装一辆 Family Thrillseeker, 花费 10.5 个劳动力组装一辆 Classy Cruiser.

　　因为该工厂仅仅是一个组装工厂, 组装两个车型必需的部件不在该工厂生产, 相反, 要从密歇根附近区域的其他工厂运输, 例如轮胎、控制器、车轮、窗户、座位和门都来自不同的供应工厂. 在下个月, Rachel 知道她将从车门供应者那里获得 20000 个车门 (10000 个左边的门, 10000 个右边的门), 最近的一次劳工罢工迫使供应商工厂关闭了几天. 那个供应商工厂下个月将不能满足该组装工厂的生产计划. Family Thrillseeker 和 Classy Cruiser 将使用同样的车门.

　　此外, 公司对上个月不同车型的需求预测表明, Classy Cruiser 的需求限于 3500 辆, Family Thrillseeker 在组装工厂的生产能力内没有需求限制. 试建立并求解线性规划模型, 决定 Family Thrillseeker 和 Classy Cruiser 应该组装的数量.

　　解　设生产 Family Thrillseeker 型轿车 x_1 辆, 生产 Classy Cruiser 型轿车 x_2 辆.

利润 $Z = 3600x_1 + 5400x_2$;

约束条件

$$6x_1 + 10.5x_2 \leqslant 4800,$$

$$4x_1 + 4x_2 \leqslant 20000,$$

$$0 \leqslant x_2 \leqslant 3500.$$

于是得该问题的数学模型为

$$\max Z = 3600x_1 + 5400x_2;$$
$$\text{s.t.} \begin{cases} 6x_1 + 10.5x_2 \leqslant 4800, \\ 4x_1 + 4x_2 \leqslant 20000, \\ 0 \leqslant x_2 \leqslant 3500, \\ x_1 \geqslant 0. \end{cases}$$

用 Lingo 软件求解, 写出 Lingo 程序.

```
model:
max=3600*X1+5400*X2;
6*X1+10.5*X2<=4800;
```

```
4*X1+4*X2<=20000;
@ bnd(0, X2, 3500);
end
```

运行后得求解结果:

$$x_1 = 800(辆), \quad x_2 = 0(辆),$$

最大利润 $\max Z = 2880000(美元).$

第 2 章　目标规划方法

　　目标规划是 20 世纪 60 年代初发展起来的运筹学的一个新的分支. 它是基于线性规划的基础上, 为适应经济管理决策中多目标的极值问题而逐步发展起来的. 早在上世纪 50 年代, 库恩 (Kuhn) 和杜柯 (Tuker) 通过所谓的向量极大化模型探讨了多目标问题. 1962 年, 查恩斯 (A.Charnes) 和库伯 (W.W.Cooper) 出版了两卷本《线性规划的管理模型和工业应用》. 其中一卷的一小节讨论了求解包含多个相互冲突目标的管理问题的方法, 称其为目标模型, 它标志着目标规划分支的创立.

　　自 20 世纪 70 年代以来, 由于目标规划方法的推广, 使得它成为经济生活中进行战略决策的一个重要手段. 目前目标规划应用领域涉及: 环境计划、劳动力计划、生产计划、资源的科学分配、投资预算等诸多领域.

　　目标规划的数学模型如下:

　　设有 n 个决策变量、m 个目标约束、k 个目标、目标函数中涉及 L 个优先级的目标规划问题, 其一般形式为

$$\min Z = \sum_{l=1}^{L} P_l \sum_{k=1}^{K} \left(\omega_{lk}^- d_k^- + \omega_{lk}^+ d_k^+ \right);$$

$$\text{s.t.} \begin{cases} \sum_{j=1}^{n} c_{kj} x_j + d_k^- - d_k^+ = g_k, k = 1, 2, \cdots, K; \\ \sum_{j=1}^{n} a_{ij} x_j \leqslant (=, \geqslant) b_i, i = 1, 2, \cdots, m; \\ x_j \geqslant 0, j = 1, 2, \cdots, n; \\ d_k^-, d_k^+ \geqslant 0, k = 1, 2, \cdots, K. \end{cases}$$

式中 d_k^+, d_k^- 分别表示正、负偏差; $\omega_{lk}^-, \omega_{lk}^+$ 表示权系数; P_l 表示优先级.

　　本章介绍目标规划的求解方法.

2.1　图　解　法

图解法的步骤如下.

步骤 1: 令各偏差变量为 0, 作出所有的约束直线.

步骤 2: 作图表示偏差变量增加对约束直线的影响.

步骤 3: 确定满足第一优先级目标集的最优解空间 (不考虑其他优先级).

步骤 4：转到第 $k+1$ 优先级, 求出其相应的最优解空间.

步骤 5：令 $k=k+1$, 反复执行步骤 4, 直到所有优先级均求解完毕.

例 2.1   用图解法求出以下目标规划问题的满意解:

$$\min Z = P_1\left(d_1^- + d_1^+\right) + P_2 d_2^- + P_3 d_3^+;$$

$$\text{s.t.} \begin{cases} x_1 + x_2 + d_1^- - d_1^+ = 10, \\ 3x_1 + 4x_2 + d_2^- - d_2^+ = 50, \\ 8x_1 + 10x_2 + d_3^- - d_3^+ = 300, \\ x_1, x_2, d_i^-, d_i^+ \geqslant 0, i = 1,2,3. \end{cases}$$

解   如图 2-1 所示, 先在平面直角坐标系的第一象限内作各约束条件. 绝对约束条件的作图与线性规划相同. 作目标约束时, 先令 $d_i^- = 0, d_i^+ = 0$, 作相应的直线, 然后在这直线旁标上 d_i^-, d_i^+, 这表明目标约束可以沿 d_i^-, d_i^+ 所示方向平移. 首先考虑具有 P_1 优先因子的目标的实现, 在目标函数中要求实现 $\min\left(d_1^- + d_1^+\right)$. 从图 2-1 可见, 可以满足 $d_1^+ = 0, d_1^- = 0$, 这时 x_1, x_2 只能在线段 AB 上取值. 接着考虑具有 P_2 优先因子的目标的实现. 在目标函数中要求实现 $\min d_2^- = 0$. 从图 2-1 可见, 满足第二优先级是线段 CF. 最后考虑具有 P_3 优先因子的目标的实现, 在目标函数中要求实现 $\min d_3^+$. 从图 2-1 可见, 可以满足 $d_3^+ = 0$, 这就使 x_1, x_2 的取值范围限制在 AB 线段上. 故该目标规划的满意解为直线 $x_1 + x_2 = 10$ 中的线段 AB.

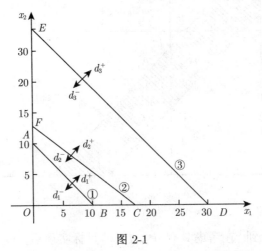

图 2-1

例 2.2   某电子仪器厂装配甲和乙两种电子仪器, 每装配一台电子仪器需占用装配线 1 小时, 装配线每周计划开动 40 小时. 预计市场每周甲种电子仪器的销量是 24 台, 每台可获利 80 元；乙种电子仪器的销量是 30 台, 每台可获利 40 元. 该厂确定的目标如下.

第一优先级: 充分利用装配线每周计划开动 40 小时.

第二优先级: 允许装配线加班, 但加班时间每周尽量不超过 10 小时.

第三优先级: 装配电子仪器的数量尽量满足市场需要. 因甲种电子仪器的利润高, 取其权系数为 2.

试建立该问题的目标规划模型, 并求解甲种和乙种电子仪器的产量.

解　设 x_1, x_2 分别表示甲种和乙种电子仪器的产量, 于是该问题的目标规划模型为

$$\min Z = P_1 d_1^- + P_2 d_2^+ + P_3 \left(2d_3^- + d_4^-\right);$$

$$\text{s.t.} \begin{cases} x_1 + x_2 + d_1^- - d_1^+ = 40, \\ x_1 + x_2 + d_2^- - d_2^+ = 50, \\ x_1 + d_3^- - d_3^+ = 24, \\ x_2 + d_4^- - d_4^+ = 30, \\ x_1, x_2, d_i^-, d_i^+ \geqslant 0, i = 1, 2, 3, 4. \end{cases}$$

用图解法求解, 见图 2-2.

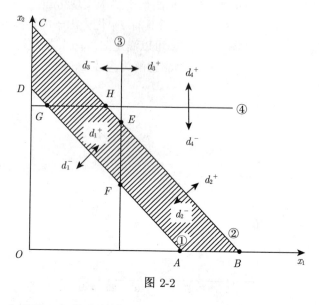

图 2-2

从图 2-2 中看到, 在考虑具有 P_1, P_2 的目标实现后, x_1, x_2 的取值范围为 $ABCD$. 在考虑 P_3 的目标要求时, 因 d_3^- 的权系数大于 d_4^-, 故先取 $d_3^- = 0$, 这时 x_1, x_2 的取值范围为 $ABEF$. 在 $ABEF$ 中只有点 E 使 d_4^- 取值最小, 故取点 E 为满意解, 其坐标为 $(24, 26)$, 即该厂每周应装配甲种电子仪器 24 台, 乙种电子仪器 26 台.

2.2 层次算法 (单纯形法)

2.2.1 解目标规划问题的层次算法的步骤

步骤 1: 建立初始单纯形表, 在表中将检验数行按优先因子个数分别排成 k 行, 置 $k = 1$.

步骤 2: 检查该行中是否存在负数, 且对应的前 $k-1$ 行的系数为 0; 若有, 取其中最小者对应的变量为换入变量, 转步骤 3; 若无, 则转步骤 5.

步骤 3: 按最小比值法则确定换出变量, 当存在两个和两个以上相同的最小比值时, 选取具有较高优先级别的变量为换出变量.

步骤 4: 按单纯形法进行基变换运算, 建立新的单纯形表, 返回步骤 2.

步骤 5: 当 $k = K$ 时, 计算停止, 表中的解即为满意解; 否则, 置 $K = k+1$, 返回步骤 2.

例 2.3 用层次算法求解以下目标规划问题的满意解:

$$\min Z = P_1 d_2^+ + P_1 d_2^- + P_2 d_1^-;$$

$$\text{s.t.} \begin{cases} x_1 + 2x_2 + d_1^- - d_1^+ = 10, \\ 10x_1 + 12x_2 + d_2^- - d_2^+ = 62.4, \\ 2x_1 + x_2 \leqslant 8, \\ x_1, x_2, d_i^-, d_i^+ \geqslant 0, i = 1, 2. \end{cases}$$

解 加入松弛变量 x_3, 把上述目标规划变为标准形式:

$$\min Z = P_1 d_2^+ + P_1 d_2^- + P_2 d_1^-;$$

$$\text{s.t.} \begin{cases} x_1 + 2x_2 + d_1^- - d_1^+ = 10, \\ 10x_1 + 12x_2 + d_2^- - d_2^+ = 62.4, \\ 2x_1 + x_2 + x_3 = 8, \\ x_1, x_2, d_i^-, d_i^+, x_3 \geqslant 0, i = 1, 2. \end{cases}$$

列表计算, 见表 2-1.

表 2-1

c_B	c_j x_B	$B^{-1}b$	x_1	x_2	x_3	P_2 d_1^-	d_1^+	P_1 d_2^-	P_1 d_2^+	
P_2	d_1^-	10	1	[2]	0	1	-1	0	0	5
P_1	d_2^-	62.4	10	12	0	0	0	1	-1	$\dfrac{62.4}{12}$
	x_3	8	2	1	1	0	0	0	0	8
	P_1		-10	-12					2	
	P_2		-1	-2			1			

续表

c_B	x_B	$B^{-1}b$	x_1	x_2	x_3	P_2 d_1^-	d_1^+	P_1 d_2^-	P_1 d_2^+
	x_2	5	$\frac{1}{2}$	1	0	$\frac{1}{2}$	$-\frac{1}{2}$	0	0
P_1	d_2^-	2.4	[4]	0	0	-6	6	1	-1
	x_3	3	$\frac{3}{2}$	0	1	$-\frac{1}{2}$	$\frac{1}{2}$	0	0
	P_1		-4			6	-6	0	2
	P_2					1			
	x_2	4.7	0	1	0	$\frac{5}{4}$	$-\frac{5}{4}$	$-\frac{1}{8}$	$\frac{1}{8}$
	x_1	0.6	1	0	0	$-\frac{3}{2}$	$\frac{3}{2}$	$\frac{1}{4}$	$-\frac{1}{4}$
	x_3	2.1	0	0	1	$\frac{7}{4}$	$-\frac{7}{4}$	$-\frac{3}{8}$	$\frac{3}{8}$
	P_1							1	1
	P_2					1			

可见, $x_1^* = 0.6$, $x_2^* = 4.7$ 为满意解.

2.2.2　目标规划解法评析

目标规划的图解法简单直观, 在平面上作图适用于求解只有两个决策变量的问题, 但对于有 3 个以上决策变量的目标规划该方法失效. 解目标规划的层次算法本质上是解线性规划的单纯形法.

2.3　目标规划方法软件介绍

解目标规划的软件常见的有 Matlab, Lingo, QM 等. 下面介绍用 Lingo 软件求解目标规划.

例 2.4　用 Lingo 软件求解下面的目标规划:

$$\min Z = P_1 d_1^- + P_2\left(d_2^+ + d_2^-\right) + P_2\left(3d_3^+ + 3d_3^- + d_4^+\right);$$

$$\text{s.t.}\begin{cases} 2x_1 + 2x_2 \leqslant 12, \\ 200x_1 + 300x_2 + d_1^- - d_1^+ = 1500, \\ 2x_1 - x_2 + d_2^- - d_2^+ = 0, \\ 4x_1 + d_3^- - d_3^+ = 16, \\ 5x_2 + d_4^- - d_4^+ = 15, \\ x_1, x_2, d_i^-, d_i^+ \geqslant 0, i = 1,2,3,4. \end{cases}$$

解 写出解上述目标规划的程序如下.

```
model :
1] sets:
2] Level/1.. 3/:  P, Z, Goal;
3] Variable/1.. 2/:X;
4] H_Con_Num/1.. 1/:b;
5] S_Con_Num/1.. 4/:g, dplus, dminus;
6] H_Cons(H_Con_Num, Variable) :  A;
7] S_Cons(S_Con_Num, Variable) :  C;
8] Obj(Level, S_Con_Num):  Wplus, Wminus;
9] endsets
10] data:
11] P=???;
12] Goal=??  0;
13] b=12;
14] g=1500 0 16 15;
15] A=22;
16] C=200 300 2 -1 4 0 0 5;
17] Wplus= 0 0 0 0
18]        0 1 0 0
19]        0 0 3 1
20] Wminus=1 0 0 0
21]        0 1 0 0
22]        0 0 3 0
23] enddata
24]
25] min=@Sum(Level:P*Z) ;
26] @for(Level(i):
27] z(i)=@Sum(S_Con_Num(j) : Wplus(i, j) * dplus(j))
28]     +@Sum(S_Con_Num(j): Wminus(i, j)* dminus(j));
29] @for(H_Con_Num(i):
30] @Sum(Variable(j):  A(i, j)* X(j) < =b(i));
31] @for(S_Con_Num(i):
32] @Sum(Variable(j): C(i, j) * X(j))
33]    +dminus(i)-dplus(i)=g(i);
```

```
34] ;
35] @for (Level(i)|i#1t#@Size(Level):
36] @bnd(0, Z(i), Goal(i));
37] );
```

end

运行后得目标规划的最优解为

$$x_1 = 2, x_2 = 4; \ 最优利润为 1600.$$

2.4 目标规划方法的经济应用案例

例 2.5 信捷计算机公司生产 3 种型号的笔记本电脑 A, B, C. 这 3 种笔记本电脑需要在复杂的装配线上生产, 生产 1 台 A, B, C 型号的笔记本电脑分别需要 5 小时、8 小时和 12 小时. 公司装配线正常的生产时间是每月 1700 小时. 公司营业部门估计 A, B, C 这 3 种笔记本电脑的利润分别是每台 1000 元、1440 元、2520 元, 而公司预测这个月生产的笔记本电脑能够全部售出. 公司经理考虑以下目标.

第一目标: 充分利用正常的生产能力, 避免开工不足.

第二目标: 优先满足老客户的需求, A, B, C 这 3 种型号的电脑为 50 台、50 台、80 台, 同时根据 3 种电脑的纯利润分配不同的权因子.

第三目标: 限制装配线加班时间, 不允许超过 200 小时.

第四目标: 满足各种型号电脑的销售目标, A, B, C 型号分别为 100 台、120 台、100 台, 再根据 3 种电脑的纯利润分配不同的权因子.

第五目标: 装配线的加班时间尽可能少.

试建立该问题的目标规划模型, 并用 Lingo 软件求解.

解 建立目标约束.

(1) 装配线正常生产. 设生产 A, B, C 这 3 种型号的电脑为 x_1 台、x_2 台、x_3 台, d_1^- 为装配线正常生产时间未利用数, d_1^+ 为装配线加班时间. 希望装配线正常生产, 避免开工不足, 因此装配线的目标约束为

$$\begin{cases} \min \left\{ d_1^- \right\}; \\ 5x_1 + 8x_2 + 12x_3 + d_1^- - d_1^+ = 1700. \end{cases}$$

(2) 销售目标. 优先满足老客户的需求, 并根据 3 种电脑的纯利润分配不同的权因子, A, B, C 这 3 种型号的电脑每小时的利润是 $\dfrac{1000}{5}, \dfrac{1440}{8}, \dfrac{2520}{12}$, 因此, 老客

户的销售目标约束为

$$
\begin{cases}
\min \left\{ 20d_2^- + 18d_3^- + 21d_4^- \right\}; \\
x_1 + d_2^- - d_2^+ = 50, \\
x_2 + d_3^- - d_3^+ = 50, \\
x_3 + d_4^- - d_4^+ = 80.
\end{cases}
$$

再考虑一般销售, 类似上面的讨论, 得到

$$
\begin{cases}
\min \left\{ 20d_5^- + 18d_6^- + 21d_7^- \right\}; \\
x_1 + d_5^- - d_5^+ = 100, \\
x_2 + d_6^- - d_6^+ = 120, \\
x_3 + d_7^- - d_7^+ = 100.
\end{cases}
$$

(3) 加班限制. 首先是限制装配线加班时间, 不允许超过 200 小时, 因此得到

$$
\begin{cases}
\min \left\{ d_8^+ \right\}; \\
5x_1 + 8x_2 + 12x_3 + d_8^- - d_8^+ = 1900.
\end{cases}
$$

其次装配线的加班时间尽可能少, 即

$$
\begin{cases}
\min \left\{ d_1^+ \right\}; \\
5x_1 + 8x_2 + 12x_3 + d_1^- - d_1^+ = 1700.
\end{cases}
$$

写出目标规划的数学模型:

$$
\begin{aligned}
\min Z = & P_1 d_1^- + P_2 \left(20d_2^- + 18d_3^- + 21d_4^- \right) + P_3 d_8^+ \\
& + P_4 \left(20d_5^- + 18d_6^- + 21d_7^- \right) = P_5 d_1^+;
\end{aligned}
$$

$$
\text{s.t.} \begin{cases}
5x_1 + 8x_2 + 12x_3 + d_1^- - d_1^+ = 1700, \\
x_1 + d_2^- - d_2^- = 50, \\
x_2 + d_3^- - d_3^- = 50, \\
x_3 + d_4^- - d_4^- = 80, \\
x_1 + d_5^- - d_5^- = 100, \\
x_2 + d_6^- - d_6^- = 120, \\
x_3 + d_7^- - d_7^- = 100, \\
5x_1 + 8x_2 + 12x_3 + d_8^- - d_8^+ = 1900, \\
x_1, x_2, d_i^-, d_i^+ \geqslant 0, i = 1, 2, \cdots, 8.
\end{cases}
$$

写出解上述模型的 Lingo 程序.

```
model :
1] sets:
2] Level/1.. 5/:  P, Z, Goal;
3] Variable/1.. 3/:  X;
4] S_Con_Num/1..8/:  g, dplus, dminus;
5] S_Cons(S_Con_Num, Variable) :  C;
6] Obj(Level, S_Con_Num):  Wplus, Wminus;
7] endsets
8] data:
9] P=?????;
10] Goal=?, ?, ?, ?, 0;
11] g=1700 50 50 80 100 120 100 1900;
12] C=5 8 12 1 000100011000100015812;
13] Wplus=0 0 0 0 0 0 0
14]       0 0 0 0 0 0 0
15]       0 0 0 0 0 0 1
16]       0 0 0 0 0 0 0
17]       1 0 0 0 0 0 0
18] Wminus=1  0   0   0   0   0   0 0
19]        0  20  18  21   0   0   0 0
20]        0   0   0   0   0   0   0 0
21]        0   0   0   0  20  18  21 0
22]        0   0   0   0   0   0   0 0
23] enddata
24]
25] min=@ Sum(Level: P*Z);
26] @for(Level(i)):
27] Z(i)=@ Sum(S_Con_Num(j) : Wplus(i, j) * dplus(j))
28]      +@Sum(S_Con_Num(j): Wminus(i, j)* dminus(j)));
29] @for(S_Con_Num(i):
30] @Sum(Variable(j): C(i, j)* X(j))
31]    +dminus(i)-dplus(i)=g(i);
32]);
33] @for(Level(i)|i# 1t# @size(Level)):
34] @bnd(0, Z(i), Goal(i));
```

35]);

end

运行后得目标规划的满意解:

$x_1 = 100$, $x_2 = 55$, $x_3 = 80$. 装配线生产时间为 1900 小时, 满足装配线加班不超过 200 小时的要求. 能够满足老客户的需求, 但未能达到销售目标. 销售总利润为

$$100 \times 1000 + 55 \times 1440 + 80 \times 2520 = 380800(\text{元}).$$

第 3 章　整数规划方法

整数规划是要求变量取整数值的数学规划. 要求变量取整数值的线性规划, 称为线性整数规划. 变量只取 0 或 1 的规划称为 0-1 整数规划. 只要求部分变量取整数值的规划, 称为混合整数规划. 因为实际中有许多量必须是整数, 如人数、机器数、运输次数等; 又因为利用 0, 1 变量可以数量化地描述开与关、取与存、有与无等逻辑现象, 所以在很多领域中, 如线路设计、工厂选址、人员安排、课程安排、代码选取等, 常常出现整数规划问题. 自 1959 年柯莫瑞 (R.E.Gomory) 提出了解线性整数规划的割平面法后, 整数规划就逐步形成为一个独立的分支. 本章主要介绍求解线性整数规划的方法及其经济应用, 最后介绍如何用软件求解线性整数规划.

线性整数规划的一般模型 (以极大化为例) 如下:

$$\max Z = \sum_{j=1}^{n} c_j x_j; \tag{3.1}$$

$$\text{s.t.} \begin{cases} \sum_{j=1}^{n} a_{ij} x_j \leqslant (=, \geqslant) b_i, i = 1, 2, \cdots, m, & (3.2) \\ x_j \geqslant 0, j = 1, 2, \cdots, n, & (3.3) \\ x_j \text{ 为整数}. & (3.4) \end{cases}$$

3.1　枚　举　法

3.1.1　用枚举法解线性整数规划的步骤

步骤 1: 先求满足 (3.2) 式、(3.3) 式的变量 x_j 的取值范围 S.

步骤 2: 在 S 中找出变量取整数的点, 称为整格点.

步骤 3: 将 S 中的整格点逐一代入目标函数求出目标函数值, 再比较目标函数值的大小, 从而解出线性整数规划的最优解.

例 3.1　用枚举法解下面的整数规划:

$$\max Z = 3x_1 + 4x_2;$$

$$\text{s.t.} \begin{cases} x_1 + 2x_2 \leqslant 6, \\ 3x_1 + 2x_2 \leqslant 12, \\ x_2 \leqslant 2, \\ x_1 \geqslant 0, x_2 \geqslant 0 \text{ 且为整数}. \end{cases}$$

解 找出满足约束条件的整格点：

$(0,0),(0,2),(1,0),(1,1),(1,2),(2,0),(2,1),(2,2),(3,0),(3,1),(4,0).$

将整格点逐一代入目标函数, 求出目标函数值, 再比较大小, 得最优解 $x_1=2$, $x_2=2$, 最优值 $\max Z=14$.

3.1.2 枚举法评价

当整格点的数量较少时, 用枚举法是可行的；但当整格点的数量较多时, 用枚举法解线性整数规划就很困难, 甚至不可行. 下面介绍优于枚举法的解线性整数规划的方法.

3.2 分枝定界法

分枝定界法的基本思想是先求解整数规划 (I) 相应的线性规划问题 (L), 若 (L) 的最优解不符合 (I) 的整数条件 (3.4) 式, 则 (L) 的最优目标函数值必是 (I) 的最优目标函数值 Z^* 的上界, 记作 $\overline{Z}$；而 (I) 的任意可行解的目标函数值将是 Z^* 的一个下界 $\underline{Z}$. 此时增加新的约束以缩小可行域, 以得到新的线性规划问题 (L_1), 再求解之. 不断重复, 通过求解一系列的线性规划问题, 逐步减少 $\overline{Z}$ 和增大 $\underline{Z}$, 最终求得原问题 (I) 的整数最优解和最优目标函数值 Z^*.

用分枝定界法求解整数规划问题的步骤如下.

步骤 1：对原问题 (I), 先求解 (I) 相应的线性规划问题 (L), 若 (L) 没有可行解, 则 (I) 也无可行解, 计算停止；若 (L) 有最优解, 且满足整数条件 (3.4) 式, 则 (L) 的最优解即为 (I) 的最优解, 计算停止；若 (L) 有最优解, 但不满足 (I) 的整数条件 (3.4) 式, 记其目标函数值为 $\overline{Z}$, 进行下一步.

步骤 2：用观察法找问题 (I) 的一个整数可行解, 例如取 $x_j=0(j=1,2,\cdots,n)$, 试探求得其目标函数值, 记为 $\underline{Z}$. 以 Z^* 表示问题 (I) 的最优目标函数值, 此时有 $\underline{Z}\leqslant Z^*\leqslant\overline{Z}$, 进行迭代.

步骤 3：分枝. 在 (L) 的最优解中任选一个不符合整数条件的变量 $x_j=b_j$, 构造两个约束条件：

$$x_j\leqslant[b_j]\ \text{和}\ x_j\geqslant[b_j]+1.$$

将上述两个约束条件分别加入问题 (L), 求两个后继子线性规划问题 (L_1) 和 (L_2)(不考虑整数条件).

步骤 4：定界. 以每个后继问题为一分枝标明求解的结果, 与其他问题的解的结果比较, 找出最优目标函数值最大者作为新的上界 $\overline{Z}$；从已符合整数条件的各分枝中, 找出目标函数值为新的下界 $\underline{Z}$；若无, 则 $\underline{Z}=0$.

步骤 5: 比较与剪枝. 在各分枝的最优目标函数中若有小于 $\underline{Z}$ 者, 则剪掉该枝 (用 x 表示), 此后不再考虑该分枝; 若大于 $\underline{Z}$, 且不符合整数条件, 则返回步骤 3, 直至得到 $Z^* = \underline{Z}$ 为止.

例 3.2　用分枝定界法解

$$\max Z = x_1 + x_2;$$

$$\text{s.t.} \begin{cases} x_1 + \dfrac{9}{14}x_2 \leqslant \dfrac{51}{14}, \\[2mm] -2x_1 + x_2 \leqslant \dfrac{1}{3}, \\[2mm] x_1, x_2 \geqslant 0, \\[1mm] x_1, x_2 \text{ 为整数}. \end{cases}$$

解　在上述约束条件中添加松弛变量 x_3, x_4, 化为标准形:

$$\max Z = x_1 + x_2;$$

$$\text{s.t.} \begin{cases} x_1 + \dfrac{9}{14}x_2 + x_3 = \dfrac{51}{14}, \\[2mm] -2x_1 + x_2 + x_4 = \dfrac{1}{3}, \\[2mm] x_1, x_2, x_3, x_4 \geqslant 0. \end{cases}$$

用单纯形法求解, 得表 3-1.

表 3-1

	c_j		1	1	0	0
c_B	$\boldsymbol{x}_B$	$B^{-1}\boldsymbol{b}$	x_1	x_2	x_3	x_4
0	x_3	$\dfrac{51}{14}$	[1]	$\dfrac{9}{14}$	1	0
0	x_4	$\dfrac{1}{3}$	-2	1	0	1
	σ_j		1	1	0	0
1	x_1	$\dfrac{51}{14}$	1	$\dfrac{9}{14}$	1	0
0	x_4	$\dfrac{160}{21}$	0	[161]	2	1
	σ_j		0	$\dfrac{5}{14}$	-1	0
1	x_1	$\dfrac{3}{2}$	1	0	$\dfrac{7}{16}$	$-\dfrac{9}{32}$

c_j			1	1	0	0
c_B	$\boldsymbol{x}_B$	$B^{-1}\boldsymbol{b}$	x_1	x_2	x_3	x_4
1	x_2	$\dfrac{10}{3}$	0	1	$\dfrac{7}{8}$	$\dfrac{7}{16}$
	σ_j		0	0	$-\dfrac{21}{6}$	$-\dfrac{5}{32}$

于是得最优解

$$x^* = \left(\frac{3}{2}, \frac{10}{3}, 0, 0\right)^{\mathrm{T}}, \quad \max Z = \frac{29}{6}.$$

设此问题为 (L), $0 = \underline{Z} \leqslant Z^* \leqslant \overline{Z} = \dfrac{29}{6}$, 将 (L) 分解得 (L$_1$), 加约束条件 $x_1 \leqslant 1$, 则有

$$(\mathrm{L}_1) \quad \mathrm{s.t.} \begin{cases} \max Z = x_1 + x_2; \\ x_1 + \dfrac{9}{14}x_2 \leqslant \dfrac{51}{14}, \\ -2x_1 + x_2 \leqslant \dfrac{1}{3}, \\ x_1 \leqslant 1, \\ x_1 \geqslant 0, x_2 \geqslant 0. \end{cases}$$

得最优解为

$$x_1 = 1, \quad x_2 = \frac{7}{3}, \quad \max Z = \frac{10}{3}.$$

加约束条件 $x_1 \geqslant 2$ 得 (L$_2$):

$$(\mathrm{L}_2) \quad \mathrm{s.t.} \begin{cases} \max Z = x_1 + x_2; \\ x_1 + \dfrac{9}{14}x_2 \leqslant \dfrac{51}{14}, \\ -2x_1 + x_2 \leqslant \dfrac{1}{3}, \\ x_1 \geqslant 2, \\ x_1 \geqslant 0, x_2 \geqslant 0. \end{cases}$$

得最优解

$$x_1 = 2, \quad x_2 = \frac{23}{9}, \quad \max Z = \frac{41}{9}.$$

故有

$$\overline{Z} = \frac{41}{9}, \quad 0 \leqslant Z^* \leqslant \frac{41}{9}.$$

对 (L_1) 分解得 (L_3), 加约束条件 $x_2 \leqslant 2$, 得到

$$\max Z = x_1 + x_2;$$

$$(L_3) \quad \text{s.t.} \begin{cases} x_1 + \dfrac{9}{14}x_2 \leqslant \dfrac{51}{14}, \\[2mm] -2x_1 + x_2 \leqslant \dfrac{1}{3}, \\[2mm] x_1 \leqslant 1, \\ x_2 \leqslant 2, \\ x_1 \geqslant 0, x_2 \geqslant 0. \end{cases}$$

得最优解

$$x_1 = \frac{5}{6}, \quad x_2 = 2, \quad \max Z = \frac{17}{6}.$$

对 (L_1) 加约束条件 $x_2 \geqslant 3$, 得 (L_4):

$$\max Z = x_1 + x_2;$$

$$(L_4) \quad \text{s.t.} \begin{cases} x_1 + \dfrac{9}{14}x_2 \leqslant \dfrac{51}{14}, \\[2mm] -2x_1 + x_2 \leqslant \dfrac{1}{3}, \\[2mm] x_1 \leqslant 1, \\ x_2 \geqslant 3, \\ x_1 \geqslant 0, x_2 \geqslant 0. \end{cases}$$

(L_4) 无可行解, 剪去 (L_4). 对 (L_2) 加约束条件 $x_2 \leqslant 2$, 得 (L_5):

$$\max Z = x_1 + x_2;$$

$$(L_5) \quad \text{s.t.} \begin{cases} x_1 + \dfrac{9}{14}x_2 \leqslant \dfrac{51}{14}, \\[2mm] -2x_1 + x_2 \leqslant \dfrac{1}{3}, \\[2mm] x_1 \geqslant 2, \\ x_2 \leqslant 2, \\ x_1 \geqslant 0, x_2 \geqslant 0. \end{cases}$$

得最优解

$$x_1 = 2, \quad x_2 = 2, \quad \max Z = 4.$$

对 (L$_2$) 加约束条件 $x_2 \geqslant 3$, 得 (L$_6$):

$$\max Z = x_1 + x_2;$$

$$\text{(L}_6\text{)} \quad \text{s.t.} \begin{cases} x_1 + \dfrac{9}{14}x_2 \leqslant \dfrac{51}{14}, \\ -2x_1 + x_2 \leqslant \dfrac{1}{3}, \\ x_1 \geqslant 2, \\ x_2 \geqslant 3, \\ x_1 \geqslant 0, x_2 \geqslant 0. \end{cases}$$

(L$_6$) 无可行解, 故剪去本枝. 因为已得整数解且 $Z_5 = 4$ 取为下界, 所以, $Z_3 < \underline{Z}$, 故对 (L$_3$) 剪枝. 综合上述可知, $Z_5 = Z^* = 4$, $x_1^* = 2, x_2^* = 2$ 为最优整数解.

3.3 割平面法

割平面法的基本思想是在求解整数规划 (I) 的相应的线性规划 (L) 的基础上, 不断加入新的约束, 通过求解一系列线性规划问题, 最终得到原问题 (I) 的整数最优解. 但在此方法中, 新约束的求法与分枝定界法中不同, 此外新增加的约束叫做割平面或切割方程, 它使得原可行域被切割掉一部分, 这个被切部分只包含非整数解, 但不切割掉任何整数可行解.

割平面法求解整数规划的求解步骤如下.

步骤 1: 先不考虑整数条件 (3.4) 式, 求解 (I) 相应的线性规划问题 (L), 与分枝定界法步骤 1 一样, 同样可得到 3 种结果之一.

步骤 2: 求一个切割方程. 切割方程可由单纯形表的最终表中的任一个含有非整数基变量的等式约束演变而来, 因此, 切割方程不唯一.

① 令 x_i 为相应的线性规划 (L) 的最优解中为分数值的一个基变量, 由单纯形的最终表得到

$$x_i + \sum_k a_{ik}x_k = b_i, \tag{3.5}$$

其中 $i \in Q(Q$ 表示构成基变量下标的集合), $k \in K(K$ 表示构成非基变量下标的集合).

② 将 b_i 和 a_{ik} 都分解成整数部分 N 和非负真分数 f 之和, 即

$$\begin{aligned} b_i &= N_i + f_i, \quad \text{其中} \, 0 < f_i < 1, \\ a_{ik} &= N_{ik} + f_{ik}, \quad \text{其中} \, 0 < f_{ik} < 1. \end{aligned} \tag{3.6}$$

将 (3.6) 式代入 (3.5) 式, 得

$$x_i + \sum_k N_{ik}x_k - N_i = f_i - \sum_k f_{ik}x_k. \tag{3.7}$$

③ 提出变量为整数的条件 (当然还有非负条件), (3.7) 式左边必须是整数, 但其右边因为 $0 < f_i < 1$, 所以不能为正, 故得切割方程

$$f_i - \sum_k f_{ik} x_k \leqslant 0, \quad i \in Q. \tag{3.8}$$

步骤 3: 在 (L) 的基础上, 增加第一个切割方程, 即构成线性规划问题 (L_1), 用单纯形法或对偶单纯形法求最优解, 若得到的仍为非整数解, 则返回步骤 2, 继续求第二个切割方程.

例 3.3　用割平面法求解下面整数规划:

$$\max Z = x_1 + x_2;$$
$$\text{s.t.} \begin{cases} 2x_1 + x_2 \leqslant 6, \\ 4x_1 + 5x_2 \leqslant 20, \\ x_1, x_2 \geqslant 0, \\ x_1, x_2 \text{ 为整数}. \end{cases}$$

解　在原问题的前两个不等式中增加非负松弛变量 x_3, x_4, 使其变成等式约束:

$$\max Z = x_1 + x_2 + 0 \cdot x_3 + 0 \cdot x_4;$$
$$\text{s.t.} \begin{cases} 2x_1 + x_2 + x_3 = 6, \\ 4x_1 + 5x_2 + x_4 = 20, \\ x_1, x_2, x_3, x_4 \geqslant 0, \\ x_1, x_2, x_3, x_4 \text{ 为整数}. \end{cases}$$

不考虑整数条件, 用单纯形法解题, 见表 3-2. 解得:

$$x_1 = \frac{5}{3}, \quad x_2 = \frac{8}{3}, \quad x_3 = 0, \quad x_4 = 0, \quad Z = \frac{13}{3}.$$

表 3-2

c_B	c_j		1	1	0	0	
	$\boldsymbol{x}_B$	$B^{-1}\boldsymbol{b}$	x_1	x_2	x_3	x_4	
0	x_3	6	2	1	1	0	6
0	x_4	20	4	[5]	0	1	4
	σ_j		1	1	0	0	
0	x_3	2	$\left[\dfrac{6}{5}\right]$	0	1	$-\dfrac{1}{5}$	$\dfrac{5}{3}$
1	x_2	4	$\dfrac{4}{5}$	1	0	$\dfrac{1}{5}$	5
	σ_j		$\dfrac{1}{5}$	0		-15	

c_j			1	1	0	0	
c_B	$\boldsymbol{x}_B$	$B^{-1}\boldsymbol{b}$	x_1	x_2	x_3	x_4	
1	x_1	$\dfrac{5}{3}$	1	0	$\dfrac{5}{6}$	$-\dfrac{1}{6}$	
1	x_2	$\dfrac{8}{3}$	0	1	$-\dfrac{2}{3}$	$\dfrac{1}{3}$	
	σ_j		0	0	$-\dfrac{1}{6}$	$-\dfrac{1}{30}$	

由最终单纯形表得到变量间的关系式:

$$x_1 + \frac{5}{6}x_3 - \frac{1}{6}x_4 = \frac{5}{3},$$

$$x_2 - \frac{2}{3}x_3 + \frac{1}{3}x_4 = \frac{8}{3}.$$

将系数和常数项都分解成整数和非负真分数之和, 并移项, 以上两式变为

$$x_2 - 2 - x_3 = \frac{2}{3} - \frac{1}{3}\left(x_3 + x_4\right). \tag{3.9}$$

现考虑整数条件, 要求 x_1, x_2 都为非负整数, 则由 (3.9) 式知

$$\frac{2}{3} - \frac{1}{3}\left(x_3 + x_4\right) \leqslant 0,$$

即

$$-x_3 - x_4 \leqslant -2. \tag{3.10}$$

这就得到一个切割方程, 将它作为约束条件. 引入松弛变量 x_5, 得到等式

$$-x_3 - x_4 + x_5 = -2.$$

将这新的约束方程加到表 3-2 的最终表中, 得表 3-3.

表 3-3

c_j			1	1	0	0	0
c_B	$\boldsymbol{x}_B$	$B^{-1}\boldsymbol{b}$	x_1	x_2	x_3	x_4	x_5
1	x_1	$\dfrac{5}{3}$	1	0	$\dfrac{5}{6}$	$-\dfrac{1}{6}$	0
1	x_2	$\dfrac{8}{3}$	0	1	$-\dfrac{2}{3}$	$\dfrac{1}{3}$	0
0	x_5	-2	0	0	-1	$[-1]$	1
	σ_j		0	0	$-\dfrac{1}{6}$	$-\dfrac{1}{30}$	0

c_B	$\boldsymbol{x}_B$	c_j $B^{-1}\boldsymbol{b}$	1 x_1	1 x_2	0 x_3	0 x_4	0 x_5
1	x_1	2	0	0	1	0	$-\dfrac{1}{6}$
1	x_2	2	0	1	-1	0	$\dfrac{1}{3}$
0	x_4	2	0	0	1	1	-1
	σ_j		0	0	0	0	$-\dfrac{1}{6}$

由于 x_1, x_2 的值都已是整数, 因此解题已完成, 得最优解

$$x_1^* = 2, \quad x_2^* = 2, \quad x_4^* = 2, \quad x_3^* = 0, \quad x_5^* = 0;$$

最优值 $\max Z = 4$.

3.4   分派问题的匈牙利法

所谓分派问题是指 n 项任务恰好有 n 个人去完成. 由于每人的专长不同, 各人完成任务的效率也不同, 问: 应分派哪个人去完成哪项任务, 才能使完成 n 项任务的总效率最高?

令

$$x_{ij} = \begin{cases} 1, & \text{分派第 } i \text{ 人去完成第 } j \text{ 项任务}, \\ 0, & \text{否则}. \end{cases}$$

设 c_{ij} 表示第 i 人完成第 j 项任务所花费的时间. 于是分派问题的数学模型为

$$\min Z = \sum_i \sum_j c_{ij} x_{ij}; \tag{3.11}$$

$$\text{s.t.} \begin{cases} \sum_i x_{ij} = 1, j = 1, 2, \cdots, n, \\ \sum_j x_{ij} = 1, i = 1, 2, \cdots, n, \\ x_{ij} = 0 \text{ 或 } 1. \end{cases} \tag{3.12}$$

令

$$T = (c_{ij})_{n \times n},$$

称 T 为分派问题的效率矩阵.

分派问题可以用匈牙利算法求解, 解分派问题的匈牙利算法的步骤如下.

步骤 1: 对于矩阵 T 的每一行, 从所有元素中减去这一行中的最小元素.

步骤 2: 对于具有全部正元素的列, 从所有元素中减去这一列的最小元素, 得矩阵 T'.

步骤 3: 检查一下, 看是否能挑出都是零元素的一个可行解. 如果能, 它表示一个最优解, 算法终止; 如果不能, 进入步骤 4.

步骤 3 可以下述有效方法进行:

① 在 T' 里鉴别出恰巧有一个零的行或列. 如果不存在这样的行或列, 挑选具有 0 的个数最小的行或列 (在 0 的个数相同时可任意决定), 在被挑选的行 (列) 中找一个零. 如果一行已被挑出, 画一条垂线通过这个零; 如果一列已被挑出, 画一水平线通过这个零.

② 重复上述①, 撇开有直线通过的任何零, 直到每个零至少有一条直线通过它.

③ 如果恰好画了 n 条直线, 就显示出一个最优零集. 据此画出这些直线的那一组零就构成了一个解 (它可能不是唯一的). 如果所画的直线少于 n 条, 那么最优零集还没有得到. 这时, 进入步骤 4.

步骤 4: 在这个矩阵里重新分派零元, 转入步骤 3. 步骤 4 可以下述有效方法进行:

① 在 T' 里, 对没有直线通过的每一元素减去它们中的最小元素.

② 将在步骤 4①中被减去的数加到 T' 中有两条线 (一条水平的和一条垂直的) 通过的每个元素上.

③ 移去全部直线.

例 3.4 某企业生产 10 种电子产品, 每种电子产品从流水线下线后, 要对它们的质量进行检验. 由于技术水平及熟练程度的不同, 因此对不同的电子产品, 工作的速度也不同. 自然, 企业希望挑选 10 个检验员关于 10 种电子产品检验的尽可能高效率的分派. 把每个检验员的工作情况标准化, 以分为单位, 以表示每个检验员检验每一种电子产品的时间, 这些时间显示在表 3-4 中, 其中第 i 行表示第 i 个检验员, 第 j 列表示第 j 种电子产品, 每个检验员与一种电子产品相对应. 问题是检验员与电子产品如何对应, 才能使完成时间的总和最小?

解 (1) 模型的建立. 设 $c_{ij}(i, j = 1, 2, \cdots, 10)$ 表示第 i 个检验员检验第 j 种电子产品所花费的时间, 令

$$x_{ij} = \begin{cases} 1, & \text{第 } i \text{ 个检验员检验第 } j \text{ 种产品}, \\ 0, & \text{否则}. \end{cases}$$

表 3-4

i＼j	1	2	3	4	5	6	7	8	9	10
1	3	3	10	9	5	2	11	2	11	5
2	6	2	7	11	4	10	4	4	5	4
3	9	7	9	10	4	4	5	5	4	5
4	8	6	7	8	8	8	10	6	3	9
5	7	2	8	6	10	9	6	6	11	10
6	5	11	3	6	10	3	6	7	2	10
7	4	11	11	5	9	11	7	9	10	11
8	11	10	5	4	11	4	7	8	7	3
9	11	5	5	3	2	5	7	10	7	3
10	10	4	5	2	11	6	11	7	8	2

于是该问题的数学模型为

$$\min \sum_{i=1}^{10} \sum_{j=1}^{10} c_{ij} x_{ij};$$

$$\text{s.t.} \begin{cases} \sum_{j=1}^{n} x_{ij} = 1 \, (i = 1, 2, \cdots, 10), \\ \sum_{i=1}^{n} x_{ij} = 1 \, (j = 1, 2, \cdots, 10), \\ x_{ij} = 0 \,\text{或}\, 1. \end{cases}$$

(2) 模型求解. 现在把匈牙利法应用到本题中, 得

$$T_1 = \begin{pmatrix} 1 & 1 & 8 & 7 & 3 & 0 & 9 & 0 & 9 & 3 \\ 4 & 0 & 5 & 9 & 2 & 8 & 2 & 2 & 3 & 2 \\ 5 & 3 & 5 & 6 & 0 & 0 & 1 & 1 & 0 & 1 \\ 5 & 3 & 4 & 5 & 5 & 5 & 7 & 3 & 0 & 6 \\ 5 & 0 & 6 & 4 & 8 & 7 & 4 & 4 & 9 & 8 \\ 3 & 9 & 1 & 4 & 8 & 1 & 4 & 5 & 0 & 8 \\ 0 & 7 & 7 & 1 & 5 & 7 & 3 & 5 & 6 & 7 \\ 8 & 7 & 2 & 1 & 8 & 1 & 4 & 5 & 4 & 0 \\ 9 & 3 & 3 & 1 & 0 & 3 & 5 & 8 & 5 & 1 \\ 8 & 2 & 3 & 0 & 9 & 4 & 9 & 5 & 6 & 0 \end{pmatrix}, \tag{3.13}$$

$$
T_2 = \begin{pmatrix}
1 & 1 & 7 & 7 & 3 & 0 & 8 & 0 & 9 & 3 \\
4 & 0 & 4 & 9 & 2 & 8 & 1 & 2 & 3 & 2 \\
5 & 3 & 4 & 6 & 0 & 0 & 0 & 1 & 0 & 1 \\
5 & 3 & 5 & 5 & 5 & 6 & 3 & 0 & 6 \\
5 & 0 & 5 & 4 & 8 & 7 & 3 & 4 & 9 & 8 \\
3 & 9 & 0 & 4 & 8 & 1 & 3 & 5 & 0 & 8 \\
0 & 7 & 6 & 1 & 5 & 7 & 2 & 5 & 6 & 7 \\
8 & 7 & 1 & 1 & 8 & 1 & 3 & 5 & 4 & 0 \\
9 & 3 & 2 & 1 & 0 & 3 & 4 & 8 & 5 & 1 \\
8 & 2 & 2 & 0 & 9 & 4 & 8 & 5 & 6 & 0
\end{pmatrix}, \tag{3.14}
$$

$$
T_3 = \begin{pmatrix}
2 & 2 & 8 & 8 & 4 & 0 & 8 & ⓪ & 10 & 4 \\
4 & 0 & 4 & 9 & 2 & 7 & ⓪ & 1 & 3 & 2 \\
6 & 4 & 5 & 7 & 1 & ⓪ & 0 & 1 & 1 & 2 \\
5 & 3 & 3 & 5 & 5 & 4 & 5 & ⓪ & 6 \\
5 & ⓪ & 5 & 4 & 8 & 6 & 2 & 3 & 9 & 8 \\
3 & 9 & ⓪ & 4 & 8 & 0 & 2 & 4 & 0 & 8 \\
⓪ & 7 & 6 & 1 & 5 & 6 & 1 & 4 & 6 & 7 \\
8 & 7 & 1 & 1 & 8 & 0 & 2 & 4 & 4 & ⓪ \\
9 & 3 & 2 & 1 & ⓪ & 2 & 3 & 7 & 5 & 1 \\
8 & 2 & 2 & ⓪ & 9 & 3 & 7 & 4 & 6 & 0
\end{pmatrix}. \tag{3.15}
$$

由 (3.15) 式可知, 最优解为

$$
x_{18} = x_{27} = x_{36} = x_{49} = x_{52} = x_{63} = x_{71} = x_{8,10} = x_{95} = x_{10,4} = 1.
$$

一个最优分派是

检验员: 1, 2, 3, 4, 5, 6, 7, 8, 9, 10;

电子产品: 8, 7, 6, 9, 2, 3, 1, 10, 5, 4;

最少时间是:

$$
2 + 4 + 4 + 3 + 2 + 3 + 4 + 3 + 2 + 2 = 29 \ (\text{分}).
$$

3.5   0-1 型整数规划问题的隐枚举法

0-1 型整数规划的一般形式为

$$
\max (\text{或 } \min) Z = \sum_{j=1}^{n} c_j x_j; \tag{3.16}
$$

$$\text{s.t.} \begin{cases} \sum_{j=1}^{n} a_{ij}x_j \leqslant (=,\geqslant) b_i \,(i=1,2,\cdots,m), \\ x_j = 0 \,\text{或}\, 1 \,(j=1,2,\cdots,n). \end{cases} \tag{3.17}$$

3.5.1 用隐枚举法解 0-1 型整数规划问题的步骤

步骤 1: 先用试探法对 0-1 型规划找出一个初始可行解, 其对应目标函数值为 Z_0.

步骤 2: 在原问题 0-1 型规划的基础上, 增加一个约束条件:

$$c_1x_1 + c_2x_2 + \cdots + c_nx_n \geqslant Z. \tag{3.18}$$

称为过滤条件, 将 (3.18) 式作为第一个约束条件, 构成新的 0-1 型规划 0-1$_1$ 型规划.

步骤 3: 求解上述 0-1$_1$ 型规划. 按照穷举法的思路, 依次检查各变量组合, 每找到一个可行解且在求出其相应的目标函数值 Z_1 后, 若 $Z_1 > Z_0$, 则改变条件 (3.18) 式, 得新的过滤条件 (即使右端为迄今为止最大者):

$$c_1x_1 + c_2x_2 + \cdots + c_nx_n \geqslant Z_1. \tag{3.19}$$

又将 (3.19) 式变为第一约束条件, 检查各变量组合是否满足 (3.19) 式, 若不满足, 则其他约束条件不必再检查, 此时 $Z^* = Z_1$, 对应的可行解为最优解, 计算停止; 若满足, 则继续上述过程.

例 3.5   用隐枚举法求解下列 0-1 型规划:

$$\max Z = 3x_1 - 2x_2 + 5x_3;$$

$$\text{s.t.} \begin{cases} x_1 + 2x_2 - x_3 \leqslant 2, & (3.20) \\ x_1 + 4x_2 + x_3 \leqslant 4, & (3.21) \\ x_1 + x_2 \leqslant 3, & (3.22) \\ 4x_2 + x_3 \leqslant 6, & (3.23) \\ x_1, x_2, x_3 = 0 \,\text{或}\, 1. \end{cases}$$

解   (1) 先试探性求一个可行解, 容易看出 $(x_1, x_2, x_3)=(1, 0, 0)$ 为一个可行解, 且目标函数值 $Z_0 = 3$.

(2) 因为是求最大值, 故求最优解时, 凡是目标值 $Z < 3$ 的解不必检验其是否满足约束条件即可删掉, 因为它肯定不是最优解, 于是可增加一个约束条件 (过滤条件):

$$3x_1 - 2x_2 + 5x_3 \geqslant 3. \tag{3.24}$$

列表 3-5.

表 3-5

组合点 (x_1,x_2,x_3)	条件					是否满足约束条件
	Z	(3.20) 式	(3.21) 式	(3.22) 式	(3.23) 式	
(0,0,0)	$0\times$					
(0,0,1)	$5\checkmark$	-1	1	0	1	$\checkmark$ 此时可立即将过滤条件
(0,1,0)	$-2\times$					(3.24) 式改为大于 5
(0,1,1)	$3\times$					
(1,0,0)	$3\times$					
(1,0,1)	$8\checkmark$	0	2	1	1	$\checkmark$ 此时将过滤条件
(1,1,0)	$1\times$					(3.24) 式改为大于 8
(1,1,1)	$6\times$					

由表 3-5 知, 该 0-1 规划的最优解 $x_1=1$, $x_2=0$, $x_3=1$, 最优值 $\max Z=8$.

注 在本例中, 由于对每个组合首先计算目标值以验证过滤条件, 故应优先计算目标值 Z 大的组合, 这样可提前抬高过滤门槛, 以减少计算量. 于是组合变量 x_1, x_2, x_3 在采用表 3-5 的形式时, 其排列顺序应按目标函数中系数递增顺序排列, 在本例中 x_2 的系数 -2 为最小, x_3 的系数 5 为最大, 故排序为 (x_2, x_1, x_3), 改进后的计算见表 3-6.

表 3-6

组合点 (x_2,x_1,x_3)	条件					是否满足约束条件
	Z	(3.20) 式	(3.21) 式	(3.22) 式	(3.23) 式	
(0,0,0)	$0\times$					
(0,0,1)	$5\checkmark$	-1	1	0	1	过滤式改为 >5
(0,1,0)	$3\times$					
(0,1,1)	$8\checkmark$	0	2	1	1	过滤式改为 >8
(1,0,0)	$-2\times$					
(1,0,1)	$3\times$					
(1,1,0)	$1\times$					
(1,1,1)	$6\times$					

例 3.6 用隐枚举法求解下面 0-1 型规划:

$$\min Z = 2x_1 + 5x_2 + 3x_3 + 4x_4;$$

$$\text{s.t.} \begin{cases} -4x_1 + x_2 + x_3 + x_4 \geqslant 0, & (3.25) \\ -2x_1 + 4x_2 + 2x_3 + 4x_4 \geqslant 4, & (3.26) \\ x_1 + x_2 - x_3 + x_4 \geqslant 1, & (3.27) \\ x_1, x_2, x_3, x_4 = 0\,\text{或}\,1. \end{cases}$$

解 试探到 $(0,0,0,1)$ 为可行解, 对应的目标函数值为 $Z_0=4$, 增加过滤条件

$$2x_1 + 5x_2 + 3x_3 + 4x_4 \leqslant 4.$$

列表 3-7.

表 3-7

组合点(x_1,x_2,x_3,x_4)	条件				是否满足约束条件
	Z	(3.25) 式	(3.26) 式	(3.27) 式	
(0, 0, 0,0)	0√	√	×		
(0,0,0,1)	4√	√	√	√	
(0,0,1,0)	3√	√	×		
(0,0,1,1)	7×				
(0,1,0,0)	5×				
(0,1,0,1)	9×				
(0,1,1,0)	8×				
(0,1,1,1)	12×				
(1,0,0,0)	2√	×			
(1,0,0,1)	6×				
(1,0,1,0)	5×				
(1,0,1,1)	9×				
(1,1,0,0)	7×				
(1,1,0,1)	11×				
(1,1,1,0)	10×				
(1,1,1,1)	14×				

由表 3-7 知, 最优解 $x_1 = 0$, $x_2 = 0$, $x_3 = 0$, $x_4 = 1$, 最优值 $\min Z = 4$.

3.5.2　隐枚举法评析

隐枚举法比穷举法 (即检查变量取值为 0 或 1 的每一种组合共 2^n 个, 比较目标函数值以求得最优解) 要简便, 计算效率高.

3.6　整数规划方法软件介绍

下面介绍用 Lingo 软件求解整数线性规划的方法.

例 3.7　用 Lingo 软件求解下面的整数规划:

$$\max Z = x_1 + x_2;$$

$$\text{s.t.} \begin{cases} x_1 + \dfrac{9}{14}x_2 \leqslant \dfrac{51}{14}, \\ -2x_1 + x_2 \leqslant \dfrac{1}{3}, \\ x_1 \geqslant 0, x_2 \geqslant 0, \\ x_1, x_2 \text{ 为整数}. \end{cases}$$

解

```
model:
1] max=X1+X2;
```

2] X1+$\dfrac{9}{14}$*X2 <= $\dfrac{51}{14}$;

3] - 2*X1+X2 <= $\dfrac{1}{3}$;

```
4] gin(X1); gin(X2);
end
```

运行 Lingo 软件得最优解 $x_1^* = 2$, $x_2^* = 2$; 最优值 $Z^* = 4$.

例 3.8 用 Lingo 软件求解下面的 0-1 型规划:

$$\min Z = 4x_1 + 3x_2 + 2x_3;$$

$$\text{s.t.} \begin{cases} 2x_1 - 5x_2 + 3x_3 \leqslant 4, \\ 4x_1 + x_2 + 3x_3 \geqslant 3, \\ x_2 + x_3 \geqslant 1, \\ x_1, x_2, x_3 = 0 \text{或} 1. \end{cases}$$

解

```
model :
1] min=4*X1+3*X2+2*X3;
2] 2*X1-5*X2+3*X3 < =4;
3] 4*X1+X2+3*X3 > =3;
4] X2+X3 > =1;
5] int X1 ;
6] int X2 ;
7] int X3 ;
end
```

运行 Lingo 软件得最优解 $x_1^* = 0, x_2^* = 0, x_3^* = 1$; 最优值 $Z^*=2$.

例 3.9 下料问题. 某钢管零售商从钢管厂进货, 将钢管按照顾客的要求切割后售出. 从钢管厂进货时得到的原料钢管都是 19 米长. 现有一客户需要 50 根 4 米长、20 根 6 米长和 15 根 8 米长的钢管. 应如何下料最节省?

解 首先考虑下料方式, 各种下料方式如表 3-8 所示.

(1) 建立模型. 设 x_i 表示按照第 i 种方式 ($i = 1, 2, 3, \cdots, 7$) 切割的原料钢管的根数, 于是该下料问题的数学模型为

$$\min Z = \sum_{i=1}^{7} x_i;$$

$$\text{s.t.} \begin{cases} 4x_1 + 3x_2 + 2x_3 + x_4 + x_5 \geqslant 50, \\ x_2 + 2x_4 + x_5 + 3x_6 \geqslant 20, \\ x_3 + x_5 + 2x_7 \geqslant 15, \\ x_i \geqslant 0 \text{ 且为整数 } (i = 1, 2, \cdots, 7). \end{cases}$$

表 3-8

方式	4 米的根数	6 米的根数	8 米的根数	余料/米
方式 1	4	0	0	3
方式 2	3	1	0	1
方式 3	2	0	1	3
方式 4	1	2	0	3
方式 5	1	1	1	1
方式 6	0	3	0	1
方式 7	0	0	2	3

(2) 求解模型. 该模型为整数规划模型, 下面写出求解该模型的 Lingo 软件.

```
model:
1] min=X1+X2+X3+X4+X5+X6+X7;
2] 4*X1+3*X2+2*X3+X4+X5 > =50;
3] X2+2*X4+X5+3*X6 > =20;
4] X3+X5+2*X7 > =15;
5] gin 7;
end
```

运行 Lingo 软件得最优解 $x_1^* = 0, x_2^* = 15, x_3^* = 0, x_4^* = 0, x_5^* = 5, x_6^* = 0, x_7^* = 5$, 最优值 $Z^* = 25$.

例 3.10　调度问题. 某市消防中心同时接到了 3 处火警报告. 根据当前的火势, 3 处火警地点分别需要 2 辆、2 辆和 3 辆消防车前往灭火. 3 处火警地点的损失将依赖于消防车到达的及时程度: 记 t_{ij} 为第 j 辆消防车到达火警地点 i 的时间, 则 3 处火警地点的损失分别为 $6t_{11} + 4t_{12}, 7t_{21} + 3t_{22}, 9t_{31} + 8t_{32} + 5t_{33}$. 目前可供消防中心调度的消防车正好有 7 辆, 分别属于 3 个消防站 (可用消防车数量分别为 3 辆、2 辆、2 辆). 消防车从 3 个消防站到 3 个火警地点所需的时间如表 3-9 所示. 该中心应如何调度消防车, 才能使总损失最小?

表 3-9

时间	火警点 1	火警点 2	火警点 3
消防站 1	6	7	9
消防站 2	5	8	11
消防站 3	6	9	10

解 (1) 建立模型. 把 7 辆车的需求分别看成 7 个需求点 (分别对应于到达时间 $t_{11}, t_{12}, t_{21}, t_{22}, t_{31}, t_{32}, t_{33}$). 用 x_{ij} 表示消防站 i 是否向第 j 个需求点派车 (1 表示派车, 0 表示不派车), 则共有 21 个 0-1 变量. 题目中给出的损失函数都是消防车到达时间的线性函数, 所以由所给数据进行简单的计算可知, 如果消防站 1 向第 6 个需求点派车 (即消防站 1 向火警地点 3 派车, 但该消防车是到达火警点 3 的第 2 辆车), 则由此引起的损失为 $8 \times 9 = 72$. 于是得损失矩阵如表 3-10 所示, 该调度问题的数学模型为

表 3-10

c_{ij}	火警点 1		火警点 2		火警点 3		
	$j=1$	$j=2$	$j=3$	$j=4$	$j=5$	$j=6$	$j=7$
消防站 $i=1$	36	24	49	21	81	72	45
消防站 $i=2$	30	20	56	24	99	88	55
消防站 $i=3$	36	24	63	27	90	80	50

$$\min Z = 36x_{11} + 24x_{12} + 49x_{13} + 21x_{14} + 81x_{15} + 72x_{16} + 45x_{17}$$
$$+ 30x_{21} + 20x_{22} + 56x_{23} + 24x_{24} + 99x_{25} + 88x_{26} + 55x_{27}$$
$$+ 36x_{31} + 24x_{32} + 63x_{33} + 27x_{34} + 90x_{35} + 80x_{36} + 50x_{37};$$

$$\text{s.t.} \begin{cases} x_{11} + x_{12} + x_{13} + x_{14} + x_{15} + x_{16} + x_{17} = 3, \\ x_{21} + x_{22} + x_{23} + x_{24} + x_{25} + x_{26} + x_{27} = 2, \\ x_{31} + x_{32} + x_{33} + x_{34} + x_{35} + x_{36} + x_{37} = 2, \\ \sum\limits_{i=1}^{3} x_{ij} = 1, j = 1, 2, 3, 4, 5, 6, 7, \\ x_{ij} = 0 \text{ 或 } 1. \end{cases}$$

(2) 求解模型. 写出求解调度问题的 Lingo 程序.

```
model:
1] min=36*X11+24*X12+49*X13+21*X14+81*X15+72*X16
      +45*X17+30*X21+20*X22+56*X23+24*X24
      +99*X25+88*X26+55*X27+36*X31+24*X32
      +63*X33+27*X34+90*X35+80*X36+50*X37;
2] X11+X12+X13+X14+X15+X16+X17=3;
3] X21+X22+X23+X24+X25+X26+X27=2;
4] X31+X32+X33+X34+X35+X36+X37=2;
5] X11+X21+X31=1;
```

6]　X12+X22+X32=1;

7]　X13+X23+X33=1;

8]　X14+X24+X34=1;

9]　X15+X25+X35=1;

10]　X16+X26+X36=1;

11]　X17+X27+X37=1;

运行 Lingo 软件得最优解:

$x_{11} = 0$, $x_{12} = 0$, $x_{13} = 1$, $x_{14} = 0$, $x_{15} = 1$, $x_{16} = 1$, $x_{17} = 0$, $x_{21} = 1$, $x_{22} = 1$, $x_{23} = 0$, $x_{24} = 0$, $x_{25} = 0$, $x_{26} = 0$, $x_{27} = 0$, $x_{31} = 0$, $x_{32} = 0$, $x_{33} = 0$, $x_{34} = 1$, $x_{35} = 0$, $x_{36} = 0$, $x_{37} = 1$.

最优值 $Z^* = 329$.

第4章　动态规划方法

　　1951 年, 美国数学家贝尔曼 (R.Bellman) 等根据一类所谓多阶段决策问题的特性, 提出了解决这类问题的 "最优化原理", 并研究了许多实际问题, 从而创立了最优化的一个新分支 —— 动态规划. 1957 年贝尔曼出版了他的专著《动态规划》, 这标志着动态规划理论的正式形成, 并成为数学规划的一个重要分支. 40 多年来, 动态规划在工程技术、经济领域和军事部门等众多方面都有重要应用, 现今它已成为解决多阶段决策问题的一种有效方法.

　　1. 动态规划的基本概念和术语

　　(1) 多阶段决策问题

　　如果一个问题的整个过程可以分成若干个互相联系的阶段, 每个阶段都需要作出决策, 而当每个阶段的决策都确定之后, 整个过程就确定了, 那么这个问题就叫做多阶段决策问题.

　　(2) 阶段变量

　　描述多阶段决策问题阶段数的变量, 常用 k 表示, $k = 1, 2, \cdots, n$.

　　(3) 状态变量

　　每一阶段的起始 "位置" 叫状态, 描述过程状态的变量叫状态变量, 用 S_k 表示第 k 阶段的状态.

　　(4) 决策变量

　　将过程由一个状态变到另一个状态的决定式选择叫做决策. 描述决策的变量叫决策变量, 用 u_k 表示第 k 阶段、状态 S_k 下所采取的决策. 在第 k 阶段状态 S_k 处的所有决策构成的集合叫做决策集合, 记作 $D_k(S_k)$.

　　(5) 状态转移方程

　　把过程由一个状态变到另一个状态叫状态转移. 状态转移方程为

$$S_{k+1} = T_k(S_k, u_k).$$

　　(6) 阶段指标

　　用 $V_k(S_k, u_k)$ 表示第 k 阶段、状态 S_k 下采取决策 u_k 所带来的 "效用".

　　(7) 最优指标

　　用 $f_k(S_k)$ 表示在第 k 阶段、状态 S_k 下至期末所产生的 "最优效用".

2. 多阶段决策问题建立动态规划模型的步骤

步骤 1: 将问题的过程恰当地划分成若干阶段.

步骤 2: 正确选择状态变量 S_k.

步骤 3: 确定决策变量 u_k.

步骤 4: 正确写出状态转移方程: $S_{k+1} = T_k(S_k, u_k)$.

步骤 5: 列出阶段指标和最优指标.

步骤 6: 写出动态规划方程.

下面介绍动态规划的方法.

4.1　逆 序 解 法

动态规划的逆序解法可通过下面的逆序的动态规划方程给出:

$$\begin{cases} f_k(S_k) = \operatorname*{opt}_{u_k \in D_k} \{V_k(S_k, u_k) + f_{k+1}(S_{k+1})\}, \\ f_{n+1}(S_{n+1}) = 0, \quad k = n, n-1, \cdots, 2, 1. \end{cases}$$

例 4.1　图 4-1 称为线路网络图, 其中小圆圈称为点, 两点间的连线称为弧, 弧上的数字称为弧长. 试求一条从起点 A 到终点 E 的连通弧, 使其总弧长最短.

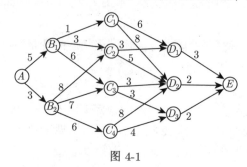

图 4-1

解　用逆序解法.

从 A 到 E 的整个过程可以分成从 A 到 B, 从 B 到 C, 从 C 到 D, 再从 D 到 E 这 4 个阶段. 每个阶段都有起点, 如第二个阶段有两个起点 B_1 和 B_2, 用 S_k 表示第 $k(k=1,2,3,4)$ 个阶段的起点, 并称它为状态变量. 从每个起点出发都有若干个选择, 例如, 从 C_1 出发有两种选择, 到 D_1 或 D_2, 用 u_k 表示从第 $k(k=1,2,3,4)$ 个阶段的状态 S_k 出发所作的选择, 并称它为决策变量. 用 $D_k(S_k)$ 表示第 k 阶段、状态 S_k 下的决策集合. 用 $V_k(S_k, u_k)$ 表示在第 k 阶段、状态 S_k 下, 采取决策 u_k 到状态 S_{k+1} 的弧长, 称 $V_k(S_k, u_k)$ 为阶段指标. 用 $f_k(S_k)$ 表示从第 k 个阶段的状

态 S_k 出发到终点 E 的最短弧长. 于是该最短路的逆序动态规划方程为

$$\begin{cases} f_k(S_k) = \min\limits_{u_k \in D_k} \{V_k(S_k, u_k) + f_{k+1}(S_{k+1})\}, \\ f_5(E) = 0, \quad k = 4, 3, 2, 1. \end{cases}$$

(1) 当 $k = 4$ 时, 有

$$f_4(D_1) = 3, \quad f_4(D_2) = 2, \quad f_4(D_3) = 2.$$

(2) 当 $k = 3$ 时, 有

$$f_3(C_1) = \min \left\{ \begin{array}{c} V(C_1, D_1) + f_4(D_1) \\ V(C_1, D_2) + f_4(D_2) \end{array} \right\} = \min \left\{ \begin{array}{c} 6+3 \\ 8+2 \end{array} \right\} = 9,$$

$u_3(C_1) = D_1$, 路径为 $C_1 \to D_1 \to E$;

$$f_3(C_2) = \min \left\{ \begin{array}{c} V(C_3, D_1) + f_4(D_1) \\ V(C_3, D_2) + f_4(D_2) \end{array} \right\} = \min \left\{ \begin{array}{c} 3+3 \\ 5+2 \end{array} \right\} = 6,$$

$u_3(C_2) = D_1$, 路径为 $C_2 \to D_1 \to E$;

$$f_3(C_3) = \min \left\{ \begin{array}{c} V(C_3, D_2) + f_4(D_2) \\ V(C_3, D_3) + f_4(D_3) \end{array} \right\} = \min \left\{ \begin{array}{c} 3+2 \\ 3+2 \end{array} \right\} = 5,$$

$u_3(C_3) = D_2(\text{或 } D_3)$, 路径为 $C_3 \to D_2(\text{或 } D_3) \to E$;

$$f_3(C_4) = \min \left\{ \begin{array}{c} V(C_4, D_2) + f_4(D_2) \\ V(C_4, D_3) + f_4(D_3) \end{array} \right\} = \min \left\{ \begin{array}{c} 8+2 \\ 4+2 \end{array} \right\} = 6,$$

$u_3(C_4) = D_3$, 路径为 $C_4 \to D_3 \to E$.

(3) 当 $k = 2$ 时, 有

$$f_2(B_1) = \min \left\{ \begin{array}{c} V(B_1, C_1) + f_3(C_1) \\ V(B_1, C_2) + f_3(C_2) \\ V(B_1, C_3) + f_3(C_3) \end{array} \right\} = \min \left\{ \begin{array}{c} 1+9 \\ 3+6 \\ 6+5 \end{array} \right\} = 9,$$

$u_2(B_1) = C_2$, 路径为 $B_1 \to C_2 \to D_1 \to E$;

$$f_2(B_2) = \min \left\{ \begin{array}{c} V(B_2, C_2) + f_3(C_2) \\ V(B_2, C_3) + f_3(C_3) \\ V(B_2, C_4) + f_3(C_4) \end{array} \right\} = \min \left\{ \begin{array}{c} 8+6 \\ 7+5 \\ 6+6 \end{array} \right\} = 12,$$

$u_2(B_2) = C_3$ 或 C_4, 路径为 $B_2 \to C_3 \to D_2$(或 D_3) $\to E$, 或 $B_2 \to C_4 \to D_3 \to E$.

(4) 当 $k = 1$ 时, 有

$$f_1(A) = \min \left\{ \begin{array}{c} V(A, B_1) + f_2(B_1) \\ V(A, B_2) + f_2(B_2) \end{array} \right\} = \min \left\{ \begin{array}{c} 5 + 9 \\ 3 + 12 \end{array} \right\} = 14,$$

$u_1(A) = B_1$, 路径为 $A \to B_1 \to C_2 \to D_1 \to E$.

故从起点 A 到终点 E 的最短弧长为 14, 最佳路径为 $A \to B_1 \to C_2 \to D_1 \to E$.

4.2　顺 序 解 法

顺序解法可以用下面的顺序的动态规划方程给出:

$$\left\{ \begin{array}{l} f_k(S_k) = \mathop{\mathrm{opt}}\limits_{u_{k-1} \in D_{k-1}} \{V_k(u_{k-1}, S_k) + f_{k-1}(S_{k-1})\}, \\ f_1(S_1) = 0, \quad k = 2, 3, \cdots, n+1. \end{array} \right.$$

例 4.2　用顺序解法求解例 4.1.

解　(1) 当 $k = 2$ 时, 有

$$f_2(B_1) = 5, \quad f_2(B_2) = 3.$$

(2) 当 $k = 3$ 时, 有

$$f_3(C_1) = V(B_1, C_1) + f_2(B_1) = 1 + 5 = 6,$$

$$f_3(C_2) = \min \left\{ \begin{array}{c} V(B_1, C_2) + f_2(B_1) \\ V(B_2, C_2) + f_2(B_2) \end{array} \right\} = \min \left\{ \begin{array}{c} 3 + 5 \\ 8 + 3 \end{array} \right\} = 8,$$

$$f_3(C_3) = \min \left\{ \begin{array}{c} V(B_1, C_3) + f_2(B_1) \\ V(B_2, C_3) + f_2(B_2) \end{array} \right\} = \min \left\{ \begin{array}{c} 6 + 5 \\ 7 + 3 \end{array} \right\} = 10,$$

$$f_3(C_4) = V(B_2, C_4) + f_2(B_2) = 6 + 3 = 9.$$

(3) 当 $k = 4$ 时, 有

$$f_4(D_1) = \min \left\{ \begin{array}{c} V(C_1, D_1) + f_3(C_1) \\ V(C_2, D_1) + f_3(C_2) \end{array} \right\} = \min \left\{ \begin{array}{c} 6 + 6 \\ 3 + 8 \end{array} \right\} = 11,$$

$$f_4(D_2) = \min \left\{ \begin{array}{c} V(C_1, D_2) + f_3(C_1) \\ V(C_2, D_2) + f_3(C_3) \\ V(C_3, D_2) + f_3(C_3) \\ V(C_4, D_2) + f_3(C_4) \end{array} \right\} = \min \left\{ \begin{array}{c} 8 + 6 \\ 5 + 8 \\ 3 + 10 \\ 8 + 9 \end{array} \right\} = 13,$$

$$f_4(D_3) = \min \left\{ \begin{array}{c} V(C_3, D_3) + f_3(C_3) \\ V(C_4, D_3) + f_3(C_4) \end{array} \right\} = \min \left\{ \begin{array}{c} 3 + 10 \\ 4 + 9 \end{array} \right\} = 13.$$

(4) 当 $k = 5$ 时, 有

$$f_5(E) = \min \left\{ \begin{array}{l} V(D_1, E) + f_4(D_1) \\ V(D_2, E) + f_4(D_2) \\ V(D_3, E) + f_4(D_3) \end{array} \right\} = \min \left\{ \begin{array}{l} 3 + 11 \\ 2 + 13 \\ 2 + 13 \end{array} \right\} = 14.$$

故 $f_5(E) = 14$ 为所求的最短弧长, 路径为

$$A \to B_1 \to C_2 \to D_1 \to E.$$

例 4.3 投资问题. 某公司有资金 4 万元, 可向 A, B, C 3 个项目投资, 已知各项目不同投资额的相应效益值如表 4-1 所示, 问: 如何分配资金, 可使总效益最大?

表 4-1

项目	投资额				
	0	1	2	3	4
A	0	41	48	60	66
B	0	42	50	60	66
C	0	64	68	78	76

解 把对 3 个项目投资看成 3 个阶段的决策过程, 阶段变量 $k = 1, 2, 3$. 状态变量 S_k 表示第 k 阶段可以投资第 k 个项目到第 3 个项目的资金; 决策变量 u_k 表示第 k 阶段对第 k 个项目的投资额; 允许决策集合 $D_k = \{0, 1, \cdots, S_k\}$; 状态转移方程 $S_{k+1} = S_k - u_k, S_1 = 4$; 阶段指标 $V(S_k, u_k)$ 表示第 k 阶段、状态 S_k 下, 采取决策 u_k 投资第 k 个项目的效益; 最优指标 $f_k(S_k)$ 表示当可投资金为 S_k 时, 投资第 k 至第 3 个项目所得的最大效益. 于是该投资问题的逆序动态规划方程为

$$\left\{ \begin{array}{l} f_k(S_k) = \max\limits_{u_k \in D_k} \{V(S_k, u_k) + f_{k+1}(S_{k+1})\}, \\ f_4(S_4) = 0, \quad k = 3, 2, 1. \end{array} \right.$$

本题是要求出 $f_1(S_1)$. 下面通过列表进行计算.

(1) 当 $k = 3$ 时, 见表 4-2.

表 4-2

S_3 \ u_3	$V(S_3, u_3) + f_4(S_4)$					$f_3(S_3)$	u_3^*
	0	1	2	3	4		
0	0					0	0
1	0	64				64	1
2	0	64	68			68	2
3	0	64	68	78		78	3
4	0	64	68	78	76	78	3

(2) 当 $k = 2$ 时, 见表 4-3.

表 4-3

S_2 \\ u_2	$V(S_2, u_2) + f_3(S_3)$					$f_2(S_2)$	u_2^*
	0	1	2	3	4		
0	0+0					0	0
1	0+64	42+0				64	0
2	0+68	42+64	50+0			106	1
3	0+78	42+68	50+64	60+0		114	2
4	0+78	42+78	50+68	60+64	66+0	124	3

(3) 当 $k = 1$ 时, 见表 4-4.

表 4-4

S_1 \\ u_1	$V(S_1, u_1) + f_2(S_2)$					$f_1(S_1)$	u_1^*
	0	1	2	3	4		
4	0+124	41+114	48+106	60+64	66+0	155	1

由表 4-4 可知, 该投资问题的最优解

$$u_1^* = 1, u_2^* = 2, u_3^* = 1, 最优值 f_1(S_1) = 155.$$

例 4.4   动态库存问题. 某企业每月生产某种产品最多 600 件, 当月生产的产品若未销出, 就需存储 (刚入库的产品当月不付存储费). 月初就已存储的产品需支付存储费, 每 100 件每月 1000 元. 已知每 100 件产品的生产费为 5000 元, 在进行生产的月份工厂要支出经营费 4000 元, 市场需求如表 4-5 所示. 假定 1 月初及 4 月底的库存量为零, 试问: 每月应生产多少件产品, 才能在满足需求的条件下, 使总生产及存储费用之和最小?

表 4-5

月份	1	2	3	4
产品/百件	5	3	2	1

解   将问题按月份分为 4 个阶段, 用 k 表示阶段变量, $k = 1, 2, 3, 4$. 每月的需求量记为 b_k, 月初的存储量为状态变量, 记为 S_k, 每月的生产量为决策变量, 记为 u_k, $0 \leqslant u_k \leqslant 6$. 用 $f_k(S_k)$ 表示从第 k 个月至第 4 个月最小的生产与存储费用之和, 第 k 个月的生产与存储费用设为阶段指标, 用 $V_k(S_k, u_k)$ 表示, 有

$$V_k(S_k, u_k) = 1 \cdot S_k + 5 \cdot u_k + 4\text{sgn}(u_k),$$

状态转移方程为

$$S_{k+1} = S_k + u_k - b_k.$$

于是得该问题的逆序动态规划方程为

$$\begin{cases} f_k(S_k,) = \min_{u_k \in D_k} \{V_k(S_k, u_k) + f_{k+1}(S_{k+1})\}, \\ f_5(S_5) = 0, \quad k = 4, 3, 2, 1. \end{cases}$$

本题是求 $f_1(S_1)$. 下面通过列表进行计算.

(1) 当 $k = 4$ 时, 见表 4-6.

表 4-6

S_4 \ u_4	$V_4(S_4, u_4) + f_5(S_5)$		$f_4(S_4)$	u_4^*
	0	1		
0		9+0	9	1
1	1+0		1	0

(2) 当 $k = 3$ 时, 见表 4-7.

表 4-7

S_3 \ u_3	$V_3(S_3, u_3) + f_4(S_4)$				$f_3(S_3)$	u_3^*
	0	1	2	3		
0			14+9	19+1	20	3
1		10+9	15+1		16	2
2	2+9	11+1			11	0
3	3+1				4	0

(3) 当 $k = 2$ 时, 见表 4-8.

表 4-8

S_2 \ u_2	$V_2(S_2, u_2) + f_3(S_3)$							$f_2(S_2)$	u_2^*
	0	1	2	3	4	5	6		
0				19+20	24+16	29+11	34+4	38	6
1			15+20	20+16	25+11	30+4		34	5

(4) 当 $k = 1$ 时, 见表 4-9.

表 4-9

S_1 \ u_1	$V_1(S_1, u_1) + f_2(S_2)$							$f_1(S_1)$	u_1^*
	0	1	2	3	4	5	6		
0						29+38	34+34	67	5

由表 4-9 可知, 最优解

$$u_1^* = 5, u_2^* = 6, u_3^* = 0, u_4^* = 0, \text{ 最优值 } f_1(S_1) = 67.$$

例 4.5 设备更新问题. 某企业的某型号机床的年均维修费用及效益指标如表 4-10 所示 (单位: 千元). 购买一台同型号的新机床价格为 5000 元. 如企业将该机床出售, 其价格如表 4-11 所示.

表 4-10

项目	役龄/年					
	0	1	2	3	4	5
$r(t)$/千元	5	4.5	4	3.75	3	2.5
$u(t)$/千元	0.5	1	1.5	2	2.5	3

表 4-11

役龄/年	0	1	2	3	4	5
价格/千元	4.5	4	3.5	3	2.5	2

该企业在 2003 年有一台新机床, 试给出至 2007 年年底该机床的最优更新策略及最优效益值.

解 用 $r(t)$ 表示役龄 (已使用过的年限) 为 t 年的一台设备再继续使用一年可得到的经济收入, 称 $r(t)$ 为效益函数, 通常 $r(t)$ 是减函数; 用 $u(t)$ 表示役龄为 t 的一台设备再继续使用一年的维修费用, 称 $u(t)$ 为维修费用函数, 通常 $u(t)$ 是增函数; 用 $c(t)$ 表示卖掉一台役龄为 t 的旧设备, 买进一台新设备 (役龄为 0 年) 的纯支出费用, 称 $c(t)$ 为更新费用函数.

阶段变量 $k(k = 1, 2, 3, 4, 5)$ 表示营运年数.

状态变量 S_k 表示第 k 年年初设备的役龄.

决策变量 u_k 表示第 k 年年初是继续使用旧设备 (用 K 表示), 还是使用更新后的新设备 (用 P 表示), 即 $u_k = K$ 或 $u_k = P$.

状态转移方程为

$$S_{k+1} = \begin{cases} S_{k+1}, & u_k = K; \\ 1, & u_k = P. \end{cases}$$

阶段指标函数为

$$V_k(S_k, u_k) = \begin{cases} r(S_k) - u(S_k), & u_k = K; \\ r(0) - u(0) - c(S_k), & u_k = P. \end{cases}$$

用 $f_k(S_k)$ 表示从第 k 年年初开始, 使用一台役龄为 S_k 的设备, 到第 n 年年末

的最大纯收益, 得该问题的逆序动态规划方程为

$$
\begin{cases}
f_k\left(S_k\right) = \max\limits_{u_k = K \text{或} P} \left\{V_k\left(S_k, u_k\right) + f_{k+1}\left(S_{k+1}\right)\right\} \\
\qquad = \max \begin{cases} r\left(S_k\right) - u\left(S_k\right) + f_{k+1}\left(S_{k+1}\right), & u_k = K; \\ r\left(0\right) - u\left(0\right) - c\left(S_k\right) + f_{k+1}(1), & u_k = P; \end{cases} \\
f_6(S_6) = 0, \quad k = 5, 4, 3, 2, 1.
\end{cases}
$$

由表 4-11 得 $c(t)$, 如表 4-12 所示.

表 4-12

役龄/年	0	1	2	3	4	5
$c(t)$/千元	0.5	1	1.5	2	2.5	3

(1) 当 $k = 5$ 时, 有

$$
f_5\left(S_5\right) = \max \begin{cases} r\left(S_5\right) - u\left(S_5\right), & u_5 = K; \\ r\left(0\right) - u\left(0\right) - c\left(S_5\right), & u_5 = P. \end{cases}
$$

这时 S_5 的可达状态为 1, 2, 3, 4.

$$
f_5\left(1\right) = \max \begin{cases} 4.5 - 1 \\ 5 - 0.5 - 1 \end{cases} = 3.5, \quad u_5(1) = K \text{ 或 } P.
$$

类似地, 有

$$
f_5(2) = 3, \quad u_5(2) = K \text{ 或 } P; \\
f_5(3) = 2.5, \quad u_5(3) = P; \\
f_5(4) = 2, \quad u_5(4) = P.
$$

(2) 当 $k = 4$ 时, 有

$$
f_4\left(S_4\right) = \max \begin{cases} r\left(S_4\right) - u\left(S_4\right) + f_5\left(S_4 + 1\right), & u_4 = K; \\ r\left(0\right) - u\left(0\right) - c\left(S_4\right) + f_5\left(1\right), & u_4 = P. \end{cases}
$$

这时 S_4 的可达状态为 1, 2, 3, 分别代入上式得

$$
f_4(1) = 7, \quad u_4(1) = P; \\
f_4(2) = 6.5, \quad u_4(2) = P; \\
f_4(3) = 6, \quad u_4(3) = P.
$$

(3) 当 $k = 3$ 时, 注意 S_3 的可达状态为 1, 2. 类似地算出

$$
f_3(1) = 10.5, \quad u_3(1) = P; \\
f_3(2) = 10, \quad u_3(2) = P.
$$

(4) 当 $k = 2$ 时, S_2 的可达状态为 1, 算出

$$f_2(1) = 14, \quad u_2(1) = P.$$

(5) 当 $k = 1$ 时, S_1 的可达状态为 0, 算出

$$f_1(0) = 18.5, \quad u_1(0) = K.$$

由此可得, 最优更新策略为

$$\{K, P, P, P, K\} \quad \text{或} \quad \{K, P, P, P, P\}.$$

最大经济效益为 1.85 万元.

4.3　动态规划方法软件介绍

下面通过具体的例子来介绍如何用 Lingo 软件求解动态规划问题.

例 4.6　在纵横交错的公路网中, 货车司机希望找到一条从一个城市到另一个城市的最短路线. 图 4-2 所示是公路网, 节点表示货车可以停靠的城市, 弧上的权表示两个城市之间的距离 (百千米). 那么, 货车从城市 S 出发到城市 T, 如何选择行驶路线, 使所经过的路程最短?

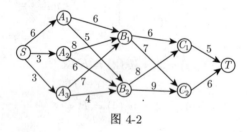

图 4-2

解　写出解该问题的 Lingo 程序如下.

```
model:
SETS:
CITIES/S, A1, A2, A3, B1, B2, C1, C2, T/: L;
ROADS(CITIES, CITIES)/
S, A1 S, A2 S, A3
A1, B1 A1, B2 A2, B1 A2, B2 A3, B1 A3, B2
B1, C1 B1, C2 B2, C1 B2, C2
C1, T C2, T/: D;
ENDSETS
DATA:
```

```
D=6 3 3
  6 5 8 6 7 4
  6 7 8 9
  5 6;
L=0, , , , , , , ;
ENDDATA
@FOR(CITIES(i)|i#GT#@index(S)):
L(i)=@MIN(ROADS(j, i): L(j)+D(j, i));
end
```

运行 Lingo 软件得最优行驶路线的路长为 20, 最优行驶路线为

$$S \rightarrow A_3 \rightarrow B_2 \rightarrow C_1 \rightarrow T.$$

第 5 章　非线性规划方法

我们已经知道, 线性规划问题的目标函数和约束条件都是自变量的一次函数, 但在经济管理和其他领域中, 还有许多问题, 其目标函数或约束条件中包含有非线性函数, 称这种规划问题为非线性规划问题. 非线性规划问题作为运筹学的重要分支之一, 在经济管理、系统控制、最优设计等许多领域有着广泛的应用.

非线性规划分为无约束条件与有约束条件两类, 无约束非线性规划问题的实质是一个求目标函数在整个 $\mathbf{R}^n$ 上极值点的问题, 微分学已透彻地研究过这个问题. 因此, 从实用角度讲, 对无约束非线性规划问题主要是讨论各种有效的数值解算法; 而有约束非线性规划问题要比无约束非线性规划问题复杂, 通常是将其转化为一系列无约束问题来处理.

5.1　一维搜索法

5.1.1　基本概念

非线性规划的数学模型可写成如下形式:

$$\begin{cases} \min f(\boldsymbol{x}), & (5.1) \\ g_i(\boldsymbol{x}) \geqslant 0, \quad i = 1, 2, \cdots, m, & (5.2) \end{cases}$$

其中 $\boldsymbol{x} = (x_1, x_2, \cdots, x_n)^{\mathrm{T}}$ 是 n 维欧氏空间 $\mathbf{E}^n$ 中的向量, $f(\boldsymbol{x})$ 为目标函数, $g_i(\boldsymbol{x}) \geqslant 0$ 为约束条件. $f(\boldsymbol{x})$ 与 $g_i(\boldsymbol{x})(i = 1, 2, \cdots, m)$ 中至少有一个为非线性函数.

若上述数学模型中不存在约束条件 $g_i(\boldsymbol{x}) \geqslant 0, i = 1, 2, \cdots, m$, 则称其为无约束非线性规划问题 (此时 $f(\boldsymbol{x})$ 为非线性函数), 否则称其为有约束非线性规划问题.

在第 1 章我们已经知道, 如果线性规划问题的最优解存在, 则最优解必可在可行域的某个顶点处达到; 而如果非线性规划问题的最优解存在, 则其最优解可能在其可行域的任意一点达到.

例如, 考虑如下的非线性规划问题:

$$\min f(x, y) = x^2 + y^2;$$

$$\begin{cases} x + y \leqslant 1, \\ x - y \leqslant 1, \\ -x + y \leqslant 1, \\ -x - y \leqslant 1. \end{cases}$$

其可行域见图 5-1, 易知其最优解为 $(x,y)^{\mathrm{T}} = (0,0)^{\mathrm{T}}$ 为可行域的内点.

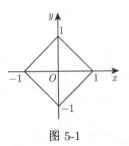
图 5-1

定义 5.1 设 $f(\boldsymbol{x})$ 为定义在 n 维欧氏空间 $\mathbf{E}^n$ 中某个凸集 R 上的函数, 若对任何实数 $\alpha(0 < \alpha < 1)$ 以及 R 中的任意两点 $\boldsymbol{x}_1$ 与 $\boldsymbol{x}_2$, 恒有

$$f(\alpha\boldsymbol{x}_1 + (1-\alpha)\boldsymbol{x}_2) \leqslant \alpha f(\boldsymbol{x}_1) + (1-\alpha)f(\boldsymbol{x}_2),$$

则称 $f(\boldsymbol{x})$ 为定义在 R 上的凸函数. 若将上式中的 "$\leqslant$" 换成 "$<$", 则称 $f(\boldsymbol{x})$ 为定义在 R 上的严格凸函数; 若将 "$\leqslant$" 换成 "$\geqslant$", 则称 $f(\boldsymbol{x})$ 为定义在 R 上的凹函数; 若将 "$\leqslant$" 换成 "$>$", 则称 $f(\boldsymbol{x})$ 为严格凹函数.

凸函数具有如下性质.

性质 5.1 设 $f(\boldsymbol{x})$ 为定义在凸集 R 上的凸函数, 则对任意实数 $\beta \geqslant 0$, 函数 $\beta f(\boldsymbol{x})$ 也是定义在 R 上的凸函数.

性质 5.2 设 $f_1(\boldsymbol{x})$ 和 $f_2(\boldsymbol{x})$ 为定义在凸集 R 上的两个凸函数, 则 $f(\boldsymbol{x}) = f_1(\boldsymbol{x}) + f_2(\boldsymbol{x})$ 也是定义在 R 上的凸函数.

除了由定义判断函数是否为凸函数外. 还可利用下述定理进行判别.

定理 5.1 设 R 为 n 维欧氏空间 $\mathbf{E}^n$ 上的开凸集, $f(\boldsymbol{x})$ 在 R 上具有一阶连续偏导数, 则 $f(\boldsymbol{x})$ 为 R 上的凸函数的充要条件是: 对任意两个不同点 $\boldsymbol{x}_1 \in R$ 和 $\boldsymbol{x}_2 \in R$, 恒有

$$f(\boldsymbol{x}_2) > f(\boldsymbol{x}_1) + \boldsymbol{\nabla}^{\mathrm{T}} f(\boldsymbol{x}_1)(\boldsymbol{x}_2 - \boldsymbol{x}_1).$$

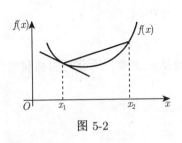
图 5-2

从凸函数的定义来看, 凸函数上两点间的线性插值要不低于这个函数; 从定理 5.1 可看出, 基于某点导数的线性近似要不高于这个函数. 见图 5-2.

定理 5.2 设 $f(\boldsymbol{x})$ 是定义在凸集 R 上的可微凸函数, 若存在点 $\boldsymbol{x}^* \in R$, 使得对于所有的 $\boldsymbol{x} \in R$, 有

$$\boldsymbol{\nabla}^{\mathrm{T}} f(\boldsymbol{x}^*)(\boldsymbol{x} - \boldsymbol{x}^*) \geqslant 0, \tag{5.3}$$

则 $\boldsymbol{x}^*$ 是 $f(\boldsymbol{x})$ 在 R 上的最小点 (全局极小点).

特别地, 若点 $\boldsymbol{x}^*$ 是 R 的内点时, 则 (5.3) 式对任意 $\boldsymbol{x} - \boldsymbol{x}^*$ 都成立, 从而可将其改为

$$\nabla f(\boldsymbol{x}^*) = 0.$$

对于非线性规划数学模型:

$$\begin{cases} \min f(\boldsymbol{x}), \\ g_i(\boldsymbol{x}) \geqslant 0, \quad i = 1, 2, \cdots, m, \end{cases}$$

若 $f(\boldsymbol{x})$ 为凸函数, $g_i(\boldsymbol{x})(i = 1, 2, \cdots, m)$ 为凹函数, 则称其为凸规划.

可以证明: 对上述凸规划, 其可行域为凸集, 其最优解 (假定最优解存在) 的集合也形成一个凸集; 进而若 $f(\boldsymbol{x})$ 为严格凸函数时, 其最优解 (假定最优解存在) 必唯一.

本节将介绍求一维无约束非线性规划问题的极值点的搜索法, 即寻找 R^1 和 R^1 某子集上的单变量函数的极值点, 如

$$\min_{\lambda \in R^1} F(\lambda) \quad \text{或} \quad \min_{\lambda \in [a,b]} F(\lambda).$$

在关于非线性规划的研究中, 这类问题具有特殊的重要性, 这是由于:

(1) 许多实际的优化问题可归结成这种模型;

(2) 更重要的是, 在求解多维无约束非线性规划时, 有不少算法都包含了在 $\mathbf{R}^n$ 中沿某些方向寻找极值点的步骤, 具体地说, 在算法的迭代过程中, 已得到 $\boldsymbol{x}^{(k)}$, 并确定了寻优方向 $\boldsymbol{p}_k$, 则下一个迭代点为

$$\boldsymbol{x}^{(k+1)} = \boldsymbol{x}^{(k)} + \lambda_k \boldsymbol{p}_k.$$

上式中, 步长 λ_k 一般由一维最优化问题

$$f(\boldsymbol{x}^{(k)} + \lambda \boldsymbol{p}_k) = \min f(\boldsymbol{x}^{(k)} + \lambda_k \boldsymbol{p}_k)$$

确定, 而这实际上即为一维最优化问题的搜索.

现考虑这样的实际问题: 已知某企业生产一种商品 x 个单位所获得的利润为

$$L(x) = -3x^2 + 21.6x,$$

其中 $x \in [0, 25]$, 试求出其极大点.

下面重点介绍用斐波那契 (Fibonacci) 法与黄金分割法求解此问题.

5.1.2 斐波那契算法

定义 5.2   称一元实值函数 $f(x)$ 在闭区间 $L = [a, b]$ 上是单峰的, 如果存在 f 在 L 上的极小值点 $x^* \in L$, 且对于任意两点 $x_1, x_2 \in L$, $x_1 < x_2$, 有以下两种情形之一出现:

(1) 若 $f(x_1) < f(x_2)$, 则 $x^* \in [a, x_2]$;

(2) 若 $f(x_1) > f(x_2)$, 则 $x^* \in [x_1, b]$.

定义 5.2 的几何意义见图 5-3.

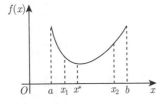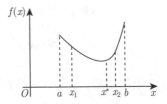

图 5-3

由定义可知, 对单峰函数可通过 L 内相异两点函数值的计算, 划定极小值点的所在位置 (若 $f(x_1) = f(x_2)$, 则 $x^* \in [x_1, x_2]$, 为简便计, 假设这种情况不出现), 通过计算 $f(x_1)$ 与 $f(x_2)$ 后, 可将 L 位于 x_2 右边或 x_1 左边的子区间划去, 从而把搜索区间 $[a, b]$ 缩小成 $[a, x_2]$ 或 $[x_1, b]$. 再在新的区间取一异于上次保留下的点的新点, 计算它的函数值, 并将其与保留点处的函数值相比较, 就可进一步缩小包含 x^* 的区间, 这样的每次缩小的区间称为一次迭代.

由此可见, 随着迭代次数的增加, 包含 x^* 的子区间的长度愈来愈短. 进而需要考虑的问题是: 如何选取比较点的位置, 可使在进行相同的迭代次数之后, 包含 x^* 的子区间尽可能地短.

为了解决这个问题, 引入斐波那契数列 $\{F_n\}$, 称

$$F_0 = 0, \quad F_1 = 1,$$

$$F_k = F_{k-1} + F_{k-2}, \quad k = 2, 3, \cdots$$

为斐波那契数列.

斐波那契算法是指这样的一维最优化迭代程序: 设 N 为计算函数值 $f(x)$ 的次数, 即需选定 N 个计算点, 可使 $L = [a_1, b_1]$, 得到 $N-1$ 次缩短. 一般地, 设在第 k 次迭代时, 包含 x^* 的区间为 (a_k, b_k), 则比较下列两点函数值:

$$x_1^{(k)} = a_k + \frac{F_{N-k}}{F_{N-k+2}}(b_k - a_k), \quad k = 1, 2, \cdots, N-1, \tag{5.4}$$

$$x_2^{(k)} = a_k + \frac{F_{N-k+1}}{F_{N-k+2}}(b_k - a_k), \quad k = 1, 2, \cdots, N-1. \tag{5.5}$$

另外, 除 $k = 1$ 外, 点 $x_1^{(k)}$ 与 $x_2^{(k)}$ 之中总有一点在前一次迭代中已经计算过了.

而在最后一次迭代 ($k = N - 1$) 中, 由 (5.4) 式与 (5.5) 式, 恰有

$$x_1^{(N-1)} = x_2^{(N-1)} = a_{k-1} + \frac{1}{2}(b_{k-1} - a_{k-1}),$$

从而不能通过函数值比较以进一步缩短区间. 因此, 为了通过最后的函数值计算, 使 $[a_{k-1}, b_{k-1}]$ 缩小到它的长度的一半左右, 可将 $x_1^{(N-1)}$ 与 $x_2^{(N-1)}$ 放在离区间 $[a_{k-1}, b_{k-1}]$ 中现有点的距离为 ε 的地方, 即可取

$$x_2^{(N-1)} = x_1^{(N-1)} = a_{N-1} + \left(\frac{1}{2} + \varepsilon\right)(b_{N-1} - a_{N-1}),$$

其中 ε 为任意小的正数, 最后以函数值较小者为近似极小值点, 相应的函数值为近似极小值.

此外由 (5.4) 式与 (5.5) 式可得:

$$x_2^{(k)} - a_k = b_k - x_1^{(k)},$$

因此, $x_1^{(k)}$ 与 $x_2^{(k)}$ 是被对称地安置在区间 (a_k, b_k) 中, 见图 5-4.

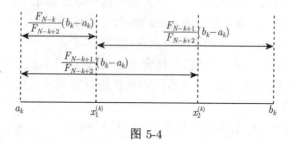

图 5-4

在计算了 N 次函数值后, 包含 x^* 的区间长度为

$$b_N - a_N = \frac{b_1 - a_1}{F_{N+1}} + \delta.$$

这里 δ 为零或 ε. 具体地说, 若进行 11 次函数计算 ($F_{12} = 144$), 则可在初始区间的 1% 以内给出任何单峰函数的近似极小值点.

可以证明, 在所有采用非随机 N 次函数值计算和划界求单峰函数极小值点的方法中, 对于在 N 次函数值计算后仍保留的并包含要寻找的极小值点的最大可能区间而言, 斐波那契算法将初始区间的长度减少到最小.

接下来用斐波那契算法求解前面的问题, 要求缩短后的区间长度不大于原区间长度的 8%.

由 $\frac{1}{F_n} < 0.08$, $F_{n+1} > 12.5$, 可得 $n = 6$, 其中 $F_7 = 13$. 由 (5.4) 式与 (5.5) 式计算得

$$x_1^{(1)} = a_1 + \frac{F_5}{F_7}(b_1 - a_1) = \frac{5}{13} \times 25 \approx 9.6154,$$

$$x_2^{(1)} = a_1 + \frac{F_6}{F_7}(b_1 - a_1) = \frac{8}{13} \times 25 \approx 15.3846,$$

$$f\left(x_1^{(1)}\right) = -69.6751 > f\left(x_2^{(1)}\right) = -377.7504,$$

故取 $a_2 = 0$, $b_2 = 15.3846$;

$$x_2^{(2)} = x_1^{(1)} = 9.6154, \quad x_1^{(2)} = a_2 + \frac{F_4}{F_6}(b_2 - a_2) = \frac{3}{8} \times 15.3846 \approx 5.7692,$$

$$f\left(x_1^{(2)}\right) = 24.7637 > f\left(x_2^{(2)}\right),$$

故取 $a_3 = 0$, $b_3 = 9.6154$;

$$x_2^{(3)} = x_1^{(2)} = 5.7692, \quad x_1^{(3)} = a_3 + \frac{F_3}{F_5}(b_3 - a_3) = \frac{2}{5} \times 9.6154 \approx 3.8462,$$

$$f\left(x_1^{(3)}\right) = 38.698 > f\left(x_2^{(3)}\right),$$

故取 $a_4 = 0$, $b_4 = 5.7692$;

$$x_2^{(4)} = 3.8462, \quad x_1^{(4)} = a_4 + \frac{F_2}{F_4}(b_4 - a_4) = \frac{1}{3} \times 5.7692 \approx 1.9231,$$

$$f\left(x_1^{(4)}\right) = 30.444 < f\left(x_2^{(4)}\right),$$

故取 $a_5 = 1.9231$, $b_5 = 5.7692$, $x_1^{(5)} = 3.8462$.

令 $\varepsilon = 0.001$,

$$x_2^{(5)} = a_5 + \left(\frac{1}{2} + \varepsilon\right)(b_5 - a_5)$$

$$= 1.9231 + \left(\frac{1}{2} + 0.001\right)(5.7692 - 1.9231)$$

$$\approx 3.850,$$

则

$$f\left(x_2^{(5)}\right) = 38.6925 < f\left(x_1^{(5)}\right),$$

故取 $a_6 = 1.9231$, $b_6 = 3.85$.

所以 $x = 3.8462$ 为近似最优点, 近似极大值 $f(3.8462) = 38.698$.

斐波那契算法的缺点之一是, 在开始寻优之前必须事先知道计算函数值的次数 N, 然后由 N 将第一次迭代时的两个计算函数值的点确定在区间的

$$\frac{F_{N-1}}{F_{N+1}} \quad \text{与} \quad \frac{F_N}{F_{N+1}}$$

处, 即第一次迭代时的计算点是不固定的.

5.1.3   黄金分割算法

对于斐波那契数列 $\{F_n\}$, 可以证明:

$$\lim_{N \to \infty} \frac{F_{N-1}}{F_N} = \frac{1}{\tau} = \frac{\sqrt{5}-1}{2} \approx 0.618.$$

因此, 若将 (5.4) 式与 (5.5) 式改为

$$x_1^{(k)} = a_k + \frac{\tau-1}{\tau}(b_k - a_k), \quad k = 1, 2, \cdots, N-1, \tag{5.6}$$

$$x_2^{(k)} = a_k + \frac{1}{\tau}(b_k - a_k), \quad k = 1, 2, \cdots, N-1, \tag{5.7}$$

其他步骤与斐波那契算法相同, 则得到黄金分割算法, 亦称为 0.618 法.

黄金分割算法仍是每次将有关的计算点对称地放在区间内, 相对位置也不随 N 的不同而变化. 可以证明, 黄金分割算法经 N 次计算函数值后将初始区间缩减为原来的 $\dfrac{1}{\tau^{N-1}}$.

现在用黄金分割算法求解前述最大利润问题, 步骤如下 (仍迭代 5 次):

$$x_1^{(1)} = a_1 + \frac{\tau-1}{\tau}(b_1 - a_1) = 0.382 \times 25 = 9.55,$$

$$x_2^{(1)} = a_1 + \frac{1}{\tau}(b_1 - a_2) = 0.618 \times 25 = 15.45,$$

$$f\left(x_1^{(1)}\right) = -67.3275 > f\left(x_2^{(1)}\right) = -382.3875,$$

故取 $a_2 = 0$, $b_2 = 15.45$;

$$x_2^{(2)} = 9.55, \quad x_1^{(2)} = a_2 + \frac{\tau-1}{\tau}(b_2 - a_2) = 0.382 \times 15.45 = 5.9019,$$

$$f\left(x_1^{(2)}\right) \approx 22.9838 > f\left(x_2^{(2)}\right),$$

故取 $a_3 = 0$, $b_3 = 9.55$;

$$x_2^{(3)} = 5.9019, \quad x_1^{(3)} = a_3 + \frac{\tau-1}{\tau}(b_3 - a_3) = 0.382 \times 9.55 = 3.6481,$$

$$f\left(x_1^{(3)}\right) \approx 38.8731 > f\left(x_2^{(3)}\right),$$

故取 $a_4 = 0$, $b_4 = 5.9019$;

$$x_2^{(4)} = 3.6481, \quad x_1^{(4)} = a_4 + \frac{\tau-1}{\tau}(b_4 - a_4) = 0.382 \times 5.9019 \approx 2.2545,$$

$$f\left(x_1^{(4)}\right) \approx 33.4489 < f\left(x_2^{(4)}\right),$$

故取 $a_5 = 2.2545$, $b_5 = 5.9019$;

$$x_1^{(5)} = 3.6481, \quad x_2^{(5)} = a_5 + \frac{1}{\tau}(b_5 - a_5)$$
$$= 2.2545 + 0.618 \times (5.9019 - 2.2545) \approx 4.5086,$$
$$f\left(x_2^{(5)}\right) = 36.4033 < f\left(x_1^{(5)}\right),$$

故取 $a_6 = 2.2545$, $b_6 = 4.5086$.

所以 $x = 3.6481$ 为近似最优点, 近似极大值 $f(3.6481) = 38.8731$.

比较以上两种算法可以看出, 经相同的迭代次数后, 斐波那契算法所得的区间较黄金分割算法得到的要短, 可以证明:

$$\lim_{N \to \infty} \frac{F_{N+1}}{\tau^{N+1}} = \frac{\tau^2}{\sqrt{5}} \approx 1.17.$$

即对充分大的 N, 用黄金分割算法得到的区间比用斐波那契算法得到的约长 17%.

5.2 最速下降法

5.2.1 最速下降法

已知某企业生产 A, B 两种商品, 数量分别为 x_1 与 x_2, 所获得利润如下:

$$L(x_1, x_2) = -2x_1^2 - 2x_2^2 - 2x_1x_2 + 4x_1 + 6x_2,$$

试求其最大利润.

此问题是一个无约束的非线性规划问题, 为了求解此问题, 我们引入一种古老而使用简便的数值方法——最速下降法.

不失一般性, 考虑如下无约束非线性规划问题:

$$\min f(\boldsymbol{x}), \quad \boldsymbol{x} \in \mathbf{E}^n.$$

设 $f(\boldsymbol{x})$ 有一阶连续偏导数, $\boldsymbol{x}^*$ 是其极小点.

若 $\boldsymbol{x}^{(0)}$ 为逼近 $\boldsymbol{x}^*$ 的初始点, $\boldsymbol{x}^{(k)}$ 是第 k 次迭代结果, $\boldsymbol{p}_k$ 是第 k 次寻优方向, 即

$$\boldsymbol{x}^{(k+1)} = \boldsymbol{x}^{(k)} + \lambda_k \boldsymbol{p}_k,$$

其中 λ_k 为该次寻优时沿 $\boldsymbol{p}_k$ 所得的步长.

现在的问题在于, 如果 $\boldsymbol{p}_k$ 尚未确定, 我们自然希望这样: 确定 $\boldsymbol{p}_k$, 使得沿着该方向, $f(\boldsymbol{x})$ 在 $\boldsymbol{x}^{(k)}$ 的邻域内下降得最快. 为此, 将 $f(\boldsymbol{x})$ 在 $\boldsymbol{x}^{(k)}$ 处展开成泰勒 (Taylor) 级数:

$$f(\boldsymbol{x}^{(k)} + \lambda_k \boldsymbol{p}_k) = f(\boldsymbol{x}^{(k)}) + \lambda_k \boldsymbol{\nabla}^{\mathrm{T}} f(\boldsymbol{x}^{(k)}) \boldsymbol{p}_k + o(\|\lambda_k \boldsymbol{p}_k\|),$$

其中 $\nabla f(\boldsymbol{x}^{(k)})$ 为 $f(\boldsymbol{x})$ 在 $\boldsymbol{x}^{(k)}$ 处的梯度.

显然, 对于充分小的 λ_k, 要使 $f(\boldsymbol{x}^{(k)} + \lambda_k \boldsymbol{p}_k) < f(\boldsymbol{x}^{(k)})$, 当且仅当

$$\nabla^{\mathrm{T}} f(\boldsymbol{x}^{(k)}) \boldsymbol{p}_k < 0.$$

又由于

$$|\nabla^{\mathrm{T}} f(\boldsymbol{x}^{(k)}) \boldsymbol{p}_k| = ||\nabla f(\boldsymbol{x}^{(k)})|| \cdot ||\boldsymbol{p}_k|| \cos\theta \leqslant ||\nabla f(\boldsymbol{x}^{(k)})|| \cdot ||\boldsymbol{p}_k||,$$

式中 θ 为向量 $\nabla f(\boldsymbol{x}^{(k)})$ 与 $\boldsymbol{p}_k$ 的夹角. 故若令

$$\boldsymbol{p}_k = -\nabla f(\boldsymbol{x}^{(k)}),$$

则沿 $\boldsymbol{p}_k$, $f(\boldsymbol{x})$ 将在 $\boldsymbol{x}^{(k)}$ 的邻域内下降得最快. 通常称其为负梯度方向.

最速下降法就是逐点按此方法确定寻优方向, 再通过一维寻优确定步长, 以求解多维无约束非线性规划问题的方法.

最速下降法步骤如下.

步骤 1: 令 $k = 0$, 给定初始值 $\boldsymbol{x}^{(0)}$ 与精度 $\varepsilon > 0$.

步骤 2: 若 $||\nabla f(\boldsymbol{x}^{(k)})|| \leqslant \varepsilon$, 则迭代停止, 并令 $\boldsymbol{x}^* = \boldsymbol{x}^{(k)}$; 否则, 转步骤 3.

步骤 3: 由 $\min\limits_{\lambda} f(\boldsymbol{x}^{(k)} - \lambda \nabla f(\boldsymbol{x}^{(k)}))$ 求得 λ_k, 并令

$$\boldsymbol{x}^{(k+1)} = \boldsymbol{x}^{(k)} - \lambda_k \nabla f(\boldsymbol{x}^{(k)}), \quad k = k + 1,$$

返步骤 2.

现在我们用最速下降法求解前述问题. 先令

$$f(x_1, x_2) = -L(x_1, x_2) = 2x_1^2 + 2x_2^2 + 2x_1 x_2 - 4x_1 - 6x_2,$$

则问题转化为求 $\min f(x_1, x_2)$. 不妨设初始点 $\boldsymbol{x}^{(0)} = (1, 1)^{\mathrm{T}}, \varepsilon = 0.1$, 此时 $f(\boldsymbol{x}^{(0)}) = -4$,

$$\nabla f(\boldsymbol{x}) = (4x_1 + 2x_2 - 4, 2x_1 + 4x_2 - 6)^{\mathrm{T}},$$

$$\nabla f(\boldsymbol{x}^{(0)}) = (2, 0)^{\mathrm{T}}, \quad ||\nabla f(\boldsymbol{x}^{(0)})|| = \sqrt{2^2 + 0^2} = 2 > \varepsilon,$$

$$\boldsymbol{p}_0 = -\nabla f(\boldsymbol{x}^{(0)}) = (-2, 0)^{\mathrm{T}},$$

$$\boldsymbol{x}^{(0)} + \lambda \boldsymbol{p}_0 = (1, 1)^{\mathrm{T}} + \lambda(-2, 0)^{\mathrm{T}} = (1 - 2\lambda, 1)^{\mathrm{T}}.$$

由

$$\min_{\lambda} f\left(\boldsymbol{x}^{(0)} + \lambda \boldsymbol{p}_0\right) = \min_{\lambda} f(1 - 2\lambda, 1) = \min_{\lambda} \left(8\lambda^2 - 4\lambda - 4\right),$$

求得 λ_0, 此时即为一维寻优问题, 可采用上一节的斐波那契算法或黄金分割算法求解, 在可微条件下也可由微分法求解.

由微分法求得 $\lambda_0 = \dfrac{1}{4}$, 则得到下一个迭代点:

$$\boldsymbol{x}^{(1)} = \boldsymbol{x}^{(0)} + \lambda_0 \boldsymbol{p}_0 = (1,1)^{\mathrm{T}} + \frac{1}{4}(-2,0)^{\mathrm{T}} = \left(\frac{1}{2}, 1\right)^{\mathrm{T}},$$

此时函数值 $f\left(\boldsymbol{x}^{(1)}\right) = -4\dfrac{1}{2}$. 以下迭代过程同前, 见表 5-1.

表 5-1

步骤	λ_k	$\boldsymbol{x}^{(k)}$	$\boldsymbol{\nabla} f(\boldsymbol{x}^{(k)})$	$f(\boldsymbol{x}^{(k)})$
0	$\dfrac{1}{4}$	$(1,1)^{\mathrm{T}}$	$(2,0)^{\mathrm{T}}$	-4
1	$\dfrac{1}{4}$	$\left(\dfrac{1}{2}, 1\right)^{\mathrm{T}}$	$(0,-1)^{\mathrm{T}}$	$-4\dfrac{1}{2}$
2	$\dfrac{1}{4}$	$\left(\dfrac{1}{2}, \dfrac{5}{4}\right)^{\mathrm{T}}$	$\left(\dfrac{1}{2}, 0\right)^{\mathrm{T}}$	$-4\dfrac{5}{8}$
3	$\dfrac{1}{4}$	$\left(\dfrac{3}{8}, \dfrac{5}{4}\right)^{\mathrm{T}}$	$\left(0, -\dfrac{1}{4}\right)^{\mathrm{T}}$	$-4\dfrac{21}{32}$
4	$\dfrac{1}{4}$	$\left(\dfrac{3}{8}, \dfrac{21}{16}\right)^{\mathrm{T}}$	$\left(\dfrac{1}{8}, 0\right)^{\mathrm{T}}$	$-4\dfrac{170}{256}$
5		$\left(\dfrac{11}{32}, \dfrac{21}{16}\right)^{\mathrm{T}}$	$\left(0, -\dfrac{1}{16}\right)^{\mathrm{T}}$	$-4\dfrac{341}{512}$

到第 5 步迭代后, 由于

$$\left\|\boldsymbol{\nabla} f\left(\boldsymbol{x}^{(5)}\right)\right\| = \sqrt{0^2 + \left(\frac{-1}{16}\right)^2} = \frac{1}{16} < \varepsilon,$$

因此迭代停止, $\boldsymbol{x}^* = \boldsymbol{x}^{(5)} = \left(\dfrac{11}{32}, \dfrac{21}{16}\right)^{\mathrm{T}}, f\left(\boldsymbol{x}^*\right) = -4\dfrac{341}{512}$.

5.2.2 方法评析

可以证明: 当 $f(\boldsymbol{x})$ 为具有一阶连续偏导数的凸函数时, 如果由最速下降法所得的数列 $\{\boldsymbol{x}^{(k)}\}$ 有界, 则必有:

(1) 数列 $\{f(\boldsymbol{x}^{(k)}\}$ 单调下降;

(2) 序列 $\{\boldsymbol{x}^{(k)}\}$ 的极限 $\boldsymbol{x}^*$ 满足 $\boldsymbol{\nabla} f(\boldsymbol{x}^*) = \boldsymbol{0}$;

(3) $\boldsymbol{x}^*$ 为全局极小值点.

需要指出的是, $\boldsymbol{x}$ 点处的负梯度方向 $-\boldsymbol{\nabla} f(\boldsymbol{x})$ 仅在点 $\boldsymbol{x}$ 附近才具有 "最速下降" 的特点, 而对整个极小化过程来说, 那就是另外一回事了. 可以证明, 若目标函数的等值线为一族同心圆 (或同心球面), 则从任一初始点出发, 沿最速下降方向经一次迭代即可达到极小点.

例如, 求 $f(\boldsymbol{x}) = (x_1 - 2)^2 + (x_2 - 3)^2$ 的极小点, 取 $\varepsilon = 0.1$, 初始点 $\boldsymbol{x}^{(0)} = (0,0)^{\mathrm{T}}$, 则

$$\nabla f(\boldsymbol{x}) = (2(x_1 - 2), 2(x_2 - 3))^{\mathrm{T}}, \quad \nabla f(\boldsymbol{x}^{(0)}) = (-4, -6)^{\mathrm{T}},$$

$$\boldsymbol{p}_0 = -\nabla f\left(\boldsymbol{x}^{(0)}\right) = (4, 6)^{\mathrm{T}}, \quad \left\| \nabla f\left(\boldsymbol{x}^{(0)}\right) \right\| = \sqrt{(-4)^2 + (-6)^2} = \sqrt{52} > 0.1,$$

$$\boldsymbol{x}^{(0)} + \lambda \boldsymbol{p}_0 = (4\lambda, 6\lambda)^{\mathrm{T}},$$

由 $\min\limits_{\lambda} f\left(\boldsymbol{x}^{(0)} + \lambda \boldsymbol{p}_0\right) = \min\limits_{\lambda} \left[(4\lambda - 2)^2 + (6\lambda - 3)^2 \right]$, 易求得 $\lambda_0 = \dfrac{1}{2}$, 则得到下一个迭代点 $\boldsymbol{x}^{(1)} = (2, 3)$, 此时 $f(\boldsymbol{x}^{(1)}) = 0$ 即为全局极小值.

但通常情况并不是这样. 例如, 一般二元二次凸函数的等值线为一族共心椭圆, 当用最速下降法趋近极小值点时, 其搜索路径呈直角锯齿状, 见图 5-5. 在开始几次迭代时, 目标函数值下降较快, 但接近极小值点 $\boldsymbol{x}^*$ 时, 收敛速度就明显减缓, 因此, 常将最速下降法与其他方法一起联合应用, 起初阶段可用最速下降法, 而在接近极小值点 $\boldsymbol{x}^*$ 时, 则使用收敛较快的其他方法.

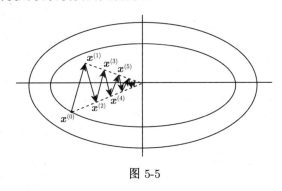

图 5-5

5.3   共轭方向法

5.3.1   基本概念

定义 5.3   设 $\boldsymbol{x}$ 与 $\boldsymbol{y}$ 是 n 维欧氏空间 $\mathbf{E}^n$ 中的两个向量, 若有

$$\boldsymbol{x}^{\mathrm{T}} \boldsymbol{y} = 0,$$

则称 $\boldsymbol{x}$ 与 $\boldsymbol{y}$ 正交. 设 A 为 n 阶对称正定矩阵, 如果 $\boldsymbol{x}$ 与 $A\boldsymbol{y}$ 正交. 即有

$$\boldsymbol{x}^{\mathrm{T}} A \boldsymbol{y} = 0,$$

则称 $\boldsymbol{x}$ 与 $\boldsymbol{y}$ 关于 A 共轭, 或 $\boldsymbol{x}$ 与 $\boldsymbol{y}$ 为 A 共轭 (A 正交).

定义 5.4 设 A 为 n 阶对称正定矩阵, 若非零向量组 $\boldsymbol{p}_1, \boldsymbol{p}_2, \cdots, \boldsymbol{p}_n$ 满足:

$$\boldsymbol{p}_i^{\mathrm{T}} A \boldsymbol{p}_j = 0 \quad (i \neq j, \ i, j = 1, 2, \cdots, n),$$

则称该向量组为 A 共轭 (A 正交).

注 (1) 如果 $A = I$, 上式就是通常的正交条件, 因此, A 共轭概念是一般正交概念的推广.

(2) 对任意对称矩阵 A, 至少有 n 个相互共轭的非零向量.

由于二次函数是最简单的非线性函数, 而且一般非线性函数在极小值点附近的性态又近于二次函数, 因此, 一种算法首先应对二次函数有较好的应用效果, 才有可能对一般非线性规划问题较为有效.

现以二元二次函数为例, 不失一般性, 设原点是椭圆族的共同中心, 即

$$f(x, y) = ax^2 + 2dxy + by^2 + c, \quad ab - d^2 > 0.$$

易知, 若过原点作任意直线, 则此直线与各椭圆交点处的切线相互平行, 见图 5-6.

反之, 如果沿着两个相互平行的方向寻求 $f(x, y)$ 的极小点, 得 A, B 两点, 则沿 AB 方向的直线必过 $f(x, y)$ 的极小点 (原点), 因此, 只要沿着 AB 方向进行一维寻优即可, 见图 5-6.

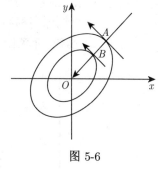

图 5-6

下面考虑一般的 n 元函数

$$f(\boldsymbol{x}) = \frac{1}{2} \boldsymbol{x}^{\mathrm{T}} A \boldsymbol{x} + B^{\mathrm{T}} \boldsymbol{x} + C,$$

式中 A 为 n 阶对称正定阵.

设 $\boldsymbol{p}_0$ 为某个给定方向, $\boldsymbol{x}^{(0)}$ 为任一初始点, 从 $\boldsymbol{x}^{(0)}$ 出发沿 $\boldsymbol{p}_0$ 作一维寻优, 得该方向上 $f(\boldsymbol{x})$ 的极小值点:

$$\boldsymbol{x}^{(1)} = \boldsymbol{x}^{(0)} + \lambda_0 \boldsymbol{p}_0.$$

同样, 从另一点 $\widetilde{\boldsymbol{x}}^{(0)}$(不在 $\boldsymbol{x}^{(0)} + \lambda \boldsymbol{p}_0$ 上) 出发, 沿 $\boldsymbol{p}_0$ 寻优, 并得另一个极小值点:

$$\widetilde{\boldsymbol{x}}^{(1)} = \widetilde{\boldsymbol{x}}^{(0)} + \widetilde{\lambda}_0 \boldsymbol{p}_0.$$

由于 $\boldsymbol{x}^{(1)}$ 与 $\widetilde{\boldsymbol{x}}^{(1)}$ 均为 $\boldsymbol{p}_0$ 方向上 f 的极小值点, 故有

$$\boldsymbol{\nabla}^{\mathrm{T}} f\left(\boldsymbol{x}^{(1)}\right) \boldsymbol{p}_0 = 0, \quad \boldsymbol{\nabla}^{\mathrm{T}} f\left(\widetilde{\boldsymbol{x}}^{(1)}\right) \boldsymbol{p}_0 = 0.$$

若记 $\widetilde{\boldsymbol{x}}^{(1)} - \boldsymbol{x}^{(1)} = \boldsymbol{p}_1$, 并将 $\nabla f(\boldsymbol{x}) = A\boldsymbol{x} + B$ 代入上式并相减得

$$\boldsymbol{p}_1^{\mathrm{T}} A \boldsymbol{p}_0 = 0,$$

即 $\boldsymbol{p}_1$ 与 $\boldsymbol{p}_0$ 关于 A 共轭.

从上述分析看出, 对于二元二次函数 $f(\boldsymbol{x})$, 如果从 $\boldsymbol{x}^{(0)}$ 出发, 分别沿相互共轭的方向 $\boldsymbol{p}_0$ 与 $\boldsymbol{p}_1$ 作二次一维寻优, 即可得 $f(\boldsymbol{x})$ 的极小值点.

5.3.2 共轭方向法

已知某企业生产 A, B 两种产品, 数量分别为 x_1 与 x_2, 其总收益为

$$f(x_1, x_2) = -2x_1^2 + x_1 x_2 - x_2^2 + 10x_1 + 15x_2,$$

试求最大收益.

根据以上讨论, 为求 $f(\boldsymbol{x})$ 的极小值, 我们需要构造一组共轭方向, 沿这样的一组共轭方向逐次寻优. 为此, 我们考虑能否利用目标函数解析信息的条件来构造一组共轭方向, 自然想到利用迭代点处的负梯度方向来构造共轭方向.

对于二次函数, 弗莱彻 (Fletcher) 和瑞芙尔 (Reever) 首先提出了如下迭代公式:

$$\begin{cases} \boldsymbol{x}^{(k+1)} = \boldsymbol{x}^{(k)} + \lambda_k \boldsymbol{p}_k, \\ \lambda_k = -\dfrac{\nabla^{\mathrm{T}} f\left(\boldsymbol{x}^{(k)}\right) \boldsymbol{p}_k}{\boldsymbol{p}_k^{\mathrm{T}} A \boldsymbol{p}_k}, \\ \boldsymbol{p}_{k+1} = -\nabla f\left(\boldsymbol{x}^{(k+1)}\right) + \alpha_k \boldsymbol{p}_k, \\ \alpha_k = \dfrac{\left\| \nabla f\left(\boldsymbol{x}^{(k+1)}\right) \right\|^2}{\left\| \nabla f\left(\boldsymbol{x}^{(k)}\right) \right\|^2}, \quad k = 0, 1, 2, \cdots, n-1. \end{cases} \tag{5.8}$$

由于上式是由迭代点处的负梯度来构造共轭方向的, 因此此共轭方向法也称 FR 共轭梯度法.

与上面的二次函数相比, 一般非线性函数的共轭梯度法只是在求 λ_k 时通常无法得到解析解, 而改用一维寻优方法.

共轭梯度法算法的步骤如下.

步骤 1: 给定初始点 $\boldsymbol{x}^{(0)}$ 与 $\varepsilon > 0, k = 0$.

步骤 2: 若 $\|\nabla f(\boldsymbol{x}^{(k)})\| \leqslant \varepsilon$, 则 $\boldsymbol{x}^* = \boldsymbol{x}^{(k)}$; 否则转步骤 3.

步骤 3: 若 $k = 0$, 令 $\boldsymbol{p}_k = -\nabla f(\boldsymbol{x}^{(k)})$;

若 $k \neq 0$, 令 $\boldsymbol{p}_k = -\nabla f(\boldsymbol{x}^{(k)}) + \alpha_{k-1} \boldsymbol{p}_{k-1}$,

其中

$$\alpha_{k-1} = \frac{\left\| \nabla f\left(\boldsymbol{x}^{(k)}\right) \right\|^2}{\left\| \nabla f\left(\boldsymbol{x}^{(k-1)}\right) \right\|^2},$$

并用一维寻优方法求 λ_k, 使

$$f\left(\boldsymbol{x}^{(k)} + \lambda_k \boldsymbol{p}_k\right) = \min_\lambda f\left(\boldsymbol{x}^{(k)} + \lambda \boldsymbol{p}_k\right),$$

$$\boldsymbol{x}^{(k+1)} = \boldsymbol{x}^{(k)} + \lambda_k \boldsymbol{p}_k.$$

步骤 4: 若 $k > n$, 令 $\boldsymbol{x}^{(0)} = \boldsymbol{x}^{(k)}$, 返回步骤 1; 否则令 $k = k+1$, 返回步骤 2.

注 (1) 在求 λ_k 时, 若满足解析条件, 也可用

$$\lambda_k = -\frac{\boldsymbol{\nabla}^{\mathrm{T}} f\left(\boldsymbol{x}^{(k)}\right) \boldsymbol{p}_k}{\boldsymbol{p}_k^{\mathrm{T}} A \boldsymbol{p}_k}$$

计算.

(2) 在具体计算时, 为使选定 $\boldsymbol{x}^{(0)}$ 后的函数值迅速下降, 可先使用最速下降法, 在若干次后改用共轭梯度法.

下面用共轭梯度法求解前述问题.

令 $f(x_1, x_2) = -R(x_1, x_2) = 2x_1^2 - x_1 x_2 + x_2^2 - 10x_1 - 15x_2$, 此时

$$A = \begin{pmatrix} 4 & -1 \\ -1 & 2 \end{pmatrix}, \quad B = (-10, -15)^{\mathrm{T}}, \quad \boldsymbol{x} = \begin{pmatrix} x_1 \\ x_2 \end{pmatrix},$$

则 $f(\boldsymbol{x}) = \frac{1}{2} \boldsymbol{x}^{\mathrm{T}} A \boldsymbol{x} + B^{\mathrm{T}} \boldsymbol{x}$. 不妨设初始点 $\boldsymbol{x}^{(0)} = (3, 2)^{\mathrm{T}}$, 有

$$\boldsymbol{\nabla} f(\boldsymbol{x}) = (4x_1 - x_2 - 10, -x_1 + 2x_2 - 15)^{\mathrm{T}},$$

$$\boldsymbol{\nabla} f(\boldsymbol{x}^{(0)}) = (0, -14)^{\mathrm{T}}, \quad \boldsymbol{p}_0 = -\boldsymbol{\nabla} f(\boldsymbol{x}^{(0)}) = (0, 14)^{\mathrm{T}},$$

$$\lambda_0 = -\frac{\boldsymbol{\nabla}^{\mathrm{T}} f\left(\boldsymbol{x}^{(0)}\right) \boldsymbol{p}_0}{\boldsymbol{p}_0^{\mathrm{T}} A \boldsymbol{p}_0} = -\frac{(0, -14)\begin{pmatrix} 0 \\ 14 \end{pmatrix}}{(0, 14)\begin{pmatrix} 4 & -1 \\ -1 & 2 \end{pmatrix}\begin{pmatrix} 0 \\ 14 \end{pmatrix}} = \frac{1}{2}.$$

$$\boldsymbol{x}^{(1)} = \boldsymbol{x}^{(0)} + \lambda_0 \boldsymbol{p}_0 = \begin{pmatrix} 3 \\ 2 \end{pmatrix} + \frac{1}{2}\begin{pmatrix} 0 \\ 14 \end{pmatrix} = \begin{pmatrix} 3 \\ 9 \end{pmatrix},$$

$$\boldsymbol{\nabla} f(\boldsymbol{x}^{(1)}) = (-7, 0)^{\mathrm{T}},$$

$$\alpha_0 = \frac{\left\|\boldsymbol{\nabla} f\left(\boldsymbol{x}^{(1)}\right)\right\|^2}{\left\|\boldsymbol{\nabla} f\left(\boldsymbol{x}^{(0)}\right)\right\|^2} = \frac{1}{4},$$

$$\boldsymbol{p}_1 = -\boldsymbol{\nabla} f\left[\boldsymbol{x}^{(1)}\right] + \alpha_0 \boldsymbol{p}_0 = \begin{pmatrix} 7 \\ 0 \end{pmatrix} + \frac{1}{4}\begin{pmatrix} 0 \\ 14 \end{pmatrix} = \begin{pmatrix} 7 \\ \frac{7}{2} \end{pmatrix},$$

$$\lambda_1 = -\frac{\boldsymbol{\nabla}^{\mathrm{T}} f\left(\boldsymbol{x}^{(1)}\right) \boldsymbol{p}_1}{\boldsymbol{p}_1^{\mathrm{T}} A \boldsymbol{p}_1} = -\frac{(-7,0)\begin{pmatrix} 7 \\ \frac{7}{2} \end{pmatrix}}{\left(7,\frac{7}{2}\right)\begin{pmatrix} 4 & -1 \\ -1 & 2 \end{pmatrix}\begin{pmatrix} 7 \\ \frac{7}{2} \end{pmatrix}} = \frac{2}{7},$$

$$\boldsymbol{x}^{(2)} = \boldsymbol{x}^{(1)} + \lambda_1 \boldsymbol{p}_1 = \begin{pmatrix} 3 \\ 9 \end{pmatrix} + \frac{2}{7}\begin{pmatrix} 7 \\ \frac{7}{2} \end{pmatrix} = \begin{pmatrix} 5 \\ 10 \end{pmatrix}.$$

根据前面的讨论, 此时 $\boldsymbol{x}^{(2)}$ 就是 $f(\boldsymbol{x})$ 的极小值点, 也即为 $R(\boldsymbol{x})$ 的极大值点.

实际上, $f(x_1, x_2) = \left(x_1 - \frac{1}{2}x_2\right)^2 + (x_1 - 5)^2 + \frac{3}{4}(x_2 - 10)^2 - 100$, 可知 $\boldsymbol{x}^{(2)}$ 确为 $f(\boldsymbol{x})$ 的极小值点, 此时 $f(\boldsymbol{x})$ 的极小值为 -100, 即 $R(\boldsymbol{x})$ 的极大值为 100.

对于一般 n 元二次函数, 从理论上说, 进行 n 次迭代即可达到极小值点, 但在实际计算中, 由于计算误差等原因, 往往破坏了 $\{\boldsymbol{p}_i\}$ 的严格共轭性, 故常需要多于 n 次的迭代, 但由于 n 维问题的共轭方向最多只有 n 个, 在 n 步以后继续如上进行是没有意义的. 因此, 在实际计算中, 若迭代到 n 步还不收敛, 则应将 $\boldsymbol{x}^{(n)}$ 作为新的初始点, 重新开始迭代.

对于一般非二次函数, 通常以 n 步迭代是不能达到 $f(\boldsymbol{x})$ 的收敛点的, 此时在实际计算时, 若迭代 n 步仍未达到收敛的情形, 仍然可以 $\boldsymbol{x}^{(n)}$ 作为新的初始值, 重新进行第二轮迭代, 如此下去, 直至满足要求的精度为止.

5.4　可行方向法 (简约梯度法)

5.4.1　基本概念

考虑下面的有约束的非线性规划问题:

$$\begin{cases} \min f(\boldsymbol{x}), & (5.9) \\ g_i(\boldsymbol{x}) \geqslant 0, & i = 1, 2, \cdots, m. \quad (5.10) \end{cases}$$

设 $\boldsymbol{x}^{(0)}$ 是上述非线性规划的一个可行解, 它当然满足所有的约束条件. 现考虑某一不等式约束条件 $g_k(\boldsymbol{x}) \geqslant 0 (1 \leqslant k \leqslant m)$, $\boldsymbol{x}^{(0)}$ 满足它有两种可能; 其一为 $g_k(\boldsymbol{x}^{(0)}) > 0$, 此时点 $\boldsymbol{x}^{(0)}$ 不在由此约束条件形成的可行域的边界上, 故 $\boldsymbol{x}$ 对点 $\boldsymbol{x}^{(0)}$ 的微小变动不起限制作用, 我们称这个约束条件是点 $\boldsymbol{x}^{(0)}$ 的不起作用约束; 其二是 $g_k(\boldsymbol{x}^{(0)}) = 0$, 此时点 $\boldsymbol{x}^{(0)}$ 位于该约束条件形成的可行域边界上, $\boldsymbol{x}$ 在点 $\boldsymbol{x}^{(0)}$ 处的微小变动可能导致约束条件 $g_k(\boldsymbol{x}) \geqslant 0$ 被破坏, 所以称这个约束是 $\boldsymbol{x}^{(0)}$ 的起作用约束.

假定 $x^{(0)}$ 是非线性规划的一个可行点 (可行解), 现考虑此点的某一方向 D, 若存在实数 $\lambda_0 > 0$, 使得对任意 $\lambda \in [0, \lambda_0]$, 均有

$$x^{(0)} + \lambda D \in R^n,$$

其中 $R^n = \{x | g_i(x) \geqslant 0, i = 1, 2, \cdots, m\}$, 则称方向 D 是点 $x^{(0)}$ 的一个可行方向.

假定 $x^{(0)}$ 是非线性规划的一个可行点, 对该点的某一方向 D 来说, 若存在实数 $\lambda_0' > 0$, 使得对任意 $\lambda \in [0, \lambda_0']$, 均有

$$f(x^{(0)} + \lambda D) < f(x^{(0)}),$$

则称方向 D 为点 $x^{(0)}$ 的一个下降方向.

如果方向 D 既是点 $x^{(0)}$ 的可行方向, 又是该点的下降方向, 就称 D 是点 $x^{(0)}$ 的可行下降方向.

显然, 若某点存在可行下降方向, 它就不会是极小值点; 另一方面, 若某点是极小值点, 则在该点不存在可行下降方向. 如果 $x^{(0)}$ 不是极小值点, 继续寻优的方向就应从该点的可行下降方向中去搜索.

下面给出由库恩 (Kuhn) 和塔克 (Tucker) 在 1951 年提出的关于有约束的非线性规划问题最优解的著名必要条件.

定理 5.3 设 x^* 是有约束的非线性规划 ((5.9) 式、(5.10) 式) 的极小值点, $f(x)$ 在 x^* 处可微, $g_i(x)$ 在 x^* 处可微 $(i = 1, 2, \cdots, m)$, 且与点 x^* 的各起作用约束的梯度线性无关, 则存在向量 $(r_1^*, r_2^*, \cdots, r_m^*)$, 使下述条件成立:

$$\begin{cases} \nabla f(x^*) - \sum_{i=1}^{m} r_i^* \nabla g_i(x^*) = \mathbf{0}, \\ r_i^* g_i(x^*) = \mathbf{0}, \quad i = 1, 2, \cdots, m, \\ r_i^* \geqslant 0, \quad\quad\ \ i = 1, 2, \cdots, m. \end{cases} \tag{5.11}$$

定理的证明略.

(5.11) 式常简称为 K-T 条件, 满足 K-T 条件的点称为 K-T 点, 定理 5.3 说明非线性规划 ((5.9) 式、(5.10) 式) 的极小值点一定是 K-T 点.

注 (1) K-T 条件是非线性规划领域中最重要的理论成果之一, 据此, 有约束的非线性规划的许多寻优方法均是寻找 K-T 点.

(2) 若非线性规划 ((5.9) 式、(5.10) 式) 是凸规划, 则 K-T 条件不仅是最优点存在的必要条件, 同时也是充分条件.

(3) 对于如下的有约束的非线性规划问题:

$$\begin{cases} \min f(x), \\ g_i(x) \geqslant 0, \quad i = 1, 2, \cdots, m, \\ h_j(x) = 0, \quad\ \ j = 1, 2, \cdots, l, \end{cases} \tag{5.12}$$

其 K-T 条件如下:

设 x^* 是 (5.12) 式的极小值点, $f(x)$ 在 x^* 处可微, $g_i(x)(i=1,2,\cdots,m)$ 在 x^* 处可微, $h_j(x)(j=1,2,\cdots,l)$ 在 x^* 处连续可微, 且与点 x^* 的各起作用约束的梯度线性无关, 则存在向量 $(r_1^*,r_2^*,\cdots,r_m^*)$ 与 $(\mu_1^*,\mu_2^*,\cdots,\mu_l^*)$, 使下述条件成立:

$$\begin{cases} \nabla f(x^*) - \sum_{i=1}^{m} r_i^* \nabla g_i(x^*) - \sum_{j=1}^{l} \mu_j^* h_j(x^*) = \mathbf{0}, \\ r_i^* g_i(x^*) = \mathbf{0}, \quad i=1,2,\cdots,m, \\ r_i^* \geqslant 0, \qquad\quad i=1,2,\cdots,m. \end{cases} \tag{5.13}$$

5.4.2 可行方向法

可行方向法是一类处理带线性约束的非线性规划问题的非常有效的方法.

考虑有约束的非线性规划 ((5.9) 式、(5.10) 式), 设 $x^{(k)}$ 是其一个可行解, 但不是极小值点, 由前面的讨论, 下一步的寻优方向应在 $x^{(k)}$ 的诸可行下降方向中选取某一方向 p^k, 并确定步长 λ_k, 使

$$\begin{cases} x^{(k+1)} = x^{(k)} + \lambda_k p^k \in R^n, \\ f(x^{(k+1)}) < f(x^{(k)}). \end{cases}$$

如此迭代下去, 上述方法即为可行方向法.

根据不同的原理可构造不同的可行下降搜索方向, 从而形成了各种不同的算法.

下面我们介绍沃尔夫 (Wolfe) 于1962 年提出的产生可行下降方向的一种方法, 称之为简约梯度法.

为了说明这个方法的基本原理, 考虑如下具有线性约束的非线性规划问题:

$$\begin{cases} \min f(x), \\ Ax = b, \\ x \geqslant 0, \end{cases} \tag{5.14}$$

其中 A 是 $m \times n$ 矩阵, $r(A) = m$, b 是 m 维列向量, f 是 R^n 上的连续可微函数. 并作如下假设:

(1) 每一个可行点至少有 m 个大于零的分量;

(2) A 的任意 m 列线性无关.

沃尔夫简约梯度法的基本思想是把 x 中的分量分为 m 个基变量和 $n-m$ 个非基变量, 它们之间的关系由约束条件 $Ax = b$ 确定, 将基变量用非基变量表示, 并从目标函数中消去基变量, 得到以非基变量为自变量的目标函数, 再利用此函数的负梯度构造可行下降方向.

类似于线性规划的分析, 不失一般性, 假设矩阵 A 的前 m 列对应于基变量, 则

可将 A 与 $\boldsymbol{x}$ 分解如下:

$$A = (B, N), \quad \boldsymbol{x} = \left(\begin{array}{c} \boldsymbol{x}_B \\ \boldsymbol{x}_N \end{array} \right),$$

其中 B 为 m 阶可逆矩阵, $\boldsymbol{x}_B$ 与 $\boldsymbol{x}_N$ 分别是由基变量和非基变量构成的向量, 由 $A\boldsymbol{x} = \boldsymbol{b}$ 可得

$$B\boldsymbol{x}_B + N\boldsymbol{x}_N = \boldsymbol{b}.$$

从而基向量 $\boldsymbol{x}_B$ 可用非基向量 $\boldsymbol{x}_N$ 表示如下:

$$\boldsymbol{x}_B = B^{-1}\boldsymbol{b} - B^{-1}N\boldsymbol{x}_N.$$

将上式代入目标函数, 可得到以 $\boldsymbol{x}_N$ 为自变量的函数, 记为

$$F(\boldsymbol{x}_N) = f(B^{-1}\boldsymbol{b} - B^{-1}N\boldsymbol{x}_N, \boldsymbol{x}_N),$$

这样就把问题 (5.14) 简化为仅在变量非负限制下极小化 $F(\boldsymbol{x}_N)$, 即

$$\begin{cases} \min F(\boldsymbol{x}_N), \\ \boldsymbol{x}_B, \boldsymbol{x}_N \geqslant 0. \end{cases} \tag{5.15}$$

利用复合函数求导法则, 可求得 $F(\boldsymbol{x}_N)$ 的梯度 $\boldsymbol{\nabla}F(\boldsymbol{x}_N)$ 如下:

$$\boldsymbol{r}_N = \boldsymbol{\nabla}F(\boldsymbol{x}_N) = -(B^{-1}N)^{\mathrm{T}}\boldsymbol{\nabla}_{\boldsymbol{x}_B}f(\boldsymbol{x}) + \boldsymbol{\nabla}_{\boldsymbol{x}_N}f(\boldsymbol{x}). \tag{5.16}$$

称 $\boldsymbol{r}_N$ 为函数 f 在点 $\boldsymbol{x}$ 处对应于基矩阵 B 的简约梯度. 其中 $\boldsymbol{\nabla}_{\boldsymbol{x}_B}f(\boldsymbol{x})$ 是 f 对基变量的偏导数构成的向量, $\boldsymbol{\nabla}_{\boldsymbol{x}_N}f(\boldsymbol{x})$ 是 f 对非基变量的偏导数构成的向量, 即有

$$\boldsymbol{\nabla}f(\boldsymbol{x}) = \left(\begin{array}{c} \boldsymbol{\nabla}_{\boldsymbol{x}_B}f(\boldsymbol{x}) \\ \boldsymbol{\nabla}_{\boldsymbol{x}_N}f(\boldsymbol{x}) \end{array} \right).$$

显然, 沿着负简约梯度方向 $-\boldsymbol{r}_N$ 移动 $\boldsymbol{x}_N$, 能使目标函数值下降.

下面讨论对于点 $\boldsymbol{x}^{(k)}$, 如何依据它的简约梯度 $\boldsymbol{r}_N^k$ 构造搜索方向 $\boldsymbol{p}^k$, 使 $\boldsymbol{x}^{(k+1)} = \boldsymbol{x}^{(k)} + \lambda_k\boldsymbol{p}^k \in R^n$, 且 $f(\boldsymbol{x}^{(k+1)}) < f(\boldsymbol{x}^{(k)})$.

设 $\boldsymbol{x}^{(k)}$ 的 m 个最大的分量组成的向量为 $\boldsymbol{x}_B^k > 0$, 并记这些分量的下标集为 J_B^k, 相应地, 矩阵 A 分解为

$$A = (B_k, N_k).$$

f 在点 $\boldsymbol{x}^{(k)}$ 处对应于 B_k 的简约梯度为

$$\boldsymbol{r}_N^k = -\left(B_k^{-1}N_k\right)^{\mathrm{T}}\boldsymbol{\nabla}_{\boldsymbol{x}_B}f\left(\boldsymbol{x}^{(k)}\right) + \boldsymbol{\nabla}_{\boldsymbol{x}_N}f\left(\boldsymbol{x}^{(k)}\right),$$

搜索方向 p^k 分解为

$$p^k = \begin{pmatrix} p_B^k \\ p_N^k \end{pmatrix}.$$

易知, 为使目标函数值下降, 取 $p_N^k = -r_N^k$ 能保持方向的下降性, 但并不确保方向的可行性, 即由于当某个分量 $x_{N_j}^k = 0$ 且 $r_j^k > 0$ 时, 有

$$x_{N_j}^k - \lambda_k r_j^k < 0, \quad \lambda_k > 0,$$

不满足变量非负的要求, 因此破坏了可行性.

于是, 我们定义 p_i^k 如下:

$$p_i^k = \begin{cases} -r_i^k, & r_i^k \leqslant 0, \\ -x_i^k r_i^k, & r_i^k > 0, \end{cases} \quad i \in J_B^k. \tag{5.17}$$

下面确定 p_B^k. 为使 p^k 是一个可行方向, 应有

$$A\boldsymbol{x}^{(k+1)} = A(\boldsymbol{x}^{(k)} + \lambda_k \boldsymbol{p}^k) = A\boldsymbol{x}^{(k)} + \lambda_k A\boldsymbol{p}^k = \boldsymbol{b}.$$

又 $A\boldsymbol{x}^{(k)} = \boldsymbol{b}$, 从而得 $A\boldsymbol{p}^k = \boldsymbol{0}$, 亦即

$$B_k \boldsymbol{p}_B^k + N_k \boldsymbol{p}_N^k = \boldsymbol{0},$$

因而应取

$$\boldsymbol{p}_B^k = -B_k^{-1} N_k \boldsymbol{p}_N^k. \tag{5.18}$$

接下来确定步长 λ_k. 由非负限制 $\boldsymbol{x}^{(k+1)} \geqslant 0$, 得

$$x_j^{(k+1)} = x_j^{(k)} + \lambda p_j^{(k)} \geqslant 0, \quad j = 1, 2, \cdots, n. \tag{5.19}$$

当 $p_j^{(k)} \geqslant 0$ 时, 对任意的 $\lambda \geqslant 0$, (5.19) 式恒成立; 当 $p_j^{(k)} < 0$ 时, 应取

$$\lambda \leqslant -\frac{x_j^{(k)}}{p_j^{(k)}}.$$

综上所述, 可令

$$\lambda_{\max} = \begin{cases} \infty, & p^{(k)} \geqslant 0, \\ \min\left\{ -\dfrac{x_j^{(k)}}{p_j^{(k)}} \,\middle|\, p_j^{(k)} < 0 \right\}, & \text{其他}. \end{cases} \tag{5.20}$$

我们将按 (5.17) 式与 (5.18) 式构造搜索方向 p^k, 按 (5.20) 式确定步长 λ_k 的上界的简约梯度法称为沃尔夫简约梯度法.

可以证明如下结论.

定理 5.4 设 $\boldsymbol{x}$ 是问题 (5.14) 式的可行解, $A=(B,N)$ 是 $m\times n$ 矩阵, B 为 m 阶可逆矩阵, $\boldsymbol{x}=(\boldsymbol{x}_B^{\mathrm{T}},\boldsymbol{x}_N^{\mathrm{T}})^{\mathrm{T}}$, $\boldsymbol{x}_B>0$, 函数 f 在点 $\boldsymbol{x}$ 处可微, $\boldsymbol{p}$ 是由 (5.17) 式和 (5.18) 式所定义的方向, 则

(1) 当 $\boldsymbol{p}\neq\boldsymbol{0}$ 时, $\boldsymbol{p}$ 是点 $\boldsymbol{x}$ 关于 f 的可行下降方向;

(2) $\boldsymbol{p}=\boldsymbol{0}$ 的充要条件是 $\boldsymbol{x}$ 为问题 (5.14) 式的 K-T 点.

简约梯度法算法如下.

步骤 1: 给定初始可行点 $\boldsymbol{x}^{(0)}$, 终止误差 $\varepsilon>0$, 令 $k=0$.

步骤 2: 从 $\boldsymbol{x}^{(k)}$ 中选择 m 个最大分量, 它们的下标集记为 J_k, 对矩阵 A 进行分解:

$$A=(B_k,N_k),$$

其中 B_k 为 A 中对应于 $\boldsymbol{x}^{(k)}$ 的 m 个最大分量的 m 个列向量, 计算

$$\boldsymbol{\nabla}f\left(\boldsymbol{x}^{(k)}\right)=\left(\begin{array}{c}\boldsymbol{\nabla}_{\boldsymbol{x}_B}f\left(\boldsymbol{x}^{(k)}\right)\\\boldsymbol{\nabla}_{\boldsymbol{x}_N}f\left(\boldsymbol{x}^{(k)}\right)\end{array}\right),$$

然后计算简约梯度

$$\boldsymbol{r}_N^k=-\left(B_k^{-1}N_k\right)^{\mathrm{T}}\boldsymbol{\nabla}_{\boldsymbol{x}_B}f\left(\boldsymbol{x}^{(k)}\right)+\boldsymbol{\nabla}_{\boldsymbol{x}_N}f\left(\boldsymbol{x}^{(k)}\right).$$

记 $\boldsymbol{r}_N^k$ 的第 $i\,(i\in J_k)$ 个分量为 r_i^k, 由 (5.17) 式与 (5.18) 式求出 $\boldsymbol{p}_N^k$ 与 $\boldsymbol{p}_B^k$, 从而得到搜索方向 $\boldsymbol{p}_k$.

步骤 3: 若 $\|\boldsymbol{p}_k\|<\varepsilon$, 停止计算, 输出点 $\boldsymbol{x}^{(k)}$; 否则进行步骤 4.

步骤 4: 由 (5.20) 式求 $\lambda_{\max}$, 从 $\boldsymbol{x}^{(k)}$ 出发, 沿 $\boldsymbol{p}_k$ 搜索:

$$\begin{cases}\min f\left(\boldsymbol{x}^{(k)}+\lambda\boldsymbol{p}^k\right),\\0\leqslant\lambda\leqslant\lambda_{\max},\end{cases}$$

得到最优解 λ_k.

步骤 5: 令 $\boldsymbol{x}^{(k+1)}=\boldsymbol{x}^{(k)}+\lambda_k\boldsymbol{p}^k$; 令 $k=k+1$, 返回步骤 2.

现在考虑如下经济问题.

例 5.1 某企业生产甲、乙两种产品 x_1 与 x_2(单位: 百吨) 的总成本为

$$f(x_1,x_2)=x_1^2-x_1x_2+2x_2^2-x_1-x_2+5\,(\text{单位: 万元}),$$

且由于原料与工艺的限制, 要求两种产品的数量之和为 400 吨, 生产的乙产品的数量与甲产品的数量之差不超过 300 吨, 问: 应如何安排生产, 使总成本最小?

建立有约束的非线性规划模型如下:

$$\begin{cases} \min f(x_1, x_2) = x_1^2 - x_1 x_2 + 2x_2^2 - x_1 - x_2 + 5, \\ -x_1 + x_2 \leqslant 3, \\ x_1 + x_2 = 4, \\ x_1 \geqslant 0, x_2 \geqslant 0. \end{cases}$$

现用简约梯度法求解此问题.

解　先将上述模型化为形如 (5.14) 式:

$$\begin{cases} \min f(x_1, x_2) = x_1^2 - x_1 x_2 + 2x_2^2 - x_1 - x_2 + 5, \\ -x_1 + x_2 + x_3 = 3, \\ x_1 + x_2 = 4, \\ x_j \geqslant 0, j = 1, 2, 3. \end{cases}$$

取可行解 $\boldsymbol{x}^{(0)} = (1, 3, 1)^{\mathrm{T}}, \varepsilon = 10^{-5}$,

$$A = \begin{pmatrix} -1 & 1 & 1 \\ 1 & 1 & 0 \end{pmatrix}, \quad \boldsymbol{b} = \begin{pmatrix} 3 \\ 4 \end{pmatrix}.$$

进行第一轮迭代: 对于 $\boldsymbol{x}^{(0)}$, 其最大正分量可取 $x_1^{(0)}$ 与 $x_2^{(0)}$, 故有

$$B_0 = \begin{pmatrix} -1 & 1 \\ 1 & 1 \end{pmatrix}, \quad N_0 = \begin{pmatrix} 1 \\ 0 \end{pmatrix}, \quad B_0^{-1} = \begin{pmatrix} -\dfrac{1}{2} & \dfrac{1}{2} \\ \dfrac{1}{2} & \dfrac{1}{2} \end{pmatrix},$$

$$\boldsymbol{\nabla} f(\boldsymbol{x}) = (2x_1 - x_2 - 1, -x_1 + 4x_2 - 1, 0)^{\mathrm{T}},$$

$$\boldsymbol{\nabla} f\left(\boldsymbol{x}^{(0)}\right) = (-2, 10, 0)^{\mathrm{T}},$$

所以关于 $\boldsymbol{x}^{(0)}$ 的简约梯度为

$$r_N^0 = -\left(B_0^{-1} N_0\right)^{\mathrm{T}} \boldsymbol{\nabla}_{\boldsymbol{x}_B} f\left(\boldsymbol{x}^{(0)}\right) + \boldsymbol{\nabla}_{\boldsymbol{x}_N} f\left(\boldsymbol{x}^{(0)}\right)$$

$$= -\left(\begin{pmatrix} -\dfrac{1}{2} & \dfrac{1}{2} \\ \dfrac{1}{2} & \dfrac{1}{2} \end{pmatrix} \begin{pmatrix} 1 \\ 0 \end{pmatrix}\right)^{\mathrm{T}} \begin{pmatrix} -2 \\ 10 \end{pmatrix} + (0) = -6.$$

由 (5.17) 式得 $\boldsymbol{p}_N^0 = (5)$; 由 (5.18) 式得

$$\boldsymbol{p}_B^0 = -B_0^{-1} N_0 \boldsymbol{p}_N^0$$

$$= -\begin{pmatrix} -\dfrac{1}{2} & \dfrac{1}{2} \\ \dfrac{1}{2} & \dfrac{1}{2} \end{pmatrix} \begin{pmatrix} 1 \\ 0 \end{pmatrix} (6) = \begin{pmatrix} 3 \\ -3 \end{pmatrix}.$$

因此得到可行下降方向为

$$\boldsymbol{p}^0 = (3, -3, 6)^{\mathrm{T}}.$$

因为 $||\boldsymbol{p}^0|| > \varepsilon$, 所以要沿 $\boldsymbol{p}^0$ 方向进行一维搜索, 由 (5.20) 式得

$$\lambda_{\max} = \min\left\{-\frac{x_2^{(0)}}{p_2^{(0)}}\right\} = 1.$$

接下来求解

$$\min_{0 \leqslant \lambda \leqslant 1} f\left(\boldsymbol{x}^{(0)} + \lambda \boldsymbol{p}^0\right) = \min_{0 \leqslant \lambda \leqslant 1} \left(36\lambda^2 - 36\lambda + 17\right),$$

得最优解 $\lambda_0 = \dfrac{1}{2}$. 于是得到下一个迭代点:

$$\boldsymbol{x}^{(1)} = \boldsymbol{x}^{(0)} + \lambda_0 \boldsymbol{p}^0 = \left(\frac{5}{2}, \frac{3}{2}, 4\right)^{\mathrm{T}}.$$

再进行第二轮迭代: 对于 $\boldsymbol{x}^{(1)}$, 其最大正分量为 $x_1^{(1)}$ 与 x_3^1, 所以有

$$B_1 = \begin{pmatrix} -1 & 1 \\ 1 & 0 \end{pmatrix}, \quad N_1 = \begin{pmatrix} 1 \\ 1 \end{pmatrix}, \quad B_1^{-1} = \begin{pmatrix} 0 & 1 \\ 1 & 1 \end{pmatrix},$$

$$\boldsymbol{\nabla} f\left(\boldsymbol{x}^{(1)}\right) = \left(\frac{5}{2}, \frac{5}{2}, 0\right)^{\mathrm{T}},$$

所以关于 $\boldsymbol{x}^{(1)}$ 的简约梯度为

$$\begin{aligned}
r_N^1 &= -\left(B_1^{-1}N_1\right)^{\mathrm{T}} \boldsymbol{\nabla}_{\boldsymbol{x}_B} f\left(\boldsymbol{x}^{(1)}\right) + \boldsymbol{\nabla}_{\boldsymbol{x}_N} f\left(\boldsymbol{x}^{(1)}\right) \\
&= -\left(\begin{pmatrix} 0 & 1 \\ 1 & 1 \end{pmatrix}\begin{pmatrix} 1 \\ 1 \end{pmatrix}\right)^{\mathrm{T}}\begin{pmatrix} \frac{5}{2} \\ 0 \end{pmatrix} + \left(\frac{5}{2}\right) = 0.
\end{aligned}$$

由 (5.17) 式得 $\boldsymbol{p}_N^1 = (0)$; 由 (5.18) 式得

$$\boldsymbol{p}_B^1 = -B_1^{-1}N_1\boldsymbol{p}_N^1 = \begin{pmatrix} 0 \\ 0 \end{pmatrix}.$$

从而 $\boldsymbol{p}^1 = (0, 0, 0)^{\mathrm{T}}, ||\boldsymbol{p}^1|| = 0 < \varepsilon$, 停止计算.

由定理 5.4 可知, $\boldsymbol{x}^{(1)}$ 是原问题的 K-T 点.

显然该规划问题是一个凸规划, 因此所求得的 $\boldsymbol{x}^{(1)}$ 为全局极小值点, 最小总成本为 $f\left(\boldsymbol{x}^{(1)}\right) = 8$(万元).

　　作为可行方向法的代表, 大量的数值试验证明, 简约梯度法对于大规模有线性约束的非线性规划问题的求解是最好的, 因而是当今很流行的约束最优化算法之一. 但对于带非线性等式约束的非线性规划问题, 若用非基变量表示基变量, 一般需要求解非线性方程组, 这使得求解通常较为困难. 同时, 当用可行方向法求解有非线性约束的规划问题时, 在迭代点进入可行域的边界之后, 如何搜索下一个可行下降方向也较为困难.

5.5　制约函数法 (惩罚函数法)

5.5.1　经济问题的提出

　　已知某企业为安排生产需投入两种要素 A, B 各 x_1 与 x_2 个单位, 要求 x_1 与 x_2 平方之差大于等于零, 问: 应如何组织生产, 使投入两种要素 x_1 与 x_2 之差达到最小?

　　依据此问题, 可建立有约束的非线性规划模型如下:

$$\begin{cases} \min f(x_1, x_2) = x_1 - x_2, \\ x_1 - x_2^2 \geqslant 0. \end{cases}$$

为了求解此问题, 下面我们介绍制约函数法.

　　制约函数法求解有约束的非线性规划问题的基本思想是, 利用问题中的约束函数作出带有参数的惩罚函数, 然后在原来的目标函数上加上惩罚函数, 构造出带参数的增广目标函数, 从而将求解有约束的非线性规划问题转化为求解一系列无约束非线性规划问题, 因而称这种方法为序列无约束最小化方法, 简记为 SUMT(sequential unconstrained minimization technique).

　　制约函数法有许多类型, 以下介绍其中的两种: 罚函数法与障碍函数法.

5.5.2　罚函数法

　　考虑非线性规划问题:

$$\begin{cases} \min f(\boldsymbol{x}), & \text{(5.21)} \\ g_i(\boldsymbol{x}) \geqslant 0, \quad i = 1, 2, \cdots, m, & \text{(5.22)} \end{cases}$$

其中 $f, g_i(i = 1, 2, \cdots, m)$ 均为连续函数, $\boldsymbol{x} \in R^n$.

　　将上述问题转换为无约束极小化问题求解的思路是, 设法适当地加大不可行点处对应的目标函数值, 使不可行点不能成为相应无约束极小化问题的最优解.

　　记 (5.21) 式、(5.22) 式的可行域为

$$D = \{\boldsymbol{x} \mid g_i(\boldsymbol{x}) \geqslant 0, i = 1, 2, \cdots, m, \boldsymbol{x} \in R^n\},$$

则可构造如下的罚函数:

$$p\left(\boldsymbol{x}\right) = \begin{cases} 0, & \boldsymbol{x} \in D, \\ c, & \boldsymbol{x} \overline{\in} D, \end{cases}$$

其中 c 为预先设定的一个大正数. 然后构造增广目标函数:

$$F(\boldsymbol{x}) = f(\boldsymbol{x}) + p(\boldsymbol{x}).$$

由于在可行点处 $F(\boldsymbol{x})$ 的值与 $f(\boldsymbol{x})$ 的值相同, 而在不可行点处 $F(\boldsymbol{x})$ 的值很大, 因此以增广目标函数 $F(\boldsymbol{x})$ 为目标函数的无约束极小化问题的最优解必然也是 (5.21) 式、(5.22) 式的最优解.

但是, 按上述方式构造的罚函数未必保持各约束函数 $g_i(\boldsymbol{x})(i = 1, 2, \cdots, m)$ 的连续性或光滑性等原有性态, 致使对增广目标函数 $F(\boldsymbol{x})$ 一般无法采用各种无约束最优化方法求解. 为此, 可选取罚函数如下:

$$P_c\left(\boldsymbol{x}\right) = c \sum_{i=1}^{m} \left[\min\left(g_i\left(\boldsymbol{x}\right), 0\right)\right]^2, \tag{5.23}$$

其中 c 称为罚因子, 则相应的增广目标函数为

$$F_c(\boldsymbol{x}) = f(\boldsymbol{x}) + P_c(\boldsymbol{x}).$$

可以证明, 当 $f(\boldsymbol{x})$ 与 $g_i(\boldsymbol{x})(i = 1, 2, \cdots, m)$ 均为连续可微时, $F_c(\boldsymbol{x})$ 也是连续可微的, 因此若当 c 为充分大的正数时, (5.21) 式、(5.22) 式可转化为无约束的非线性规划的极小化问题:

$$\min F_c(\boldsymbol{x}).$$

在具体计算时, 可选取一递增且趋于无穷的正罚因子列 $\{c_k\}$, 此时, 随着 k 的增大, 惩罚函数中的惩罚项所起的作用随之增大, $F_{c_k}(\boldsymbol{x})$ 的极小值点与可行域 D 的 "距离" 也就越来越近, 于是, 可求解以下一系列无约束的非线性规划的极小化问题:

$$\min F_{c_k}\left(\boldsymbol{x}\right) = f\left(\boldsymbol{x}\right) + P_{c_k}\left(\boldsymbol{x}\right), \quad k = 1, 2, \cdots, \tag{5.24}$$

其中 $P_{c_k}\left(\boldsymbol{x}\right) = c_k \sum_{i=1}^{m} \left[\min\left(g_i\left(\boldsymbol{x}\right), 0\right)\right]^2$.

设 (5.24) 式的最优解为 $\boldsymbol{x}^k$, 由前面的分析可知, 若点列 $\{\boldsymbol{x}^k\}$ 收敛, 则 $\{\boldsymbol{x}^k\}$ 就从可行域 D 的外部趋于原问题 (5.21) 式、(5.22) 式的极小值点. 所以, 也称罚函数法为外点法.

罚函数法的迭代步骤如下.

步骤 1: 选取初始点 $\boldsymbol{x}^{(0)}$ 与罚因子列 $\{c_k\}$, 允许误差 $\varepsilon > 0$, 令 $k = 1$.

步骤 2: 令 $P_{c_k}(\boldsymbol{x}) = c_k \sum_{i=1}^{m} \left[\min\left(g_i\left(\boldsymbol{x}\right), 0\right)\right]^2$,

$$F_{c_k}(\boldsymbol{x}) = f(\boldsymbol{x}) + P_{c_k}(\boldsymbol{x}),$$

求解 $\min F_{c_k}(\boldsymbol{x})$ 得极小点 $\boldsymbol{x}^{(k)}$.

步骤 3: 若对某一个 $j(1 \leqslant j \leqslant m)$, 有

$$-g_j(\boldsymbol{x}^{(k)}) \geqslant \varepsilon,$$

则取 $c_{k+1} > c_k$, 令 $k = k+1$, 返回步骤 2; 否则, 停止迭代, 输出 $\boldsymbol{x}^{(k)}$.

现在我们用罚函数法求解本节的经济问题. 构造罚函数如下:

$$P_{c_k}(\boldsymbol{x}) = c_k \left[\min\left(x_1 - x_2^2, 0\right)\right]^2,$$

其中 $\{c_k\}$ 单调递增趋于无穷, $k = 1, 2, \cdots$, 相应的增广目标函数为

$$F_{c_k}(\boldsymbol{x}) = x_1 - x_2 + c_k \left[\min\left(x_1 - x_2^2, 0\right)\right]^2$$
$$= \begin{cases} x_1 - x_2, & x_1 - x_2^2 \geqslant 0, \\ x_1 - x_2 + c_k \left(x_1 - x_2^2\right)^2, & x_1 - x_2^2 < 0, \end{cases}$$

从而原问题转换为求解一系列无约束的非线性规划的极小化问题:

$$\min F_{c_k}(\boldsymbol{x}), \quad k = 1, 2, \cdots.$$

下面我们用解析方法求解上述问题:

$$\begin{cases} \dfrac{\partial F_{c_k}}{\partial x_1} = 1 + 2c_k\left(x_1 - x_2^2\right), \\ \dfrac{\partial F_{c_k}}{\partial x_2} = -1 - 4c_k x_2\left(x_1 - x_2^2\right), \end{cases} \quad x_1 - x_2^2 < 0.$$

令 $\dfrac{\partial F_{c_k}}{\partial x_i} = 0 \; (i = 1, 2)$, 求得

$$\boldsymbol{x}^{(k)} = \left(\frac{1}{4} - \frac{1}{2c_k}, \frac{1}{2}\right)^{\mathrm{T}}.$$

可以看到, 当 $c_k \to +\infty$ 时, $\boldsymbol{x}^{(k)}$ 是从可行域的外部趋于它的极小值点

$$\boldsymbol{x}^* = \left(\frac{1}{4}, \frac{1}{2}\right)^{\mathrm{T}}.$$

若非线性规划问题带有等式约束条件如下:

$$\begin{cases} \min f\left(\boldsymbol{x}\right), \\ g_i\left(\boldsymbol{x}\right) \geqslant 0, \quad i = 1, 2, \cdots, m, \\ h_j\left(\boldsymbol{x}\right) = 0, \quad j = 1, 2, \cdots, k, \end{cases}$$

则可构造罚函数如下:

$$P_{c_k}\left(\boldsymbol{x}\right) = c_k \sum_{i=1}^{m} \left[\min\left(g_i\left(\boldsymbol{x}\right), 0\right)\right]^2 + c_k \sum_{j=1}^{k} \left[h_j\left(\boldsymbol{x}\right)\right]^2.$$

相应地, 增广目标函数为

$$F_{c_k}\left(\boldsymbol{x}\right) = f\left(\boldsymbol{x}\right) + P_{c_k}\left(\boldsymbol{x}\right),$$

于是原问题也转化为求解以下一系列无约束的非线性规划的极小化问题:

$$\min F_{c_k}\left(\boldsymbol{x}\right).$$

罚函数法是有它的经济解释的. 假设把目标函数 $f(\boldsymbol{x})$ 视为产品的成本, 把约束条件视为对产品质量的要求, 企业管理人员应在产品质量的要求范围内尽可能地降低成本, 对违反产品质量要求的人员则要缴纳罚款 (即罚因子项). 此时, 企业管理人员追求的目标应为产品成本与所受惩罚的总和最小. 不难理解, 当将违反质量要求的罚款规定得非常苛刻时 (即罚因子 c_k 取得很大), 违反规定所要支付的罚款会提高, 这就迫使管理人员尽可能不违反规定. 在数学上就体现出当罚因子 c_k 充分大时, 上述无约束问题的最优解应满足约束条件, 而成为约束问题的最优解.

5.5.3 障碍函数法

如果要求每次的近似解都在可行域内, 或如果 $f(\boldsymbol{x})$ 在可行域外的性质比较复杂, 甚至没有定义, 此时就无法使用罚函数法.

为了使迭代点总是可行点, 可以采用障碍函数法, 其基本思想是, 把初始可行点取为可行域的内点, 并在可行域的边界上设置一道 "障碍", 使迭代点在靠近可行域的边界时, 给出的新增广目标函数值陡然增大, 从而使迭代点始终留在可行域的内部, 因此障碍函数法也称为内点法.

考虑非线性规划问题:

$$\begin{cases} \min f\left(\boldsymbol{x}\right), & \hspace{3cm} (5.25) \\ g_i\left(\boldsymbol{x}\right) \geqslant 0, \quad i = 1, 2, \cdots, m, & \hspace{2cm} (5.26) \end{cases}$$

其可行域的内点的集合记为 D_0, 即

$$D_0 = \{\boldsymbol{x} \mid g_i(\boldsymbol{x}) > 0, \quad i = 1, 2, \cdots, m, \boldsymbol{x} \in R^n\}.$$

当点 $\boldsymbol{x}$ 从可行域内部趋于可行域边界时, 至少有一个 $g_i(\boldsymbol{x})$ 趋于零, 则函数

$$B\left(\boldsymbol{x}\right) = \sum_{i=1}^{m} \frac{1}{g_i\left(\boldsymbol{x}\right)} \quad \text{或} \quad B\left(\boldsymbol{x}\right) = -\sum_{i=1}^{m} \ln\left[g_i\left(\boldsymbol{x}\right)\right]$$

就会无限增大.

为此, 可构造障碍函数如下:

$$B_{r_k}\left(\boldsymbol{x}\right) = r_k \sum_{i=1}^{m} \frac{1}{g_i\left(\boldsymbol{x}\right)} \quad \text{或} \quad B_{r_k}\left(\boldsymbol{x}\right) = -r_k \sum_{i=1}^{m} \ln\left[g_i\left(\boldsymbol{x}\right)\right], \quad \boldsymbol{x} \in D_0, \qquad (5.27)$$

其中 $r_k > 0$, 称 r_k 为罚因子.

选取一递减且趋于零的正罚因子数列 $\{r_k\}$, 对每一个 r_k 作对应的障碍函数 $B_{r_k}\left(\boldsymbol{x}\right)$, 进而可定义在 D_0 上的增广目标函数:

$$F_{r_k}\left(\boldsymbol{x}\right) = f\left(\boldsymbol{x}\right) + B_{r_k}\left(\boldsymbol{x}\right).$$

于是, 便将问题 (5.25)、(5.26) 转化为对一系列无约束的非线性规划问题 $F_{r_k}\left(\boldsymbol{x}\right)$ 的求解. 如果问题 (5.25)、(5.26) 的最优解在可行域的内部, 则当 r_k 取某一适当值时, 所求 $F_{r_k}\left(\boldsymbol{x}\right)$ 的最优解可达到它; 如果问题 (5.25)、(5.26) 的最优解在可行域的边界上, 则随着 r_k 的减小, 障碍函数 $B_{r_k}\left(\boldsymbol{x}\right)$ 的作用逐步降低, 所求出的 $F_{r_k}\left(\boldsymbol{x}\right)$ 的最优解的点列 $\{\boldsymbol{x}^{(k)}\}$ 将向原问题的最优解 $\boldsymbol{x}^*$ 逐步逼近, 直至满足某一精度要求为止.

障碍函数法的迭代步骤如下.

步骤 1: 选取初始点 $\boldsymbol{x}^{(0)} \in D^0$ 与罚因子列 $\{r_k\}$, 允许误差 $\varepsilon > 0$, 令 $k = 1$.

步骤 2: 令 $B_{r_k}\left(\boldsymbol{x}\right) = r_k \sum\limits_{i=1}^{m} \dfrac{1}{g_i\left(\boldsymbol{x}\right)}$ 或 $B_{r_k}\left(\boldsymbol{x}\right) = -r_k \sum\limits_{i=1}^{m} \ln\left[g_i\left(\boldsymbol{x}\right)\right]$, $\boldsymbol{x} \in D_0$,

$$F_{r_k}\left(\boldsymbol{x}\right) = f\left(\boldsymbol{x}\right) + B_{r_k}\left(\boldsymbol{x}\right),$$

求解 $\min F_{r_k}\left(\boldsymbol{x}\right)$, 得极小值点 $\boldsymbol{x}^{(k)}$.

步骤 3: 若 $\left|B_{r_k}\left(\boldsymbol{x}^{(k)}\right)\right| \leqslant \varepsilon$, 则停止迭代, 输出 $\boldsymbol{x}^{(k)}$; 否则, 取 $r_{k+1} < r_k$, 令 $k = k+1$, 返回步骤 2.

在实际计算时, 通常可令 $r_{k+1} = \dfrac{r_k}{\alpha}$, 其中 $\alpha \in [4, 10]$.

现在用障碍函数法求解本节的经济问题. 构造障碍函数如下:

$B_{r_k}\left(\boldsymbol{x}\right) = -r_k \ln\left(x_1 - x_2^2\right)$, 其中 $\{r_k\}$ 单调递减趋于零, $k = 1, 2, \cdots$.

相应的增广目标函数为

$$\begin{aligned} F_{r_k}\left(\boldsymbol{x}\right) &= f\left(\boldsymbol{x}\right) + B_{r_k}\left(\boldsymbol{x}\right) \\ &= x_1 - x_2 - r_k \ln\left(x_1 - x_2^2\right). \end{aligned}$$

从而将原问题转换为一系列无约束的非线性规划的极小化问题:

$$\min F_{r_k}(\boldsymbol{x}), \quad k = 1, 2, \cdots.$$

下面我们用解析方法求解前述问题, 有

$$\frac{\partial F_{r_k}}{\partial x_1} = 1 - \frac{r_k}{x_1 - x_2^2},$$

$$\frac{\partial F_{r_k}}{\partial x_2} = -1 + \frac{2r_k x_2}{x_1 - x_2^2},$$

令 $\dfrac{\partial F_{r_k}}{\partial x_i} = 0 (i = 1, 2)$, 求得

$$\boldsymbol{x}^{(k)} = \left(\frac{1}{4} + r_k, \frac{1}{2} \right)^{\mathrm{T}}.$$

可以看出, 当 k 无限增大, 即当 r_k 趋于零时, $\boldsymbol{x}^{(k)}$ 从可行域的内部趋于它的极小值点 $\boldsymbol{x}^* = \left(\dfrac{1}{4}, \dfrac{1}{2} \right)^{\mathrm{T}}$.

5.5.4 制约函数法评析

本节介绍的两种方法: 罚函数法与障碍函数法均为求解有约束的非线性规划问题的重要方法, 它们的基本思想均是将原问题转化为一系列无约束的非线性规划的极小化问题. 罚函数法适用于一般的有约束的非线性规划问题, 其优点是方法结构简单, 对初始点的选取较为自由; 障碍函数法通常适用于带不等式约束的非线性规划问题, 它同样具有方法结构简单的优点, 但此法要求初始点必须是可行域的内点, 在实际计算时, 有时不太容易得到初始内点.

两种方法的缺点是: 收敛速度慢, 当选取的初始点距离最优点 $\boldsymbol{x}^*$ 较远时, 往往迭代步骤很多才能达到精度要求; 计算工作量大, 由于每轮迭代均需求解一个无约束的极小化问题, 如果问题没有解析解法, 则每轮的计算均要有一定的计算量.

5.6 非线性规划方法软件介绍

能够解决非线性规划问题的常用数学软件有 Lingo, Matlab, WinQSB, Cplex 等. 下面以 Lingo 软件为例, 求解非线性规划问题.

使用 Lingo 软件求解无约束的非线性规划时, 建立文件后, 仅需按输入格式将目标函数输入, 再运行求解即可. 若变量在某区间内取值, 则应将此范围依输入格式输入.

将 5.1 节中的实际问题转化为求目标函数:

$$L(x) = -3x^2 + 21.6, \quad x \in [0, 25]$$

的最大值, 用 Lingo 求解, 其输入和运行结果分别见图 5-7, 图 5-8.

图 5-7

图 5-8

将 5.2 节中的实际问题转化为求目标函数:

$$L(x_1, x_2) = -2x_1^2 - 2x_2^2 - 2x_1x_2 + 4x_1 + 6x_2$$

的最大值, 用 Lingo 求解, 其输入和运行结果分别见图 5-9, 图 5-10.

图 5-9

图 5-10

将 5.3 节中的实际问题转化为求目标函数:

$$R(x_1, x_2) = -2x_1^2 + x_1x_2 - x_2^2 + 10x_1 + 15x_2$$

的最大值, 用 Lingo 求解, 其输入和运行结果分别见图 5-11, 图 5-12.

图 5-11

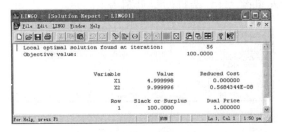

图 5-12

在求解有约束的非线性规划问题时, 需将目标函数与约束条件依输入格式要求输入, 系统默认变量的取值为非负, 因此, 非负限制可以不输入.

将 5.4 节中的经济问题转化为求解以下有约束的非线性规划问题:

$$
\begin{cases}
\min f\left(x_1, x_2\right) = x_1^2 - x_1 x_2 + 2 x_2^2 - x_1 - x_2 + 5; \\
-x_1 + x_2 \leqslant 3, \\
x_1 + x_2 = 4, \\
x_1 \geqslant 0, x_2 \geqslant 0.
\end{cases}
$$

用 Lingo 求解, 其输入见图 5-13, 运行结果如图 5-14 所示.

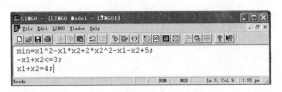

图 5-13

图 5-14

从图 5-14 可知, 最小总成本为 8 万元, 全局极小值点 $x^* = (2.5, 1.5)^{\mathrm{T}}$.

将 5.5 节中的实际问题转化为求解有约束的非线性规划问题:

$$\begin{cases} \min f(x_1, x_2) = x_1 - x_2, \\ x_1 - x_2^2 \geqslant 0. \end{cases}$$

用 Lingo 求解, 输入见图 5-15, 运行结果见图 5-16.

图 5-15

图 5-16

实际上, Lingo 软件可用于解决更复杂、更大规模的非线性规划问题, 也可用于解决许多其他的模型, 读者可参考 Lingo 软件的相关文献.

第6章　网络分析方法

图论是运筹学中应用广泛的分支, 在经济活动分析、经济管理及其他诸多领域内的许多问题都可以运用图论模型加以解决. 图论与网络的内容十分丰富, 本章仅介绍其中的一些基本概念, 着重介绍图与网络分析中几个重要的应用模型.

6.1　避　圈　法

6.1.1　基本概念

定义 6.1　图 G 是一个有序二元组 $G = \{V, E\}$ 或 $D = \{V, A\}$, 其中非空集合 $V = \{v_i\}$ 称为顶点集, $E = \{e_j\}$ 称为边集, $A = \{a_k\}$ 称为弧集, $V \cap E = \varnothing$, $V \cap D = \varnothing$. V 中的元素 v_i 称为图 G(或 D) 的顶点, E 中的元素 e_j 称为图 G 的边, A 中的元素 a_k 称为图 D 的弧.

对于图 G, 如果用点表示 V 中的顶点, 以连接顶点的线段表示 E 中的边, 就可得到图 G 的一个图形, 称 G 为无向图, 见图 6-1.

对于图 D, 仍用点表示 V 中的顶点, 以连接顶点的有向线段表示 A 中的弧, 就可得图 D 的一个图形, 称 D 为有向图, 见图 6-2.

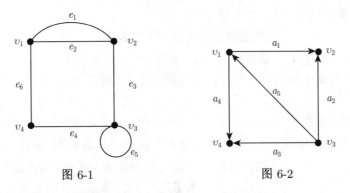

图 6-1　　　　　　　　　　　　图 6-2

若边 e_j(或弧 a_k) 对应的 (有向) 线段的两个端点分别对应于 V 中的顶点 v_i 和 v_s, 则称顶点 v_i 与 v_s 是相邻的, 并称边 e_j(或弧 a_k) 与这两个顶点关联.

若边 e 与顶点 v_i 与 v_j 关联, 通常可用 $v_i v_j$ 表示边 e.

若图 G 中两条边 e_i 和 e_j 与同一个顶点关联, 则称边 e_i 与 e_j 相邻.

例如在图 6-1 中, 顶点 v_1 分别与边 e_1, e_2, e_6 关联, v_1 分别与 v_2, v_4 相邻, v_1

与 v_3 不相邻, 边 e_6 分别与 e_1, e_2, e_4 相邻.

下面给出无向图 G 的几个基本概念.

定义 6.2　图 $G = \{V, E\}$ 中顶点 v 关联的边的个数称为 v 的次, 记为 $d(v)$. 例如在图 6-1 中, $d(v_1) = 3$, $d(v_2) = 3$, $d(v_3) = 4$, $d(v_4) = 2$.

次为 1 的顶点称为悬挂点, 与悬挂点关联的边称为悬挂边. 次为零的点称为孤立点. 次为奇数的点称为奇点, 次为偶数的点称为偶点.

定义 6.3　图 $G = \{V, E\}$ 中的顶点与边的一个交错序列 $(v_{i_0} e_{i_1} v_{i_1} e_{i_2} v_{i_2} \cdots v_{i_{k-1}} e_{i_k} v_{i_k})$ 称为连接顶点 v_{i_0} 与 v_{i_k} 的一条链, 其中 e_{i_s} 与 $v_{i_{s-1}}$ 和 v_{i_s} 相关联 $(s = 1, 2, \cdots, k)$.

如果链中相邻两个顶点之间只有一条边, 则链可简记为 $(v_{i_0} v_{i_1} \cdots v_{i_k})$.

在链 $(v_{i_0} v_{i_1} \cdots v_{i_k})$ 中, 若 $v_{i_0} = v_{i_k}$, 则称之为一个圈. 若链 $(v_{i_0} v_{i_1} \cdots v_{i_k})$ 中的顶点各不相同, 则称之为初等链. 若圈 $(v_{i_k} v_{i_1} v_{i_2} \cdots v_{i_k})$ 中的顶点 $v_{i_1}, v_{i_2}, \cdots, v_{i_k}$ 各不相同, 则称之为初等圈.

例如在图 6-1 中, $v_1 e_1 v_2 e_2 v_1 e_6 v_4 e_4 v_3$ 是一条链, 但不是初等链; $v_1 e_1 v_2 e_3 v_3 e_4 v_4$ 是一条初等链; $v_1 e_1 v_2 e_3 v_3 e_5 v_3 e_4 v_4 e_6 v_1$ 是一个圈, 但不是初等圈; $v_1 e_1 v_2 e_3 v_3 e_4 v_4 e_6 v_1$ 是一个初等圈.

以后所称的链 (圈), 除非特别说明, 均指初等链 (圈).

定义 6.4　在图 $G = \{V, E\}$ 中, 若任意两个顶点之间至少有一条链, 则称 G 是连通图, 否则, 称为不连通图.

定义 6.5　对于图 $G = \{V, E\}$ 和图 $G' = \{V', E'\}$, 如果满足 $V = V'$ 且 $E' \subseteq E$, 则称 G' 是 G 的一个支撑子图.

定义 6.6　一个无圈的连通图称为树, 用 T 表示.

在各种图中, 树是非常重要的一类. 例如, 要在已知的 6 个城市中建立一个交通网, 使得任意两个城市之间均能由交通网通达 (允许通过其他城市), 并且城市间的道路条数最少. 用 6 个点 $v_1, v_2, v_3, v_4, v_5, v_6$ 代表 6 个城市, 如果在某两个城市之间修建公路, 则在相应的两个点之间连一条边, 于是交通网可用一个图来表示.

为了使任意两个城市都可以通达, 这样的图必须是连通图, 此外, 若图中有圈,

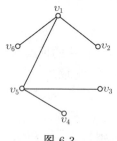

图 6-3

易知从圈上任意去掉一条边, 余下的图仍是连通的, 这样可以少建一条道路. 因此, 满足条件的交通网所对应的图必定是一个树. 图 6-3 所示为满足条件的一个交通网.

对于图 $G = \{V, E\}$, 用 $|V|$ 表示 G 的顶点数, 用 $|E|$ 表示 G 的边数, 则树具有如下一些性质.

性质 6.1　设图 $G = \{V, E\}$ 是一个树, $|V| \geqslant 2$, 则 G 中至少有两个悬挂点.

性质 6.2 图 $G = \{V, E\}$ 是一个树的充分必要条件是 G 不含圈, 且恰有 $|V| - 1$ 条边 (即 $|E| = |V| - 1$).

性质 6.3 图 $G = \{V, E\}$ 是一个树的充分必要条件是 G 连通, 且恰有 $|V| - 1$ 条边.

性质 6.4 图 $G = \{V, E\}$ 是一个树的充分必要条件是 G 中任意两个顶点之间恰有一条链.

6.1.2 避圈法

定义 6.7 设图 $T = \{V, E'\}$ 是图 $G = \{V, E\}$ 的一个支撑子图, 如果 T 是一个树, 则称 T 是 G 的一个支撑树.

定理 6.1 图 G 有支撑树的充分必要条件是图 G 为连通图.

如果一个图 $G = \{V, E\}$ 是连通图, 那么如何寻找它的一个支撑树呢?

根据性质 6.2, 图 G 的支撑树 T 不含圈, 且有 $|V| - 1$ 条边. 因此, 我们可在 G 中依次选取边, 使得这些边不构成圈. 若选取的边数为 $|V| - 1$, 则得到图 G 的一个支撑树, 这便是避圈法的思想, 具体算法如下.

设 $G = \{V, E\}$, $E = \{e_1, e_2, \cdots, e_{|E|}\}$.

步骤 1: 任选边 $e_{i_1} \in E$.

步骤 2: 若已选定边 $e_{i_1}, e_{i_2}, \cdots, e_{i_{s-1}}$, 则从 $E \backslash \{e_{i_1}, e_{i_2}, \cdots, e_{i_{s-1}}\}$ 中选取边 e_{i_s}, 使边集 $\{e_{i_1}, e_{i_2}, \cdots, e_{i_{s-1}}, e_{i_s}\}$ 中不含有圈.

步骤 3: 若 $s < |V| - 1$, 则转步骤 2; 若 $s = |V| - 1$, 则计算结束. 此时, 便得到 G 的一个支撑树.

考虑这样的实际问题: 在某企业的 6 个部门之间计划架设通信线路, 如图 6-4 所示, 今为节省开支, 企业领导决定在保证各部门通信畅通的条件下, 删去尽可能多的线路, 试为该企业重新规划通信线路.

在图 6-4 中, v_1, v_2, v_3, v_4, v_5, v_6 代表企业的 6 个部门, $e_i (i = 1, 2, \cdots, 10)$ 表示计划的线路, 因此, 问题转化为在图 $G = \{V, E\}$ 中 $(V = \{v_1, v_2, v_3, v_4, v_5, v_6\}, E = \{e_1, e_2, \cdots, e_{10}\})$ 找出一个支撑树 T.

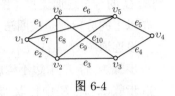

图 6-4

由避圈法, 首先在边集 E 中, 任选一条边, 例如选取边 e_1; 在其余的边中选取一条边, 且与边 e_1 不构成圈, 例如可选取边 e_2; 再在其余的边中选取一条边, 且与边集 $\{e_1, e_2\}$ 不构成圈, 故此时不能选取边 e_8, 例如可选取边 e_3; 再在其余的边中选取第四条边, 且与边集 $\{e_1, e_2, e_3\}$ 不构成圈, 故此时不能选取边 e_8, e_{10}, 例如可选取边 e_4; 最后在其余的边中选取第五条边, 且与边集 $\{e_1, e_2, e_3, e_4\}$ 不构成圈, 故

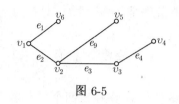

图 6-5

此时不能选取边 e_8, e_{10}, 例如可选取边 e_9, 由于选取的边数恰为 $|V| - 1$, 故此时便得到图 G 的一个支撑树 T, 见图 6-5.

显然, 若图 $G = \{V, E\}$ 是连通图, 则它的支撑树存在且通常不唯一.

6.1.3 适用的经济模型与方法的评价

利用避圈法可以解决如下一些问题:

(1) 在若干个城市间建造道路数最少的畅通交通网.

(2) 在若干个部门间架设线路数最少的畅通通信网.

(3) 在计算机系统中建立光缆数最少的互联网.

(4) 在商品的物流系统中建立线路数最少的物流网.

避圈法作为求支撑树的一种算法, 简便易行, 可方便地利用计算机编程或数学软件实现, 且它的计算量为 $O(|V|^2)$, 是一个有效算法, 如果 $|V|$ 较小, 用人工计算也很方便.

6.2 破 圈 法

6.2.1 破圈法

设图 $G = \{V, E\}$ 是连通图, 如果 G 不含圈, 那么 G 本身是一个树, 从而 G 是它自身的一个支撑树. 现设 G 含圈, 任取一个圈, 从圈中任意去掉一条边后得到图 G_1, 则 G_1 是 G 的一个支撑子图, 易见 G_1 仍是连通图. 如果 G_1 不含圈, 那么 G_1 是 G 的一个支撑树; 如果 G_1 仍含有圈, 那么从 G_1 中任取一个圈, 从圈中任意去掉一条边后得到图 G_2, 则 G_2 仍是 G 的一个连通支撑子图, 如此下去, 最终可以得到图 G 的一个连通支撑子图 G_s, 且 G_s 不含圈, 易见 G_s 是 G 的一个支撑树.

以上的分析便是破圈法寻找连通图的支撑树的方法.

设连通图 $G = \{V, E\}$, $E = \{e_1, e_2, \cdots, e_{|E|}\}$, 具体算法如下.

步骤 1: 若 E 中边不构成圈, 则图是 G 的一个支撑树; 否则, 转步骤 2.

步骤 2: 在 E 中任取一个圈, 记为 $(v_{i_0} e_{i_1} v_{i_1} e_{i_2} \cdots v_{i_{k-1}} e_{i_k} v_{i_0})$, 在此圈中任意去掉一条边 $e_{i_j} (1 \leqslant j \leqslant k)$, 得到支撑子图.

步骤 3: 令 $E = E \backslash \{e_{i_j}\}$, 转步骤 1.

仍以上一节的问题为例 (见图 6-4), 用破圈法寻找一个支撑树.

首先, 在图中选取一个圈, 例如 $(v_1 e_2 v_2 e_3 v_3 e_4 v_4 e_5 v_5 e_6 v_6 e_1 v_1)$, 在此圈中任意去掉一条边, 例如去掉边 e_1 后得到图 G_1, 见图 6-6.

在图 G_1 中选取一个圈, 例如 $(v_1e_2v_2e_9v_5e_7v_1)$, 在此圈中任意去掉一条边, 例如去掉边 e_2 后得到图 G_2, 见图 6-7.

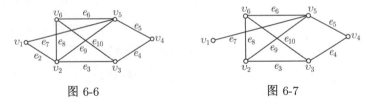

图 6-6   图 6-7

在图 G_2 中选取一个圈, 例如 $(v_2e_3v_3e_4v_4e_5v_5e_9v_2)$, 在此圈中任意去掉一条边, 例如去掉边 e_3 后得到图 G_3, 见图 6-8.

在图 G_3 中选取一个圈, 例如 $(v_2e_9v_5e_6v_6e_8v_2)$, 在此圈中任意去掉一条边, 例如去掉边 e_6 后得到图 G_4, 见图 6-9.

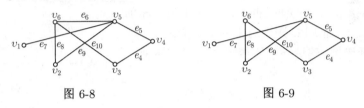

图 6-8   图 6-9

在图 G_4 中选取一个圈, 易见此时存在唯一圈 $(v_2e_9v_5e_5v_4e_4v_3e_{10}v_6e_8v_2)$, 在此圈中任意去掉一条边, 例如去掉边 e_5 后得到图 G_5, 此时 G_5 中不再含有圈, 所以 G_5 便是一个支撑树, 见图 6-10.

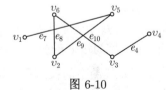

图 6-10

6.2.2 破圈法评析

不难看出, 破圈法的实质是在 $|E|-|V|+1$ 个不同的圈中去掉每个圈的任意一条边后, 剩下的便构成一个支撑树. 从理论上说, 可用避圈法寻找支撑树的实际问题, 均可由破圈法解决, 相对于避圈法, 破圈法更适合于在图上作业, 尤其当图的顶点数与边数很大时, 还可以几个人同时在各个局部作业.

前面已介绍, 若图 $G = \{V, E\}$ 是连通图, 则 G 的支撑树通常不唯一, 因此, 若实际问题有附加条件时, 则需在诸多支撑树中寻找符合条件的支撑树.

仍以前面的问题为例, 若 v_5 是该企业的中枢部门, 现要求若通信线路中一旦某条线路发生故障, 对 v_5 与其他部门的通信影响要尽可能少, 其余要求同前, 应如何设计通信线路呢?

为使 v_5 与其他部门的通信在某条线路发生故障时尽可能畅通, 应使连接 v_5 的线路数尽可能地多, 因此在用避圈法或破圈法寻找支撑树时, 应优先寻找与顶点 v_5

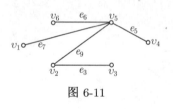

图 6-11

连接的边, 使得支撑树中与顶点 v_5 关联的边数达到最大, 易得满足条件的一个支撑树, 见图 6-11(不唯一).

若在重要部门之下, 还有次重要部门等, 则可在首先满足重要部门的前提下, 仍用前面的方法, 再依次考虑次重要部门等, 便可寻找满足条件的支撑树.

6.3　求最小树的贪心算法

6.3.1　贪心算法

已知有 5 个城市 $v_i(i=1,2,3,4,5)$, 现需架设连接 5 个城市之间的高压输电线路网, 已知城市 v_i 与 v_j 之间直通高压输电线路的造价是 w_{ij}, 见图 6-12, 图中边上的数字为造价, 问: 如何以最低造价, 建造一个连接这 5 个城市的高压输电线网?

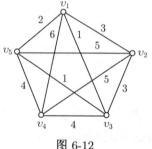

图 6-12

为解决以上问题, 我们先引入如下概念.

定义 6.8　设有图 $G=\{V,E\}$, 若对 E 中每一条边 e, 可赋予一个实数 $w(e)$, 则称这样的图为赋权图, $w(e)$ 称为边 e 的权.

对赋权图中的权, 根据实际问题的需要, 可以赋予不同的含义, 例如在友谊图中, 权可以表示友谊的深度; 在通信图中, 权可以表示通信线路的建造或维修费用; 在交通图中, 权可以表示距离等.

定义 6.9　设 $T=\{V,E'\}$ 是赋权图 $G=\{V,E\}$ 的一个支撑树, 称 E' 中所有边的权之和为支撑树 T 的权, 记为 $w(T)$, 即

$$w(T)=\sum_{e\in E'}w(e).$$

如果支撑树 T 的权 $w(T)$ 是 G 的所有支撑树中权最小者, 则称 T 是 G 的最小支撑树, 简称最小树.

因此, 以上求 5 个城市间造价最低的高压输电线路网, 即转化为在相应的赋权图上求最小树的问题.

克鲁斯卡 (Kruskal) 在 1956 年首先提出了在赋权图上求最小树的算法, 人们称它为贪心算法.

设有赋权图 $G=\{V,E\}$, 算法步骤如下.

步骤 1: 把边按权的大小从小到大依次排列, 设为 $e_1, e_2, \cdots, e_{|E|}$. 令 $S = \varnothing, i = 0, j = 1$.

步骤 2: 若 $|S| = |V| - 1 = i$, 则计算结束, 此时即得到 G 的最小支撑树 $T = \{V, S\}$; 否则, 转步骤 3.

步骤 3: 若边集 $S \cup \{e_j\}$ 不含有圈, 则令 $S = S \cup \{e_j\}, i = i + 1, j = j + 1$, 转步骤 2; 否则, 转步骤 4.

步骤 4: 令 $j = j + 1$, 转步骤 3.

可以证明, 克鲁斯卡算法最终产生连通赋权图的一个最小树.

现在用克鲁斯卡算法解决前面的问题, 其迭代步骤见表 6-1.

表 6-1

步骤	边及边上权	取舍
1	v_1v_3 1	取
2	v_3v_5 1	取
3	v_1v_5 2	有圈 $v_1v_3v_5$, 舍 v_1v_5
4	v_1v_2 3	取
5	v_2v_3 3	有圈 $v_1v_2v_3$, 舍 v_2v_3
6	v_3v_4 4	取

由于到第 6 步已取到了 4 条边, 因此已得到了一个最小树, 所以算法终止, 得到的最小树见图 6-13.

通常, 赋权图的最小树不止一个, 例如, 图 6-14 所示是此问题的另一个最小树.

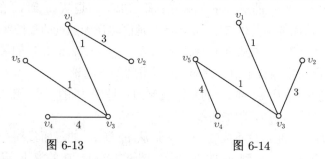

图 6-13　　　　　　　　图 6-14

6.3.2 贪心算法评析

最小树问题实质上就是赋权图上的最优化问题, 因此在实际中, 求最小树的贪心算法有着较广泛的应用. 该方法简单, 可直接应用数学软件, 也可自行编程计算, 其计算量为 $O(|V| \log |V|)$, 是一个有效算法. 所以, 有很多问题可以用贪心算法求得最优解, 即便某问题不能用贪心算法得到最优解, 也可用此法求得一个相当好的近似解, 因此, 常可用它作为某个改进算法的一个初始解.

6.4   最短线路法

6.4.1   最短线路法

已知某天然气供应站 v_0 经管道向 5 个地区 $v_i(i = 1, 2, 3, 4, 5)$ 输送天然气, 见

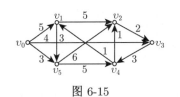

图 6-15

图 6-15, 每条弧旁的数字表示通过此管道输送天然气所需要的费用, 现在求从供气站向各个地区输送天然气所需的最低费用.

下面我们先引入一些概念.

定义 6.10   设 $D = \{V, A\}$ 是有向图, 若 A 中的弧 a 与 V 中顶点 $v_i v_j$ 相关联, 且弧 a 的方向是从 v_i 指向 v_j, 则称 v_i 为 a 的始点, v_j 为 a 的终点, 弧 a 可记为 $v_i v_j$.

定义 6.11   有向图 $D = \{V, A\}$ 中的顶点与弧的一个交错序列 $(v_{i_0} a_{i_1} v_{i_1} a_{i_2} v_{i_2} \cdots v_{i_{k-1}} a_{i_k} v_k)$ 称为从 v_{i_0} 到 v_{i_k} 的一条路, 其中弧 a_{i_s} 的始点与终点分别是 $v_{i_{s-1}}$ 与 v_{i_s} $(s = 1, 2, \cdots, k)$.

若有向图 $D = \{V, A\}$ 的弧集 A 中每一条弧 a 均赋予一个实数 $w(a)$, 则称此图为赋权有向图.

设 P 是有向图 D 中一条从 v_i 到 v_j 的路, P 中所有弧的权之和称为路 P 的权, 记为 $w(P)$.

若 P 是从 v_i 到 v_j 的所有路中权最小者, 则称 P 是从 v_i 到 v_j 的最短线路.

容易看出, 前面要求的供气站 v_0 向各个地区输送天然气的最低费用, 即转化为在相应的赋权有向图上, 求从点 v_0 到其他各点 $v_j(j = 1, 2, 3, 4, 5)$ 的最短线路问题.

在赋权有向图中寻找最短线路时, 需要用到如下结论.

如果 P 是 D 中从 v_i 到 v_j 的最短线路, v_k 是 P 中的一点, 那么, 从 v_i 沿 P 到 v_k 的路也是从 v_i 到 v_k 的最短线路.

事实上, 如果上述结论不成立, 设 Q 是从 v_i 到 v_k 的最短线路, 令 P' 是从 v_i 沿 Q 到 v_k, 再从 v_k 沿 P 到 v_j 的路, 那么 P' 的权就比 P 的权小, 从而与 P 是从 v_i 到 v_j 的最短线路相矛盾.

迪克斯特拉 (Dijkstra) 于 1959 年给出了求赋权有向图中的最短线路的算法, 其基本思想是: 要求从 v_i 到各点的最短线路, 可从 v_i 出发, 逐步地向外探寻最短线路. 在执行过程中, 每个点均被记录一个数, 称为该点的标号, 标号分为两类, 一类表示从 v_i 到该点的最短线路的权 (称为 P 标号), 一类是从 v_i 到该点的最短线路的权的上界 (称为 T 标号), 每个点的标号只能是这两类中的一类. 该方法的每一次迭代均将某一个具有 T 标号的点改变为具有 P 标号的点, 从而使 D 中具有

P 标号的顶点数比迭代前多一个, 且对 T 标号进行修改, 这样, 至多经过 $|V|-1$ 次迭代, 就能求出从 v_i 到各点的最短线路.

设赋权有向图 $D = \{V, A\}$, 其中 $V = \{v_1, v_2, v_3, \cdots, v_{|V|}\}$, 求点 v_1 到各点的最短线路, w_{ij} 为弧 v_iv_j 的权. 迪克斯特拉算法如下.

步骤 1: 令 $P = \{v_1\}$, $T = \{v_2, v_3, \cdots, v_{|V|}\}$, 且 $u_1 = 0$, $u_j = w_{1j}, j = 2, 3, \cdots, |V|$.

步骤 2: 在 T 中寻找一点 v_k, 使得

$$u_k = \min_{j \in T} \{u_j\},$$

令 $P = P \cup \{v_k\}, T = T \setminus \{v_k\}$, 若 $T = \varnothing$, 终止; 否则, 转步骤 3.

步骤 3: 对 T 中每一点 v_j, 令

$$u_j = \min\{u_j, u_k + w_{kj}\},$$

返回步骤 2.

需要说明的是, 在步骤 1 中, 若 v_1v_j 不是 D 中的弧, 则令 $w_{1j} = +\infty$, 步骤 3 式中的 w_{kj} 也类似处理.

接下来我们利用迪克斯特拉算法寻求前述问题从 v_0 到各点的最短线路.

第一步, 给 v_0 标号 $(v_0, 0)$, 此时 v_0 为 P 标号点; 给其他点依次标号, 它们均为 T 标号点, 见图 6-16(a).

第二步, 在图 6-16(a) 中, 由于在 T 标号点中 v_5 的标号最小, 因此, 将 v_5 改为 P 标号点, 同时按步骤 3 的式子修改其他 T 标号点的标号, 见图 6-16(b).

第三步, 在图 6-16(b) 中, T 标号点中 v_3 的标号最小, 因此, 将 v_3 改为 P 标号点, 同时修改其他 T 标号点的标号, 见图 6-16(c).

以下步骤参见图 6-16(d), (e), (f).

在图 6-16 中, [ ] 表示 P 标号点, ( ) 表示 T 标号点, 图 6-16(f) 中的粗线代表了从 v_0 到其他各点的最短线路, 此时各点的标号即为最短线路的权.

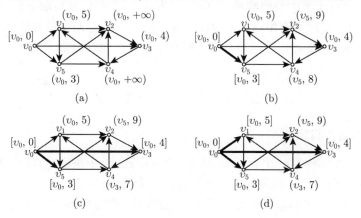

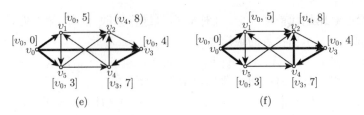

图 6-16

6.4.2 最短线路法评析与应用

迪克斯特拉算法经过 $|V| - 1$ 次循环必结束, 在整个算法的计算过程中, 步骤 2 需要做 $\dfrac{|V|(|V| - 1)}{2}$ 次比较, 而步骤 3 需要做 $\dfrac{(|V| - 1)(|V| - 2)}{2}$ 次加法和 $\dfrac{(|V| - 1)(|V| - 2)}{2}$ 次比较, 因此, 总的计算量是 $O(|V|^2)$, 是一个有效算法.

但迪克斯特拉算法仅适用于在弧权均为正值的赋权有向图中求最短线路, 当赋权有向图存在负权时, 算法失效.

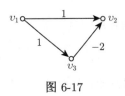

图 6-17

例如, 在图 6-17 中, 如果用迪克斯特拉算法, 则得出从 v_1 到 v_2 的最短线路的权是 1, 但显然这是错误的, 因为从 v_1 到 v_2 的最短线路是 $(v_1 v_3 v_2)$, 权是 -1.

关于求存在负权的赋权有向图的最短线路问题, 请读者参考有关文献.

最短线路问题在实际中有许多应用, 例如铺设管道、厂房选址、设备更新、工件加工顺序、统筹方法中求关键路线等都可化为求最短线路问题, 有些实际问题可用最短线路法做其子程序. 例如, 给定一个通信网络, 它的每一条支路 (弧)$v_i v_j$ 有一个完好概率 p_{ij}, 从发点 v_s 到收点 v_t 的任意一条有向路的可靠性定义为该有向路上所有弧上概率的乘积, 现寻求从 v_s 到 v_t 的最可靠的有向路.

这个问题可化为求最短线路的问题. 因为 $0 < p_{ij} \leqslant 1$, 故可取 $w_{ij} = -\log p_{ij}(> 0)$, 以 w_{ij} 表示该网络图中弧 $v_i v_j$ 的权, 那么可以用迪克斯特拉算法求出从 v_s 到 v_t 的最短线路, 这条最短线路就是通信网络中最可靠的有向路.

6.5 求最大流的标号法

6.5.1 基本概念与定理

定义 6.12 给定一个有向图 $D = \{V, A\}$, 在 V 中指定一点, 称为发点 (记为 v_s), 并指定另一点, 称为收点 (记为 v_t), 其余的点称为中间点. 对于每一条弧 $v_i v_j \in A$, 对应有一个 $c_{ij} \geqslant 0$, 称为弧 $v_i v_j$ 的容量. 称这样的 D 为一个网络, 记作

$D = \{V, A, C\}$, 其中 C 称为 D 的容量函数, 它在弧 $v_i v_j$ 上的值即为 c_{ij}.

所谓网络上的流, 是指定义在弧集 A 上的一个函数 $f = \{f_{ij}\}$, 并称 f_{ij} 为弧 $v_i v_j$ 上的流量. 例如, 图 6-18 所示就是一个网络, v_s 是发点, v_t 是收点, 其他点是中间点, 弧旁括号中的第一个数字是容量 c_{ij}, 第二个数字是弧上的流量 f_{ij}.

定义 6.13 满足下述条件的流 f 称为可行流.

(1) 容量限制条件:

对每一条弧 $v_i v_j \in A, 0 \leqslant f_{ij} \leqslant c_{ij}$.

(2) 平衡条件:

对于中间点: 流出量 = 流入量, 即对每个 $i(i \neq s, t)$, 有

$$\sum_{v_i v_j \in A} f_{ij} = \sum_{v_k v_i \in A} f_{ki},$$

对于发点 v_s: 记 $\displaystyle\sum_{v_s v_j \in A} f_{sj} - \sum_{v_i v_s \in A} f_{is} = V(f)$,

对于收点 v_t: 记 $\displaystyle\sum_{v_t v_j \in A} f_{tj} - \sum_{v_i v_t \in A} f_{it} = -V(f)$.

式中 $V(f)$ 称为可行流 f 的流量, 即发点的净输出量或收点的净输入量, 定义 6.13 中要求输入中间点的流量等于从该点输出的流量, 这样的定义是符合许多实际问题的条件的.

可行流一定存在, 例如令所有弧的流量 $f_{ij} = 0$, 就得到一个可行流, 通常称这样的流为零流, 其流量 $V(f) = 0$.

网络中的可行流 f 称为最大流, 是指对该网络中的任何其他可行流 f', 总有 $V(f) \geqslant V(f')$.

设有可行流 $f = \{f_{ij}\}$, 在网络中使得 $f_{ij} = c_{ij}$ 的弧, 称为饱和弧, 使得 $f_{ij} < c_{ij}$ 的弧称为非饱和弧, $f_{ij} = 0$ 的弧称为零流弧, $f_{ij} > 0$ 的弧称为非零流弧.

例如在图 6-18 中, $v_s v_1, v_1 v_t, v_3 v_2$ 为饱和弧, $v_s v_3, v_3 v_1, v_2 v_t$ 为非饱和弧, $v_2 v_1$ 为零流弧.

设 μ 是网络中连接发点 v_s 和收点 v_t 的一条链, 定义该链的方向是从 v_s 指向 v_t, 则链上的弧分为两类: 一类是弧的方向与链的方向一致, 称为正向弧, 正向弧的全体记为 μ^+; 另一类是弧的方向与链的方向相反, 称为反向弧, 反向弧的全体记为 μ^-.

例如在图 6-18 中, $v_s v_3 v_1 v_2 v_t$ 是一条链, 其中 $v_s v_3, v_3 v_1, v_2 v_t$ 为正向弧, $v_2 v_1$ 为反向弧.

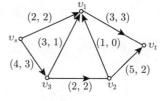

图 6-18

定义 6.14　设 f 是一个可行流, μ 是从 v_s 到 v_t 的一条链, 若 μ 满足下列条件:

(1) 对于 $v_iv_j \in \mu^+$, 有 $0 \leqslant f_{ij} < c_{ij}$, 即 μ^+ 中每一条弧是非饱和弧;

(2) 对于 $v_iv_j \in \mu^-$, 有 $0 < f_{ij} \leqslant c_{ij}$, 即 μ^- 中每一条弧是非零流弧;

则称 μ 是关于可行流 f 的一条增广链.

例如在图 6-18 中, $v_sv_3v_1v_2v_t$ 就是一条增广链.

对于有向图 $D = \{V, A\}$, 设 $S, T \subset V$, $S \cap T = \varnothing$, 将始点属于 S, 终点属于 T 的所有弧构成的集合, 记为 (S, T).

定义 6.15　设有网络 $D = \{V, A, C\}$, 若点集 V 被剖分为两个非空集合 V_1 和 $\overline{V}_1$ $(V_1 \cup \overline{V}_1 = V, V_1 \cap \overline{V}_1 = \varnothing)$, 使 $v_s \in V_1$, $v_t \in \overline{V}_1$, 则把弧集 $(V_1, \overline{V}_1)$ 称为分离 v_s 与 v_t 的截集.

显然, 若从网络中去掉某一截集中的所有弧, 则从 v_s 到 v_t 便不存在路.

定义 6.16　设 $(V_1, \overline{V}_1)$ 是网络 $D = \{V, A, C\}$ 的一个截集, 把截集 $(V_1, \overline{V}_1)$ 中所有弧的容量之和称为这个截集的截量, 记为 $c(V_1, \overline{V}_1)$, 即

$$c(V_1, \overline{V}_1) = \sum_{v_iv_j \in (V_1, \overline{V}_1)} c_{ij}.$$

若 $(V_1, \overline{V}_1)$ 是网络的所有截集中截量最小的一个, 则称 $(V_1, \overline{V}_1)$ 为最小截集.

易知, 任何一个可行流 f 的流量 $V(f)$ 都不会超过任一截集的截量, 即

$$V(f) \leqslant c(V_1, \overline{V}_1).$$

显然, 若对一个可行流 f, 存在网络中的一个截集 $(V_1, \overline{V}_1)$, 使得 $V(f) = c(V_1, \overline{V}_1)$, 则 f 必是最大流, $(V_1, \overline{V}_1)$ 必是最小截集. 实际上, 可以证明如下结论.

定理 6.2(最大流量最小截量定理)　在任一网络 D 中, 从 v_s 到 v_t 的最大流的流量等于分离 v_s 和 v_t 的最小截集的截量.

为了寻求网络中的最大流, 需要用到如下结论.

定理 6.3　可行流 f 是最大流, 当且仅当不存在关于 f 的增广链.

证　若 f 是最大流, 设网络 D 中存在关于 f 的增广链 μ, 令

$$\theta = \min\{\min_{\mu^+}(c_{ij} - f_{ij}), \min_{\mu^-} f_{ij}\},$$

则 $\theta > 0$, 令

$$f_{ij}^* = \begin{cases} f_{ij} + \theta, & v_iv_j \in \mu^+, \\ f_{ij} - \theta, & v_iv_j \in \mu^-, \\ f_{ij}, & v_iv_j \overline{\in} \mu, \end{cases}$$

易知 $f^* = \{f_{ij}^*\}$ 仍是一个可行流, 且 $V(f^*) = V(f) + \theta > V(f)$, 这与 f 是最大流假设矛盾.

若网络 D 中不存在关于 f 的增广链, 下面证明 f 是最大流.

这样定义 V_1: 令 $v_s \in V_1$; 若 $v_i \in V_1$, 且 $f_{ij} < c_{ij}$, 则令 $v_j \in V_1$; 若 $v_i \in V_1$, 且 $f_{ji} > 0$, 则令 $v_j \in V_1$.

因为不存在关于 f 的增广链, 故 $v_t \bar{\in} V_1$. 记 $\overline{V}_1 = V/V_1$, 于是得到网络 D 的一个截集 $(V_1, \overline{V}_1)$, 由前面的定义可得

$$f_{ij} = \begin{cases} c_{ij}, & v_i v_j \in (V_1, \overline{V}_1), \\ 0, & v_i v_j \in (\overline{V}_1, V_1), \end{cases}$$

从而 $V(f) = c(V_1, \overline{V}_1)$, 所以, f 必是最大流.

根据定理 6.3, 我们可从网络的任一可行流 (例如零流) 开始, 利用定理 6.3 后半部证明中定义 V_1 的办法, 最终由 v_t 是否属于 V_1 来判断网络中有无关于此可行流的增广链. 如果没有增广链, 则此可行流就是最大流; 如果有增广链, 可按定理 6.3 前半部证明中的方法, 改进 f 后得到一个流量增大的新的可行流, 如此下去, 最终必可得到最大流, 且同时也可得到一个最小截集. 这便是标号法求最大流的基本思想.

6.5.2 寻求最大流的标号法

寻求最大流可以用标号方法. 在标号过程中, 一个点仅有下列 3 种状态之一: 标号已检查 (有标号且所有相邻点都标号了); 标号未检查 (有标号, 但某些相邻点未标号); 未标号.

一个点 v_i 的标号由两部分组成, 并取两种形式 $(+j, \delta(i))$ 和 $(-j, \delta(i))$ 之一. 如果 v_i 被标号且存在弧 $v_i v_j$, 使得 $f_{ij} < c_{ij}$, 则未标号点 v_j 给予标号 $(+i, \delta(j))$, 其中

$$\delta(j) = \min\{\delta(i), c_{ij} - f_{ij}\};$$

如果 v_i 被标号且存在弧 $v_j v_i$, 使得 $f_{ji} > 0$, 则未标号点 v_j 给予标号 $(-i, \delta(j))$, 其中

$$\delta(j) = \min\{\delta(i), f_{ji}\}.$$

当过程继续到 v_t 被标号时, 就找到一条从 v_s 到 v_t 的增广链, 且它的流量可以增加 $\delta(v_t)$. 如果过程不能进行, 且 v_t 没有得到标号, 则不存在关于 f 的增广链, 此时, 令 V_1 是所有标号点的集合, $\overline{V}_1$ 是所有未标号点的集合, 则 $(V_1, \overline{V}_1)$ 是一个截集, 由定理 6.3 可知, 截集 $(V_1, \overline{V}_1)$ 的截量就是最大流的流量.

下面给出求最大流的标号算法.

步骤 1: 令 $f = \{f_{ij}\}$ 是任意可行流 (可能是零流), 给 v_s 一个永久标号 $(-1, \infty)$.

步骤 2: (1) 如果所有标号点都被检查, 转步骤 4, 否则,

(2) 找一个已标号但未检查的点 v_i, 并做如下检查: 对每一弧 v_iv_j, 如果 $f_{ij} < c_{ij}$, 且 v_j 未标号, 则给 v_j 标号 $(+i, \delta(j))$, 其中

$$\delta(j) = \min\{\delta(i), c_{ij} - f_{ij}\};$$

对每一条弧 v_jv_i, 如果 $f_{ji} > 0$, 且 v_j 未标号, 则给 v_j 标号 $(-i, \delta(j))$, 其中

$$\delta(j) = \min\{f_{ji}, \delta(i)\}.$$

如果 v_t 被标号, 则转步骤 3; 否则返回步骤 2(1).

步骤 3: 由点 v_t 开始, 使用标号的第一个元素构造一条增广链 μ(点 v_t 的标号的第一个元素表示在链中倒数第二个点的下标, 而这第二个点的标号的第一个元素表示倒数第三个点的下标, 依次类推), 在 μ 上作 $\delta(v_t)$ 平移得新的可行流 f'(标号的第一个元素的正负号表示增加或减少 $\delta(v_t)$ 来增大流量). 以 f' 代替 f, 去掉除 v_s 点外的所有标号, 转步骤 2.

步骤 4: 此时可行流是最大流. 将所有标号点的集合记为 V_1, 未标号点的集合记为 $\overline{V}_1$, 则 $(V_1, \overline{V}_1)$ 是一个最小截集.

现在利用此算法求解下面的实际问题.

例 6.1　已知某物资从产地 v_1 经交通网络运往销地 v_6(见图 6-19), 图中单行道旁的第一个数字表示该道路在一个时间周期内的最大通过能力, 第二个数字表示现在给定的一个物流流, 要求从 v_1 到 v_6 的最大物资流.

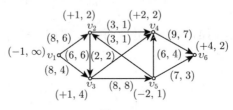

图 6-19

解　首先, 给 v_1 一个永久标号 $(-1, \infty)$, 检查 v_1, 在弧 v_1v_2 上, $c_{12} = 8$, $f_{12} = 6$, $c_{12} - f_{12} = 2$, $f_{12} < c_{12}$, 给 v_2 标号 $(+1, 2)$; 在弧 v_1v_3 上, $c_{13} = 8$, $f_{13} = 4$, $f_{13} < c_{13}$, $c_{13} - f_{13} = 4$, 所以给 v_3 标号 $(+1, 4)$.

接着检查标号点 v_2, 在弧 v_2v_4 上, $c_{24} = 3$, $f_{24} = 1$, $f_{24} < c_{24}$, $c_{24} - f_{24} = 2$, 由于 $\min\{\delta(2), c_{24} - f_{24}\} = 2$, 因此给 v_4 标号 $(+2, 2)$; 在弧 v_5v_2 上, $f_{52} = 1 > 0$, 由于 $\min\{\delta(2), f_{52}\} = 1$, 因此给 v_5 标号 $(-2, 1)$.

最后检查标号点 v_4, 在弧 v_4v_6 上, $c_{46} = 9$, $f_{46} = 7$, $f_{46} < c_{46}$, $c_{46} - f_{46} = 2$, 由于 $\min\{\delta(4), c_{46} - f_{46}\} = 2$, 因此给 v_6 标号 $(+4, 2)$(见图 6-19).

由于 v_6 已被标号, 因此已找到一条从 v_1 到 v_6 的增广链 μ, 其中

$$\mu = v_1 v_2 v_4 v_6, \quad \mu^+ = \{v_1 v_2, v_2 v_4, v_4 v_6\}, \quad \mu^- = \varnothing.$$

在 μ 上调整 f, 调整量 $\theta = \delta(6) = 2$, 其中

$$f'_{12} = f_{12} + 2, \quad f'_{24} = f_{24} + 2, \quad f'_{46} = f_{46} + 2,$$

其余的 $f'_{ij} = f_{ij}$, 则得到新的可行流 f', 见图 6-20.

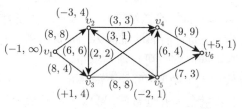

图 6-20

再求可行流 f' 的一条增广链, 去掉除 v_1 外的其他点的标号, 给它们重新标号, 具体步骤同前, 各点的标号见图 6-20.

由图 6-20 可见, 存在一条关于 f' 的增广链 μ', 其中

$$\mu' = v_1 v_3 v_2 v_5 v_6, \quad (\mu')^+ = \{v_1 v_3, v_5 v_6\}, \quad (\mu')^- = \{v_2 v_3, v_5 v_2\}.$$

在 μ' 上调整 f', 调整量 $\theta' = \delta(6) = 1$, 其中

$$(\mu')^+ : f''_{13} = f'_{13} + 1, f''_{56} = f'_{56} + 1; \quad (\mu')^- : f''_{23} = f'_{23} - 1, f''_{52} = f'_{52} - 1.$$

其余的 $f''_{ij} = f'_{ij}$, 则得到新的可行流 f'', 见图 6-21.

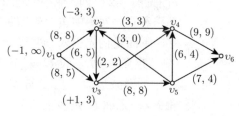

图 6-21

现在求可行流 f'' 的一条增广链, 去掉除 v_1 外的其他点的标号, 给它们重新标号, 给 v_3, v_2 标上号后, 发现标号过程无法继续下去, 但 v_6 未被标号, 所以算法结束. 此时的可行流 f'' 即为最大流, 其流量为

$$v(f'') = f''_{12} + f''_{13} = 13.$$

同时还找到最小截集 $(V_1, \overline{V}_1)$, 其中 $V_1 = \{v_1, v_2, v_3\}$, $\overline{V}_1 = \{v_4, v_5, v_6\}$, 从而 $(V_1, \overline{V}_1) = \{v_2 v_4, v_3 v_4, v_3 v_5\}$. 易得 $c(V_1, \overline{V}_1) = 13$.

6.5.3　求最大流的标号法评析

网络最大流问题在实际中应用广泛, 例如, 公路系统中的最大车辆流, 控制系统中的最大信息流, 供水、供气系统中的最大流, 物流系统中的最大物流等诸多问题均可转化为在网络中求最大流加以解决.

由标号算法寻找增广链以求最大流的结果, 同时也得到了一个最小截集, 而最小截集的截量的大小影响了总的输送量的提高. 因此, 为了增大流量, 必须优先考虑改善最小截集的截量, 提高它们的通过能力. 例如在例 6.1 中, 若将最小截集中弧 $v_3 v_5$ 的容量增大, 则可同时增大可行流的流量.

标号算法对于容量是无理数时, 可能不能终止, 然而, 实际问题中通常不会出现无理数的情况. 对于容量全为有理数时, 可以把容量乘上一个适当的因子, 化为全是整数的情形, 因此, 我们可以仅讨论容量全是整数的情形. 由于最大流量是有上界的, 我们可以从一个整数可行流 (例如零流) 开始, 每一步取 θ 为整数. 若最大流量为 $v(f)$, 因为每一次增广, 流的值至少增加一个单位, 因此, 最多增广 $v(f)$ 次, 即可在有限步内求出最大流, 且可以证明: 在标号算法的标号过程中, 只要遵守先标号点先检查的原则, 则标号算法是一个有效算法.

6.6　奇偶点图上作业法

6.6.1　奇偶点图上作业法

已知一鲜奶供应站送奶员每日从 v_1 出发, 向沿街订奶户发送鲜奶, 最终返回 v_1, 见图 6-22. 问: 他如何选择行走路线, 使所走的总路程最短? 图中边上的数字表示该街道的长度.

下面我们先引入一些概念和定理.

定义 6.17　设 $G = \{V, E\}$ 是一个图, 若存在 E 中的两条边 e_i 与 e_j, 与 V 中同一对顶点 v 与 v 相关联, 则称 G 是多重图.

定义 6.18　设 $G = \{V, E\}$ 是一个连通多重图, 若存在一条链, 过每边一次, 且仅一次, 则称这

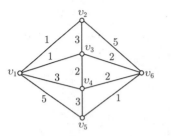

图 6-22

条链为欧拉 (Euler) 链. 若存在一个圈, 过每边一次, 且仅一次, 称这个圈为欧拉圈. 一个图若有欧拉圈, 则称此图为欧拉图.

判断一个图是否为欧拉图, 有如下结论.

定理 6.4　连通多重图 G 是欧拉图, 当且仅当 G 中无奇点.

需要说明的是, 因为一条边与两个顶点关联, 所以每一条边 "贡献" 了顶点的 2 个次, 从而图的全体顶点的次和为偶数. 所以, 一个图若有奇点, 其奇点个数必为偶数.

推论 连通多重图 G 有欧拉链, 当且仅当 G 恰有 2 个奇点.

根据定理 6.4, 如果在送奶员送奶的范围内, 街道图中没有奇点, 那么他就可以从送奶站出发, 过每条街道一次, 且仅一次, 最后返回送奶站, 于是他所走的路程必然是最短路程; 而对于有奇点的街道图, 他必须在某些街道上重复走若干次.

在图 6-22 中, 由于 v_2, v_5 是奇点, 因此送奶员需要在某些街道上重复走 n 次, 例如, 他可选择如下路线:

$$v_1 v_2 v_3 v_1 v_4 v_3 v_6 v_4 v_5 v_6 v_2 v_6 v_5 v_1,$$

此时他在边 $v_2 v_6$ 与 $v_5 v_6$ 上各走了两次.

如果在某条路线中, 在边 $v_i v_j$ 上重复走了 n 次, 则可在图中顶点 v_i 与 v_j 之间增加 $n-1$ 条边, 令每条边的权和原来的权相等, 并把新增加的边称为重复边, 这样就得到一个新的多重图. 于是该条路线即为新图中的欧拉圈.

例如, 送奶员若按上面的方案行进, 则可得到相应的新图, 见图 6-23.

显然, 问题可以转化为在一个有奇点的图中, 要求增加一些重复边, 使新图不含奇点, 且重复边的总权为最小.

将使新图不含奇点而增加重复边的方案称为可行方案, 使重复边总权最小的可行方案称为最优方案.

奇偶点图上作业法的基本思想就是从一个初始可行方案开始, 调整重复边的总权, 使得总权逐步降低, 最终得到最优方案.

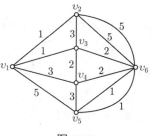

图 6-23

为了寻找初始可行方案, 可作如下处理: 将偶数个奇点两两配成对, 由于图是连通的, 因此每对奇点之间必存在一条链, 可将这条链上的所有边作为重复边加到图中, 如此得到的新图必没有奇点, 从而便得到了初始可行方案.

显然, 若边 e 上的重复边数多于一条, 则从新图中去掉其中偶数条重复边后得到的图仍是欧拉图, 而重复边的总权却有所降低, 因此有下述准则.

准则 6.1 若可行方案是最优方案, 则图中每一边上最多有一条重复边.

此外, 如果把图中某个圈上的重复边去掉, 而给圈上没有重复边的边加上一条重复边, 则图中仍没有奇点. 因此, 如果在某个圈上重复边的总权大于这个圈的总权的一半, 则作出如上的调整后, 将会得到一个总权下降的可行方案, 因此有准则 6.2.

准则 6.2 若可行方案是最优方案, 则图中每个圈上的重复边的总权不大于该圈总权的一半.

可以证明: 若一个可行方案同时满足准则 6.1 与准则 6.2, 则它必是最优方案, 因此, 可对初始可行方案进行如下调整.

首先依据准则 6.1, 若某条边的重复边多于一条, 则去掉若干条 (必为偶数条), 使得该边的重复边只有一条, 如此得到改进的新的可行方案.

图 6-23 中因无重复边多于一条的情况, 故无需作以上调整.

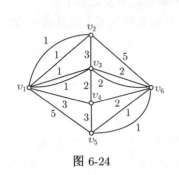

图 6-24

接着检查图 6-23 中的圈, 发现圈 $v_1v_2v_6v_3v_1$ 中重复边的总权为 5, 而圈的权为 9, 不满足准则 6.2, 依据前面提到的方案进行调整, 得到新的可行方案, 见图 6-24.

再检查图 6-24, 发现其满足准则 6.1 和准则 6.2, 于是得到最优方案, 图中任一个欧拉图均为送奶员的最佳行进路线. 例如, 他可沿着如下路线行进:

$$v_1v_2v_6v_3v_2v_1v_5v_4v_3v_1v_4v_6v_5v_6v_3v_1,$$

此时他的最短线路的长度为 33.

6.6.2　奇偶点图上作业法评析

奇偶点图上作业法由我国学者管梅谷先生, 在考虑邮递员传递路线问题时, 于 1960 年给出, 国际上因此称之为 "中国邮路问题".

奇偶点图上作业法的主要困难在于检查准则 6.2, 它要求检查图上的每一个圈. 一般地, 若圈中的顶点数与边数较多时, 圈的个数也会有很多, 因此检查起来计算量较大.

特别地, 若 G 中恰好只有两个奇点, 可以证明: 最优方案即为先求出这两个奇点间的最短线路, 接着在该最短线路的每条边上添加一条重复边后得到.

例如, 在前述问题 (见图 6-22) 中, 只有两个奇点 v_2 和 v_5, 易知 v_2 到 v_5 的最短线路即为 $v_2v_1v_3v_6v_5$, 将这条线路上每条边添上一条重复边后即得到图 6-24, 它就是最优方案.

6.7　网络分析方法软件介绍

能够解决网络优化问题的常用数学软件有 WinQSB, Matlab, QM 和 OR 等, 下面以 WinQSB 软件为例, 求解网络优化问题.

进入 WinQSB 后, 根据所求的问题进入某个子程序, 然后便可建立新文件或打开原有的文件, 按格式要求输入数据后便可求解.

6.7.1 支撑树和最小树的计算

1. 支撑树的计算

用 WinQSB 软件求图 6-25 所示的一个支撑树.
图 6-25 实际上也是 6.1 节、6.2 节出现的实际问题,
只是将顶点重新作了标号.

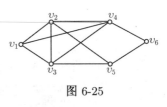

图 6-25

在 WinQSB 中调用子模块 "Network Model-
ing", 新建一个文件, 如图 6-26 所示. 在图 6-26 中
选中 "Minimal Spanning Tree", 然后在 "Number of
Nodes" 框中输入顶点数 "6" 后, 点击 "OK" 后便可输入数据, 如图 6-27 所示.

由于是求支撑树, 此时可视每条边上的权为 1, 因此在求解时, 可以直接选择
"Solve and Analyze | Solve the Problem" 得到答案, 如图 6-28 所示.

由图 6-28 得支撑树, 如图 6-29 所示.

输入数据后, 也可选择 "Solve and Analyze | Solve and Display Steps-Network"
来逐步地进行求解.

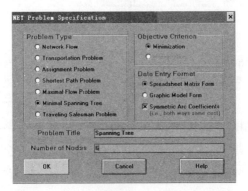

图 6-26

From \ To	Node1	Node2	Node3	Node4	Node5	Node6
Node1		1	1	1		
Node2	1		1	1	1	
Node3	1	1		1	1	
Node4	1	1	1			1
Node5		1	1			1
Node6				1	1	

图 6-27

11-25-2008	From Node	Connect To	Distance/Cost		From Node	Connect To	Distance/Cost
1	Node1	Node2	1	4	Node2	Node5	1
2	Node1	Node3	1	5	Node4	Node6	1
3	Node1	Node4	1				
	Total	Minimal	Connected	Distance	or Cost	=	5

图 6-28

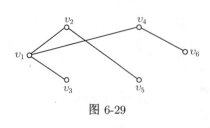

图 6-29

2. 最优树的计算

以 6.3 节中实际问题为例(见图 6-12), 用 WinQSB 软件求解.

首先调用子模块"Network Modeling", 在 "Number of Nodes" 框中输入顶点数 "6", 见图 6-26.

点击 "OK"后在出现的数据表中输入数据, 如图 6-30 所示.

From \ To	Node1	Node2	Node3	Node4	Node5
Node1		3	1	6	2
Node2	3		3	5	5
Node3	1	3		4	1
Node4	6	5	4		4
Node5	2	5	1	4	

图 6-30

求解结果见图 6-31, 得到的最小树见 6.3 节中的图 6-13.

11-25-2008	From Node	Connect To	Distance/Cost		From Node	Connect To	Distance/Cost
1	Node1	Node2	3	3	Node3	Node4	4
2	Node1	Node3	1	4	Node3	Node5	1
	Total	Minimal	Connected	Distance	or Cost	=	9

图 6-31

6.7.2   最短线路法的计算

以 6.4 节中的实际问题为例, 将顶点重新标号, 见图 6-32.

在 WinQSB 中调用子模块 "Network Nodeling", 新建一个文件, 选中 "Shortest Path Problem", 然后在 "Number of Nodes" 框中输入顶点数 "6", 见图 6-33.

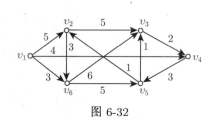

图 6-32

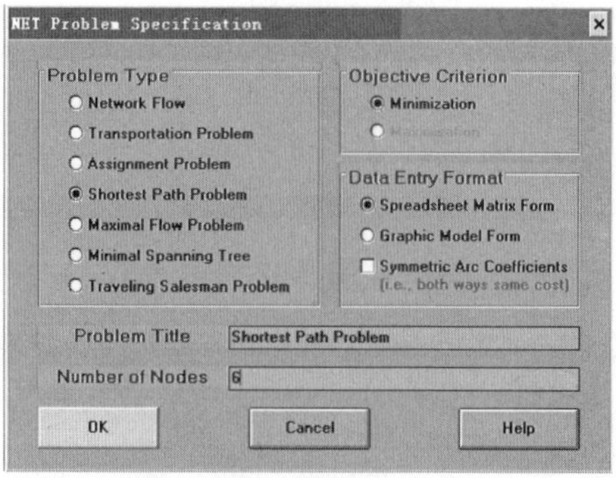

图 6-33

点击 "OK" 后在数据表中输入数据, 如图 6-34 所示.

From \ To	Node1	Node2	Node3	Node4	Node5	Node6
Node1		5		4		3
Node2			5			3
Node3				2		
Node4					3	
Node5		1	1			
Node6			6		5	

图 6-34

点击 "Solve and Analyes" 后系统提示用户选择图的起点和终点, 系统默认从第一个点到最后一个点, 例如, 选择起点为 v_1, 终点为 v_3, 输入后见图 6-35.

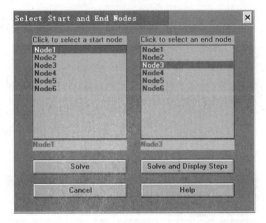

图 6-35

在图 6-35 中点击 "Solve" 后便得求解结果, 如图 6-36 所示.

11-25-2008	From	To	Distance/Cost	Cumulative Distance/Cost
1	Node1	Node4	4	4
2	Node4	Node5	3	7
3	Node5	Node3	1	8
	From Node1	To Node3	Distance/Cost	= 8

图 6-36

从图 6-36 可知, 从 v_1 到 v_3 的最短线路长为 8, 最短线路为 $v_1 v_4 v_5 v_3$.

6.7.3 网络最大流的计算

以例 6.1 为例, 见图 6-19, 求从 v_1 到 v_6 的最大物资流.

在 WinQSB 中调用子模块 "Network Nodeling", 新建一个文件, 选中 "Maximal Flow Problem", 然后在 "Number of Nodes" 框中输入顶点数 "6", 见图 6-37.

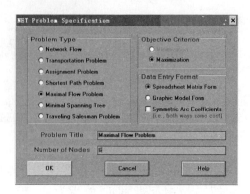

图 6-37

在图 6-37 中点击 "OK" 后即出现数据表, 在表中输入相关数据, 见图 6-38.

From \ To	Node1	Node2	Node3	Node4	Node5	Node6
Node1		8	8			
Node2			6	3		
Node3				2	8	
Node4						9
Node5		3		6		7
Node6						

图 6-38

求解结果见图 6-39. 由图 6-39 可知, 最大流值为 13.

11-25-2008	From	To	Net Flow		From	To	Net Flow
1	Node1	Node2	5	6	Node3	Node5	8
2	Node1	Node3	8	7	Node4	Node6	6
3	Node2	Node3	2	8	Node5	Node4	1
4	Node2	Node4	3	9	Node5	Node6	7
5	Node3	Node4	2				
Total	Net Flow	From	Node1	To	Node6	=	13

图 6-39

用 WinQSB 求解网络优化的其他问题, 请读者参阅介绍相关软件的文献.

第7章 存储优化方法

存储是指一个企业为满足生产或销售的需要而存储的原料或产品, 通常管理者必须考虑如下问题: 一是库存补货的订货量是多少? 二是何时补充库存货物? 专门研究这类存储问题的科学构成运筹学的一个分支, 叫做存储论 (inventory), 也称为库存论.

7.1 经济订货批量的存储方法

7.1.1 基本概念

某汽车总装厂每月可生产汽车 10000 辆, 其中用于汽车的发动机需向发动机生产分厂订购, 已知每次订购费为 5000 元, 每台发动机的单价为 16000 元, 每台发动机的存储费为 100 元/月, 且企业对该发动机的需求是均匀的. 试在以下条件下, 为该企业制订一个订货策略, 使用于发动机的采购总费用最少 (每月按 30 天计):

(1) 不允许缺货, 存储可以立即得到补充;

(2) 不允许缺货, 发动机厂接订单后即组织生产, 生产速度为每月 20000 台;

(3) 允许缺货, 存储可以立即得到补充, 缺货费为每台 50 元/月;

(4) 允许缺货, 发动机厂接订单后即组织生产, 生产速度为每月 20000 台, 缺货费为每台 50 元/月.

下面我们先介绍一些存储论中的基本概念.

1. 需求

库存的目的是为了满足需求, 对存储而言, 由于需求, 必须从存储中取出一定数量的库存品, 从而使存储量减少. 需求可以是常量 (即需求均匀), 也可以是随机变量.

2. 补充

存储由于需求而减少, 必须加以补充, 以满足后继的需求, 补充就是存储的输入. 从订货到货物进入存储往往需要一段时间, 这段时间称为拖后时间. 为了在某一时刻能补充存储, 必须提前订货, 这段时间也称为提前时间. 拖后时间可能是随机性的, 也可能是确定性的.

3. 订货费

包括两项费用, 一项是订购费, 如手续费、差旅费、生产准备费等, 它是仅与订货次数有关而与订货数量无关的一项固定费用; 二是货物的成本费用, 它通常为订货数量与货物单价的乘积.

4. 存储费

包括仓库使用费, 保管货物、货物损坏变质等支出的费用; 还可能包括积压资金所造成的损失、保险费等.

5. 缺货费

指存储供不应求时所造成的损失费, 如停工待料的损失, 不能按期履行合同而支付的违约金, 因货物脱销而造成的机会利润的损失等. 在不允许缺货的情形下, 缺货费用可视为无穷大.

6. 存储策略

何时补充存储, 补充多少数量的方案称为存储策略. 常见的策略有以下几种.

(1) t 循环策略: 每隔 t 时段补充一次存储, 补充数量为 Q.

(2) (s, S) 策略: 每当存储量 $x > s$ 时不补充, 当 $x \leqslant s$ 时补充存储, 补充量为 $S - x$.

(3) (t, s, S) 策略: 每经过 t 时段检查存储量 x, 当 $x > s$ 时不补充, 当 $x \leqslant s$ 时补充存储, 补充量为 $S - x$.

存储模型通常可以分为两类: 一类叫做确定性模型, 即模型中的数据皆为确定的数值; 另一类叫做随机性模型, 即模型中含有随机变量.

好的存储策略应为既可使总费用最小, 又可以避免因缺货影响生产.

7.1.2　不允许缺货, 生产时间很短的存储模型

模型假设如下:

(1) 当存储降至零时, 可以立即得到补充 (即生产时间或拖后时间很短, 可以近似看作零).

(2) 需求是连续的、均匀的, 即需求率 R 为常数.

(3) 每次订货量不变, 订购费不变.

(4) 单位存储费不变.

(5) 不允许缺货, 即缺货费用为无穷大.

问题为确定 s, S, 使总费用达到最小. 引进如下记号:

R: 需求率;

C_1: 单位货物存储费用;

C_2: 每次订购费;

Q: 每次订货量;

p: 货物单价.

此模型的存储状态如图 7-1 所示.

假设每隔 t 时间补充一次存储, 则订货量必须满足 t 时段的需求量 Rt, 订货费为 $C_2 + pRt$, t 时段的平均订货费为 $C_2/t + pR$, t 时段的平均存储量为

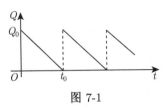

图 7-1

$$\frac{1}{t} \int_0^t Rt\mathrm{d}t = \frac{1}{2}Rt,$$

则 t 时段内平均存储费用为 $\frac{1}{2}RtC_1$, 从而 t 时段内总的平均费用为

$$C(t) = \frac{C_2}{t} + pR + \frac{1}{2}RtC_1.$$

令 $\dfrac{\mathrm{d}C(t)}{\mathrm{d}t} = -\dfrac{C_2}{t^2} + \dfrac{1}{2}RC_1 = 0$, 则

$$t_0 = \sqrt{\frac{2C_2}{C_1 R}}, \tag{7.1}$$

即每隔 t_0 时间订货一次可使 $C(t)$ 最小, 称 t_0 为最佳进货周期.

$$Q_0 = Rt_0 = \sqrt{\frac{2C_2 R}{C_1}}, \tag{7.2}$$

最小总费用为

$$C_0 = \sqrt{2C_1 C_2 R}.$$

(7.2) 式称为经济订购批量 (economic ordering quantity) 公式, 简称为 EOQ 公式.

注意到 Q_0 与 t_0 均与货物单价 p 无关, 所以可在费用函数中略去 pR 这一项.

此处的 (s, S) 策略实际上是当库存量 s 降至 0 时订货货物 Q_0 单位, 所以实质上是一个 t_0 循环策略, 即每隔 t_0 时段补充存储, 补充数量为 Q_0.

现在我们可以解决本节经济问题中的第一个问题. 在原问题中 $C_1 = 100$ 元/台·月, $C_2 = 5000$ 元, $R = 10000$ 台/月, 由 (7.1) 式、(7.2) 式得

$$t_0 = \sqrt{\frac{2 \times 5000}{100 \times 10000}} = \frac{1}{10} \, (月) = 3 \, (天),$$

$$Q_0 = \sqrt{\frac{2 \times 5000 \times 10000}{100}} = 1000 \, (台).$$

所以最佳存储策略为每 3 天订一次发动机, 每次订货量为 1000 件.

7.1.3　不允许缺货, 生产需一定时间的存储模型

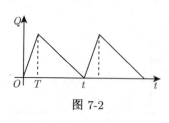

图 7-2

将前一模型中假设 (1) 改为 (1′) 如下, 模型假设其余与前述模型相同.

(1′) 生产速度为 V, 生产时间为 T.

此模型的存储状态如图 7-2 所示.

在 $[0, T]$ 区间内, 存储以 $(V - R)$ 速率增加, 在 $[T, t]$ 区间内存储以速率 R 减少, 由图 7-2 可知

$$(V - R)T = R(t - T), \quad 即 VT = Rt,$$

所以得

$$T = \frac{Rt}{V}.$$

t 时间内的平均存储量为

$$\frac{1}{2}(V - R)T,$$

t 时间内所需存储量为

$$\frac{1}{2}C_1(V - R)Tt,$$

单位时间总费用 $C(t)$ 为

$$C(t) = \frac{1}{t}\left[\frac{1}{2}C_1(V - R)Tt + C_2\right] = \frac{1}{2}C_1(V - R)\frac{R}{V}t + \frac{C_2}{t}.$$

令

$$\frac{\mathrm{d}C(t)}{\mathrm{d}(t)} = \frac{1}{2}C_1(V - R)\frac{R}{V} - \frac{C_2}{t^2} = 0,$$

则最佳进货周期为

$$t_0 = \sqrt{\frac{2C_2V}{C_1R(V - R)}}, \tag{7.3}$$

最佳订货批量为

$$Q_0 = \sqrt{\frac{2C_2RV}{C_1(V - R)}}, \tag{7.4}$$

最佳生产时间为

$$T_0 = \frac{Rt_0}{V} = \sqrt{\frac{2C_2R}{C_1V(V - R)}}, \tag{7.5}$$

最小总费用为

$$C_0 = \sqrt{2C_1C_2R\frac{V - R}{V}}.$$

现在利用 (7.3) 式、(7.4) 式、(7.5) 式求解经济问题中的第二个问题. 在原问题中 $V = 20000$ 台/月, 求得

$$t_0 = \sqrt{\frac{2 \times 5000 \times 20000}{100 \times 10000 \times (20000 - 10000)}} \approx 0.1414 \,(月) \approx 4.24 \,(天),$$

$$Q_0 = \sqrt{\frac{2 \times 5000 \times 10000 \times 20000}{100 \times (20000 - 10000)}} \approx 1414 \,(台),$$

$$T_0 \approx \frac{10000 \times 0.1414}{20000} = 0.0707 \,(月) \approx 2.12 \,(天).$$

所以最佳存储策略为约 4.2 天订一次发动机, 每次订货量为 1414 台.

7.1.4 允许缺货, 生产时间很短的存储模型

将第一个模型中的假设 (5) 改为 (5′) 允许缺货, 且缺货在以后补足.

记 C_3 为缺货费. 在实际问题中, 允许少量缺货会使单个订货周期时间延长, 减少订货次数, 从而节约了订购费, 但此时增加了缺货费, 因此, 一个订货周期内的平均费用要考虑订购费、存储费和缺货费.

此模型的存储状态如图 7-3 所示.

假设最初存储量为 S, 可满足 t_1 时段的需求, t_1 时段的平均存储量为 $\frac{1}{2}S$, 在 $t - t_1$ 时段的存储为零, 平均缺货量为 $\frac{1}{2}R(t - t_1)$. 易知 $S = Rt_1$, 则 $t_1 = \frac{S}{R}$. 在 t 时段内所需存储费

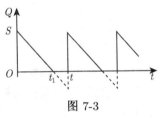

图 7-3

$$C_1 \frac{1}{2} S t_1 = \frac{1}{2} C_1 \frac{S^2}{R},$$

在 t 时段内的缺货费

$$C_3 \frac{1}{2} R (t - t_1)^2 = \frac{1}{2} C_3 \frac{(Rt - S)^2}{R}.$$

平均总费用

$$C(t, S) = \frac{1}{t} \left[\frac{1}{2} C_1 \frac{S^2}{R} + \frac{1}{2} C_3 \frac{(Rt - S)^2}{R} + C_2 \right].$$

令

$$\frac{\partial C}{\partial S} = \frac{1}{t} \left[C_1 \frac{S}{R} - C_3 \frac{Rt - S}{R} \right] = 0,$$

求得

$$S = \frac{C_3 Rt}{C_1 + C_3}.$$

令

$$\frac{\partial C}{\partial t} = -\frac{1}{t^2}\left[\frac{1}{2}C_1\frac{S^2}{R} + \frac{1}{2}C_3\frac{(Rt-S)^2}{R} + C_2\right] + \frac{1}{t}\left[C_3(Rt-S)\right] = 0,$$

求得最佳进货周期为

$$t_0 = \sqrt{\frac{2C_2(C_1+C_3)}{C_1 R C_3}},\tag{7.6}$$

最佳订货批量为

$$Q_0 = \sqrt{\frac{2RC_2}{C_1}\cdot\frac{C_1+C_3}{C_3}},\tag{7.7}$$

最大存储量为

$$S_0 = \sqrt{\frac{2C_2 C_3 R}{C_1(C_1+C_3)}},\tag{7.8}$$

最大缺货量为

$$Q_0 - S_0 = \sqrt{\frac{2C_1 C_2 R}{C_3(C_1+C_3)}},\tag{7.9}$$

最小总费用为

$$C_0 = \sqrt{\frac{2C_1 C_2 C_3 R}{C_1+C_3}}.$$

现在利用以上公式求解经济问题中的第三个问题, 在原问题中 $C_3 = 50$ 元/台 · 月, 求得

$$t_0 = \sqrt{\frac{2\times 5000\times(100+50)}{100\times 10000\times 50}} \approx 0.1732\,(\text{月}) \approx 5.2\,(\text{天}),$$

$$Q_0 = \sqrt{\frac{2\times 5000\times 10000}{100}\times\frac{100+50}{50}} \approx 1732\,(\text{台}).$$

所以最佳存储策略为约 5.2 天订一次发动机, 每次订货量为 1732 台.

7.1.5 允许缺货, 生产需一定时间的存储模型

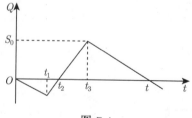

图 7-4

模型假设为前述 $(1')$, (2), (3), (4), $(5')$. 此模型的存储状态如图 7-4 所示.

取 $[0,t]$ 为一个周期, 设 t_1 时刻开始生产. $[0,t_2]$ 时段内存储为零, 用 B 表示最大缺货量. 在 $[t_1,t_2]$ 时段内除满足需求外, 补足 $[0,t_1]$ 时段内的缺货; 在 $[t_2,t_3]$ 时段内满足需求后的产品进

入存储, 存储量以 $V - R$ 速度增加, t_3 时刻存储量达到最大, 此时停止生产; 在 $[t_3, t]$ 时段内存储量以需求率 R 减少.

由图 7-4 易得, 最大缺货量 $B = Rt_1 = (V - R)(t_2 - t_1)$, 即有

$$t_1 = \frac{V - R}{V} t_2.$$

最大存储量 $S = (V - R)(t_3 - t_2) = R(t - t_3)$, 即有

$$t_3 = \frac{R}{V} t + \left(1 - \frac{R}{V}\right) t_2.$$

存储费为

$$\frac{1}{2} C_1 (V - R) (t_3 - t_2) (t - t_2) = \frac{1}{2} C_1 (V - R) \frac{R}{V} (t - t_2)^2,$$

缺货费为

$$\frac{1}{2} C_3 R t_1 t_2 = \frac{1}{2} C_3 R \frac{V - R}{V} t_2^2,$$

在 $[0, t]$ 时间内总平均费用为

$$C(t, t_2) = \frac{1}{t} \left[\frac{1}{2} C_1 (V - R) \frac{R}{V} (t - t_2)^2 + \frac{1}{2} C_3 R \frac{V - R}{V} t^2 + C_2 \right].$$

令 $\dfrac{\partial C}{\partial t} = 0$, $\dfrac{\partial C}{\partial t_2} = 0$, 求得最佳进货周期为

$$t_0 = \sqrt{\frac{2C_2}{C_1 R} \cdot \frac{C_1 + C_3}{C_3} \cdot \frac{V}{V - R}}, \tag{7.10}$$

最佳订货批量为

$$Q_0 = \sqrt{\frac{2C_2 R}{C_1} \cdot \frac{C_1 + C_3}{C_3} \cdot \frac{V}{V - R}}, \tag{7.11}$$

最大存储量为

$$S_0 = \sqrt{\frac{2C_2 R}{C_1} \cdot \frac{C_3}{C_1 + C_3} \cdot \frac{V - R}{V}}, \tag{7.12}$$

最大缺货量为

$$B_0 = \sqrt{\frac{2C_1 C_2 R}{C_3 (C_1 + C_3)} \cdot \frac{V - R}{V}}, \tag{7.13}$$

最小总费用为

$$C_0 = \sqrt{2C_1 C_2 R \cdot \frac{V - R}{V} \cdot \frac{C_3}{C_1 + C_3}}.$$

现在利用上述公式求解原问题中的第四个问题, 求得

$$t_0 = \sqrt{\frac{2 \times 5000}{100 \times 10000} \times \frac{100+50}{50} \times \frac{20000}{20000-10000}} \approx 0.2449 \,(月) \approx 7.35 \,(天),$$

$$Q_0 = \sqrt{\frac{2 \times 5000 \times 10000}{100} \times \frac{100+50}{50} \times \frac{20000}{20000-10000}} \approx 2449 \,(台).$$

所以最佳存储策略为约 7.35 天订一次发动机, 每次订货量为 2449 台.

7.2　具有约束条件的存储方法

7.2.1　实际问题的数学模型

某企业需采购 3 种原料 A, B, C, 有关数据见表 7-1, 已知滞后时间为零, 不允许缺货, 仓库总面积为 300 平方米, 试确定每种原料的最优订货批量, 使得总费用最小.

表 7-1

原料品种	年需求量/吨	订购费/元	存储费/(元/吨 · 年)	占用仓库面积/(平方米/吨)
A	2000	1000	100	0.5
B	3000	1500	100	0.6
C	4000	1200	90	0.4

设原料 A, B, C 的订货批量为 Q_1, Q_2, Q_3, 总费用为 $C(Q_1, Q_2, Q_3)$, 则建立模型如下:

$$\begin{cases} \min C(Q_1, Q_2, Q_3) = \left(\dfrac{2000}{Q_1} \times 1000 + \dfrac{1}{2}Q_1 \times 100 \right) \\ \qquad\qquad + \left(\dfrac{3000}{Q_2} \times 1500 + \dfrac{1}{2}Q_2 \times 100 \right) \\ \qquad\qquad + \left(\dfrac{4000}{Q_3} \times 1200 + \dfrac{1}{2}Q_3 \times 90 \right), \\ 0.5Q_1 + 0.6Q_2 + 0.4Q_3 \leqslant 300, \\ Q_1 \geqslant 0, Q_2 \geqslant 0, Q_3 \geqslant 0. \end{cases}$$

7.2.2　具有约束条件的存储方法

模型假设如下:

(1) 当存储降至零时, 可以立即得到补充.

(2) 每种商品的需求均是连续的、均匀的.

(3) 每种商品的单位存储费不变.

(4) 每种商品的每次订货量不变, 订购费不变.

(5) 每种商品均不允许缺货, 即缺货费用无穷大.

问题为确定 s, S, 使总费用达到最小.

引进如下记号:

R_i: 第 i 种商品的需求率;

C_1^i: 第 i 种商品的单位存储费用;

C_2^i: 第 i 种商品的每次订购费;

Q_i: 第 i 种商品的每次订货量;

p_i: 第 i 种商品的单价.

由 7.1 节的讨论可知, 总费用函数

$$C\left(Q_1, Q_2, \cdots, Q_n\right) = \sum_{i=1}^{n} \left(\frac{R_i}{Q_i} C_2^i + \frac{1}{2} Q_i C_1^i\right).$$

若第 i 种商品的单位占用库存空间为 v_i, 仓库的最大库存容量为 V, 则有如下约束条件:

$$\sum_{i=1}^{n} Q_i v_i \leqslant V. \tag{7.14}$$

因此, 问题归为求解下述数学模型:

$$\begin{cases} \min C\left(Q_1, Q_2, \cdots, Q_n\right); \\ \sum_{i=1}^{n} Q_i v_i \leqslant V, \\ Q_i \geqslant 0 \left(i = 1, 2, \cdots, n\right). \end{cases} \tag{7.15}$$

对于目标函数, 由 7.1 节的 EOQ 公式可知:

$$Q_i^* = \sqrt{\frac{2C_2^i R_i}{C_1^i}} \quad (i = 1, 2, \cdots, n). \tag{7.16}$$

若 $Q_i^* (i = 1, 2, \cdots, n)$ 满足约束条件 $\sum_{i=1}^{n} Q_i v_i \leqslant V$, 则第 i 种商品的经济订购批量应为 Q_i^*; 若由 (7.16) 式求出的 $Q_i^* (i = 1, 2, \cdots, n)$ 不满足约束条件 $\sum_{i=1}^{n} Q_i v_i \leqslant V$, 则可构造拉格朗日 (Lagrange) 函数如下:

$$L\left(Q_1, Q_2, \cdots, Q_n, \lambda\right) = \sum_{i=1}^{n} \left(\frac{R_i}{Q_i} C_2^i + \frac{1}{2} Q_i C_1^i\right) + \lambda \left(\sum_{i=1}^{n} Q_i v_i - V\right),$$

其中 $\lambda > 0$, 则有

$$\frac{\partial L}{\partial Q_i} = -\frac{R_i}{Q_i^2} C_2^i + \frac{1}{2} C_1^i + \lambda v_i \quad (i = 1, 2, \cdots, n),$$

$$\frac{\partial L}{\partial \lambda} = \sum_{i=1}^{n} Q_i v_i - V.$$

令

$$\begin{cases} \dfrac{\partial L}{\partial Q_i} = 0 \quad (i = 1, 2, \cdots, n), \\ \dfrac{\partial L}{\partial \lambda} = 0, \end{cases}$$

求得

$$Q_i^* = \sqrt{\frac{2C_2^i R_i}{C_1^i + 2\lambda v_i}}. \tag{7.17}$$

(7.17) 式中的 λ 值可由 $\dfrac{\partial L}{\partial Q_i} = 0\,(i = 1, 2, \cdots, n)$ 与 $\dfrac{\partial L}{\partial \lambda} = 0$ 联立求解得到. 但一般可先令 $\lambda = 0$, 由 (7.17) 式求出 Q_i 的值, 将其代入 (7.14) 式, 看是否满足, 若满足即为所求; 否则可逐步增大 λ 的值, 直至求出的 Q_i 值满足 (7.14) 式.

现在我们求解本节的经济问题.

先由 (7.16) 式求出 Q_1、Q_2、Q_3 的值如下:

$$Q_1 = \sqrt{\frac{2 \times 2000 \times 1000}{100}} = 200\,(\text{吨}),$$

$$Q_2 = \sqrt{\frac{2 \times 3000 \times 1500}{100}} = 300\,(\text{吨}),$$

$$Q_3 = \sqrt{\frac{2 \times 4000 \times 1200}{90}} \approx 326.9\,(\text{吨}).$$

由于 $\sum\limits_{i=1}^{3} Q_i v_i = 200 \times 0.5 + 300 \times 0.6 + 326.9 \times 0.4 = 410.76 > 300$, 因此应在 (7.17) 式中逐步增大 λ 的值进行计算, 试算过程见表 7-2.

表 7-2

λ	Q_1	Q_2	Q_3	$\sum\limits_{i=1}^{3} Q_i v_i$
80	149.07	214.29	249.68	302.98
82	148.25	212.99	248.39	301.27
83	147.84	212.34	247.75	300.42
84	147.44	211.71	247.12	299.59

由表 7-2 可知, 最佳存储策略应取 $Q_1^* = 147.44$ 吨, $Q_2^* = 211.71$ 吨, $Q_3^* = 247.12$ 吨.

7.3 具有价格折扣的存储方法

某企业每月需进原料 1000 件, 已知每次订购费为 180 元, 每件存储费为 4 元/件, 不允许缺货. 若每次订货量小于 200 件, 则每件单价为 10 元; 订货量在 200 件至 499 件之间时, 每件单价为 9.5 元; 订货量在 500 件至 899 件之间时, 每件单价为 9 元; 订货量超过 899 件时, 每件单价为 8.5 元. 试确定最优存储策略.

此问题与前几节的不同之处在于, 货物的单价不是常量, 而是随订购数量的变化而变化, 实际情况大多如此, 亦即订货数量越大, 货物的单价就越低.

除去货物单价随订购数量变化外, 其余条件均与 7.1 节中第一个模型的假设相同, 现考虑如何制订相应的存储策略.

设订货数量为 Q 时, 对应的货物单价为 $P(Q)$, 且有

$$P(Q) = p_i, \quad Q_{i-1} \leqslant Q < Q, \quad i = 1, 2, \cdots, n,$$

其中 $0 \leqslant Q_0 < Q_1 < \cdots < Q_n$; $p_1 > p_2 > \cdots > p_n$. 易知 Q_i 为价格折扣的一个临界点.

在一个库存周期内, 有价格折扣存储的平均总费用函数为

$$C(Q) = p_i R + \frac{1}{2} C_1 Q + C_2 \frac{R}{Q} \quad (Q_{i-1} \leqslant Q < Q_i, i = 1, 2, \cdots, n).$$

不妨以 $n = 4$ 为例, 其图像如图 7-5 所示.

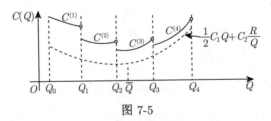

图 7-5

从图 7-5 可见, 如不考虑货物的总价 CR, 由 7.1 节的讨论可得最佳进货批量为

$$\overline{Q} = \sqrt{\frac{2C_2 R}{C_1}}.$$

若 $\overline{Q} \in [Q_2, Q_3)$, 则最小总费用为

$$C(\overline{Q}) = \sqrt{2C_1 C_2 R} + p_2 R.$$

易知对 $Q \in (0, Q_3)$, 都有 $C(\overline{Q}) \leqslant C(Q)$, 但当 $Q = Q_3$ 时, 因为价格从 p_2 降为 p_3, 所以可能有 $C(Q_3) < C(\overline{Q})$. 类似地, 对 $\overline{Q}$ 右侧的每一临界点 Q_i, 都可能有

$C(Q_i) < C(\overline{Q})$. 因此, 应依次计算 $\overline{Q}$ 右侧各临界点 Q_i 的目标函数值 $C(Q_i)$, 然后与 $C(\overline{Q})$ 一起进行比较, 从中选出最小值 Q^*, 即

$$C(Q^*) = \min_{Q < Q_i} \left\{ C(\overline{Q}), C(Q_i) \right\}, \qquad (7.18)$$

则最佳进货周期为

$$T^* = \frac{Q^*}{R}.$$

现在求解本节的经济问题. 此时

$$R = 1000, \quad C_1 = 4, \quad C_2 = 180,$$

$$\overline{Q} = \sqrt{\frac{2 \times 180 \times 1000}{4}} = 300 \,(\text{件}),$$

$\overline{Q}$ 在 200 至 499 之间, 故每件单价为 9.5 元, 从而

$$\begin{aligned}
C(\overline{Q}) &= \sqrt{2C_1 C_2 R} + p_2 R \\
&= \sqrt{2 \times 4 \times 180 \times 1000} + 9.5 \times 1000 = 10700 \,(\text{元}).
\end{aligned}$$

接下来再计算 $\overline{Q}$ 右侧的临界点 $Q_3 = 500, Q_4 = 900$ 时的目标函数值, 有

$$\begin{aligned}
C(Q_3) &= C(500) = 9 \times 1000 + \frac{1}{2} \times 4 \times 500 + 180 \times \frac{1000}{500} \\
&= 10360 \,(\text{元}),
\end{aligned}$$

$$\begin{aligned}
C(Q_4) &= C(900) = 8.5 \times 1000 + \frac{1}{2} \times 4 \times 900 + 180 \times \frac{1000}{900} \\
&= 10500 \,(\text{元}),
\end{aligned}$$

$$\min \left\{ C(\overline{Q}), C(Q_3), C(Q_4) \right\} = C(Q_3).$$

所以最佳订货数量 $Q^* = 500$ 件, 最佳进货周期 $T^* = \dfrac{Q^*}{R} = \dfrac{1}{2}$ (月), 此时最小费用为 10360 元.

7.4　有需求变化的存储方法

某企业对某种原料在 4 个时期的需求量、各时期的订购费、单位原料存储费用及原料的单价见表 7-3. 已知订货能立即得到补充, 不允许缺货, 每期的存储费为该时期末的存储量与该期单位存储费用的乘积, 现要求确定各个时期最佳订货量, 使得 4 个时期各项费用之和为最小.

表 7-3

时期	需求/件	订购费/元	存储费/元	原料单价/元
1	60	300	5	20
2	40	250	4	18
3	30	220	3	17
4	50	280	4	19

可以看出, 此问题对原料的需求量在各个时期不尽相同, 即在同一时期需求是常数, 但在不同的时期需求是不同的.

针对上述问题, 可作如下假定:

(1) 物品周期盘点.

(2) 各个时期的需求已知.

(3) 库存系统在有限个时期 (周期) 中运行.

(4) 在每个周期开始的时刻订货, 且存储能立即得到补充.

(5) 不允许缺货.

引进如下记号:

R_i: 第 i 个周期的需求量;

C_2^i: 第 i 个周期的订购费;

C_1^i: 第 i 个周期的单位存储费;

p_i: 第 i 个周期的原料单价;

S_i: 第 i 个周期末的存储量;

Q_i: 第 i 个周期的订货量;

n: 周期数.

易知, 有

$$S_0 = 0, \quad S_i = S_{i-1} + Q_i - R_i \quad (i = 1, 2, \cdots, n), \tag{7.19}$$

则问题变为确定订货量 $Q_i(i = 1, 2, \cdots, n)$, 使得在 n 周期内总费用最小, 称此订货量序列为一个最优方案.

根据假设 (4) 与 (5), 对任一最优方案 $\{Q_1, Q_2, \cdots, Q_n\}$, 只有当库存水平降为 0 时才会考虑订货, 因此有

$$S_{i-1} \cdot Q_i = 0 \quad (i = 1, 2, \cdots, n). \tag{7.20}$$

为此, 我们可考虑用动态规划求解.

记到第 i 阶段结束时的最小总费用为 $f(i)(i = 1, 2, \cdots, n)$, $\{Q_i\}$ 是一个最优方案. 假定最后一次订货发生在第 $m(1 \leqslant m \leqslant n)$ 周期开始的时刻, $Q_m > 0$, 则由 (7.20) 式, 有

$$S_{m-1} = 0.$$

又由 (7.19) 式可得

$$Q_m = \sum_{i=m}^{n} R_i,$$

则在第 $m, m+1, \cdots, n$ 周期上的总费用为

$$C_2^m + p_m Q_m + \sum_{i=m}^{n} C_1^i S_i,$$

所以

$$\begin{cases} f(0) = 0, \\ f(i) = \min_{1 \leqslant m \leqslant i} \left\{ C_2^m + p_m Q_m + \sum_{j=m}^{i} C_1^j S_j + f(m-1) \right\}. \end{cases} \quad (7.21)$$

下面用 (7.21) 式求解本节的经济问题.

$$f(1) = \min_{m=1} \left\{ C_2^1 + p_1 Q_1 + C_1^1 S_1 + f(0) \right\}$$
$$= 300 + 20 \times 60 + 5 \times 0 + 0 = 1500,$$

$$f(2) = \min_{1 \leqslant m \leqslant 2} \left\{ C_2^m + p_m Q_m + \sum_{i=m}^{2} C_1^j S_j + f(m-1) \right\}$$
$$= \min \left\{ \begin{array}{l} C_2^1 + p_1 Q_1 + C_1^1 S_1 + C_1^2 S_2 + f(0) \\ C_2^2 + p_2 Q_2 + C_1^2 S_2 + f(1) \end{array} \right\}$$
$$= \min \left\{ \begin{array}{l} 300 + 20 \times (60 + 40) + 5 \times 40 + 4 \times 0 + 0 \\ 250 + 18 \times 40 + 4 \times 0 + 1500 \end{array} \right\}$$
$$= \min \{2500, 2470\} = 2470,$$

$$f(3) = \min_{1 \leqslant m \leqslant 3} \left\{ C_2^m + p_m Q_m + \sum_{j=m}^{3} C_1^j S_j + f(m-1) \right\}$$
$$= \min \left\{ \begin{array}{l} C_2^1 + p_1 Q_1 + C_1^1 S_1 + C_1^2 S_2 + C_1^3 S_3 + f(0) \\ C_2^2 + p_2 Q_2 + C_1^2 S_2 + C_1^3 S_3 + f(1) \\ C_2^3 + p_3 Q_3 + C_1^3 S_3 + f(2) \end{array} \right\}$$
$$= \min \left\{ \begin{array}{l} 300 + 20 \times (60 + 40 + 30) + 5 \times (40 + 30) + 4 \times 30 + 3 \times 0 + 0 \\ 250 + 18 \times (40 + 30) + 4 \times 30 + 3 \times 0 + 1500 \\ 220 + 17 \times 30 + 3 \times 0 + 2470 \end{array} \right\}$$
$$= \min \{3370, 3130, 3200\} = 3130,$$

$$f(4) = \min_{1 \leqslant m \leqslant 4} \left\{ C_2^m + p_m Q_m + \sum_{j=m}^{4} C_1^j S_j + f(m-1) \right\}$$

$$= \min \left\{ \begin{array}{l} C_2^1 + p_1 Q_1 + C_1^1 S_1 + C_1^2 S_2 + C_1^3 S_3 + C_1^4 S_4 + f(0) \\ C_2^2 + p_2 Q_2 + C_1^2 S_2 + C_1^3 S_3 + C_1^4 S_4 + f(1) \\ C_2^3 + p_3 Q_3 + C_1^3 S_3 + C_1^4 S_4 + f(2) \\ C_2^4 + p_4 Q_4 + C_1^4 S_4 + f(3) \end{array} \right\}$$

$$= \min \left\{ \begin{array}{l} 300 + 20 \times (60 + 40 + 30 + 50) + 5 \times (40 + 30 + 50) \\ \quad + 4 \times (30 + 50) + 3 \times 50 + 4 \times 0 + 0 \\ 250 + 18 \times (40 + 30 + 50) + 4 \times (30 + 50) \\ \quad + 3 \times 50 + 4 \times 0 + 1500 \\ 220 + 17 \times (30 + 50) + 3 \times 50 + 4 \times 0 + 2470 \\ 280 + 19 \times 50 + 4 \times 0 + 3130 \end{array} \right\}$$

$$= \min \{4970, 4380, 4200, 4360\} = 4200.$$

于是最小总费用为 4200 元, 最优订货方案为 $\{60, 40, 80, 0\}$.

虽然动态规划对求解有需求变化的存储问题可以得到最优存储方案, 但当周期数较多时, 会导致计算量过大. 不过, 由瓦格纳 (Wagner) 与维廷 (Whitin) 提出的 WW 算法及西尔乌 (Silver) 与米尔 (Meal) 提出的启发式算法均可解决这类问题.

7.5 单时期随机存储方法

某商场准备进某一品种的月饼若干盒在中秋节期间供应市场, 根据以往历史销售情况与市场调研, 该品种的月饼销量服从正态分布 $N(1200, 50^2)$, 已知月饼的进价为每盒 60 元, 销售价为每盒 100 元, 若中秋节期间销售不完, 则需削价处理, 处理价为每盒 40 元, 试为该商场制订最佳进货策略, 使所获利润最大.

此问题的特点是: 将单位时间看作一个时期, 在这个时期内只订货一次, 以满足整个时期的需求量, 需求量是随机变量. 这种模型我们称之为单时期随机存储模型.

模型假定如下:

(1) 在一个周期内只订一次货, 且订货在期初.

(2) 订货可瞬时到达 (即生产时间或拖后时间近似看作零).

(3) 周期内的需求量是随机变量, 其概率分布或概率密度函数已知.

(4) 允许缺货.

引进记号如下:

x: 需求量, 是非负随机变量;

$f(x)$: 需求量的概率密度函数, 此时需求量为连续型随机变量;

$p(x)$: 需求量的概率分布, 此时需求量为离散型随机变量;

Q: 一个时期内的订货量;

C: 单位产品的成本;

P: 单位产品的售价;

S: 单位产品的残值;

L: 总盈利的期望值.

问题的目标是求在该周期内使总盈利期望值达到最大的进货策略. 下面对需求量分别是离散型随机变量和连续型随机变量进行分析.

若需求量是离散型随机变量, $p(x)$ 为其概率分布, 则

当订货量大于等于需求量, 即 $Q \geqslant x$ 时, 盈利期望值为

$$\sum_{x=0}^{Q} \left[(P-C)\, x - (C-S)\,(Q-x) \right] p\,(x)\,;$$

当订货量小于需求量, 即 $Q < x$ 时, 盈利期望值为

$$\sum_{x=Q+1}^{\infty} (P-C)\, Q p\,(x)\,.$$

因此, 总盈利的期望值为

$$L\,(Q) = \sum_{x=0}^{Q} \left[(P-C)\, x - (C-S)\,(Q-x) \right] p\,(x) + \sum_{x=Q+1}^{\infty} (P-C)\, Q p\,(x)\,.$$

上式取最大值的必要条件是

$$L(Q^{*}) \geqslant L(Q^{*}+1) \quad \text{且} \quad L(Q^{*}) \geqslant L(Q^{*}-1), \tag{7.22}$$

式中 Q^{*} 为使 L 取最大值的最优订货量. 由 (7.22) 式推出

$$\sum_{x=0}^{Q} p\,(x) \geqslant \frac{P-C}{P-S} \quad \text{且} \quad \sum_{x=0}^{Q-1} p\,(x) \leqslant \frac{P-C}{P-S}\,.$$

一般地, 最优订货量 Q^{*} 满足下式:

$$\sum_{x=0}^{Q-1} p\,(x) \leqslant \frac{P-C}{P-S} \leqslant \sum_{x=0}^{Q} p\,(x)\,. \tag{7.23}$$

若需求量为连续型随机变量, $f(x)$ 为其概率密度函数, 因为需求量 x 的非负性, 所以有

$$\int_0^{+\infty} f(x)\,\mathrm{d}x = 1.$$

当 $Q \geqslant x$ 时, 盈利期望值为

$$\int_0^Q [(P-C)\,x - (C-S)\,(Q-x)]\,f(x)\,\mathrm{d}x;$$

当 $Q < x$ 时, 盈利期望值为

$$\int_Q^{+\infty} [(P-C)\,Q]\,f(x)\,\mathrm{d}x.$$

因此总盈利的期望值为

$$L(Q) = \int_0^Q [(P-C)\,x - (C-S)\,(Q-x)]\,f(x)\,\mathrm{d}x + \int_Q^{+\infty} [(P-C)\,Q]\,f(x)\,\mathrm{d}x$$

$$= (P-C)\,Q + (P-S)\int_0^Q xf(x)\,\mathrm{d}x + (S-P)\int_0^Q Qf(x)\,\mathrm{d}x,$$

$$\frac{\mathrm{d}L}{\mathrm{d}Q} = (P-C) + (P-S)\,Qf(Q) + (S-P)\int_0^Q f(x)\,\mathrm{d}x + (S-P)\,Qf(Q)$$

$$= (P-C) + (S-P)\int_0^Q f(x)\,\mathrm{d}x.$$

令 $\dfrac{\mathrm{d}L}{\mathrm{d}Q} = 0$, 得

$$\int_0^Q f(x)\,\mathrm{d}x = \frac{P-C}{P-S}. \tag{7.24}$$

又

$$\frac{\mathrm{d}^2 C}{\mathrm{d}Q^2} = (S-P)\,f(Q) < 0,$$

所以由 (7.24) 式求得的 Q^* 即为使盈利期望值最大的订货量.

需要说明的是, 采用使总费用期望值最小和使总盈利期望值最大作为目标函数而得出的最优订货量是一样的.

现在我们来解决本节的经济问题. 原问题中需求量 $x \sim \mathrm{N}(1200, 50^2)$, $P = 100, C = 60, S = 40$, 于是

$$\frac{P-C}{P-S} = \frac{100-60}{100-40} = \frac{2}{3}.$$

而 $F(Q) = \int_0^Q f(x)\,\mathrm{d}x$, 其中 F 为需求量 x 的分布函数. 由 $F(Q) = \dfrac{2}{3}$ 得

$$\Phi\left(\frac{Q - 1200}{50}\right) = \frac{2}{3}.$$

上式中的 $\Phi(x)$ 为标准正态分布的分布函数. 查标准正态分布的分布函数表得

$$\frac{Q - 1200}{50} = 0.43, \quad Q = 1221.5,$$

所以得最优订货量为

$$Q^* = 1222.$$

单时期随机存储问题主要研究的是易变质产品的需求问题, 即若本期的产品没有销售完, 到下期该产品就要贬值, 通常比获得该产品的成本还要低; 如果本期产品不能满足需求, 则因缺货或失去销售机会而带来损失, 因此无论是供大于求还是供不应求都有损失. 研究的目的是该时期订货多少, 使总损失最少或总盈利最大.

该模型适用于时令性产品的订货, 例如, 报纸、书刊、食品、服装等的订货; 也适用于更新换代频繁的产品, 例如计算机及其配件、家电等产品的订货.

7.6   多时期随机存储方法

已知某企业每月对原料 A 的需求量 x 的概率分布如表 7-4 所示. 原料的单价为 2000 元, 每次订购费为 60000 元, 单位原料的存储费为 100 元, 单位原料的缺货费为 3000 元, 试为该企业确定每月订货策略, 使总费用最小.

表 7-4

需求量 x_i	40	45	50	55	60	65	70	75
概率 $p(x_i)$	0.05	0.05	0.1	0.2	0.25	0.2	0.1	0.05

此问题的特点是: 在单位时间内需求量是随机变量, 每次订货数量由存储水平来控制, 它与单时期存储模型的不同之处在于: 每个周期的期末存储货物对于下一周期仍然可用, 此问题称之为多时期随机存储问题.

由于多时期随机存储问题的复杂性, 需根据不同的需求特点和存储类型, 采用不同的存储策略. 针对上述实际问题的特点与条件, 我们采用 (t, s, S) 策略, 即在每一个盘存周期 t 开始时定期检查存储量 I, 当存储量小于等于再订货点 s 时就发出订单, 订货量为 $S - I$; 当存储量大于 s 时不订货, 这个策略称之为定期盘存的 (t, s, S) 存储系统.

模型假定如下:

(1) 单位时间内的需求量 x 是随机变量, 其概率分布或概率密度函数已知.

(2) 单位时间内, 在周期初检查存储量, 当其小于等于 s 时订货, 使存储量达到 S.

(3) 订货可瞬时到达 (即生产时间或拖后时间近似看作零).

(4) 允许缺货.

引进记号如下:

s: 再订货点;

S: 预期目标存储水平;

x: 需求量, 是非负随机变量;

$f(x)$: 需求量的概率密度函数, 此时需求量为连续型随机变量;

$p(x)$: 需求量的概率密度函数, 此时需求量为离散型随机变量;

p: 产品的单价;

C_1: 单位产品的存储费用;

C_2: 每次订购费;

C_3: 单位产品的缺货费;

I: 周期开始时的存储量;

C: 一个周期总费用, 包括订货费、存储费与缺货费.

Q: 订货量.

问题的目标是确定 s, S, 使总费用最小. 下面对需求量 x 分别是离散型和连续型随机变量进行分析.

若需求量是离散型随机变量, $p(x)$ 为其概率分布, $p(x_i) = P(x = x_i)(i = 1, 2, \cdots, m, x_i < x_{i+1})$, 此时订货费为

$$C_2 + pQ,$$

存储费为

$$\sum_{x \leqslant I+Q} C_1 (I + Q - x) p(x),$$

缺货费为

$$\sum_{x > I+Q} C_3 (x - I - Q) p(x),$$

总费用期望值为

$$C(I+Q) = C(S) = C_2 + p(S-I) + \sum_{x \leqslant S} C_1 (I + Q - x) p(x)$$

$$+ \sum_{x > S} C_3 (x - I - Q) p(x). \tag{7.25}$$

使 (7.25) 式中 $C(S)$ 达到极小值的 S 就是最优存储水平. 记 S_i 为 S 的取值, 其中 $S_1 < S_2 < \cdots < S_m$, 令

$$\Delta S_i = S_{i+1} - S_i \neq 0, \quad i = 1, 2, \cdots, m - 1,$$

若 S_i 为 $C(S)$ 的极小值点, 则 S_i 应满足下列不等式:

$$\begin{cases} C\left(S_{i+1}\right) - C\left(S_i\right) \geqslant 0, & (7.26) \\ C\left(S_{i-1}\right) - C\left(S_i\right) \geqslant 0. & (7.27) \end{cases}$$

定义 $\Delta C(S_i) = C(S_{i+1}) - C(S_i)$, 由 (7.26) 式得

$$\Delta C\left(S_i\right) = p\Delta S_i + (C_1 + C_3)\, \Delta S_i \sum_{x \leqslant S_i} p\left(x\right) - C_3 \Delta S_i \geqslant 0.$$

由于 $\Delta S_i \neq 0$, 故有

$$p + (C_1 + C_3) \sum_{x \leqslant S_i} p\left(x\right) - C_3 \geqslant 0,$$

从而有

$$\sum_{x \leqslant S_i} p\left(x\right) \geqslant \frac{C_3 - p}{C_1 + C_3}.$$

同理, 由 (7.27) 式可推出

$$\sum_{x \leqslant S_{i-1}} p\left(x\right) \leqslant \frac{C_3 - p}{C_1 + C_3}.$$

令 $\dfrac{C_3 - p}{C_1 + C_3} = K$, 则有

$$\sum_{x \leqslant S_{i-1}} p\left(x\right) \leqslant K \leqslant \sum_{x \leqslant S_i} p\left(x\right). \tag{7.28}$$

再讨论 s 值的确定.

若本周期不订货 $(I > s)$, 就可以节省 C_2, 因此, 设想是否存在一个数 $s(s \leqslant S)$, 使下面不等式成立:

$$
\begin{aligned}
ps &+ \sum_{x \leqslant s} C_1\left(s - x\right) p\left(x\right) + \sum_{x > s} C_3\left(x - s\right) p\left(x\right) \\
&\leqslant C_2 + pS + \sum_{x \leqslant S} C_1\left(S - x\right) p\left(x\right) + \sum_{x > S} C_3\left(x - S\right) p\left(x\right).
\end{aligned}
\tag{7.29}
$$

当 $s = S$ 时, 上式成立;

当 $s < S$ 时, 左端缺货费用的期望值虽然增加, 但订货费及存储费用期望值都减少, 不等式仍有可能成立, 可找到最小的 s, 使 (7.29) 式成立.

通常先求 S, 后求 s.

若需求量是连续型随机变量, $f(x)$ 为其概率密度函数, 则 $\int_0^{+\infty} f(x)\,\mathrm{d}x = 1$. 类似于离散型的讨论, 有

$$C(S) = C_2 + p(S - I) + \int_0^s C_1 (S - x) f(x)\,\mathrm{d}x + \int_s^{+\infty} C_3 (x - S) f(x)\,\mathrm{d}x,$$

$$\frac{\mathrm{d}C}{\mathrm{d}S} = p + C_1 \int_0^s f(x)\,\mathrm{d}x - C_3 \int_s^{+\infty} f(x)\,\mathrm{d}x$$

$$= p + (C_1 + C_3) \int_0^s f(x)\,\mathrm{d}x - C_3 \int_0^{+\infty} f(x)\,\mathrm{d}x$$

$$= p + (C_1 + C_3) \int_0^s f(x)\,\mathrm{d}x - C_3.$$

令 $\dfrac{\mathrm{d}C}{\mathrm{d}S} = 0$, 得

$$\int_0^s f(x)\,\mathrm{d}x = \frac{C_3 - p}{C_1 + C_3}. \tag{7.30}$$

由 (7.30) 式确定 S, 进而确定 $Q^* = S - I$. 再由

$$ps + C_1 \int_0^s (s - x) f(x)\,\mathrm{d}x + C_3 \int_s^{+\infty} (x - s) f(x)\,\mathrm{d}x$$
$$\leqslant C_2 + pS + C_1 \int_0^s (S - x) f(x)\,\mathrm{d}x + C_3 \int_s^{+\infty} (x - S) f(x)\,\mathrm{d}x, \tag{7.31}$$

可求出使 (7.31) 式成立的最小的 x 作为 s.

现在我们利用以上分析的结果求解本节的经济问题, 此时

$$C_1 = 100, \quad C_2 = 60000, \quad C_3 = 3000, \quad p = 2000, \quad I = 0,$$

因此

$$K = \frac{C_3 - p}{C_1 + C_3} = \frac{3000 - 2000}{100 + 3000} \approx 0.3226.$$

由于 $p(40) + p(45) + p(50) = 0.20 < K$, $p(40) + p(45) + p(50) + p(55) = 0.4 > K$, 故可取 $S = 55$. 将 $S = 55$ 代入 (7.29) 式右端, 得

$$60000 + 2000 \times 55 + 100 \times (15 \times 0.05 + 10 \times 0.05 + 5 \times 0.1) + 3000$$
$$\times (5 \times 0.25 + 10 \times 0.2 + 15 \times 0.1 + 20 \times 0.05) = 133425.$$

取 s 依次为 $40, 45, \cdots$ 代入 (7.29) 式左端.

当 $s = 40$ 时, 有

$$2000 \times 40 + 3000 \times (5 \times 0.05 + 10 \times 0.1 + 15 \times 0.2 + 20$$
$$\times 0.25 + 25 \times 0.2 + 30 \times 0.1 + 35 \times 0.05) = 137000;$$

当 $s = 45$ 时,

$$2000 \times 45 + 100 \times 5 \times 0.05 + 3000 \times (5 \times 0.1 + 10 \times 0.2 + 15$$
$$\times 0.25 + 20 \times 0.2 + 25 \times 0.1 + 30 \times 0.05) = 132775 < 133425.$$

所以可取 $s = 45$. 即在周期初检查存储量, 每当存储量小于等于 45 时, 则订货, 使存储量达到 55 的水平; 当存储量大于 45 时, 不订货.

多时期随机存储问题除了以上介绍的 (t, s, S) 存储系统外, 还有以下几种.

连续盘存的 (s, Q) 存储系统: 即对存储量 I 连续不断地进行检查, 当存储量降至某一水平 s(再订货点) 时, 立即提出订货, 订货量为一固定常数 Q. 对应的存储策略称为 (s, Q) 策略.

连续盘存的 (s, S) 存储系统: 即对存储量 I 连续不断地进行检查, 当存储量小于等于再订货点 s 时, 立即订货, 订货量 $Q = S - I$, 即使存储水平达到 S.

定期盘存的 (t, S) 存储系统: 即以一固定周期 t 定期检查存储量, 当存储量小于 S 时, 立即提出订货, 订货量 $Q = S - I$, 其中 I 是当前存储量.

多时期随机存储模型适用于能无限期保持可出售状态产品的存储问题. 例如: 石油、钢铁、有色金属等战略性物资的存储.

7.7 存储优化方法软件介绍

能够解决存储论问题的常用数学软件有 WinQSB, Lingo, QM 和 OR 等, 下面以 WinQSB 软件为例, 求解存储论问题.

在 WinQSB 软件中, 子模块 "Inventory Problem Specification" 用于解决存储论问题, 包含了经济订货批量的存储法, 具有价格折扣的存储法、单时期随机存储法、多时期随机存储法等问题的求解.

7.7.1 经济订货批量的存储问题的计算

以 7.1 节中的经济问题为例, 用 WinQSB 软件求解.

在 WinQSB 由调用子模块 "Inventory Theory and System", 即进入存储论与存储控制系统子模块.

对于经济订货批量的存储问题, 在子问题中选择 "Deterministic Demand Economic Order Quantity(EOQ)Problem", 在 "Time Unit" 框中输入时间单位 "month",

见图 7-6. 点击 "OK" 后进入数据表, 对于 7.1 节中的经济问题的第一个问题, 输入数据后得到图 7-7.

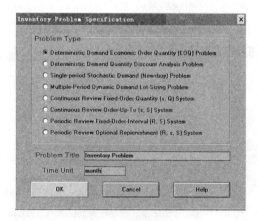

图 7-6

DATA ITEM	ENTRY
Demand per month	10000
Order or setup cost per order	5000
Unit holding cost per month	100
Unit shortage cost per month	M
Unit shortage cost independent of time	
Replenishment or production rate per month	M
Lead time for a new order in month	
Unit acquisition cost without discount	
Number of discount breaks (quantities)	
Order quantity if you known	

图 7-7

点击 "Solve and Analyze | Solve the Problem", 运行后结果见图 7-8.

11-25-2008	Input Data	Value	Economic Order Analysis	Value
1	Demand per month	10000	Order quantity	1000
2	Order (setup) cost	¥ 5,000.00	Maximum inventory	1000
3	Unit holding cost per	¥ 100.00	Maximum backorder	0
4	Unit shortage cost		Order interval in month	0.1
5	per month	M	Reorder point	0
6	Unit shortage cost			
7	independent of time	0	Total setup or ordering cost	¥ 50,000.00
8	Replenishment/production		Total holding cost	¥ 50,000.00
9	rate per month	M	Total shortage cost	0
10	Lead time in month	0	Subtotal of above	¥ 100,000.00
11	Unit acquisition cost	0		
12			Total material cost	0
13				
14			Grand total cost	¥ 100,000.00

图 7-8

从图 7-8 可得最优订货量为 1000 件, 最佳进货周期为 0.1 月, 最小总费用为 100000 元.

对于 7.1 节中的经济问题的第二个问题, 输入数据后得到图 7-9, 运行后结果见图 7-10.

DATA ITEM	ENTRY
Demand per month	10000
Order or setup cost per order	5000
Unit holding cost per month	100
Unit shortage cost per month	M
Unit shortage cost independent of time	
Replenishment or production rate per month	20000
Lead time for a new order in month	
Unit acquisition cost without discount	
Number of discount breaks (quantities)	
Order quantity if you known	

图 7-9

11-25-2008	Input Data	Value	Economic Order Analysis	Value
1	Demand per month	10000	Order quantity	1414.214
2	Order (setup) cost	¥ 5,000.00	Maximum inventory	707.1068
3	Unit holding cost per	¥ 100.00	Maximum backorder	0
4	Unit shortage cost		Order interval in month	0.1414
5	per month	M	Reorder point	0
6	Unit shortage cost			
7	independent of time	0	Total setup or ordering cost	¥ 35,355.34
8	Replenishment/production		Total holding cost	¥ 35,355.34
9	rate per month	20000	Total shortage cost	0
10	Lead time in month	0	Subtotal of above	¥ 70,710.67
11	Unit acquisition cost	0		
12			Total material cost	0
13				
14			Grand total cost	¥ 70,710.67

图 7-10

从图 7-10 可得最优订货量为 1414 件, 最佳进货周期为 0.1414 月, 最小总费用为 70710.67 元.

对于 7.1 节中的经济问题的第三个问题, 输入数据见图 7-11, 运行后结果见图 7-12.

DATA ITEM	ENTRY
Demand per month	10000
Order or setup cost per order	5000
Unit holding cost per month	100
Unit shortage cost per month	50
Unit shortage cost independent of time	
Replenishment or production rate per month	M
Lead time for a new order in month	
Unit acquisition cost without discount	
Number of discount breaks (quantities)	
Order quantity if you known	

图 7-11

11-25-2008	Input Data	Value	Economic Order Analysis	Value
1	Demand per month	10000	Order quantity	1732.051
2	Order (setup) cost	¥ 5,000.00	Maximum inventory	577.3502
3	Unit holding cost per	¥ 100.00	Maximum backorder	1154.701
4	Unit shortage cost		Order interval in month	0.1732
5	per month	¥ 50.00	Reorder point	-1154.701
6	Unit shortage cost			
7	independent of time	0	Total setup or ordering cost	¥ 28,867.51
8	Replenishment/production		Total holding cost	¥ 9,622.50
9	rate per month	M	Total shortage cost	¥ 19,245.01
10	Lead time in month	0	Subtotal of above	¥ 57,735.03
11	Unit acquisition cost	0		
12			Total material cost	0
13				
14			Grand total cost	¥ 57,735.03

图 7-12

从图 7-12 可得最优订货量为 1732 件, 最佳进货周期为 0.1732 月, 最小总费用为 57735.03 元.

对于 7.1 节中的经济问题的第四个问题, 输入数据见图 7-13, 运行后结果见图 7-14.

DATA ITEM	ENTRY
Demand per month	10000
Order or setup cost per order	5000
Unit holding cost per month	100
Unit shortage cost per month	50
Unit shortage cost independent of time	
Replenishment or production rate per month	20000
Lead time for a new order in month	
Unit acquisition cost without discount	
Number of discount breaks (quantities)	
Order quantity if you known	

图 7-13

11-25-2008	Input Data	Value	Economic Order Analysis	Value
1	Demand per month	10000	Order quantity	2449.490
2	Order (setup) cost	¥ 5,000.00	Maximum inventory	408.2483
3	Unit holding cost per	¥ 100.00	Maximum backorder	816.4966
4	Unit shortage cost		Order interval in month	0.2449
5	per month	¥ 50.00	Reorder point	-816.4966
6	Unit shortage cost			
7	independent of time	0	Total setup or ordering cost	¥ 20,412.41
8	Replenishment/production		Total holding cost	¥ 6,804.14
9	rate per month	20000	Total shortage cost	¥ 13,608.28
10	Lead time in month	0	Subtotal of above	¥ 40,824.83
11	Unit acquisition cost	0		
12			Total material cost	0
13				
14			Grand total cost	¥ 40,824.83

图 7-14

从图 7-14 可得最优订货量为 2449 件, 最佳进货周期为 0.2449 月, 最小总费用为 40824.83 元.

7.7.2 具有价格折扣的存储问题的计算

以 7.3 节中的经济问题为例, 用 WinQSB 软件求解.

进入子模块 "Inventory Theory and System" 后, 在子问题中选择 "Deterministic Demand Quantity Discount Analysis Problem", 即进入批量折扣分析, 见图 7-15. 点击 "OK" 后进入数据表, 输入数据, 见图 7-16.

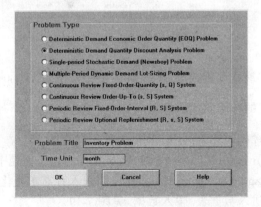

图 7-15

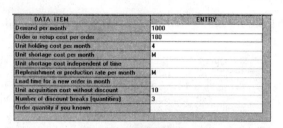

图 7-16

然后点击 "Edit" 后选择 "Discount Breaks", 输入价格折扣率数据, 见图 7-17.
在图 7-17 中点击 "OK" 后运行, 得到的结果见图 7-18.

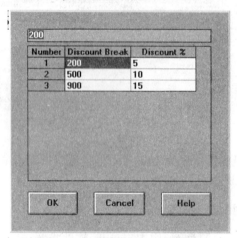

图 7-17

11-28-2008	Break Qty.	Discount %	EOQ	EOQ Cost	Feasibility	Order Qty.	Total Cost
0	0	0	300	¥11,200.00	No	200	¥11,300.00
1	200	5	300	¥10,700.00	Yes	300	¥10,700.00
2	500	10	300	¥10,200.00	No	500	¥10,360.00
3	900	15	300	¥9,700.00	No	900	¥10,500.00
	Recommended	Order Qty. =	500	Discount =	10%	Total Cost =	¥10,360.00

图 7-18

从图 7-18 可知最佳订货数量 $Q^* = 500$, 最小费用为 10360 元.

7.7.3 有需求变化的存储问题的计算

以 7.4 节中的经济问题为例, 用 WinQSB 问题求解.

进入子模块 "Inventory Theory and System" 后, 在子问题中选择 "MultiplePe-riod Dynamic Demand Lot-Sizing Problem", 即进入有需求变化的存储问题的分析与求解, 见图 7-6. 进入数据表, 输入数据, 见图 7-19.

year	Demand	Setup Cost	Unit Variable Cost	Unit Holding Cost	Unit Backorder Cost
1	60	300	20	5	M
2	40	250	18	4	M
3	30	220	17	3	M
4	50	280	19	4	M

图 7-19

然后点击"Solve and Analyze", 系统显示如图 7-20 所示的方法选项, 共有 10 种求解方法.

在图 7-20 中点击 "Solve" 后运行, 便得计算结果, 见图 7-21.

由图 7-21 可知, 最优订货方案为 $\{60, 40, 80, 0\}$, 最小总费用为 4200 元.

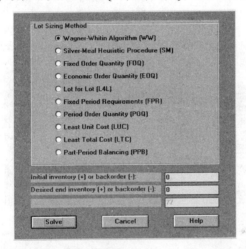

图 7-20

11-26-2008 year	Demand	Production (Lot Size)	Setup	Expected Inventory	Expected Backorder	Cumulative Cost
Initial				0		
1	60.0000	60.0000	Yes	0	0	¥ 1,500.00
2	40.0000	40.0000	Yes	0	0	¥ 2,470.00
3	30.0000	80.0000	Yes	50.0000	0	¥ 4,200.00
4	50.0000	0	No	0	0	¥ 4,200.00
Solution	Method:	WW			Total Cost =	¥ 4,200.00

图 7-21

7.7.4 单时期随机存储问题的计算

以 7.5 节中的经济问题为例, 用 WinQSB 问题求解.

进入子模块 "Inventory Theory and System" 后. 在子问题中选择 "Singleperiod Stochatic Demand(Newsboy)Problem", 即进入单时期随机存储问题的分析与求解程序. 见图 7-6.

点击 "OK" 后进入数据表, 表中第一行默认的是 "Normal distribution", 即正态分布, 双击第一行后, 系统显示如图 7-22 所示的需求分布选择表.

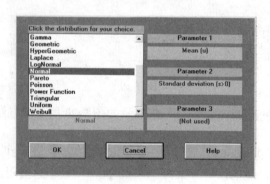

图 7-22

在图 7-22 中选中需求的分布后点击 "OK", 再进入数据表, 输入相关数据, 见图 7-23.

DATA ITEM	ENTRY
Demand distribution (in year)	Normal
Mean (u)	1200
Standard deviation (s>0)	50
(Not used)	
Order or setup cost	
Unit acquisition cost	60
Unit selling price	100
Unit shortage (opportunity) cost	
Unit salvage value	40
Initial inventory	
Order quantity if you know	
Desired service level (%) if you know	

图 7-23

然后点击 "Solve and Analyze", 运行后结果见图 7-24.

11-27-2008	Input Data or Result	Value
1	Demand distribution (in year)	Normal
2	Demand mean	1200
3	Demand standard deviation	50
4	Order or setup cost	0
5	Unit cost	¥ 60.00
6	Unit selling price	¥ 100.00
7	Unit shortage (opportunity) cost	0
8	Unit salvage value	¥ 40.00
9	Initial inventory	0
10		
11	Optimal order quantity	1221.537
12	Optimal inventory level	1221.537
13	Optimal service level	66.6667%
14	Optimal expected profit	¥ 46,909.02

图 7-24

由图 7-24 可知, 最优订货量 $Q^* = 1222$, 最佳服务水平为 66.6667%, 利润期望的最大值为 46909.02 元.

对于多时期随机存储问题, 根据不同的存储方式可在图 7-6 所示的选项中选择第 5 项至第 8 项, 具体求解步骤请读者参阅相关文献.

第8章　排队优化方法

排队现象普遍出现在日常生活和生产实践中. 就主观愿望而言, 人们希望消除排队现象, 但显然不太现实. 因为, 消除排队现象会导致服务人员和设施的严重浪费, 然而设施不足和低水平服务又会引起太多的等待, 从而导致生产和社会性损失. 综合权衡之后, 我们可以从经济分析的角度考虑排队系统的费用问题. 这种费用应该包含两方面: 一是服务费用, 它随着服务水平的提高而增加; 另一个是顾客等待的费用 (即机会损失), 它随着服务水平的提高而减少. 两种费用之和为排队系统的总费用, 呈一条 U 形曲线, 如图 8-1 所示.

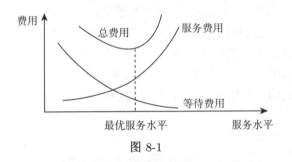

图 8-1

一般情形下, 提高服务水平可减少顾客的等待费用, 但常常增加服务机构的成本. 因此, 排队系统优化的目标可选择使两者的费用之和为最小, 并确定达到最小费用的最优服务水平. 此外, 还可选择利润最大化为目标, 其中利润指服务收入和服务成本之差. 各种费用在稳态的情况下是按单位时间来考虑的, 其中服务费用一般可确切算出或估计, 而等待费用情况较复杂, 有的可以确切估计, 有的则只能借助统计经验资料进行估计. 服务水平包括不同形式, 主要是平均服务率 μ(即单位时间能服务完成的顾客数), 其次是服务设备, 如服务台的个数 c, 以及由队列所占空间大小所决定的队列最大限制数 N 等, 服务水平也可通过服务强度 ρ(即每个顾客的平均服务时间与相邻两顾客到达的平均时间之比) 来表示.

排队系统的最优化分为系统设计最优化与系统控制最优化.

1. 系统设计最优化

这是一种静态最优化, 指在服务系统设置以前根据一定的质量指标, 找出参数的最优值, 从而使系统设计最经济. 例如, 对服务机构规模大小、服务台的个数及系统容量等的优化设计.

2. 系统控制最优化

这是一种动态最优化, 指对已有的排队系统寻求使某一目标函数达到最优的运营机制.

排队系统中常见的优化方法有:

确定最优服务率 μ; 确定最佳服务台数 c; 选择最为合适的服务规则; 或是确定上述几种量的最佳组合.

由于总费用是服务水平的函数, 而服务水平又可用不同形式来表示, 如平均服务率 μ, 服务台的个数 c, 系统容量 N 及服务强度 ρ 等, 因此 (平均) 总费用函数是关于 μ, c, N 等决策变量的函数. 又由于 μ 是连续变量, c, N 是离散变量, 因而决策变量类型复杂, 再加上目标函数的形式也很复杂, 因此, 这类优化稳态的求解很复杂, 通常采用数值法并在计算机上实现. 对于少数能够采用解析法求解的, 如对连续变量常采用微分法、对离散变量采用边际分析法, 有时还需采用非线性规划或动态规划的方法. 当排队系统的到达时间和服务时间的概率分布很复杂或不能用公式给出时, 这时不能用解析法求解, 而需要使用随机模拟法.

本章仅介绍排队系统的优化问题, 对基础知识不作介绍, 必要时请读者参阅任何一本运筹学教材中的排队论基础部分. 本章将分节介绍排队系统的微分法、边际分析法及排队系统的随机模拟法, 最后结合经济实例给出同类优化问题的 Lingo 软件实现方法.

8.1　排队系统的微分法

8.1.1　方法介绍及案例

当排队系统的目标函数是决策变量的连续函数时, 可按经典的微分法求函数极值. 在本节的排队模型中, 目标函数选择系统总费用或利润, 决策变量为服务率 μ, 即单位时间内服务完成的顾客数. 因 μ 为连续变量, 可用微分法求解. 下面针对输入过程服从泊松 (Poisson) 过程, 服务时间服从负指数分布的单服务台排队系统, 即 $M/M/1$ 排队模型, 分 3 种情形讨论最优服务率的确定问题.

1. 标准的 $M/M/1$ 模型

即为 $M/M/1/\infty/\infty$ 模型, 其特点是顾客源无限且对队长无限制. 设目标函数 $z = c_s\mu + c_w L_s$, 即单位时间服务成本与顾客等待费用之和的期望值, 其中 c_s 表示当 $\mu = 1$ (单位时间内服务完 1 个顾客) 时服务机构的服务费用, c_w 为每个顾客在系统中停留单位时间的费用, L_s 表示队长 (系统中的平均顾客数). 根据 $M/M/1/\infty/\infty$ 模型中的公式 $L_s = \dfrac{\lambda}{\mu - \lambda}$, 其中 λ 为平均到达率 (即单位时间平均到达的顾客数),

代入目标函数得

$$z = c_s\mu + c_w\frac{\lambda}{\mu - \lambda}. \tag{8.1}$$

为了求极小值, 先求 $\dfrac{\mathrm{d}z}{\mathrm{d}\mu}$, 然后令其为 0, 即

$$\frac{\mathrm{d}z}{\mathrm{d}\mu} = c_s - c_w\lambda\frac{1}{(\mu - \lambda)^2} = 0,$$

解得

$$\mu^* = \lambda + \sqrt{\frac{c_w}{c_s}\lambda}. \tag{8.2}$$

根号前取 "+" 号是为了保证 $\rho < 1$, $\mu > \lambda$, 因为只有这样, 系统才会达到稳态.
又

$$\frac{\mathrm{d}^2 z}{\mathrm{d}\mu^2}\bigg|\mu^* = \frac{2c_w\lambda}{(\mu^* - \lambda)^3} > 0,$$

故 μ^* 为最优服务率, 相应的最小平均费用为

$$z^* = c_s\lambda + 2\sqrt{c_s c_w\lambda}. \tag{8.3}$$

例 8.1 设有一电话亭, 其到达率为每小时 15 位顾客, 假定每一位接受服务的顾客的等待费用为每小时 10 元, 服务成本为每位顾客 1 元, 欲使总平均费用最小化的服务率应为多少? 最小费用是多少?

解 设以 1 小时为单位时间, 由题意, 已知 $\lambda = 15$ 人/小时, $c_w = 10$ 元, $c_s = 1$ 元, 要求最小费用的服务率 μ^*. 由 (8.2) 式, 有

$$\mu^* = \lambda + \sqrt{\frac{c_w}{c_s}\lambda} = 15 + \sqrt{\frac{10}{1}\times 15} = 27.2\,(\text{人/小时}),$$

由 (8.3) 式得对应的最小费用

$$z^* = c_s\lambda + 2\sqrt{c_s c_w\lambda} = 1\times 15 + 2\sqrt{1\times 10\times 15} \approx 39.5(\text{元}).$$

2. 系统中顾客最大限制数为 N 的情形

即为 $M/M/1/N/\infty$ 模型, 该模型对队长有限制, 而顾客源无限. 如果系统中已有 N 个顾客, 则后来的顾客将被拒绝, 于是可设 P_N 为被拒绝的概率, $1 - P_N$ 即为接受服务的概率, $\lambda(1 - P_N)$ 表示单位时间内实际进入服务机构的顾客数, 在稳态下, 也是单位时间内实际服务完成的顾客数.

设该系统服务完 1 个顾客能收入 G 元, 于是单位时间收入的期望值为 $\lambda(1 - P_N)G$, 则系统的纯利润为

$$z = \lambda(1 - P_N)G - c_s\mu = \lambda G\frac{1 - \rho^N}{1 - \rho^{N+1}} - c_s\mu = \lambda\mu G\frac{\mu^N - \lambda^N}{\mu^{N+1} - \lambda^{N+1}} - c_s\mu. \tag{8.4}$$

令 $\dfrac{\mathrm{d}z}{\mathrm{d}\mu} = 0$, 可解得

$$\rho^{N+1}\frac{N-(N+1)\,\rho+\rho^{N+1}}{\left(1-\rho^{N+1}\right)^2} = \frac{c_s}{G}, \tag{8.5}$$

其中 $P_N = \dfrac{\rho^N - \rho^{N+1}}{1-\rho^{N+1}}$, $\rho = \dfrac{\lambda}{\mu}$ 是服务强度, 而 c_s, G, λ, N 均为已知的, 用数值方法可求解出 μ^* 的数值解. 或将 (8.5) 式的左方 (对一定的 N) 作为 ρ 的函数作出图形, 对于给定的 $\dfrac{c_s}{G}$, 根据图形可求出 $\dfrac{\mu^*}{\lambda}$, 从而求出 μ^*.

例 8.2　对某服务台进行实测, 得到数据如表 8-1 所示, 平均服务时间为 10 分钟, 服务一个顾客的收益为 2 元, 服务机构运行单位时间的成本为 1 元. 问: 服务率为多少时, 可使单位时间平均总收益最大? 最大收益是多少?

表 8-1

系统中的顾客数 (n)	0	1	2	3
频数 (m_n)	161	97	53	34

解　首先估计平均到达率 λ (根据表 8-1 中的数据). 从表 8-1 中可看出, 系统中顾客最大限制数为 3, 即 $N = 3$. 这是一个 $M/M/1/3$ 系统, 根据 $M/M/1/N$ 系统的公式 $P_n = \rho^n P_0$ 有 $\dfrac{P_n}{P_{n-1}} = \rho$, 于是可用下式估计 ρ:

$$\widehat{\rho} = \frac{1}{3}\sum_{n=1}^{3}\frac{m_n}{m_{n-1}} = \frac{1}{3}\,(0.60 + 0.55 + 0.64) = 0.60.$$

由已知得 $\mu = 6$ 人/小时, $\widehat{\lambda} = \widehat{\rho}\mu = 0.6 \times 6 = 3.6$ 人/小时.

下面考虑优化问题. 根据最优化公式 (8.5), 取 $N = 3$, $\dfrac{c_s}{G} = \dfrac{1}{2} = 0.5$, 利用数值解法得 $\rho^* = 1.21$, 于是

$$\mu^* = \frac{\widehat{\lambda}}{\rho^*} = \frac{3.6}{1.21} = 3\,(\text{人/小时}).$$

对应的最大总收益

$$z^* = \lambda G\frac{1-\rho^{*N}}{\rho^{*N+1}} - c_s\mu = 2 \times 3.6 \times \frac{1-1.21^3}{1-1.21^4} - 1 \times 6 = 1.86\,(\text{元/小时}).$$

注　本例还可进行下述收益分析:
优化前: $\mu = 6$ 人/小时, $\widehat{\rho} = 0.60$, 对应的收益为

$$z = \lambda G - \frac{1-\rho^N}{1-\rho^{N+1}} - c_s\mu = 2 \times 3.6 \times \frac{1-0.6^3}{1-0.6^4} - 1 \times 6 = 0.49\,(\text{元/小时}).$$

优化后, $z^* = 1.86$ (元/小时), 故当最优服务率为 3 人/小时时, 单位时间内的平均收益可增加 $1.86 - 0.49 = 1.37$(元).

3. 顾客源为有限的情形

即为 $M/M/1/\infty/m$ 模型. 设顾客数为 m, 单个服务台, 服务时间服从负指数分布, 当服务率 $\mu = 1$ 时, 服务机构的成本费为 c_s, 单位时间内服务完一个顾客的收入为 G 元, 单位时间内服务完的顾客数为 $m - L_s$, 则单位时间内的纯利润为

$$z = (m - L_s)\,G - c_s\mu = \frac{mG}{\rho} \cdot \frac{E_{m-1}\left(\dfrac{m}{\rho}\right)}{E_m\left(\dfrac{m}{\rho}\right)} - c_s\mu, \tag{8.6}$$

其中 $E_m\left(\dfrac{m}{\rho}\right) = \sum\limits_{k=1}^{m} \dfrac{\left(\dfrac{m}{\rho}\right)^k}{k!}\mathrm{e}^{-\frac{m}{\rho}}$ 为泊松和, $\rho = \dfrac{m\lambda}{\mu}$. 令 $\dfrac{\mathrm{d}z}{\mathrm{d}\mu} = 0$, 得

$$\frac{E_{m-1}\left(\dfrac{m}{\rho}\right) E_m\left(\dfrac{m}{\rho}\right) + \dfrac{m}{\rho}\left[E_m\left(\dfrac{m}{\rho}\right) E_{m-1}\left(\dfrac{m}{\rho}\right) - E_{m-1}^2\left(\dfrac{m}{\rho}\right)\right]}{E_m^2\left(\dfrac{m}{\rho}\right)} = \frac{c_s\lambda}{G}, \tag{8.7}$$

其中 c_s, G, λ, m 已知, 利用泊松分布表和数值方法计算求解得最优服务率 μ^*.

8.1.2 排队系统的微分法能解决的经济问题

该方法可解决常见的 $M/M/1$ 排队系统的最优服务率问题, 目标是使总平均费用最小化或利润最大化. 例如:

(1) 对一座港口码头, 如何设计其装卸能力 (即每天能装卸的船只数), 可使每天的总支出最小? ($M/M/1/\infty/\infty$ 模型)

(2) 机器维修问题, 如何确定最优服务率, 使单位时间的纯利润最大? ($M/M/1/N/N$ 模型或 $M/M/1/\infty/m$ 模型)

(3) 理发店的最优服务时间的确定, 使单位时间总费用最小或纯利润最大. ($M/M/1/N/\infty$ 模型)

(4) 某电话亭的最优服务率确定, 使费用最小或利润最大. ($M/M/1/\infty/\infty$ 模型)

(5) 医院就诊问题. ($M/M/1/N/\infty$ 模型)

8.1.3 对排队系统微分法的评析

(1) 该方法及相关公式适用于单服务台, 且到达时间间隔和服务时间均服从负指数分布的排队系统, 其中到达时间间隔服从负指数分布与输入过程是泊松流是等

价的. 这类系统的主要特征是马氏性, 即给定过去和现在, 将来只与现在有关, 而与过去无关. 从而未来状态仅由系统当前状态推断. 对于不具备马氏性的排队系统, 上述微分法及相关公式不可直接套用, 其求解更困难一些.

(2) 该方法是在稳态情形下研究排队系统的最优化的. 因为瞬态解较难求且即使求出后也不易使用, 而实际中大多数排队系统都能较快地达到稳态, 因而该方法有较广的应用范围.

(3) 该方法要求目标函数 (总费用或利润) 是决策变量 (平均服务率) 的连续函数, 且假定目标函数中的其他量均是已知的或是可估计的.

(4) 由于使用的是经典的微分法, 故有一套规范的理论或方法对目标函数的性质进行一系列更深入的研究.

(5) 实际问题中的排队系统, 其到达时间间隔和服务时间是否都服从负指数分布需要进行统计推断. 可通过实际观测数据进行分布检验, 例如 χ^2 拟合检验法. 此外还需检验: 相继到达时间间隔是否为独立同分布, 参数如何确定, 是否达到稳态等问题.

(6) 可在微分法得出结果的基础上, 研究最优解对参数的敏感性, 根据所得的最优化结果, 对已有的排队系统进行评价及改进.

(7) 该方法中的第一种排队模型, 即标准模型 $M/M/1$(或 $M/M/1/\infty/\infty$) 中的目标函数是 $z = c_s\mu + c_w L_s$, 若 c_w 表示平均每个顾客在队列中等待单位时间的损失, 则需用 $L_q = \dfrac{\lambda^2}{\mu(\mu-\lambda)}$ 取代目标函数中的 L_s, 这时, 类似可得一阶条件

$$c_s\mu^4 - 2c_s\lambda\mu^3 + c_s\lambda^2\mu^2 - 2c_w\lambda^2\mu + c_w\lambda^3 = 0,$$

这是一个关于 μ 的四次方程, 尽管有求根公式, 但过于复杂, 通常都采用数值法, 如牛顿 (Newton) 法, 确定其根 μ^*.

(8) 该方法中的第二种模型 $(M/M/1/N/\infty)$ 及第三种模型 $(M/M/1/\infty/m)$ 的求解均很困难, 一般要利用计算机进行数值求解.

8.2　排队系统的边际分析法

8.2.1　方法介绍及案例

在排队系统中, 如果目标函数不是连续变量的函数, 这时要求最优决策变量的值, 就不能用经典的微分法, 可采用边际分析法.

下面仅讨论标准的 $M/M/c$ 模型, c 为服务台数. 顾客源无限, 系统容量无限制. 在稳态的假设下, 设单位时间内每个服务台的成本费为 c_s', 每个顾客在系统中停留单位时间的费用为 c_w, 则单位时间内的费用 (服务成本和等待的费用之和) 的

期望值为 $z = c_s'c + c_w L_s$, 其中 $L_s = L_s(c)$, 即与服务台个数 c 有关, 因而总费用 $z = z(c)$, 记最优服务台数为 c^*, 则 $z(c^*)$ 表示最小费用, 采用边际分析法求解.

根据 $z(c^*)$ 是最小值的特点, 有下式成立:

$$\begin{cases} z\left(c^*\right) \leqslant z\left(c^* - 1\right), \\ z\left(c^*\right) \leqslant z\left(c^* + 1\right). \end{cases} \tag{8.8}$$

由 $z = c_s'c + c_w L_s$, 得

$$\begin{cases} c_s'c^* + c_w L_s\left(c^*\right) \leqslant c_s'\left(c^* - 1\right) + c_w L_s\left(c^* - 1\right), \\ c_s'c^* + c_w L_s\left(c^*\right) \leqslant c_s'\left(c^* + 1\right) + c_w L_s\left(c^* + 1\right). \end{cases} \tag{8.9}$$

化简整理后得:

$$L_s\left(c^*\right) - L_s\left(c^* + 1\right) \leqslant \frac{c_s'}{c_w} \leqslant L_s\left(c^* - 1\right) - L_s\left(c^*\right). \tag{8.10}$$

依次求 $c = 1, 2, 3, \cdots$ 时 L_s 的值, 并做相邻的 L_s 值之差, 因 $\dfrac{c_s'}{c_w}$ 是已知数, 根据这个数落在哪个不等式的区间里就可定出 c^* 的值. 计算过程中要用到以下公式:

服务强度 $\rho_c = \dfrac{\lambda}{c\mu}$; $\tag{8.11}$

系统中没有顾客的概率 $P_0 = \left[\displaystyle\sum_{n=0}^{c-1} \frac{1}{n!}\left(\frac{\lambda}{\mu}\right)^n + \frac{1}{c!} \cdot \frac{1}{1 - \rho_c}\left(\frac{\lambda}{\mu}\right)^c\right]^{-1}$; $\tag{8.12}$

排队长 $L_q = \dfrac{P_0 \rho_c}{c!\left(1 - \rho_c\right)^2}\left(\dfrac{\lambda}{\mu}\right)^c$; $\tag{8.13}$

队长 $L_s(c) = L_q + \dfrac{\lambda}{\mu} = \dfrac{P_0 \rho_c}{c!\left(1 - \rho_c\right)^2}\left(\dfrac{\lambda}{\mu}\right)^c + \dfrac{\lambda}{\mu}$. $\tag{8.14}$

例 8.3 某厂仓库负责向全厂工人发放材料, 已知领料工人按泊松流到达, 平均每小时来 20 人, 发放时间服从负指数分布, 平均服务率为每小时 15 人, 每个工人去领料所造成的停工损失为每小时 60 元, 仓库管理员每人每小时服务成本为 5 元. 问: 该仓库应配备几名管理员, 才能使总费用期望值最小?

解 由题意知, $\lambda = 20$ 人/小时, $\mu = 15$ 人/小时, $c_s' = 5$ 元, $c_w = 60$ 元,

$$\rho_c = \frac{\lambda}{c\mu} = \frac{4}{3c},$$

将 $c = 1, 2, 3, 4, 5$ 依次代入 (8.14) 式中计算 $L_s(c)$, 得计算结果见表 8-2, 其中 $z(c) = c_s'c + c_w L_s(c)$.

表 8-2

c	$L_s(c)$	$L_s(c) - L_s(c+1)$	$L_s(c-1) - L_s(c)$	$z(c)$
1	∞			∞
2	2.4	0.922	∞	154
3	1.478	0.119	0.922	103.68
4*	1.359	0.021	0.119	101.54*
5	1.338			105.28

由于 $\dfrac{c_s'}{c_w} = \dfrac{5}{60} = 0.083$ 在区间 $(0.021, 0.119)$ 之间, 故 $c^* = 4$ 时总费用最小, 即该仓库应配备 4 名管理员, 才能使总费用最小, 最小费用为 101.54 元.

8.2.2   排队系统的边际分析法能解决的经济问题

以上的边际分析法及相关公式适用于排队系统为标准的 $M/M/C$ 模型中最优服务台数 c 的确定问题, 目标是总费用最小. 例如:

(1) 某商业区自动提款机的设置问题. 在顾客到达过程是泊松流、使用时间服从负指数分布的情况下, 要求确定自动提款机的数量, 使系统总费用最小. ($M/M/c$ 模型)

(2) 售后服务中心人员数量的确定问题. 在顾客到达过程是泊松流、维修服务时间服从负指数分布的情况下, 要求确定服务人员名额, 使总费用最小. ($M/M/c$ 模型)

(3) 超市收银台个数设置问题. 为使系统总费用最小, 超市应设置收银台台数. ($M/M/c$ 模型)

(4) 工厂检验员的配置问题. 即检验中心要为同行业的工厂做检验服务, 如果要求做检验的工人 (顾客) 的到来服从泊松流, 检验时间服从负指数分布, 为使得总费用最小, 检验中心应设置的检验员人员 (及设备台数). ($M/M/c$ 模型)

(5) 储蓄所储蓄柜台的最优配置数量问题. 假定顾客到达为泊松流, 服务时间服从负指数分布, 顾客到达后排成一队, 依次向空闲窗口移动. 为使总费用最小, 确定设置的柜台数. ($M/M/c$ 模型)

(6) 车站售票窗口的数量设置问题. 同上述问题 (5) 中的假定. ($M/M/c$ 模型)

8.2.3   排队系统的边际分析法评析

(1) 该方法及相关公式适用于标准的 $M/M/c$ 排队系统, 即到达时间间隔和服务时间均服从负指数分布, 且为多服务台, c 为服务台台数. 使用上述边际分析法之前, 还需考察下列条件是否满足: 顾客源无限、顾客的到达相互独立, 到达规律服从参数为 λ 的泊松分布, 队长无限制, 先到先服务, 各顾客的服务时间相互独立,

且同服从参数为 μ 的负指数分布, 或者说各服务台的工作相互独立 (相互之间无协作), 各服务台的服务时间满足负指数分布, 系统的服务强度 $\rho = \dfrac{\lambda}{c\mu} < 1$, 否则会出现排队现象.

(2) 该方法同样是在稳态的情形下研究最优服务台数 c 的确定.

(3) 使用边际分析法的一个重要原因是: 目标函数是离散变量 c (只可取整数值) 的函数, 队长 L_s 也与 c 有关. 该方法给我们的启发是: 如果决策变量不是 c 而是 N (系统最大容量), 则也应该考虑用边际分析法, 推导出相应的求解公式.

(4) 使用边际分析法进行求解时, 需要对不同的 c 求相应的队长 $L_s(c)$, 其计算量较大. 计算 P_0 时可辅以查泊松表及借助计算机求解.

(5) 边际分析法具有一般性, 即对其他类型的排队系统, 当决策变量是离散时, 也可类似地用边际分析法进行分析, 根据排队系统本身的特点推导出相应的系列公式.

8.3 排队系统的随机模拟法

8.3.1 方法介绍及案例

前面介绍的排队系统的微分法和边际分析法, 都是在系统的到达间隔时间和服务时间有明确的概率分布的情形下求解的, 但当这类概率分布不能用公式给出时, 就不能用解析法求解, 这时需要用随机模拟法求解. 对于那些虽然概率分布已知但却很复杂的排队系统, 同样需要用随机模拟法求解. 该方法一般求解步骤如下.

步骤 1: 根据排队系统的经验历史资料, 设计相应的随机试验, 并产生随机数. 要求事件能按历史的概率分布规律出现, 例如, 可基于实际数据的频率作近似模拟.

步骤 2: 决定取样计划 (即哪些统计量要记录下来, 何时记录, 怎么记录).

步骤 3: 开始随机模拟, 并整理观察的结果, 求得统计量以及统计分布的情形.

步骤 4: 根据整理及计算的结果 (例如某些统计量的值), 对排队系统中的方案进行描述和评价.

步骤 5: 若要对排队系统进行优化, 可改变原排队系统中有关参数的值, 不同参数值组合实际上对应着不同的排队系统或不同的方案, 对每个不同的方案, 均按上述步骤 1—4 进行随机模拟, 并比较不同方案下的统计量值或指标值, 从中找出优化方案.

例 8.4 设某仓库前有一卸货场, 货车一般夜间到达, 白天卸货, 每天只能卸货 2 车. 若一天内到达的车数超过 2 车, 那么就推迟到次日卸货. 根据表 8-3 所示的经验, 货车到达数的概率分布 (相对频率) 平均为 1.5 车/天, 求每天推迟卸货的平均车数.

表 8-3

到达车数	0	1	2	3	4	5	$\geqslant 6$
概率	0.23	0.30	0.30	0.1	0.05	0.02	0.00

解　(1) 这是单服务台的排队系统. 可验证到达的车数不服从泊松分布, 服务时间也不服从负指数分布 (这是定长服务时间, 确定型分布), 不能用以前的方法求解. 下面根据表 8-3 提供的数据设计随机试验: 取 100 张卡片, 其中 23 张填入 0; 30 张填入 1; 30 张填入 2; 10 张填入 3; 5 张填入 4; 2 张填入 5 等. 然后将这些卡片放在盒内搅均匀, 再随机地一一取出, 依次记录卡片上的数码, 得到这一系列数据就是每天到达车数的模拟. 实际应用时可用随机数表, 表 8-4 所示是随机数表的一部分. 也可用 MS Excel 表中的 RAND( ) 函数产生随机数 x, 在 $0 < x < 1$ 之间, 若需要整数为两位的随机数, 可以用 ROUND(RAND( )*100, 0) 产生随机数. 再用复制、粘贴进行操作, 完成需要的随机数的个数, 这比用随机数表方便.

表 8-4

97	95	12	11	90	49	57	13	86	8l
02	92	75	91	24	58	39	22	13	02
80	67	14	99	16	89	96	63	67	60
66	24	72	57	32	15	49	63	00	04
96	76	20	28	72	12	77	23	79	46
55	64	82	61	73	94	26	18	37	31
50	02	74	70	16	85	95	32	85	67
29	53	08	33	81	34	30	21	24	25
58	16	01	91	70	07	50	13	18	24
51	16	69	67	16	53	11	06	36	10
04	55	36	97	30	99	80	10	52	40
86	54	35	61	59	89	64	97	16	02
24	23	52	11	59	10	88	68	17	39
39	36	99	50	74	27	69	48	32	68
47	44	41	86	83	50	24	51	02	08
60	71	41	25	90	93	07	24	29	59
65	88	48	06	68	92	70	97	02	66
44	74	11	60	14	57	08	54	12	90
93	10	95	80	32	50	40	44	08	12
20	46	36	19	47	78	16	90	59	64
86	54	24	88	94	14	58	49	80	79
12	88	12	25	19	70	40	06	40	31
42	00	50	24	60	90	69	60	07	86
29	98	81	68	61	24	90	92	32	68
36	63	02	37	89	40	81	77	74	82

01	77	82	78	20	72	35	38	56	89
41	69	43	37	41	21	36	39	57	80
54	40	76	04	05	01	45	84	55	11
68	03	82	32	22	80	92	47	77	62
21	31	77	75	43	13	83	43	70	16
53	64	54	21	04	23	85	44	81	36
91	66	21	47	95	69	58	91	47	59
48	72	74	40	97	92	05	01	61	18

(2) 决定取样计划, 记录相关结果. 按到达车数的概率, 分别给这些概率分配随机数, 例如由表 8-3 可知, 到达数是 0 的概率为 0.23, 故分配给它 23 个随机数, 编号为 00—22.

对其他概率的随机数进行类似分配, 得表 8-5.

表 8-5

到达的车数	概率	累积概率	对应的随机数
0	0.23	0.23	00—22
1	0.30	0.53	23—52
2	0.30	0.83	53—82
3	0.10	0.93	83—92
4	0.05	0.98	93—97
5	0.02	1.00	98—99
	1.00		

(3) 开始随机模拟并整理、计算观察结果, 如表 8-6 所示.

表 8-6

日期	随机数	到达的车数	需要卸货的车数	卸货车数	推迟卸货车数
x	97	4	4	2	2
x	02	0	2	2	0
x	80	2	2	2	0
1	66	2	2	2	0
2	96	4	4	2	2
3	55	2	4	2	2
4	50	1	3	2	1
5	29	1	2	2	0
6	58	2	2	2	0
7	51	1	1	1	0
8	04	0	0	0	0
9	86	3	3	2	1
10	24	1	2	2	0

続表

日期	随机数	到达的车数	需要卸货的车数	卸货车数	推迟卸货车数
11	39	1	1	1	0
12	47	1	1	1	0
13	60	2	2	2	0
14	65	2	2	2	0
15	44	1	1	1	0
16	93	4	4	2	0
17	20	0	2	2	0
18	86	3	3	2	1
19	12	0	1	1	0
20	42	1	1	1	0
21	29	1	1	1	0
22	36	1	1	1	0
23	01	0	0	0	0
24	41	1	1	1	0
25	54	2	2	2	0
26	68	2	2	2	0
27	21	0	0	0	0
28	53	2	2	2	0
29	91	3	3	2	1
30	48	1	2	2	0
31	36	1	1	1	0
32	55	2	2	2	0
33	70	2	2	2	0
34	38	1	1	1	0
35	36	1	1	1	0
36	98	5	5	2	3
37	50	1	4	2	2
38	95	4	6	2	4
39	92	3	7	2	5
40	67	2	7	2	5
41	24	1	6	2	4
42	76	2	6	2	4
43	64	2	6	2	4
44	02	0	4	2	2
45	53	2	4	2	2
46	16	0	2	2	0
47	16	0	0	0	0
48	55	2	2	2	0
49	54	2	2	2	0
50	23	1	1	1	0
总计		79			45
平均		1.58			0.90

对表 8-6 中的数据结果说明如下:

模拟的前 3 天作为模拟的预备期, 记为 x, 然后依次为第一天, 第二天, $\cdots\cdots$, 第 50 天. 如第一天得到的随机数是 66, 从表 8-5 可见, 第一天到达的车数为 2; 第二天, 得到随机数 96, 到达的车数为 4, $\cdots$, 如此下去, 一直到第 50 天, 表 8-6 中的第二、第三列数字都填入后, 计算出第四、第五、第六列数字, 从第一个 x 日开始. 计算公式如下:

$$当天需要卸货车数 = 当天到达的车数 + 前一天推迟卸货车数;$$

$$卸货车数 = \begin{cases} 需要卸货车数, & 当天需要卸货车数 \leqslant 2; \\ 2, & 当天需要卸货车数 > 2. \end{cases}$$

有关统计量的计算结果为: 50 天平均到达车数为 1.58, 平均推迟卸货车数为 0.90.

(4) 对排队过程模拟结果进行分析. 分析结果时, 不考虑头 3 天与 x 的预备阶段数据. 这是为了使模拟在一个稳态过程中的任意点开始, 否则若认为开始时没有积压就失去随机性了. 表 8-6 反映了模拟 50 天的运行情况, 相当于一个随机样本. 从中可看出, 大多数情况下很少发生推迟卸车而造成积压, 只是在第 36 天积压比较严重. 平均到达车数为 1.58, 比题中给出的期望值 1.5 略高. 又可知平均每天有 0.9 车推迟卸货.

如果本例要求找出相对优化的卸货方案, 可以改变系统中参数的值, 重新进行模拟和结果计算. 通过比较统计量的值, 例如平均推迟卸货车数或其他综合统计指标, 从而比较方案优劣, 找出相对较优的方案.

8.3.2 排队系统的随机模拟法能解决的经济问题

在经济领域中, 有许多概率分布未知的排队系统, 需要用随机模拟法求解或进行优化, 具体体现在以下几个大类的应用.

(1) 描述一个现有系统. 例如, 在例 8.4 中的卸货系统, 通过模拟, 可了解系统的运行状况.

(2) 探索一个假设的系统. 例如, 一所医院准备建立一个用计算机管理的药品库存系统, 目标是保障医院日常所需药品的供应, 同时避免因药物过期失效或占用过量资金造成的经济损失. 通过模拟可以对各种不同的库存水平进行比较, 优选出合理的存储方案, 这样使系统在建立之前就有一个科学依据.

(3) 设计一个改进的系统. 例如, 某工厂要加工一种特殊零件, 每天的加工能力有限制, 若超过则留在第二天加工. 根据以往加工的历史资料, 得到每天零件到达的概率 (相对频率) 分布. 可以用随机模拟法分析系统的繁忙程度. 若发现其加工过程中的薄弱环节, 则对其进行定量分析及相应的改进, 使系统处于较优的运行状态.

(4) 除了排队系统的模拟之外, 随机模拟的方法还可进一步扩展到其他实际问题 (不限于排队系统), 如博弈中估计竞争对手的反应、配送系统的设计和运作、财务风险分析等等. 总之, 模拟方法能广泛地应用于各个领域, 包括政府机构、银行、酒店、教育、灾害处理及国防军事等部门.

8.3.3 排队系统随机模拟法评析

(1) 该方法适用于到达时间和服务时间的概率分布未知或很复杂的排队系统.

(2) 用该方法进行优化时, 要求对不同方案可能产生的结果进行比较, 通常借助计算机来实现.

(3) 模拟时间越长, 模拟结果越接近实际水平.

(4) 该方法要求产生大量的随机数, 而且要借助计算机完成. 此时要注意到, 虽然许多数学软件都具有产生常用分布随机数的功能, 但它们对于特殊分布或要求数据量很大时往往不太有效.

(5) 本节中介绍的模拟方法只能得到数字结果, 不能得到解析表达式, 因而不便于进行数学分析.

(6) 许多实际问题都涉及大量的不确定性, 变量间的关系很复杂. 若要建立简单的数学模型, 则必须将许多变量看成常量, 但这样不能真实地反映实际问题, 只是作了很粗略的近似描述. 这时, 若用随机模拟法可以得到较为精确的结果.

8.4 排队优化方法软件介绍

排队论中的解法可用多种软件实现, 例如 WinQSB 及其他运筹学软件. 但涉及排队优化方法, 这些软件往往没有该项功能, 所以 Lingo 软件是最合适的选择, 当然也可用 Matlab 等数学软件实现. 下面结合几个经济实例介绍排队论优化方法的软件实现.

例 8.5 某工人照管 4 台自动机床, 机器运转时间 (或各机床损坏的相继时间) 平均服从负指数分布, 假定平均每周有一台机床损坏需要维修, 机床运转单位时间内平均收入为 100 元, 而每增加 1 单位 μ 的维修费用为 75 元, 求使总利益达到最大的 μ^*.

解 这是一个闭合式排队系统 $M/M/1/N/N$, 且 $N = 4$, 设 L_s 为队长, 则正常运转的机器为 $N - L_s$ 台, 因此目标函数为

$$f = 100(N - L_s) - 75\mu.$$

要在上述条件下, 求 f 的最大值. 相应的 Lingo 程序如下.

```
model:
    1]c=1; N=4; R=1;
    2]L_s=@ pfs(N*R/mu, c, N);
    3]max=100*(N-L_s)-75*mu;
end
```

计算结果如下:

```
Local Optimal Solution Found at Iteration: 54
Objective Value:                       31.49399
    Variable          Value        Reduced Cost
       C            1.000000         0.000000
       N            4.000000         0.000000
       R            1.000000         0.000000
       L_s          2.335734         0.000000
       MU           1.799101        -0.2781975
```

即得 $\mu^* = 1.799\,101$, 最优目标值 $f^* = 31.49$ (其中上面的 R 即为 λ).

例 8.6 假定有一混合制排队系统 $M/M/1/N/\infty$, 其顾客的到达率为每小时 3.6 人, 其到达时间间隔服从泊松过程, 系统服务一个顾客收费 2 元. 又设系统的平均服务率 $\mu(\mu = 1/T, T$ 为服务时间) 服从负指数分布, 其服务成本为每小时 0.5μ 元, 求系统为每个顾客的最佳服务时间.

解 系统的损失率为 P_N, 则系统每小时服务的人数为 $\lambda(1 - P_N)$, 每小时运行成本为 0.5μ, 故目标函数为

$$f = 2\lambda(1 - P_N) - 0.5\mu.$$

要在上述条件下, 求目标函数 f 的最大值. 相应的 Lingo 程序如下.

```
model:
    1]sets:
    2]state/1..10/: P;
    3]endsets
    4]c=1; N=3; R=3.6;
    5]P0*R=1/T*P(1);
    6](R+1/T)*P(1)=R*P0+c/T*P(2);
    7]@for(state(i) | i # gt # 1 # and # i # lt # N;
    8](R+c/T)*P(i)=R*P(i-1)+c/T*P(i+1);
    9]R*P(N-1)=c/T*P(N);
```

```
10]P0+@ sum(state(i) | i # 1 e # N : P(i)=1;
11]max=2*R*(1-P(N))-0.5/T;
```
end

计算结果如下:

Local Optimal Solution Found at Iteration: 28

Objective Value		3.701338
Variable	Value	Reduced Cost
C	1.000000	0.000000
N	3.000000	0.000000
R	3.600000	0.000000
P0	0.3357972	0.000000
T	0.2238125	0.000000

即系统为每位顾客的最佳服务时间是 0.2238 小时 (即 13.43 分), 系统每小时盈利 3.70 元.

例 8.7　一个大型露天矿山, 正考虑修建矿石卸位的个数, 估计运矿石的车将按泊松流到达, 平均每小时 15 辆, 卸矿石的时间服从负指数分布, 平均 3 分钟卸一辆, 又知每辆运送矿石的卡车售价是 8 万元, 修建一个卸位的投资是 14 万元. 问: 应建多少个矿石卸位最为适宜?

解　这是一个 $M/M/c/\infty/\infty$ 排队系统, 其费用包括两方面: 一个是建造卸位的费用, 另一个是卡车处于排队状态不能工作的费用. 目标函数为

$$f = 14c + 8L_s.$$

要在上述条件下, 求目标函数 f 的最小值. 相应的 Lingo 程序如下.

model:
```
1]R=15; T=3/60; load=R*T;
2]Pwait=@ peb(load, c);
3]w_q=Pwait*T/(c-load);
4]w_s=w_q+T; L_s=w_s*R;
5]min=8*L_s+14*c;
6]@gin(c); @ bnd(1, c, 5);
```
end

计算结果如下:

Local Optimal Solution Found at Iteration: 192

```
Objective Value:                        34.98182
        Variable          Value                    Reduced Cost
           R              15.00000                 0.000000
           T              0.5000000 E-01           0.000000
          LOAD            0.7500000                0.000000
         PWAIT            0.2045455                0.000000
           C              2.000000                 10.95338
          W_Q             0.8181818 E-02           0.000000
          W_S             0.5818182 E-01           0.000000
          L_S             0.8727273                0.000000
```

即建造 2 个卸位时总成本最小, 最小成本为 34.981 82 万元.

注 上述程序及结果中的 W_S 为平均逗留时间, W_Q 为平均排队等待时间.

例 8.8 某维修中心在周末现只安排一名员工为顾客提供服务. 新来维修的顾客到达后, 若已有顾客正在接受服务, 则需要排队等待. 假设来维修的顾客到达过程为 Poisson 流, 平均每小时 4 人, 维修时间服从指数分布, 平均需要 6 分钟. 试用模拟的方法求该系统的队长 (L_s)、平均逗留时间 (w_s) 和顾客等待的概率 (系统繁忙概率)(P_{wait}).

解 这是一个 $M/M/S/\infty$ 排队系统 $(S = 1)$. 有关变量符号说明如下:

系统变量

t —— 时间变量, $\quad N_A$ —— 在 t 时刻到达系统的顾客总数,

t_A —— 顾客的到达时间, $\quad n$ —— 在 t 时刻当前到达系统的顾客数,

t_D —— 顾客的离开时间, $\quad T$ —— 总服务时间.

数组变量 (以 k 为自变量)

w_t —— 记录发生事件的时间, $\quad w_n$ —— 记录系统中的顾客数,

w_s —— 记录上一事件到下一事件的间隔时间.

模拟算法如下:

(1) 初始步：置 $t = N_A = 0$, 产生顾客到达系统的初始时间 T_0, 置 $t_A = T_0$, $t_D = \infty$ (此时系统中无顾客). 置 $k = 0$.

(2) 记录系统状态. 置 $k = k + 1$, $w_t(k) = t$, $w_n(k) = n$. 如果 $t_A < T$, 则置 $w_s(k) = \min(t_A, t_D) - t$, 然后转 (3); 否则置

$$w_s(k) = \begin{cases} 0, & t_D = \infty, \\ t_D - t, & t_D < \infty, \end{cases}$$

然后转 (8).

(3) 如果 $t_A < t_D$, 则置 $t = t_A$, $N_A = N_A + 1$ (顾客到达总数 $+1$), $n = n+1$ (系统中顾客数 $+1$), 产生下一顾客到达系统的时间 t_A.

(4) 如果 $n = 1$, 产生服务台上顾客的离开时间 t_D.

(5) 如果 $t_A \geqslant t_D$, 则置 $t = t_D$, $n = n-1$ (系统中顾客数 -1).

(6) 如果 $n = 0$ (系统中无顾客), 置 $t_D = \infty$; 否则产生服务台上顾客的离开时间 T_D.

(7) 转 (2).

(8) (此时 $t_A \geqslant T$, 不再接收顾客, 只完成系统中顾客的服务). 如果 $n > 0$ (系统中还有顾客), 并置 $t = t_D$, $n = n-1$. 如果 $n > 0$ 产生服务台上顾客的离开时间 T_D, 然后转 (2); 否则转 (9).

(9) 计算队长 (L_s), 平均逗留时间 (w_s) 和顾客等待的概率 (P_{wait}).

$$L_s = \frac{1}{t} \sum_k w_s(k) \cdot w_n(k),$$

$$w_s = \frac{1}{N_A} \sum_k w_s(k) \cdot w_n(k),$$

$$P_{\text{wait}} = \frac{1}{t} \sum_{w_n(k) \geqslant 1} w_s(k),$$

停止计算, 输出 L_s, w_s 和 P_{wait}.

根据上述算法用 R 语言编写的程序如下:

R 程序 (程序名: queue1·R)

```
queue1<-function(lambda,mu,T){
  k<-0; wt<-0; wn<-0; ws<-0;
  tp<-0; nA<-0; n<-0; t<-0
  r<-runif(1); tA<--1/lambda*log(r); tD<-ln f
  repeat{
    k<-k+1; wt[k]<-t; wn [k]<-n
    if(tA<T){
      ws[k]<-min(tA,tD)-t
      if(tA<tD){
        t<-tA; n<-n+1; nA<-nA+1
        r<-runif(1); tA<-t-1/lambda*log(r)
        if(n==1){
        r<-runif(1); tD<-t-1/mu*log(r)
        }
```

```
    }else{
      t<-tD; n<-n-1
      if (n==0){
        tD<-lnf
      } else{
        r<-runif(1); tD<-t-1/mu*log(r)
      }
    }
  }else{
    ws[k]<-if (tD==lnf) 0 else tD-t
    if (n>0){
      t<-tD; n<-n-1
      if (n>0){
        r<-runif(1); tD<-t-1/mu*log(r)
      }
    }else
      tp<-1
    }
    if (tp==1)break
  }
    data. frame (Ls=sum(ws*wn)/t, ws=sum(ws*wn)/nA, pwait=sum(ws
    [wn>=1])/t)
}
```

然后调用上述编好的程序 queuel.R, 输入相应的参数指标, 模拟 1000 小时的排队服务系统的运行情况.

```
>source(''queuel.R'')
>queuel(lambda=4,mu=10,T=1000)
      Ls        ws        pwait
1  0.6938313  0.1685005  0.4118629
```

其理论值为 $L_s = 0.6666667$(人), $w_s = 0.1666667$(小时), $P_{\text{wait}} = 0.4$. 从本例可看出, 模拟值与理论值很接近.

说明: 对于 $M/M/S/\infty$; 当 $s > 1$ 时, 变量意义基本上与例 8.8 中 $s = 1$ 的情况相同, 只是此时的 t_D 为数组, 增加一个状态变量 ss, 记录系统的状态情况. 算法及 R 编程类似于 queuel.R. 此处略.

第9章　决策方法

决策是决策者已知需实现的目标, 根据一定的决策准则, 在供选方案中作出选择的过程. 决策的三要素是自然状态、策略和后果. 自然状态是指决策者在决策时可能面临的自然情况或客观条件, 是不可控制的因素. 自然状态有确定型的, 即必然要发生的; 随机型的, 即有统计规律可循的; 以及不确定型的. 策略指可供选择的行动方案, 是可控因素. 策略可用变量表示, 可以是离散型变量, 也可以是连续型变量; 可以是静态的, 也可以是动态的. 决策者在采取一项策略后, 无论哪种自然状态出现, 都必然会导致某一后果, 后果可以表现为收益、损失或效用, 可以用货币计量, 也可用其他的计量标准, 为统一起见, 本章将后果统称为效益.

设某个决策问题面临 n 种自然状态, m 种可供选择的行动方案 (策略), 用 s_j 表示第 j 个自然状态, 用 a_i 表示第 i 个策略. 对于每一个策略 a_i 及每一个自然状态 s_j, 均会产生一个后果, 即效益, 用 a_{ij} 表示, 以 a_{ij} 为元素构成一效益矩阵 $M = (a_{ij})_{m \times n}$ 根据 a_{ij} 的不同含义, 效益矩阵有时也具体化为收益矩阵、损失矩阵、风险矩阵、后悔值矩阵等. 在本章下面的内容中, 若效益值为正, 则代表收益; 若效益值为负, 则代表损失.

决策的分类方法很多, 本章仅按决策的环境分类, 即根据前面所述的自然状态的 3 种类型: 确定型、随机型及不确定型, 可将决策分为确定型决策、风险型决策及不确定型决策.

(1) 确定型决策的特点.

这类决策方法的特点是, 为了达到预定的目标, 可以有各种不同的选择, 而每种方案的执行, 只能发生一种自然状态或一种结果. 有时只要把各种方案及预期收益列出来, 根据要达到的目标要求进行选择即可. 但当可供选择的方案很多或无限多时, 需要使用线性规划的方法进行决策.

(2) 风险型决策的特点.

决策者对他所选择的方案及执行后可能发生的事件有一定的信息. 根据他的经验或过去的统计资料, 可以分析出各事件发生的概率, 并在此基础上决策. 正因为各事件的发生或不发生具有某种概率, 故决策者要承担一定的风险.

(3) 不确定型决策的特点.

决策者对他所面临的问题可以有若干种方案解决, 但对这些方案的执行将发生哪些事件或自然状态缺乏必要的情报资料, 决策者只能根据自己对事物的态度进行决策. 不同的决策者有不同的决策准则, 因此对同一问题就可能有不同的选择结果.

了解以上 3 种决策类型的特点, 往往是决策分析的第一步, 便于正确地选取决策方法.

下面将分节介绍各种决策方法及其在经济问题中的应用, 9.1 节至 9.11 节属于单目标决策, 包括常见的确定型决策方法、风险型决策方法及不确定型决策方法, 其中盈亏平衡分析法、价值效益评价法属于确定型决策; 最大可能法、期望值法、决策树法属于风险型决策; 而乐观法、悲观法、乐观系数法、后悔值法及等可能法属于不确定型决策. 此外, 还将介绍经济领域中广泛使用的效用函数法及一种多目标决策方法 —— 层次分析法. 在本章的最后一节, 将结合经济实例, 提供上述各种决策方法的多种软件实现途径, 以方便读者使用.

9.1　盈亏平衡分析决策法

9.1.1　方法介绍及案例

1. 盈亏平衡分析法的含义

盈亏平衡分析法是指在生产总成本划分为固定成本和可变成本的基础上, 分析产量、成本、利润三者关系以及盈亏变化规律的计量方法. 盈亏平衡分析法的关键是找出盈亏平衡点, 即销售收入正好等于成本时的产量.

2. 盈亏平衡分析原理

(1) 假设条件:

① 产量等于销售量 (无库存);

② 平均变动成本、产品销售价格不随产量的变动而变动;

③ 产量在一定范围内变动时, 固定成本保持不变;

④ 产品品种结构稳定, 即产品与产品组合保持不变.

(2) 销售收入. 设 y_1 表示销售收入, P 表示产品价格, x 表示产品产量 (销售量), 则有 $y_1 = P \cdot x$.

(3) 成本分解:

$$总成本 = 固定成本 + 总变动成本.$$

设 y_2 表示总成本, f 表示固定成本, v 表示平均变动成本, 并假定变动成本是产量 (销量) 的正线性函数 (此时, 对应的盈亏平衡分析为线性盈亏平衡分析), 即有: $y_2 = f + v \cdot x$.

(4) 图解法. 见图 9-1.

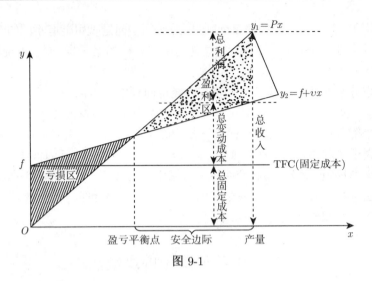

图 9-1

(5) 代数法:

① 在盈亏平衡点 x^* 处: $y_1 = y_2$, 即 $P_x = f + vx^*$, 故 $x^* = \dfrac{f}{P-v}$, 即在盈亏平衡点处, 产量 $x^* = \dfrac{f}{P-v}$, 其中 $P-v$ 表示单位产品的贡献.

② 在盈亏平衡点的收入

$$y^* = P \cdot \frac{f}{P-v}.$$

③ 盈亏平衡生产能力利用率

$$a^* = \frac{f}{P-v} \cdot \frac{1}{R} \cdot 100\% \quad (\text{其中 } R \text{ 表示设计生产能力}).$$

④ 求安全边际:

安全边际 = 实际 (或预期) 销售量 − 盈亏平衡点的销售量.

⑤ 求安全边际率:

$$\text{安全边际率} = \frac{\text{安全边际}}{\text{实际 (或预期) 销售量}}.$$

⑥ 求保证目标利润 π 的产量:

$$x = \frac{f+\pi}{P-v}.$$

⑦ 求保证税后目标利润 π' 的产量:

$$x = \frac{f+\pi'/(1-t)}{P-v} \quad (\text{其中 } \pi' \text{ 表示税后利润}, t \text{ 表示税率}).$$

以上均属于线性盈亏平衡分析的内容, 其中关键在于找出盈亏平衡点.

例 9.1 某工厂生产某种产品, 每年需零件 25 000 个. 若从外面购买, 每个购置费 $P = 0.2$ 元; 若自己生产, 则需固定成本费 $f = 2\,000$ 元, 每个零件的可变成本费 $v = 0.1$ 元, 总生产成本 $TC = f + vQ$. 问: 该工厂应外购还是自己生产零件? 一般地, 若每年需要零件的个数为 Q_0, 试讨论最优方案的选择.

解 这是一个确定型决策问题, 只有一个确定的自然状态 s_1: 每年需零件 25 000 个; 有两个可供选择的策略: a_1: 外购; a_2: 自制. 根据题意, 可求得两种策略的效益值如下 (由于是费用问题, 故效益值为负值):

$$a_{11} = -(0.2 \times 25\,000) = -5\,000 \text{元 (外购)};$$

$$a_{21} = -(2\,000 + 0.1 \times 25\,000) = -4\,500 \text{元 (自制)}.$$

比较 a_{11} 与 a_{21} 的大小, 可知 $a_{21} > a_{11}$, 故 a_2: 自制为最优策略.

下面进行盈亏平衡分析. 盈亏平衡产量

$$Q^* = \frac{f}{P-v} = \frac{2\,000}{0.2 - 0.1} = 20\,000(\text{个}).$$

若每年需要的零件的个数为 Q_0 个, 则当 $Q_0 > Q^*$ 时, 总收益 PQ 大于总成本 $f + vQ$, 即利润大于 0, 企业盈利; 当 $Q_0 < Q^*$ 时, 利润小于零, 企业亏损.

本例中每年需要 25 000 个零件, $Q_0 > Q^*$, 由前面的分析可知该厂应自己生产零件. 一般地, 当 $Q_0 > Q^*$ 时, 自己生产零件的费用比外购的要少; 当 $Q_0 \leqslant Q^*$ 时, 外购零件为好.

注 例 9.1 是一个线性盈亏平衡分析问题, 即变动成本及销售收入均是产销量的线性函数. 本例只通过寻找盈亏平衡点进行了简单的盈亏平衡分析, 若要作进一步分析, 可按前面代数法中列出的一系列公式求出盈亏平衡点处的收入、安全边际等指标值. 此外, 当变动成本或销售收入是产销量的非线性函数 (例如二次函数)时, 则属于非线性盈亏平衡分析的范畴. 下面仅以一简单例子说明非线性盈亏平衡分析的基本方法.

例 9.2 某地拟建造一个生产充油式电暖器的项目, 预计项目投产后年销售收入为 $TR = 20Q - 0.6Q^2$, 总成本为 $TC = 30 - 10Q + 0.4Q^2$. 试对该项目进行盈亏平衡分析, 并回答: 要使该项目获得最高利润, 应如何决策?

解 (1) 求盈亏平衡点. 令 $TR = TC$, 得

$$20Q - 0.6Q^2 = 30 - 10Q + 0.4Q^2.$$

即 $Q^2 - 30Q + 30 = 0$, 解得盈亏平衡点 $Q_1^* = 1.035$, $Q_2^* = 28.97$.

总利润函数 $TL = TR - TC = 30Q - Q^2 - 30 = Q^2 + 30Q - 30.$

要使 $TL > 0$, 只要 $Q_1^* < Q < Q_2^*$, 即当 $1.035 < Q < 28.97$ 时, 企业盈利; 而当 $Q > 28.97$ 或 $Q < 1.035$ 时, 企业亏损.

(2) 要使该项目获最高利润, 则令

$$\frac{\mathrm{d}TL}{\mathrm{d}Q} = 0,$$

即 $(-Q^2 + 30Q - 30)'_Q = 0$, 即 $-2Q + 30 = 0$. 解得 $Q = 15$, 即产量为 15 时利润最高.

注   例 9.2 是一个确定型决策, 只有一个确定的自然状态 s_1, 决策集 $A = \{a\}$, 其中 a 表示产量, 即生产规模, 这是一个连续变量, 效益函数是生产利润 TL, 决策准则是利润最大化. 同线性盈亏平衡分析一样, 也可类似地进行更进一步的盈亏平衡探讨, 例如, 求安全边际、盈亏平衡生产能力利用率等等.

9.1.2   盈亏平衡分析法能解决的经济问题

(1) 研究产量变动、成本变动与利润变动之间的关系.

(2) 确定盈亏平衡点的产量.

(3) 确定项目的安全边际, 即企业销售量 (预期或实际) 与盈亏平衡点产量之间的差额, 该差额越大越安全.

(4) 评价方案的经济合理性.

(5) 进行经济预测.

9.1.3   盈亏平衡分析法评析与改进

1. 盈亏平衡分析法优点

(1) 简单明了.

(2) 有助于确定合理的生产规模.

(3) 为项目决策提供有用的信息.

2. 盈亏平衡分析法缺点

(1) 这是一种静态分析, 没有考虑资金的时间价值因素.

(2) 这是建立在一些理想的基本假设条件下的分析方法, 用它难以得出一个全面的结论.

3. 对该方法的改进

为了全面了解情况, 包括项目的风险状况, 需配合敏感性分析, 了解决策过程中需要重点研究与控制的因素, 同时进行必要的概率分析.

9.2 价值效益评价决策法

9.2.1 方法介绍及案例

价值效益评价法也是一种确定型决策方法. 该方法又称为计分模型决策法. 为了实现某个选定的目标, 拟定了 m 种可供选择的策略, 用 l 表示评价每个策略所有性能的个数, 用 ω_j 表示第 j 种性能所占的比重或加权数, 用 r_{ij} 表示第 i 个策略第 j 种性能的计分数, 设 T_i 表示第 i 个策略的总价值, 则

$$T_i = \sum_{j=1}^{l} \omega_j r_{ij}, \quad i = 1, 2, \cdots, m,$$

决策准则是使价值效益值 T_i 最大化. 具体步骤如下.

步骤 1: 找出确定的自然状态 s_1, 即各个策略的各种性能的计分数 r_{ij} 及权数 ω_j (已知).

步骤 2: 确定可选策略 $a_1, a_2, \cdots, a_m$.

步骤 3: 计算每一个策略在确定状态 s_1 下的价值效益值, 公式为

$$T_i = \sum_{j=1}^{l} \omega_j r_{ij}, \quad i = 1, 2, \cdots, m.$$

步骤 4: 比较各策略的价值效益值 T_i 的大小. 若

$$\max_{1 \leqslant i \leqslant m} \{T_i\} = T_{i*},$$

则与 T_{i*} 对应的策略 a_{i*} 为最优策略.

例 9.3 某地评选最优产品, 有 m 个产品 $a_1, a_2, \cdots, a_m$ 参评, 对产品的 l 个性能的计分数由 q 个专家评分确定, 取 q 名专家对第 j 种性能评分的算术平均数作为产品第 j 种性能的计分数. 设第 k 个专家对第 i 种产品第 j 种性能的评分为 m_{ijk}, 若选取 l 个性能的平均分数最高者为最优产品, 问: 应如何决策?

解 (1) 设第 i 个产品的第 j 种性能分数为 r_{ij}, 则

$$r_{ij} = \frac{1}{q} \cdot \sum_{k=1}^{q} m_{ijk}, \quad i = 1, 2, \cdots, m; \ j = 1, 2, \cdots, l.$$

设第 j 种性能的加权数 $\omega_j = \dfrac{1}{n}$, $j = 1, 2, \cdots, l, r_{ij}$ 与 ω_j 一起构成了每一个策略面临的确定的自然状态.

(2) 有 m 种可行策略 $a_1, a_2, \cdots, a_m$.

(3) 计算每一个策略的价值效益值 T_i:

$$T_i = \sum_{j=1}^{l} \omega_j r_{ij} = \frac{1}{lq} \sum_{j=1}^{l} \sum_{k=1}^{q} m_{ijk}.$$

(4) 令 $T_{i*} = \max_{1 \leqslant i \leqslant m} \{T_i\}$, 则与 T_{i*} 对应的策略 q_{i*} 为最优策略, 即 a_{i*} 为最优产品.

9.2.2　该方法能解决的经济问题

(1) 市场上大量的同类产品评优问题.

(2) 科研项目或论文评优.

9.2.3　价值效益决策法评价及改进

该方法考虑问题全面, 方法简单实用, 能解决大量的评优评奖问题, 但要花费较大的人力、财力, 且 r_{ij} 及 ω_j 的确定带有较强的主观性, 这是要改进的主要方面.

9.3　最大可能法

9.3.1　方法介绍及案例

最大可能法是一种风险型决策方法, 即决策者对面临的客观情况不甚了解, 但对于将要发生的状态的概率是已知的. 由于概率最大的事件最可能发生, 因此可选取一个概率最大的自然状态进行决策, 而不管其他自然状态, 从而将风险型决策问题转化成确定型决策问题, 这种决策方法称为最大可能法. 具体步骤如下.

步骤 1: 收集与决策问题有关的资料, 明确决策的目标.

步骤 2: 找出所有可能出现的自然状态 $s_j, j = 1, 2, \cdots, n$.

步骤 3: 列出主要而且可行的策略 $a_i, i = 1, 2, \cdots, m$.

步骤 4: 根据过去资料及有关的主观判断, 确定各自然状态出现的概率 $P(s_j)$.

步骤 5: 比较各自然状态的概率 $P(s_j)$ 的大小, 找出最大概率值所对应的自然状态, 记为 s_k.

步骤 6: 对于所有策略 $a_i(i = 1, 2, \cdots, m)$, 分别计算出其在自然状态 s_k 下的效益值 $a_{ik}(i = 1, 2, \cdots, m)$, 并将结果列入决策表中.

步骤 7: 在决策表中比较 a_{ik} 的大小, 令 $a_{hk} = \max_{1 \leqslant i \leqslant m} \{a_{ik}\}, 1 \leqslant h \leqslant m$, 则与 a_{hk} 对应的策略 a_h 为最优策略.

例 9.4　某厂要确定下一计划期内产品的生产批量, 根据过去经验并通过市场调查和预测, 已知产品销路好、一般、差 3 种情况发生的概率分别为 0.2, 0.7, 0.1,

产品采用大、中、小批量生产, 根据已有资料得出效益矩阵 (效益元素单位: 千元) 如下:

$$M = \begin{array}{r} \text{大批量生产} \\ \text{中批量生产} \\ \text{小批量生产} \end{array} \begin{matrix} \text{销路好} & \text{销路一般} & \text{销路差} \\ \begin{pmatrix} 12 & 10 & 11 \\ 15 & 15 & 14 \\ 18 & 20 & 10 \end{pmatrix} \end{matrix},$$

试确定合理批量, 使企业获得的效益最大.

解 本决策问题有 3 种自然状态: s_1: 产品销路好; s_2: 产品销路一般; s_3: 产品销路差. 有 3 个可行策略: a_1: 大批量生产; a_2: 中批量生产; a_3: 小批量生产.

由题意有

$$P(s_1) = 0.2, \quad P(s_2) = 0.7, \quad P(s_3) = 0.1;$$

$$M = (a_{ij})_{3\times 3} = \begin{array}{r} a_1 \\ a_2 \\ a_3 \end{array} \begin{matrix} s_2 & s_2 & s_3 \\ \begin{pmatrix} 12 & 10 & 11 \\ 15 & 15 & 14 \\ 18 & 20 & 10 \end{pmatrix} \end{matrix},$$

其中 a_{ij} 为对应于 a_i 策略下状态 s_j 的效益值, $i = 1, 2, 3$; $j = 1, 2, 3$. 因为 $P(s_2) = 0.7$ 最大, 故由最大可能法, 按自然状态 s_2, 即产品销路一般进行决策, 得决策表 9-1.

表 9-1

a_i ＼ a_{ij} ＼ s_j	s_2 (产品销路一般)	$\max\limits_{1\leqslant i\leqslant 3}\{a_{i2}\}$
a_1(大批量生产)	10	
a_2(中批量生产)	15	
a_3(小批量生产)	20	20

从表 9-1 可看出, $\max\limits_{1\leqslant i\leqslant 3}\{a_{i2}\} = 20$ 最大且 $a_{32} = 20$, 故与此对应的最优策略为 a_3, 即为小批量生产.

9.3.2 最大可能法能解决的经济问题

例如, 解决以下一些问题:

(1) 企业根据市场需求选择生产策略的问题.

(2) 企业面对不同的市场需求选择投资项目的问题.

(3) 农民根据一定时期的天气状况开垦种地的问题.

9.3.3 最大可能法评析及改进

1. 何时适用

在一组自然状态中某一状态出现的概率比其他自然状态出现的概率大很多, 而它们相应的效益值差别不是很大, 此时用最大可能法决策, 效果较好.

2. 不适用的情形

(1) 在一组自然状态中, 它们发生的概率都很小, 而且互相很接近, 此时, 使用最大可能法效果不好, 甚至会引起严重错误.

(2) 若最可能自然状态下收益远小于另一个具有一定可能性自然状态下的收益, 那么决策者会更加关注后者.

(3) 最大可能法考虑了最可能自然状态情形下的收益, 选择了一个备选策略. 若这些收益中有一些过低, 则使用该方法后的效果不好.

(4) 对没有被选中的策略, 最大可能法忽视了除最可能自然状态以外情形下的收益, 但当这些收益远比所选策略的收益丰厚时, 该方法不太适用.

3. 实际应用中值得改进的方面

(1) 最大可能法是以各自然状态发生的概率为依据进行决策的, 因此如何确定每个自然状态的概率 $P(s_j)(j = 1, 2, \cdots, n)$, 直接关系到决策结果. 一般根据过去的经验或专家估计, 获得将要发生的事前 (先验) 概率, 但为了适应动态决策的需要, 还需对这些先验概率不断进行修正: 先根据调查或试验, 计算出有关条件概率, 然后利用贝叶斯 (Bayes) 公式

$$P(B_i|A) = \frac{P(B_i)\,P(A|B_i)}{\sum\limits_j P(B_j)\,P(A|B_j)} \quad (i = 1, 2\cdots, n),$$

计算各事件的后验概率. 这种修正概率的过程是动态的.

(2) 综合考虑上述提到的 "不适用情形", 例如综合考虑概率和收益的大小及相对比较, 可以对 "最大可能法" 进行 "实时" 修正. 这是一个值得读者进一步探讨的问题.

9.4 期 望 值 法

9.4.1 方法介绍及案例

期望值法是以效益期望值为基础, 将不同策略的期望效益值进行比较, 选择最大的期望值, 它对应的策略为最优策略. 该方法在实际操作中还包括决策资料收集与整理的过程. 详细解题步骤如下.

步骤 1：收集与决策问题有关的资料, 确定决策目标.

步骤 2：找出所有可能出现的自然状态 s_j.

步骤 3：列出主要且可行的策略 a_i.

步骤 4：根据过去的资料和有关的主观判断, 确定出各自然状态出现的概率 $P(s_j)$.

步骤 5：利用有关资料和有关知识, 计算出每个策略在不同自然状态下相应的效益值 a_{ij}.

步骤 6：列出决策表.

步骤 7：计算出每个策略的期望效益值, 当自然状态变量是离散型随机变量时, 其期望值 $E(a_i) = \sum_j P(s_j) a_{ij}$.

步骤 8：比较所有策略的期望效益值, 从中选取最大者, 它对应的策略为最优策略. 若 $E(a_k) = \max \{E(a_i)\}$, 则 a_k 为最优策略.

例 9.5　设某工厂是按批生产某产品并按批销售, 每件产品的成本为 30 元, 批发价格为每件 35 元. 若每月生产的产品当月销售不完, 则每件损失 1 元, 工厂每投产一批是 10 件, 最大月生产能力是 40 件, 决策者可选择的生产方案为 0, 10, 20, 30, 40 这 5 种. 假设决策者对其产品的需求概率已知, 为 $P_1(0) = 0.1$, $P_2(10) = 0.2$, $P_3(20) = 0.4$, $P_4(30) = 0.2$, $P_5(40) = 0.1$. 试问：这时决策者应如何决策?

解　这是一个风险型决策问题, 与决策有关的资料已在题中给出 (在实际问题中需要决策者自己完成这部分收集资料的工作), 决策的目标是利润最大化.

决策者有 5 种自然状态, 即销量分别为 0, 10, 20, 30, 40, 分别记为 s_1, s_2, s_3, s_4, s_5；有 5 个可行策略, 即产量分别为 0, 10, 20, 30, 40, 分别记为 a_1, a_2, a_3, a_4, a_5. 由题意可知各自然状态发生的概率为

$$P(s_1) = P_1(0) = 0.1, \quad P(s_2) = P_2(10) = 0.2, \quad P(s_3) = P_3(20) = 0.4,$$

$$P(s_4) = P_4(30) = 0.2, \quad P(s_5) = P_5(40) = 0.1.$$

对于每一策略 a_i 及每一自然状态 s_j, 都可计算出相应的效益值 $a_{ij}(i = 1, 2, \cdots, 5; j = 1, 2, \cdots, 5)$. a_{ij} 的值即为相应的利润值, 例如, 当选择策略 a_3(产量为 20 件), 而面临自然状态为 s_2(销量为 10 件) 时, 对应的效益值为 $a_{32} = 10 \times (35 - 30) - 1 \times (20 - 10) = 40$(元). 类似地, 可求出全部效益值, 并将结果填入决策表 9-2 中.

从表 9-2 的最后一列数值可知, $E(a_4) = 84 = \max_i \{E(a_i)\}$, 故 a_4(即产量为 30 件) 是最优策略.

表 9-2   (单位：元)

自然状态 s_j		销售量					$E(a_i) = \sum\limits_j P(s_j) a_{ij}$
效益 值 a_{ij} $P(s_j)$ 策略 a_i		s_1	s_2	s_3	s_4	s_5	
		0.1	0.2	0.4	0.2	0.1	
a_1		0	0	0	0	0	0
a_2		-10	50	50	50	50	44
a_3		-20	40	100	100	100	76
a_4		-30	30	90	150	150	84←max
a_5		-40	20	80	140	200	80

9.4.2   期望值法能解决的经济问题

(1) 根据天气状况, 选择种植何种农作物以获得最大收益的问题.

(2) 投资者根据自己对经济形势的估计, 选择最优投资组合的问题. 例如, 若投资者估计经济形势有 3 种可能: 经济上升, 经济稳定, 经济下滑, 并且能根据影响经济形势的各种主要因素, 综合构造一数量指标来反映经济形势, 且能估计经济上升、经济稳定及经济下滑 3 种自然状态发生的概率, 则投资者可在保守投资、投机投资和逆循环投资这 3 个可选策略中进行决策, 以获得最大的投资收益.

(3) 根据市场上某产品的需求状况, 制订适当的产量策略.

9.4.3   期望值法评析及改进

1. 期望值法评析

(1) 期望值法适用于一次决策多次重复进行生产的情况, 决策者在每次生产、销售活动中有时为得, 有时为失, 得失相抵后使自己的平均收益最大. 这种策略可以 "以不变应万变". 但当决策后只实现一次时, 不适合使用期望值法.

(2) 与最大可能法的比较. 原则上, 最大可能法能解决的问题同样可用期望值法解决, 但得到的最优策略可能不一样. 两种方法均存在不同程度的风险. 当各种自然状态发生的概率很相近时, 若用最大可能法决策, 则产生的误差就较大, 此时应选用期望值法. 但若自然状态中有一种状态发生的概率特别大, 而每个策略在各种自然状态下的效益值差别又不是很大时, 则用最大可能法的效果会比用期望值法的效果好.

(3) 期望值法中各自然状态的概率是一种先验概率, 带有较强的主观性, 会对决策结果产生不利影响.

(4) 即使是先验概率的确定也需要获得相关的信息和资料, 因而要产生一定的费用, 期望法没有考虑这种费用 (即信息价值).

(5) 期望值法得到的是平均结果, 当用货币计量期望效益时, 会忽略可能的结果对决策者的影响, 但对风险中性的决策者, 期望值法是最适用的.

2. 期望值法改进

(1) 针对期望值法中的先验概率具有主观性的不足, 可以通过获得新的信息, 用贝叶斯公式进行修正, 使其更客观.

(2) 可以考虑决策者的风险态度, 使用效用的观点来反映效益的价值. 例如, 将期望效益最大的准则改为期望效用最大的准则, 尤其是决策只有一次实现的情况.

(3) 大多数教科书中给出的期望值法及例子均以离散型状态变量居多. 当状态变量是连续型随机变量时, 设其概率密度函数是 $P(x)$, 则每个策略的期望效益为

$$E\left(a_i\right) = \int_s a_i\left(x\right) P\left(x\right) \mathrm{d}x,$$

其中 $a_i(x)$ 是第 i 个策略下的效益函数.

(4) 可将期望值法与完备信息的价值有机结合起来进行决策.

9.5　决　策　树　法

9.5.1　方法介绍及案例

决策树方法是一种风险型决策的图解法. 所谓决策树是由决策点、状态点、结果以及它们之间的连线构成的一棵树. 树用 "△", "□", "○" 及 "——" 表示. 其中

△: 表示决策结果节点, 在它旁边标注的数字为对应策略在某自然状态下的效益值.

□: 表示决策点, 从它引出的分支叫策略枝, 每支代表一个策略, 分支数代表策略数.

○: 表示状态点, 即策略节点, 从它引出的分支叫概率分支, 分支数表示可能的自然状态数, 分支上标注的数字为该自然状态下的概率.

例如, 对于一个有 3 种可行策略、每种策略面临两种自然状态的简单决策问题可用树形图表示, 如图 9-2 所示.

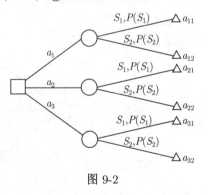

图 9-2

当决策树中只有一个决策点时的决策问题称为单级决策问题; 当决策树中具有多个决策点时的决策问题称为多级决策问题. 多级决策问题的决策方法可按决策树从右到左把各个决策点化为单级决策问题来处理, 单级决策问题的决策树求解步骤可简洁归纳如下.

步骤 1: 按逻辑关系画出决策树, 在相应位置标出策略、状态、概率及效益.

步骤 2：从右到左计算各个策略的期望效益值, 并将结果标示于相应状态点上方.

步骤 3：选取期望值最优的方案, 并把此期望值标示于决策点上方, 删去其余策略枝, 称之为 "剪枝".

例 9.6　为了开发某种新产品, 某厂需要对生产设备的投资规模作出决策, 设现有 3 种可供选择的策略：a_1：购买大型设备；a_2：购买中型设备；a_3 购买小型设备. 未来市场对这种产品的需求情况也有 3 种可能, 即可能发生 3 种自然状态：s_1：需求量较大；s_2：需求量中等；s_3：需求量较小. 如果根据有关资料预测, 状态 s_1, s_2, s_3 发生的概率 $P(s_j)(j=1,2,3)$ 分别为 0.3, 0.4, 0.3；采用策略 a_i 而实际发生状态 s_j 时, 工厂的收益为 a_{ij}, 如表 9-3 所示, 那么, 工厂应选取何种策略, 可使其效益最大?

表 9-3 　　　　　　　　　　　　　　　　　　　　（单位：万元）

状态 策略	s_1 $P(s_1)=0.3$	s_2 $P(s_2)=0.4$	s_3 $P(s_3)=0.3$
a_1	50	20	-20
a_2	30	25	-10
a_3	10	10	10

解　这是一个单级决策问题, 可用决策树法求解, 并将有关数据按前面介绍的求解步骤标示在图上, 见图 9-3. 可知

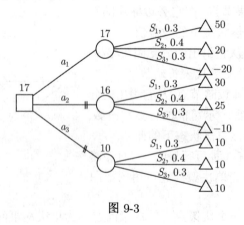

图 9-3

$$E(a_1) = 0.3 \times 50 + 0.4 \times 20 + 0.3 \times (-20) = 17,$$

$$E(a_2) = 0.3 \times 30 + 0.4 \times 25 + 0.3 \times (-10) = 16,$$

$$E(a_3) = 0.3 \times 10 + 0.4 \times 10 + 0.3 \times 10 = 10.$$

其中期望值 $E(a_1) = 17$ 最大, 故应删去策略 a_2 和 a_3, 采用策略 a_1, 即购买大型设备.

对于像例 9.6 这样的单级决策问题, 若用期望值法求解也许更简便, 但当问题变得更复杂时则不然, 需要用决策树法来求解. 下面的例子是一个多级决策问题.

例 9.7 某开发公司拟为一企业承包新产品的研制与开发任务, 但为得到合同必须参加投标. 已知投标的准备费用为 4 万元, 中标的可能性是 40%. 如果不中标, 则准备费用得不到补偿; 如果中标, 则可采用两种方法进行研制开发: 方法一成功的可能性为 80%, 费用为 26 万元; 方法二成功的可能性是 50%, 费用为 16 万元. 如果研制开发成功, 则该公司可得到 60 万元; 如果合同中标, 但未研制开发成功, 则开发公司需要赔偿 10 万元. 问题是要决策:

(1) 是否参加投标?

(2) 若中标, 应采用哪种方法研制开发?

解 先按题意画出决策树的结构并且标示出基本数据, 接着考虑点 C 的决策. 为此, 要计算状态点 D 与 E 的期望效益:

点 D 的期望效益为 $60 \times 0.8 - 10 \times 0.2 = 46$;

点 E 的期望效益为 $60 \times 0.5 - 10 \times 0.5 = 25$.

从而得到方法一的期望效益为 $46 - 26 = 20$, 方法二的期望效益为 $25 - 16 = 9$. 前者较大, 故对决策点 C 作出决策, 选方法一, 并且把相关期望效益 20 写在点 C 的上方, 同时删去方法二. 这时已将问题化为单级决策问题. 再计算点 B 的期望效益: $20 \times 0.4 + 0 \times 0.6 = 8$, 从而得投标的期望效益为 $8 - 4 = 4$, 而不投标的效益为 0, 故剪去 "不投标" 的策略, 最后选定 "投标" 的策略.

经过决策树的计算分析, 得到决策方案: 应该参加投标, 若中标则采用方案一, 期望效益为 4 万元. 全部信息反映在图 9-4 中.

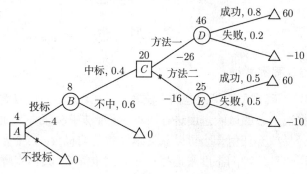

图 9-4

9.5.2   决策树法能解决的经济问题

决策树既能解决单级决策问题, 又能解决多级决策问题 (又称序列决策). 尤其对于多级决策问题, 更适合用决策树法求解. 例如:

(1) 石油钻探中是否应作地震试验? 如何决定是钻井还是不钻井?

(2) 根据某产品的销路来决定投资建厂的最优方案.

(3) 根据市场价格的波动情况来决定是否需要改进生产工艺, 是购买专利还是自主研发? 是否需要增加产量?

9.5.3   决策树方法评析及改进

1. 决策树法的优点

(1) 它构成了一个简单决策过程, 使决策者有顺序、有步骤地进行决策.

(2) 它比较直观, 可以使决策者以科学的推理步骤去周密地思考各有关因素.

(3) 便于集体决策, 对要决策的问题可以画一棵决策树挂在墙上, 便于集体讨论.

(4) 对于较复杂的决策问题用决策树方法比较有效, 特别对于多级决策问题而言, 此方法既方便又简洁.

在办公室内挂上这种树形图, 以便随时核查一个重要决策的主要经济依据, 并随着决策的实施过程而加以修正、补充, 能更好地达到原定的决策目标.

2. 决策树法的改进

(1) 关于自然状态的概率, 需要根据抽样信息不断加以修正、改进, 使之更符合客观实际.

(2) 最好考虑决策者风险态度, 将决策树法中使用的最大期望效益准则改为最大期望效用准则, 但效用的度量问题仍需探讨及改进.

(3) 配合灵敏度分析进行改进.

9.6   乐 观 法

9.6.1   方法介绍及案例

乐观法是解决不确定型决策问题的方法之一. 由于无法估计自然状态发生的概率, 因此只能根据决策者的风险态度进行决策. 乐观法中决策者在面临决策环境不确定时, 决不会轻易放弃任何一个可以获得最大效益的机会, 会千方百计地争取好中求好的结果, 用这种乐观的态度来选择相应的决策策略. 具体步骤如下.

步骤 1: 根据决策问题所提供的资料和信息进行分析和计算, 并写出效益矩阵 (决策表).

步骤 2: 对应每一个可行策略有若干个可能结果, 从这些可能结果中选择最大效益值列于效益矩阵的右列.

步骤 3: 从矩阵的最右列数字中挑出其中最大的效益值, 这个值对应的策略为最优策略.

用数学符号表示为 $\max\left\{\max\limits_j(a_{1j}),\ \max\limits_j(a_{2j}),\cdots,\max\limits_j(a_{mj})\right\}$, 故乐观法又称 "最大最大准则法".

例 9.8 某工厂以批发方式销售它生产的产品, 根据有关资料获得销售量有 5 种可能情况: 0 件, 1 000 件, 2 000 件, 3 000 件, 4 000 件; 可行的产量策略有 5 种: 0 件, 1 000 件, 2 000 件, 3 000 件, 4 000 件. 每件产品的成本为 0.03 元, 销售价每件 0.05 元. 若每天生产的产品当天销售不完, 则每件要损失 0.01 元. 问: 该工厂应如何决定每天的生产量, 使它的利润最大?

解 (1) 经计算得效益矩阵 (决策表) 如表 9-4 所示.

表 9-4 (单位: 元)

策略 a_i \ 状态 s_j	0	1 000	2 000	3 000	4 000	max
0	0	0	0	0	0	0
1 000	−10	20	20	20	20	20
2 000	−20	10	40	40	40	40
3 000	−30	0	30	60	60	60
4 000	−40	−10	20	50	80	80←max

(2) $\max\limits_j(a_{1j})=0\,(\text{元}),\ \max\limits_j(a_{2j})=20\,(\text{元}),\ \max\limits_j(a_{3j})=40\,(\text{元}),$

$\max\limits_j(a_{4j})=60\,(\text{元}),\ \max\limits_j(a_{5j})=80\,(\text{元}).$

将上述结果填入表 9-4 中最右边的一列.

(3) 在最右列中挑选最大值 $\max\{0,20,40,60,80\}=80(\text{元})$, 与最大值对应的策略是 $a_5=4000$, 即产量为 4 000 件是最优策略.

9.6.2 乐观法能解决的经济问题

当决策者拥有较大经济实力, 而所面临的决策问题只涉及局部利益, 即使决策失败了, 损失也不会影响太大, 而一旦成功则有较大收益, 像这种情况的经济决策问题均适用乐观法决策.

9.6.3 乐观法评析及改进

(1) 由于是针对不确定情况做决策, 因此该方法完全依赖于决策者的乐观态度, 会损失过多的信息, 决策结果有很大的片面性.

(2) 设法估计各种情况发生的概率, 使决策的结果更合理.

(3) 对于重大决策问题 (如关系公司命运的决策), 最好不要用乐观法.

9.7　悲　观　法

9.7.1　方法介绍及案例

悲观法又称华尔德 (Wald) 决策法, 决策者从最保守的观点出发, 对客观情况作最坏的估计. 对每个策略按最不利的状态发生来考虑问题, 然后在最坏的情况下选出最优方案. 具体步骤如下.

步骤 1: 根据决策问题所提供的资料和信息进行分析和计算, 并写出效益矩阵 (决策表).

步骤 2: 对应每一个可行策略有若干个可能结果, 从这些可能结果中选择最小效益值列于效益矩阵的右列.

步骤 3: 从矩阵的最右列数字中挑选出其中最大的效益值, 这个值对应的策略为最优策略.

悲观法的数学表示为 $\max\left\{\min\limits_{j}(a_{1j}),\min\limits_{j}(a_{2j}),\cdots,\min\limits_{j}(a_{mj})\right\}$, 又称 "最小最大准则法".

例 9.9　用悲观法求解例 9.8 中的决策问题.

解　(1) 经计算得效益矩阵 (决策表), 如表 9-4(除去最右列) 所示.

(2) $\min\limits_{j}(a_{1j})=0\,(元)$, $\min\limits_{j}(a_{2j})=-10\,(元)$, $\min\limits_{j}(a_{3j})=-20\,(元)$,

$\min\limits_{j}(a_{4j})=-30\,(元)$, $\min\limits_{j}(a_{5j})=-40\,(元)$.

将上述结果列于效益矩阵的最右列, 见表 9-5.

表 9-5　　　　　　　　　　　　　　(单位: 元)

效益 a_{ij} ＼状态 s_j ／策略 a_i	0	1 000	2 000	3 000	4 000	min
0	0	0	0	0	0	0←max
1 000	−10	20	20	20	20	−10
2 000	−20	10	40	40	40	−20
3 000	−30	0	30	60	60	−30
4 000	−40	−10	20	50	80	−40

(3) 在表 9-5 的最右列中挑选出最大效益值 $\max\{0,-10,-20,-30,-40\}=0(元)$, 与此最大值对应的策略是 $a_1=0$, 即 "不生产" 是最优策略.

9.7.2 悲观法能解决的经济问题

当决策者面临情况不明, 且由于决策错误可能造成很大的经济损失 (政治、军事、经济等方面的) 时, 决策时宜小心谨慎, 持保守态度. 凡是这类经济决策问题均适合用悲观法进行决策.

9.7.3 悲观法评析及改进

悲观法是与乐观法相反的另一个极端, 同样会损失过多的信息, 使决策结果具有很强的片面性. 应设法估计各种情况发生的概率, 使决策结果更合理.

9.8 乐观系数法

9.8.1 方法介绍及案例

乐观法按照最好的可能性选择决策方案, 悲观法按照最坏的可能性选择决策方案, 两者均损失了过多的信息, 处于两个相反的极端, 而乐观系数法 (又称为赫尔维茨 (Hurwicz) 法) 主张从中平衡一下, 用一个数字表达乐观程度, 记为 α, 且 $0 \leqslant \alpha \leqslant 1$. 用乐观系数法进行决策的具体步骤如下.

步骤 1: 根据决策问题所提供的资料和信息, 计算得效益矩阵, 写出决策表.

步骤 2: 计算每一可行策略 a_i 在各状态下的最大效益值 $\max\limits_{j}(a_{ij})$, $i = 1, 2, \cdots, m$.

步骤 3: 计算每一可行策略 a_i 在各状态下的最小效益值 $\min\limits_{j}(a_{ij})$, $i = 1, 2, \cdots, m$.

步骤 4: 计算每一可行策略的折中效益值 v_i:

$$v_i = \alpha \max\limits_{j}(a_{ij}) + (1 - \alpha)\min\limits_{j}(a_{ij}).$$

步骤 5: 计算各策略的折中效益值的最大值 $\max\limits_{i} v_i$, 则与此最大值对应的策略为最优策略.

例 9.10 用乐观系数法求解例 9.8 中的决策问题.

解 (1) 经计算得效益矩阵 (决策表), 如表 9-4 (除去表中最右列) 所示.

(2) 计算每一策略在各状态下的最大效益值:

$$\max\limits_{j}(a_{1j}) = 0\,(\text{元}), \quad \max\limits_{j}(a_{2j}) = 20\,(\text{元}), \quad \max\limits_{j}(a_{3j}) = 40\,(\text{元}),$$

$$\max\limits_{j}(a_{4j}) = 60\,(\text{元}), \quad \max\limits_{j}(a_{5j}) = 80\,(\text{元}).$$

(3) 计算每一策略在各状态下的最小效益值:

$$\min_j (a_{1j}) = 0 \, (\vec{\pi}) \,, \quad \min_j (a_{2j}) = -10 \, (\vec{\pi}) \,, \quad \min_j (a_{3j}) = -20 \, (\vec{\pi}) \,,$$

$$\min_j (a_{4j}) = -30 \, (\vec{\pi}) \,, \quad \min_j (a_{5j}) = -40 \, (\vec{\pi}) \,.$$

(4) 计算每一策略的折中效益值 (譬如取 $\alpha = 0.5$), 由公式

$$v_i = \alpha \max_j (a_{ij}) + (1 - \alpha) \max_j (a_{ij}) \,, \quad i = 1, 2, 3, 4, 5,$$

可算出:

$$v_1 = 0 \times 0.5 + 0 \times 0.5 = 0 (\vec{\pi}),$$

$$v_2 = 20 \times 0.5 + (-10) \times 0.5 = 5 (\vec{\pi}),$$

$$v_3 = 40 \times 0.5 + (-20) \times 0.5 = 10 (\vec{\pi}),$$

$$v_4 = 60 \times 0.5 + (-30) \times 0.5 = 15 (\vec{\pi}),$$

$$v_5 = 80 \times 0.5 + (-40) \times 0.5 = 20 (\vec{\pi}),$$

其中 $v_5 = 20 (\vec{\pi})$ 最大, 故 a_5 为最优策略, 即产量为 4 000 件.

9.8.2   乐观系数法能解决的经济问题

原则上, 凡是用乐观法、悲观法能解决的经济问题均可用乐观系数法进行决策, 不同的是决策者采用了折中的态度, 因而可能产生不同的决策结果. 当决策者面临的情况不明 (例如对新产品的销路情况不了解) 时, 如果决策错误, 不会造成很大的毁灭性的经济损失, 但这种损失也不可忽略. 这种情况下可使用乐观系数法做决策, 关键是根据决策者的风险态度及对当时事态情况的正确判断, 尽可能选取一个恰当的 α 值, $0 < \alpha < 1$. 乐观系数法可解决商业、工业、农业领域中大量的不确定性决策问题. 例如, 在农业生产中, 根据本年度是极旱年、旱年、干年、湿润年还是极湿年且在其概率未知时, 要决定在某块土地上种植哪一种农作物的问题, 就可使用乐观系数法决策.

9.8.3   乐观系数法评析及改进

(1) 乐观系数法克服了乐观法和悲观法过于片面的缺点, 通过参数 α 的引入, 既反映了决策者的风险态度, 又更多地使用了当时更多的客观信息, 从而使决策更符合客观实际. 但有时也存在明显缺陷, 如当效益矩阵为

$$\begin{bmatrix} 1 & 0 & 0 & 0 & 0 \\ 0 & 1 & 1 & 1 & 1 \end{bmatrix}$$

时, 无论 α 取何值, 由乐观系数法, 两个策略均被认为无差异, 显然, 我们很难接受这样的判断.

(2) 当 $\alpha = 1$ 时, 乐观系数法即变为乐观法; 当 $\alpha = 0$ 时, 乐观系数法即变为悲观法.

(3) 不同的 α 值可能导致不同的决策结果, 如何选取合适的 α 值要视具体情况而定. 若当时的条件比较乐观, 则 α 应取得大一点; 反之, α 则应取得小一点, 这样更接近实际.

(4) 由于参变量 α 的存在, 因此最好在决策时配合灵敏度分析, 研究最优策略如何受 α 值微小变化的影响.

9.9 后悔值法

9.9.1 方法介绍及案例

对于一个实际的不确定型决策问题, 当某一状态出现后, 就能很容易地知道哪个策略的效益最大. 有时决策者在决策后感到后悔、遗憾, 认为当时没有选准效益最大的策略. 为了避免事后遗憾太大, 可以采用后悔值法进行决策. 后悔值是指某状态下的最大效益值与各策略的效益值之差. 后悔值法的决策准则是在所有策略的最大后悔值中选取最小值所对应的策略为最优策略. 后悔值法又称为萨拉吉 (Sarage) 最小最大遗憾决策准则. 后悔值法的具体决策步骤如下.

步骤 1: 根据决策问题提供的资料和信息, 计算得效益矩阵.

步骤 2: 根据效益矩阵计算出后悔矩阵. 首先从状态 j 所在的列中找出一个最大的效益值, 然后从这个最大效益值中减去每个策略对状态 j 发生的效益值, 便得到后悔值, 从而得到后悔矩阵.

步骤 3: 根据后悔矩阵作决策. 首先从每一策略所对应的行中挑出最大后悔值列于矩阵最右列, 然后从最右列的数值中选择最小的, 它所对应的策略即为用后悔值法所得到的最优策略.

例 9.11 用后悔值法求解例 9.8 中的决策问题.

解 (1) 效益矩阵见表 9-4(表中最右列除外).

(2) 根据效益矩阵计算各后悔值得后悔矩阵. 具体计算过程如下: 该工厂的状态 s_1 是销售量为 0, 对应效益中的最大值为 0. 但当采用策略 a_2, a_3, a_4, a_5 时, 效益分别为 $-10, -20, -30, -40$, 由此得状态 s_1 下各策略的后悔值分别为

$$a_2 : 0 - (-10) = 10; \quad a_3 : 0 - (-20) = 20;$$

$$a_4 : 0 - (-30) = 30; \quad a_5 : 0 - (-40) = 40.$$

这说明在发生状态 s_1 时, 由于决策者没有选择最优策略所造成的不同损失值. 对其他状态采用各种不同策略时的后悔值也可用类似方法计算. 所有计算出的后悔值列于表 9-6 中, 即得后悔矩阵.

表 9-6　　　　　　　　　　　　　　　　　(单位: 元)

策略 a_i ＼ 状态 s_j	0	1 000	2 000	3 000	4 000	最大后悔值
0	0	20	40	60	80	80
1 000	10	0	20	40	60	60
2 000	20	10	0	20	40	40
3 000	30	20	10	0	20	30←min
4 000	40	30	20	10	0	40

(3) 根据后悔矩阵作决策. 首先从每一策略所在行中挑出最大后悔值分别为 80, 60, 40, 30, 40, 将它们依次列于表 9-6 的最右列, 并且在表 9-6 的最右列中选择最小后悔值: $\min\{80, 60, 40, 30, 40\} = 30$, 与此最小值对应的策略为 a_4: 即产量为 3 000 件, a_4 为最优策略.

9.9.2　后悔值法能解决的经济问题

(1) 用于分析产品的废品率时较方便, 因为产品的废品率的大小直接与费用损失有关.

(2) 对于能用前面介绍的各种不确定型决策方法解决的经济问题, 同样可用后悔值法解决.

9.9.3　后悔值法评析及改进

(1) 如果决策者重视决策错误而产生后悔者, 适合用后悔值法.

(2) 该方法特别适用于在一个长过程中的单个计划的决策问题, 可使得对每个计划平均来说后悔值最小.

(3) 可将效益的离散性决策问题推广到连续的情形.

9.10　等 可 能 法

9.10.1　方法介绍及案例

等可能法又称为拉普拉斯 (Laplace) 准则法. 该准则法认为, 决策者面临一个状态集合, 在没有什么特殊理由来说明这个状态比另一个状态有更多的发生机会时, 只能认为它们的发生机会是等可能的或机会相等的, 于是可赋予每个状态相同的概率. 当有 n 个状态时, 则这个概率应为 $\dfrac{1}{n}$, 然后计算出每一策略的期望效益值, 从这些期望值中挑选最大的期望值, 它所对应的策略为等可能法的最优策略.

例 9.12　用等可能法解例 9.8 中的决策问题.

解 该工厂按等可能法选择时应选最优策略 a_4: 即产量为 3 000 件, 最大利润为 24 元. 计算过程见表 9-7.

表 9-7

(单位: 元)

效益 a_{ij} 状态 s_j 策略 a_i	0	1 000	2 000	3 000	4 000	期望值
0	0	0	0	0	0	0
1 000	−10	20	20	20	20	14
2 000	−20	10	40	40	40	22
3 000	−30	0	30	60	60	24←max
4 000	−40	−10	20	50	80	20

9.10.2 等可能法能解决的经济问题

能解决所有不确定型决策问题, 但存在不同程度的风险, 关键取决于 "等可能性" 条件是否满足.

9.10.3 等可能法评析

该方法以全部状态的期望效益值作为决策的依据, 这比乐观系数法进了一步, 但也有很大的局限性, 因为该方法认为各状态发生的概率相等, 但这种现象发生的可能性极小.

9.11 效用函数法

9.11.1 方法介绍及案例

在风险型决策中, 期望值法是常用的. 但期望值法只有在以下情况下使用才是合理的: 决策系统 "长期运行", 自然状态的概率分布相当稳定. 但当同一决策仅使用一次且包含较大风险时, 使用期望值法则不合理, 而效用函数法正好能避免这种不合理的现象.

1. 效用及效用函数的概念

效用是描述决策者对风险态度特征的一个量, 它描述了带风险收益在决策者心目中的价值, 是一个相对指标. 在相同程度的风险下, 由于决策者态度不同可能导致相同的效益值具有不同的效用; 反之, 在不同程度的风险下, 不同的效益值却可能具有相同的效用. 若以效益值作为自变量 x, 以效用作为因变量 u, 则函数 $u = u(x)$ 可描述决策者对风险态度的变化. 称 $u = u(x)$ 为决策者的效用函数, 这里, $u(x)$ 是一个递增函数, 与效用函数相应的曲线称为效用曲线. 而用效用函数法决策的关键是确定效用函数或效用曲线.

2. 效用曲线的确定

确定效用曲线的基本方法有直接提问法和对比提问法, 直接提问法提问与回答比较含糊, 很少采用, 这里主要介绍对比提问法.

设决策者面临两种可选策略 A_1, A_2, 其中 A_1 表示决策者可无任何风险地得到一笔金额 x_2；A_2 表示他可以以概率 P 得到一笔金额 x_1 或以概率 $(1-P)$ 损失金额 x_3, 且 $x_1 > x_2 > x_3$. 设 $U(x_1)$ 表示金额 x_1 的效用值, 若在某条件下, 决策者认为 A_1, A_2 两方案等价时, 可表示为

$$PU(x_1) + (1-P)U(x_3) = U(x_2), \tag{9.1}$$

即 x_2 的效用值等价于 x_1, x_3 的期望效用值. 可用对比提问法来测定决策者的风险效用曲线. 从 (9.1) 式可见, 在 x_1, x_2, x_3, P 这 4 个变量中任意 3 个为已知时, 向决策者提问第四个变量应取何值. 提问的方式大致有 3 种:

(1) 每次固定 x_1, x_2, x_3 的值, 改变 P, 问决策者: "当 P 取何值时, A_1 与 A_2 等价?"

(2) 每次固定 P, x_1, x_3 的值, 改变 x_2, 问决策者: "当 x_2 取何值时, A_1 与 A_2 等价?"

(3) 每次固定 P, x_2, x_3(或 x_1) 的值, 改变 x_1(或 x_3), 问决策者: "当 x_1(或 x_3) 取何值时, A_1 与 A_2 等价?"

一般采用改进的冯 · 诺伊曼-摩根斯坦因 (Von Neumann-Morgenstern) 法, 简称 V-M 法, 即每次取 $P = 0.5$, 固定 x_1, x_3, 利用

$$0.5U(x_1) + 0.5U(x_3) = U(x_2),$$

改变 x_2 3 次, 提问 3 次, 确定 3 点, 即可绘出这个决策者的效用曲线. 要说明的是: P 取 0.5 纯粹是为了方便起见. 下面用具体的数字予以说明.

设 $x_1 = 10$, $x_3 = -5$, 取 $U(10) = 1$, $U(-5) = 0$, 则

$$0.5U(x_1) + 0.5U(x_3) = U(x_2). \tag{9.2}$$

第一问: "你认为 x_2 取何值时, (9.2) 式成立"? 若回答为 "当 $x_2 = -2.5$ 时", 那么 $U(-2.5) = 0.5$, 在坐标系中给出第一个点, 见图 9-5.

$$0.5U(x_1) + 0.5U(x_2) = U(x_2'). \tag{9.3}$$

第二问: "你认为 x_2' 取何值时, (9.3) 式成立?", 若回答为 "在 $x_2' = 0.75$ 时", 那么 $U(0.75) = 0.5 \times 1 + 0.5 \times 0.5 = 0.75$, 在坐标系中给出第二个点, 见图 9-5.

$$0.5U(x_2) + 0.5U(x_3) = U(x_2''). \tag{9.4}$$

第三问："你认为 x_2'' 取何值时, (9.4) 式成立?", 若回答为 "当 $x_2'' = -4.2$ 时", 那么 $U(-4.2) = 0.25$. 在坐标系中给出第三个点, 这样就可以绘制出决策者的风险曲线, 见图 9-5.

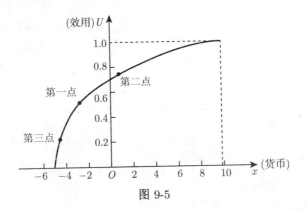

图 9-5

从以上决策者的提问及回答的情况看, 不同的决策者会选择不同的 x_2, x_2', x_2'' 的值, 使 (9.2) 式、(9.3) 式、(9.4) 式成立, 这就能得到不同形状的效用曲线, 并表示了决策者对待风险的不同态度.

3. 效用曲线的类型

不同的决策者一般具有不同的效用曲线, 同一决策者在不同的阶段也可能有不同的效用曲线. 效用曲线有 3 种基本类型: 保守型、中间型、冒险型, 其对应的曲线见图 9-6.

在图 9-6 中, u_1 为保守型效用函数曲线, 向上凸, 曲线上的效用值按递减比例变化; u_2 为中间型效用函数曲线, 效用值与收益值成正比, 表明中间型决策者严格按期望值准则做决策; u_3 为冒险型效用函数曲线, 向下凹, 效用值按递增的比例变化.

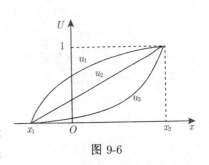

图 9-6

4. 效用函数法决策步骤

步骤 1: 根据决策问题的有关资料和信息, 经计算和整理得出效益矩阵.

步骤 2: 运用效用理论确定决策者效用曲线, 或对效益矩阵中的每个效益值确定其效用值.

步骤 3: 计算每一策略下的期望效用值.

步骤 4: 以期望效用最大为决策准则, 选出最大的期望效用值, 其对应的策略为最优策略.

例 9.13　　某公司是一个小型的进出口公司, 目前它面临着两笔进口生意: 项目 A 和项目 B. 这两笔生意都需要支付现金. 鉴于公司的财务状况, 公司至多可做项目 A, B 中的一笔生意. 根据以往的经验, 各自然状态下商品的需求量大、中、小的发生概率以及在各自然状态下做项目 A 或项目 B 以及不做任何项目的收益如表 9-8 所示. 试为该公司确定最优策略.

表 9-8

效益值 a_{ij} 自然状态 s_j / 策略 a_i	s_1(需求量大)	s_2(需求量中)	s_3(需求量小)
	0.3	0.5	0.2
a_1(做项目 A)	60	40	−100
a_2(做项目 B)	100	−40	−60
a_3(不做任何项目)	0	0	0

解　　(1) 效益矩阵见表 9-8.

(2) 确定效益矩阵中每个元素 a_{ij}(效益值) 的效用值.

令最高收益值 100 万元的效用值为 1, 即 $U(100) = 1$, 最低收益值 −100 万元的效用值为 0, 即 $U(-100) = 0$. 由公式

$$PU(x_1) + (1 - P)U(x_3) = U(x_2),$$

并取 $P = 0.5$, 计算其他各效用值:

−60 万元的效用值: $0.5 \times 1 + 0.5 \times 0 = U(-60)$, 即 $U(-60) = 0.5$;

−40 万元的效用值: $0.5 \times 1 + 0.5 \times 0.5 = U(-40)$, 即 $U(-40) = 0.75$;

0 万元的效用值: $0.5 \times 1 + 0.5 \times 0.75 = U(0)$, 即 $U(0) = 0.875$;

40 万元的效用值: $0.5 \times 1 + 0.5 \times 0.875 = U(40)$, 即 $U(40) = 0.937\,5$;

60 万元的效用值: $0.5 \times 1 + 0.5 \times 0.937\,5 = U(60)$, 即 $U(60) = 0.968\,75$.

将表 9-8 中的效益值用相应的效用值来代替, 得表 9-9.

表 9-9

策略 a_i 　 效用值 $U(a_{ij})$ 　 s_j 　 $P(s_j)$	s_1(需求量大)	s_2(需求量中)	s_3(需求量小)
	0.3	0.5	0.2
a_1(做项目 A)	0.968\,75	0.937\,5	0
a_2(做项目 B)	1	0.75	0.5
a_3(不做任何项目)	0.875	0.875	0.875

(3) 由表 9-9 计算每个策略的期望效用:

$$E(U(a_1)) = 0.3 \times 0.968\ 75 + 0.5 \times 0.937\ 5 + 0.2 \times 0 = 0.759\ 4,$$

$$E(U(a_2)) = 0.3 \times 1 + 0.5 \times 0.75 + 0.2 \times 0.5 = 0.775\ 0,$$

$$E(U(a_3)) = 0.3 \times 0.875 + 0.5 \times 0.875 + 0.2 \times 0.875 = 0.875.$$

(4) 因为 $\max(E(U(a_1)),\ E(U(a_2)),\ E(U(a_3))) = E(U(a_3)) = 0.875$, 与 0.875 对应的策略为 a_3, 即不做任何项目为最优策略.

9.11.2 效用函数法能解决的经济问题

(1) 利用效用函数法进行风险分析及经营决策.

(2) 进行项目评价.

(3) 用期望值法能解决的经济决策问题, 同样可用效用函数解决.

(4) 既能解决单目标的经济决策问题, 又能解决多目标的经济决策问题.

9.11.3 效用函数法评析及改进

1. 效用函数法的优点

该方法充分考虑了决策者对待风险的不同态度, 能较好地解决决策只实现一次且风险较大的决策问题, 用途广泛. 效用函数法还可用来简化决策树, 进行多目标分析.

2. 效用函数法的缺点

效用函数的确定主要用对比提问法, 但提问与回答仍有一定的模糊性、随意性.

3. 效用函数法的改进

(1) 增加提问次数.

(2) 可结合函数拟合技术得到效用函数.

9.12 层次分析法

层次分析法是对一些较为复杂、较为模糊的问题作出决策的简易方法, 它特别适用于那些难以完全定量分析的问题. 它是美国运筹学家萨蒂 (T.L.Saaty) 教授于 20 世纪 70 年代初期提出的一种简便、灵活而又实用的多准则决策方法.

9.12.1   方法介绍及案例

层次分析法的解题步骤如下.

步骤 1: 建立层次结构模型. 在深入分析面临的问题之后, 当问题中所包含的因素划分为不同层次 (如目标层、准则层、指标层、方案层、措施层等) 时, 用框图形式说明层次的递阶结构与因素的从属关系. 当某个层次包括的因素较多时, 可将该层次进一步划分为若干个子层次.

步骤 2: 构造判断矩阵 $\bar{A}$. 判断矩阵元素的值反映了人们对各因素相对重要程度的认识, 一般采用数字 1—9 及其倒数的标度方法. 当相互比较的因素重要性能够用具有实际意义的比值说明时, 判断矩阵相应的值则可以取这个比值. 通过相互比较确定各准则对于目标的权重及各方案对于每一准则的权重. 这些权重在人的思维过程中通常是定性的, 而在层次分析法中则要给出得到权重的定量方法. 萨蒂等人的方法是采用相对尺度将所有因素两两比较, 以减少性质不同的因素相互比较的困难.

步骤 3: 层次单排序及其一致性检验.

① 层次单排序: 通过判断矩阵 $\bar{A}$ 的特征根求解 $(\bar{A}W = \lambda_{\max} W)$ 得到特征向量 W, 经过归一化后即为同一层次相应因素对于上一层次某因素相对重要性的排序权值, 这一过程称为层次单排序.

② 一致性检验: 为进行层次单排序 (或判断矩阵) 的一致性检验, 需要计算一致性指标 $CI = \dfrac{\lambda_{\max} - n}{n - 1}$, 其中 n 为判断矩阵的阶数. 对于 1—9 阶判断矩阵, 平均随机一致性指标 RI 的值见表 9-10.

表 9-10

阶数	1	2	3	4	5	6	7	8	9
RI	0	0	0.58	0.9	1.12	1.24	1.32	1.41	1.45

当随机一致性比率 $CR = \dfrac{CI}{RI} < 0.10$ 时, 认为层次单排序的结果有满意的一致性, 否则, 需要调整判断矩阵的元素取值.

步骤 4: 层次总排序. 计算同一层次所有因素对于最高层 (总目标) 相对重要性的排序, 称为层次总排序. 这一过程由最高层次到最低层次逐层进行. 如上一层次 A 包含 m 个因素 $A_1, A_2, \cdots, A_m$, 其层次总排序权值分别为 $a_1, a_2, \cdots, a_m$; 下一层次 B 包含 n 个因素 $B_1, B_2, \cdots, B_n$, 它们对于因素 A_j 的层次单排序权值分别为 $b_{1j}, b_{2j}, \cdots, b_{nj}$ (当 B_k 与 A_j 无联系时, $b_{kj} = 0$), 此时 B 层次总排序权值由表 9-11 给出.

表 9-11

层次 B \ 层次 A	A_1	A_2	$\cdots$	A_m	B 层次总排序权值
	a_1	a_2	$\cdots$	a_m	
B_1	b_{11}	b_{12}	$\cdots$	b_{1m}	$\sum\limits_{j=1}^{m} a_j b_{1j}$
B_2	b_{21}	b_{22}		b_{2m}	$\sum\limits_{j=1}^{m} a_j b_{2j}$
$\vdots$	$\vdots$	$\vdots$		$\vdots$	$\vdots$
B_n	b_{n1}	b_{n2}	$\cdots$	b_{nm}	$\sum\limits_{j=1}^{m} a_j b_{nj}$

步骤 5：层次总排序的一致性检验. 这一步骤也是从高到低逐层进行的. 如果 B 层次某些因素对于 A_j 单排序的一致性指标为 CI_j, 相应的平均随机一致性指标为 RI_j, 则 B 层次总排序随机一致性比率为

$$CR = \sum_{j=1}^{m} a_j CI_j \bigg/ \sum_{j=1}^{m} a_j RI_j.$$

类似地, 当 $CR < 0.10$ 时, 认为层次总排序结果具有满意的一致性, 否则需要重新调整判断矩阵的元素取值.

例 9.14 某工厂有一笔企业留成利润, 要由厂领导和职工代表大会决定如何利用. 可供选择的方案有: 发奖金、扩建福利设施、引进新设备, 为进一步促进企业发展, 应如何合理利用这笔利润?

解 假设所有措施层的目的是为了更好地调动职工生产积极性, 提高企业技术水平和改善职工生活, 最终目的是为了促进企业发展. 因此建立递阶层次结构, 如图 9-7 所示.

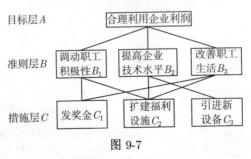

图 9-7

下面构造判断矩阵, 并求最大特征根、特征向量、一致性指标和随机一致性比率.

根据假定, 构造判断矩阵 A—B(见表 9-12)、判断矩阵 B_1—C(见表 9-13)、判断矩阵 B_2—C(见表 9-14)、判断矩阵 B_3—C(见表 9-15).

表 9-12

A	B_1	B_2	B_3	W
B_1	1	1/5	1/3	0.104 7
B_2	5	1	3	0.637 0
B_3	3	1/3	1	0.258 3

于是 $\lambda_{\max} = 3.038\,5$, $CI = 0.019\,3$, $RI = 0.515\,7$, $CR = 0.037\,3$.

表 9-13

B_1	C_1	C_2	W
C_1	1	3	0.75
C_2	1/3	1	0.25

于是 $\lambda_{\max} = 2$, $CI = 0$, $RI = 0$, $CR = 0$.

表 9-14

B_2	C_2	C_3	W
C_2	1	1/5	0.166 7
C_3	5	1	0.833 3

于是 $\lambda_{\max} = 2$, $CI = 0$, $RI = 0$, $CR = 0$.

表 9-15

B_3	C_1	C_2	W
C_1	1	2	0.666 7
C_2	1/2	1	0.333 3

于是 $\lambda_{\max} = 2$, $CI = 0$, $RI = 0$, $CR = 0$.

各方案对总目标的层次总排序见表 9-16.

表 9-16

C \ B	B_1 0.104 7	B_2 0.637 0	B_3 0.258 3	层次 C 的总排序
C_1	0.75	0.000 0	0.666 7	0.250 7
C_2	0.25	0.166 7	0.333 3	0.218 4
C_3	0.000 0	0.833 3	0.000 0	0.530 8

总排序一致性检验:

$$CI = 0.104\ 7 \times 0 + 0.637\ 0 \times 0 + 0.258\ 3 \times 0 = 0, \quad RI = 0, \quad CR = 0.037\ 3.$$

因此, 3 种方案的相对优先排序为 $C_3 \succ C_1 \succ C_2$ ("$\succ$" 表示优于), 利润合理分配为: 引进新设备, 53.1%; 发奖金, 25.1%; 改善福利事业, 21.8%.

9.12.2 层次分析法能解决的经济问题

(1) 各地区各部门的官员如何对人口、交通、经济、环境等领域的发展规划作决策?

(2) 工厂决定购买哪种设备? 生产什么新产品?

(3) 科技人员如何选择研究课题?

(4) 公司如何招聘人才? 学生毕业后如何选择工作?

(5) 如何对国家实力进行分析?

(6) 如何对科技成果进行综合评价?

(7) 如何评价和谐社会的和谐度?

(8) 企业如何合理利用资金?

(9) 如何选择旅游交通工具?

(10) 如何评价奥运会团体参赛成绩?

9.12.3 层次分析法评析及改进

(1) 层次分析法是分析具有多目标、多准则的复杂大系统的有力工具.

(2) 该方法把研究对象作为一个系统, 按照分解、比较、判断、综合的思维方式进行决策, 成为继机理分析、统计分析之后发展起来的系统分析的重要工具, 因而具有系统性.

(3) 该方法把定性和定量方法结合起来, 能处理许多用传统的最优化技术无法着手的实际问题, 应用范围很广. 同时, 用这种方法使决策者与决策分析者相互沟通, 甚至使决策者可以直接应用, 从而增加了决策的有效性, 因而具有实用性.

(4) 即使具有中等文化程度的人也可了解层次分析的基本原理并掌握其基本步骤, 计算也非常简便, 并可借助计算机求解, 所得结果简单明确, 容易为决策者了解和掌握.

(5) 层次分析法同时具有一定的局限性. 它具有较强的主观性, 方法也具有一定的粗糙性. 它只能从原方案中选优, 不能生成新方案, 并且其比较判断直至结果均较粗糙, 因而不适用于精度要求很高的问题. 由于从建立层次结构模型到给出成对比较矩阵, 有大量的主观因素参与, 故使得决策结果可能难以为众人接受, 针对这一点, 可采取专家群体判断的方法来弥补.

9.13　决策方法软件介绍

　　从前面各节内容中可见, 决策方法的计算本身并不复杂, 但当所研究的实际问题需要处理较大矩阵时, 这时就有必要借用软件予以实现. 但在用软件实现之前, 要求决策者根据所掌握的决策知识、资料信息及综合素质, 正确地选择合适的决策方法.

　　决策方法有多种软件实现途径, 例如, 运筹学软件 WinQSB, 另有 DPS, Excel, Lingo 及 Matlab 等. 这些软件容易从网上免费下载获得. 不同的决策方法可选用不同的软件实现, 以尽可能方便快捷为原则. 考虑到若单独介绍各种软件, 本书的篇幅不容许, 本节将通过实例进行示范. 为节约篇幅且便于比较、验证结果的正确性, 本节所选的例子均是前面各节中出现过的经济实例 (原来的结果是人工计算的).

　　下面选用的软件主要是 WinQSB 及 DPS.

　　例 9.15　分别用乐观法、悲观法、乐观系数法、后悔值法及等可能性法求解例 9.8 中的不确定型决策问题.

　　解　用 WinQSB 软件进行计算, 实现步骤如下.

　　步骤 1: 启动子程序 Decision Analysis(决策分析), 进入决策分析主界面, 如图 9-8 所示, 再按下面提示分别进入图 9-9 及图 9-10 所示界面.

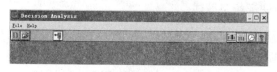

图 9-8

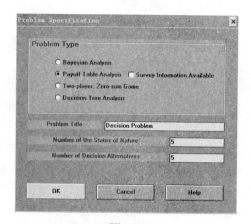

图 9-9

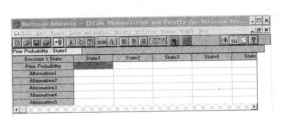

图 9-10

点击 "File|New Proble", 并选择 "Payoff Table Analysi", 输入本问题的状态数和策略数, 点击 "OK" 进入数据录入界面, 如图 9-9 和图 9-10 所示.

步骤 2: 数据录入. 在图 9-10 中, 虽然 "Prior Probabilit" (先验概率) 一行对不确定型决策不起作用, 但不能空, 可随意指定几个概率值 P_i, 但必须保证 $\sum\limits_{i=1}^{5} P_i = 1$, 然后把效益矩阵中的每个效益值 $a_{ij}(i = 1, 2, \cdots, 5; j = 1, 2, \cdots, 5)$ 输入到图 9-10 中的相应位置, 如图 9-11 所示.

Decision \ State	State1	State2	State3	State4	State5
Prior Probability	0.2	0.2	0.2	0.2	0.2
Alternative1	0	0	0	0	0
Alternative2	-10	20	20	20	20
Alternative3	-20	10	40	40	60
Alternative4	-30	0	30	60	40
Alternative5	-40	-10	20	50	80

图 9-11

步骤 3: 点击 "Solve and Analyze|Solve the Proble", 进入一个输入乐观系数的界面 (略), 输入指定的乐观系数后 (例如 $\alpha = 0.5$), 再点击 "OK", 便得到全部决策结果, 如图 9-12 所示.

11-08-2008 Criterion	Best Decision	Decision Value	
Maximin	Alternative1	0	
Maximax	Alternative5	$80	
Hurwicz (p=0.5)	Alternative5	$20	
Minimax Regret	Alternative4	$30	
Expected Value	Alternative4	$24	
Equal Likelihood	Alternative4	$24	
Expected Regret	Alternative4	$16	
Expected Value	without any	Information =	$24
Expected Value	with Perfect	Information =	$40
Expected Value	of Perfect	Information =	$16

图 9-12

步骤 4: 结果解释.

a. 若用乐观法 (maximax) 做决策, 则应选择 a_5 为最优策略, 最优决策值为 80 元, 即选择产量为 4 000 件的策略, 获得最大利润 80 元. 这与前面例 9.8 的人工计算结果一致.

b. 若用悲观法 (maximin) 做决策, 则应选择 a_1 为最优策略, 最优决策值为 0 元, 即选择 "不生产" 为最优策略, 利润为 0 元. 这与前面例 9.9 的人工计算结果一致.

c. 若用乐观系数法 (取 $\alpha = 0.5$, 也可取其他乐观系数, 关键看决策者态度), 则 a_5 为最优策略, 最优决策值为 20 元, 即选择产量为 4 000 件的策略, 获取最大利润 20 元. 这与例 9.10 的人工计算结果一致.

d. 若用后悔值法 (minimax regret) 做决策, 则 a_4 为最优策略, 最优决策值为 30 元, 即选择产量为 3 000 件的策略, 获取最大利润 30 元. 这与例 9.11 的人工计算结果一致.

e. 若用等可能法 (equal likehood), 则最优策略为 a_4, 最优决策值为 24 元, 即选择产量为 3 000 件的策略, 获得最大利润 24 元, 这与例 9.12 的人工计算结果一致.

注   针对本题, 图 9-12 中的其他计算方法和结果无效, 可忽略.

例 9.16   用期望值法求解例 9.5.

解   采用 WinQSB 软件的实现步骤如下.

步骤 1: 按例 9.15 中 WinQSB 软件的实现步骤 1 先后进入图 9-8、图 9-9 及图 9-10 所示的界面.

步骤 2: 数据录入如图 9-13 所示.

Decision \ State	State1	State2	State3	State4	State5
Prior Probability	0.1	0.2	0.4	0.2	0.1
Alternative1	0	0	0	0	0
Alternative2	-10	50	50	50	50
Alternative3	-20	40	100	100	100
Alternative4	-30	30	90	150	150
Alternative5	-40	20	80	140	200

图 9-13

步骤 3: 同例 9.15 中 WinQSB 软件实现步骤 3, 得到期望值法 (expected value) 的决策结果, 见图 9-14. 需要说明的是, 本例只需用期望值法决策, 故图 9-14 中其他项决策结果无效.

步骤 4: 结果解释. 从图 9-14 可知, 期望值法的最优策略为 a_4, 最优决策值为 84 元, 即选择产量 30 件为最优策略, 获最大利润 84 元, 这和例 9.5 的人工计算结果相同.

11-06-2008 Criterion	Best Decision	Decision Value	
Maximin	Alternative1	0	
Maximax	Alternative5	$200	
Hurwicz (p=0.8)	Alternative5	$152	
Minimax Regret	Alternative5	$40	
Expected Value	Alternative4	$84	
Equal Likelihood	Alternative5	$80	
Expected Regret	Alternative4	$16	
Expected Value	without any	Information =	$84
Expected Value	with Perfect	Information =	$100
Expected Value	of Perfect	Information =	$16

图 9-14

说明　对于效用函数法的软件实现与例 9.16 中期望值法的实现步骤完全相同, 只需将效益矩阵换成效用矩阵即可, 读者不妨将例 9.13(用效用函数法求解) 改为用 WinQSB 软件求解, 仿上述步骤予以实现.

例 9.17　用决策树法求解例 9.7.

解　采用 WinQSB 软件的实现步骤如下.

步骤 1: 启动子程序 Decision Analysis, 点击 "File | New Proble", 选择 "Decision Tree Analysis", 输入节点总数 (包括决策点和状态点, 可以比这个数更大), 如图 9-15 所示.

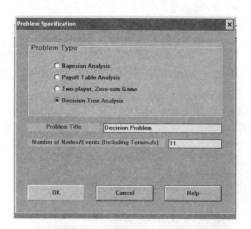

图 9-15

步骤 2: 点击 "OK", 进入数据编辑界面, 如图 9-16 所示, 其中第一列要求输入节点序号, 这些序号最好按先后次序, 在决策树中对应着从左到右, 从上到下的顺序. 第二列要求输入与序号对应的节点名称 (包括决策点和状态点), 可用字母 A, B, C, D, E, ⋯ 表示. 第三列输入对应节点的类型 D 或 C, 其中 D 表示决策点, C

表示状态点. 第四列输入每个节点后面引出的所有分枝的节点序号. 第五列是有关节点对应的收益或成本 (成本为负值). 第六列是状态的概率. 将本例中的数据输入完毕后, 如图 9-16 所示.

Node/Event Number	Node Name or Description	Node Type (enter D or C)	Immediate Following Node (numbers separated by ',')	Node Payoff (+ profit, - cost)	Probability (if available)
1	A	D	2,3		
2	B	C	4,5	-4	
3		C		0	
4	C	D	6,7		0.4
5		C		0	0.6
6	D	C	8,9	-26	
7	E	C	10,11	-16	
8		C		60	0.8
9		C		-10	0.2
10		C		60	0.5
11		C		-10	0.5

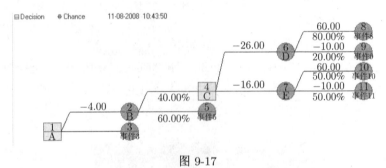

图 9-16

步骤 3: 点击 "Solve and Analyze | Draw Decision Tree", 得决策树图, 如图 9-17 所示.

图 9-17

步骤 4: 点击 "Solve the Proble", 得决策结果, 如图 9-18 所示.

11-08-2008	Node/Event	Type	Expected value	Decision
1	A	Decision node	$4	B
2	B	Chance node	$8	
3	Event3	Chance node	0	
4	C	Decision node	$20	D
5	Event5	Chance node	0	
6	D	Chance node	$46	
7	E	Chance node	$25	
8	Event8	Chance node	0	
9	Event9	Chance node	0	
10	Event10	Chance node	0	
11	Event11	Chance node	0	
Overall	Expected	Value =	$4	

图 9-18

步骤 5: 结果解释. 从图 9-18 可看出, 在决策点 A 应选对应于点 B 的决策. 在决策点 C 应选对应于点 D 的决策, 即应参加投标, 若中标则采用方案一, 期望效益为 4 万元 (其中 C 点处的期望效益为 20 万元, 即方法一的期望效益为 20 万元),

这与前面例 9.7 的人工计算结果一致.

例 9.18 用层次分析法求解例 9.14.

解 层次分析法也有多种软件实现. 这里选用 DPS 软件计算. 采用 DPS 软件的实现步骤如下.

步骤 1：建立递阶层次结构 (如图 9-7 所示).

步骤 2：构造判断矩阵.

在 DPS 系统支持下, 为便于进行多个层次数据的分析, 判断矩阵在 DPS 中的编辑规则如下：数据格式在电子表格中必须规范存放 (见图 9-19 和图 9-20), 且对一个层次分析项目需要建立一个数据文件 (这一点不像其他功能). 数据文件中各层因素以 A, B, C 英文字母顺序取名. 对每个层次, 依顺序建立一个表单. 总目标 (即 AB) 层次放在工作表的第一个表单里, 次级层次 (BC 层次、CD 层次 ……) 放在工作表的第二个、第三个 …… 表单里. 工作表的第一列放入上一层次的因子名称. 按此规则, 总目标层次, 即第一个表单的第一行第一列则是 "A"；第二个表单, 即 BC 层次的第一行第一列则是 "B1"；第三个表单, 即 CD 层次的第一行第一列则是 "C1"；等等. 要注意的是, 在图 9-19 和图 9-20 中, 各个层次的因子的代码, 如 "B1"、"D5" 等需在 "英文数字" 状态输入, 不能是全角字符.

图 9-19

图 9-20

图 9-19 所示是企业的 3 个方面 (B1 是调动职工生产积极性, B2 是提高企业技术水平, B3 是改善职工生活) 对总目标 (A：合理利用企业利润) 的判断矩阵. 图 9-20 所示是次级层次编辑格式.

步骤 3: 用 DPS 的 "层次分析法" 模块进行计算. 数据编辑之后, 不需要用鼠标选择数据, 而是直接从菜单中选择 "层次分析法" 执行层次分析功能. 分析时, 系统出现要求输入层次数的界面, 在本例中层次数为 2. 输入 2 之后, 点击 "OK" 按钮, 系统会给出分析结果, 如图 9-21 所示.

A–Bi 的判断矩阵					
A	B(1)	B(2)	B(3)	W	位次
B(1)	1.0000	0.2000	0.3333	0.1047	3
B(2)	5.0000	1.0000	3.0000	0.6370	1
B(3)	3.0000	0.3333	1.0000	0.2583	2
$\lambda \max = 3.0385$		CI = 0.0193	RI = 0.5180	CR = 0.0372	

B(1)–Ci 的判断矩阵				
B(1)	C(1)	C(2)	W	位次
C(1)	1.0000	3.0000	0.7500	1
C(2)	0.3333	1.0000	0.2500	2
$\lambda \max = 2.0000$		CI = 0.0000	RI = 0.0000	CR = 0.0000

B(2)–Ci 的判断矩阵				
B(2)	C(2)	C(3)	W	位次
C(2)	1.0000	0.2000	0.1667	2
C(3)	5.0000	1.0000	0.8333	1
$\lambda \max = 2.0000$		CI = 0.0000	RI = 0.0000	CR = 0.0000

B(3)–Ci 的判断矩阵				
B(3)	C(1)	C(2)	W	位次
C(1)	1.0000	2.0000	0.6667	1
C(2)	0.5000	1.0000	0.3333	2
$\lambda \max = 2.0000$		CI = 0.0000	RI = 0.0000	CR = 0.0000

B–C 层次总排序					
C \ B	B(1)	B(2)	B(3)	CW	位次
Bi 权重	**0.1047**	**0.6370**	**0.2583**		
C(1)	0.7500	0.0000	0.6667	0.2507	2
C(2)	0.2500	0.1667	0.3333	0.2184	3
C(3)	0.0000	0.8333	0.0000	0.5308	1
层次总排序一致性 CI = 0.0000			RI = 0.0000	CR = 0.0372	

图 9-21

从图 9-21 的最后一组数据可看出, C 层对目标的总排序为 C3≻C1≻C2, 即优先考虑的措施是引进新设备; 其次是发奖金; 最后是改善福利事业. 分配的比例依次为 53.1%, 25.1% 及 21.8%. 与以前人工计算的结果相同.

第10章　博弈方法

博弈论又称对策论, 是研究竞争性行为的一种数学理论和方法. 它是运筹学的一个分支, 同时也是西方经济学中主要内容之一. 它所研究的典型问题是由两个或两个以上的参与者在某种对抗性或竞争性的场合下, 各自理性地作出决策, 使自己的一方得到最有利的结果. 具有竞争或对抗性质的行为称为博弈行为, 刻画博弈行为过程的模型称为博弈模型, 简称博弈. 博弈论在政治、经济、军事活动以及日常生活中均有广泛应用. 下面首先介绍本章内容中要用到的几个基本概念.

博弈的三要素是: 局中人、策略与策略集、盈利函数 (支付函数).

(1) 局中人.

指参与博弈的各方, 可以是一个人, 也可以是一个集团. 局中人必须是有决策权的主体; 局中人可以有两方, 也可以有多方; 除一般意义的局中人之外, 为了分析的方便, 在博弈论中, 将 "自然" 作为 "虚拟局中人" 来处理, 这里的 "自然" 是指决定外生的随机变量的概率分布机制. 例如, 在房地产开发博弈中, 对写字楼的市场需求是一个随机变量, 可以假定, 在博弈的开始, "自然" 以一定的概率决定需求是大还是小. 局中人决策的后果依赖于 "自然" 的选择. 与一般局中人不同的是, "自然" 作为虚拟局中人没有自己的支付函数和目标函数, 即所有结果对它都是无差异的.

若博弈中有 n 个局中人, 则用集合 $I = \{1, 2, \cdots, n\}$ 表示, $n \geqslant 2$.

(2) 策略与策略集.

策略指局中人所拥有的对付其他局中人的手段、方案. 需要强调的是: 这个方案是一个独立的完整的行动, 而不是若干相关行动中的某一步. 一个局中人一般拥有多个策略, 每个局中人所拥有的全部策略构成该局中人的策略集; 记第 i 个局中人的策略集为 $S_i (i \in I)$.

(3) 盈利函数 (支付函数).

在一局博弈中, 每个局中人都选定一个策略形成一个策略组合, 称为一个局势. 如果第 i 个局中人的一个策略 $s_i \in S_i$, 则 n 个局中人的策略组合为 $s = (s_1, s_2, \cdots, s_n)$ 就是一个局势, 全体局势组成的集合 S 可表示为每个局中人策略集的笛卡儿 (Descartes) 积, 即 $S = S_1 \times S_2 \times \cdots \times S_n$.

对于任意局势 $s \in S$, 每个局中人都可以有一个盈利, 如第 i 个局中人的盈利记为 $H_i(s)$, 称为第 i 个局中人的盈利函数, $H_i(s)$ 的值可以为正, 也可以为负, 为负时代表损失.

　　博弈可从不同的角度分类. 根据策略与时间的关系可分为静态博弈和动态博弈. 其中静态博弈又可分为合作博弈与非合作博弈; 非合作博弈根据局中人的数目可分为二人博弈和多人博弈; 根据局中人的盈利函数的代数和是否为常数可分为常数和博弈和非常数和博弈; 根据局中人策略集中所包含的策略数可分为有限策略博弈和无限策略博弈; 根据策略的概率特性可分为纯策略博弈和混合策略博弈. 具体分类见图 10-1.

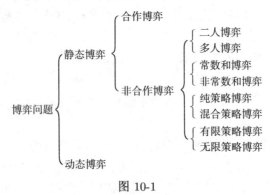

图 10-1

　　博弈分析的目的是: 在明确局中人及其策略集、建立盈利函数的基础上, 通过求解博弈模型找到最优策略组合. 从而能为博弈中的任一局中人在竞争过程中提供获得最好结果的行动方案.

　　博弈的类型很多, 不同类型的博弈, 求解其最优策略组合的方法往往不同. 限于篇幅, 本章主要讨论博弈论中最基本的二人有限常数和博弈和二人有限非常数和博弈, 对于二人有限常数和博弈将分有鞍点和无鞍点的情形分别列于 10.1 节及 10.2 节中介绍. 且在 10.2 节中, 还将针对无鞍点的博弈问题的不同情况分别介绍图解法、解析法、方程组法及线性规划法. 在 10.3 节中介绍二人有限非常数和博弈, 重点介绍纳什均衡的划线法. 最后在 10.4 节中, 将结合具体经济实例, 给出上述方法的多种软件实现途径.

10.1　有鞍点的二人有限常数和博弈方法

10.1.1　方法介绍及案例

1. 有鞍点的二人有限零和博弈方法

(1) 二人有限零和博弈模型.

这是指这样的博弈: 设有两个局中人, 每个局中人的策略集合都是有限的, 令

$S_1 = \{\alpha_1, \alpha_2, \cdots, \alpha_m\}, S_2 = \{\beta_1, \beta_2, \cdots, \beta_n\}$, 两个局中人的盈利函数 H_1, H_2 具有性质 $H_1 + H_2 = 0$, 这类博弈的局势集合是 $S_1 \times S_2 = \{(\alpha_i, \beta_j) | i = 1, 2, \cdots, m; j = 1, 2, \cdots, n\}$, 包含 mn 个局势, 设 $H_1(\alpha_i, \beta_j) = c_{ij}$, 则有 $H_2(\alpha_i, \beta_j) = -c_{ij}(i = 1, 2, \cdots, m; j = 1, 2, \cdots, n)$, 这样, 盈利函数就可以用一个 $m \times n$ 阶矩阵 $C = (c_{ij})$ 来表示, 即

$$C = \begin{pmatrix} c_{11} & c_{12} & \cdots & c_{1n} \\ c_{21} & c_{22} & \cdots & c_{2n} \\ \vdots & \vdots & & \vdots \\ c_{m1} & c_{m2} & \cdots & c_{mn} \end{pmatrix},$$

其中行的数目代表局中人 1 的策略个数, 列的数目代表局中人 2 的策略数目, c_{ij} 代表了局中人 1 在局势 (α_i, β_j) 下的盈利, $-c_{ij}$ 代表局中人 2 在局势 (α_i, β_j) 下的盈利. 于是构成一个二人有限零和博弈 (又称矩阵对策), 记为 $G = \{S_1, S_2; C\}$.

例如, 两个小孩各出示一枚硬币, 在不让对方看见的情况下, 各自将硬币放在桌上. 若两个硬币都呈正面或都呈反面, 则甲得 1 分, 乙付出 1 分; 若两个硬币一正一反, 则乙得 1 分, 甲付出 1 分. 在上面的符号约定下, 有: $S_1 = \{\alpha_1, \alpha_2\}$, 其中, α_1 表示局中人 1 出示正面, α_2 表示局中人 1 出示反面; $S_2 = \{\beta_1, \beta_2\}$, 其中, β_1 表示局中人 2 出示正面, β_2 表示局中人 2 出示反面. 盈利矩阵为

$$C = \begin{pmatrix} 1 & -1 \\ -1 & 1 \end{pmatrix}.$$

该博弈可表示为 $G = \{S_1, S_2; C\}$, 这是二人有限零和博弈. 那么, 该博弈如何求解? 即如何求得两个局中人的最优策略组合, 从而得到两个人各自应选的最优策略?

(2) 二人有限零和博弈的纯策略解 (鞍点) 的概念及定理.

定义 10.1 设 $G = \{S_1, S_2; C\}$ 是一个二人有限零和博弈, 若等式

$$\max_i \min_j (c_{ij}) = \min_j \max_i (c_{ij}) = c_{i^*j^*} \tag{10.1}$$

成立, 则记 $V_G = c_{i^*j^*}$, 并称 V_G 为博弈 G 的值. 称使 (10.1) 式成立的纯局势 $(\alpha_{i^*}, \beta_{j^*})$ 为 G 在纯策略下的解 (或平衡局势), 称 α_{i^*} 和 β_{j^*} 分别为局中人 1 和局中人 2 的最优纯策略.

从该定义可以看出, 该博弈基于一种稳妥性原则 (最小最大原则) 做决策, 局中人在公开博弈的前提下, 都从最坏处着想, 在最坏的环境中争取最好的结果. 对局中人 1 而言, 是最小最大原则, 得 $\max_i \min_j (c_{ij}) = V_1$; 对局中人 2 而言是最大最小准则, 得 $\min_j \max_i (c_{ij}) = V_2$, 当 $V_1 = V_2 = V_G$ 时, 稳妥原则实现, 从而得到最优纯策略解 $(\alpha_{i^*}, \beta_{j^*})$.

定理 10.1　　二人有限零和博弈 $G = \{S_1, S_2; C\}$ 在纯策略意义下有解的充要条件是: 存在纯局势 $(\alpha_{i^*}, \beta_{j^*})$, 使得

$$c_{ij^*} \leqslant c_{i^*j^*} \leqslant c_{i^*j}(i = 1, 2, \cdots, m; j = 1, 2, \cdots, n). \qquad (10.2)$$

关于定理 10.1 的证明可查阅有关参考文献. 从该定理可知, $(\alpha_{i^*}, \beta_{j^*})$ 是 G 的纯策略解等价于 $c_{i^*j^*}$ 既是它所在行的最小元, 又是它所在列的最大元, 故又称 $(\alpha_{i^*}, \beta_{j^*})$ 为鞍点. 当博弈 G 存在纯策略解时, 称博弈 $G = \{S_1, S_2; C\}$ 是有鞍点的二人有限零和博弈. 鞍点有如下更一般的定义.

定义 10.2　　设 $f(x, y)$ 为一个定义在 $x \in A$ 及 $y \in B$ 上的实值函数, 若存在 $x^* \in A$, $y^* \in B$, 使得

$$f(x, y^*) \leqslant f(x^*, y^*) \leqslant f(x^*, y), \quad \forall x \in A, y \in B, \qquad (10.3)$$

则称 (x^*, y^*) 为函数 $f(x, y)$ 的一个鞍点.

如果博弈 $G = \{S_1, S_2; C\}$ 的最优解不唯一, 则有以下两个性质定理.

定理 10.2(无差别性)　　若 $(\alpha_{i_1}, \beta_{j_1})$ 和 $(\alpha_{i_2}, \beta_{j_2})$ 是博弈 $G = \{S_1, S_2; C\}$ 的两个纯策略解, 则 $c_{i_1 j_1} = c_{i_2 j_2}$.

定理 10.3(可交换性)　　若 $(\alpha_{i_1}, \beta_{j_1})$ 和 $(\alpha_{i_2}, \beta_{j_2})$ 是博弈 $G = \{S_1, S_2; C\}$ 的两个纯策略解, 则 $(\alpha_{i_1}, \beta_{j_2})$ 和 $(\alpha_{i_2}, \beta_{j_1})$ 也是纯策略解.

(3) 有鞍点的二人有限零和博弈的求解步骤.

由以上定义和定理, 不难得出该类博弈 $G = \{S_1, S_2; C\}$ 的求解步骤如下.

步骤 1: 明确局中人及策略集 $S_1 = \{\alpha_1, \alpha_2, \cdots, \alpha_m\}, S_2 = \{\beta_1, \beta_2, \cdots, \beta_n\}$ 及决策目标.

步骤 2: 写出局中人 1 的盈利矩阵 C, 其中

$$C = \begin{pmatrix} c_{11} & c_{12} & \cdots & c_{1n} \\ c_{21} & c_{22} & \cdots & c_{2n} \\ \vdots & \vdots & & \vdots \\ c_{m1} & c_{m2} & \cdots & c_{mn} \end{pmatrix}.$$

步骤 3: 对局中人 1, 从盈利矩阵 C 的每行元素中取最小数, 再从这些最小数中取最大数, 即得 $\max_i \min_j (c_{ij}) = V_1$.

步骤 4: 对局中人 2, 从盈利矩阵 C 的每列元素中取最大数, 再从这些最大数中取最小数, 即得 $\min_j \max_i (c_{ij}) = V_2$.

步骤 5: 判断 V_1 与 V_2 是否相等. 若 $V_1 = V_2 = V_G$, 则博弈 G 有纯策略解或称有鞍点. 此时 V_G 为盈利矩阵的鞍点值 (稳定值), 对应的纯策略局势 $(\alpha_{i^*}, \beta_{j^*})$ 为

博弈的 (最优) 纯策略解, 或称鞍点, α_{i^*}, β_{j^*} 分别为局中人 1 和局中人 2 的最优纯策略.

按以上步骤求出的 (最优) 纯策略解 —— 鞍点, 具有的实际意义如下:

与鞍点值 $V_G = c_{i^*j^*}$ 对应的局势 $(\alpha_{i^*}, \beta_{j^*})$ 是一个平衡局势, 即局中人 1 的盈利等于博弈的值, 即当局中人 1 选择最优策略 α_{i^*} 时, 局中人 2 偏离其最优策略 β_{j^*}, 则局中人 1 的盈利会增加, 至少不会减少, 即局中人 2 的支付会增加, 除非他选择 β_{j^*}, 才使支付最少. 同样, 当局中人 2 选择最优策略 β_{j^*} 时, 局中人 1 偏离其最优策略 α_{i^*}, 则局中人 1 的盈利会减少, 至少不会增加, 即局中人 2 的支付会减少, 除非局中人 1 选择 α_{i^*}, 才使盈利尽可能大. 只有在局势 $(\alpha_{i^*}, \beta_{j^*})$ 下, 才是双方最理智的选择, 使竞争达到一个平衡状态.

例 10.1　甲、乙两队进行乒乓球团体比赛, 每队都由 3 名球员组成. 双方各可排出 3 种不同的阵容, 每一种阵容可以看成一种策略, 于是有: $S_1 = \{\alpha_1, \alpha_2, \alpha_3\}$, $S_2 = \{\beta_1, \beta_2, \beta_3\}$. 根据以往比赛的记录, 甲方的盈利矩阵为

$$C = \begin{pmatrix} 3 & 1 & 2 \\ 6 & 0 & -3 \\ -5 & -1 & 4 \end{pmatrix}.$$

那么, 这次比赛双方各采用哪种阵容上场最稳妥?

解　这是一个二人有限零和博弈问题, 局中人、策略集、盈利矩阵均已由题中给出.

对于甲队, 当他分别采用策略 α_1, α_2, α_3 时, 在最不利的情况下相应的盈利分别为每行元素中的最小值 1, -3, -5, 而 1 较大, 从而甲队最稳妥的策略是 α_1, 能保证至少获得 1 分, 即 $\max_i \min_j (c_{ij}) = 1 = V_1$. 同理, 对于乙队, 当他分别采用策略 β_1, β_2, β_3 时, 在最不利的情况下相应的支付分别是每列元素中的最大值 6, 1, 4, 相比之下, 1 较小, 从而乙队最稳妥的策略是 β_2, 能保证至多输掉 1 分, 即 $\min_j \max_i (c_{ij}) = 1 = V_2$. 因为 $V_1 = V_2 = V_G = 1$, 故博弈有纯策略解, 即有鞍点, $V_G = 1$ 为盈利矩阵 C 的鞍点值, 对应的纯局势 (α_1, β_2) 为博弈的 (最优) 纯策略解或鞍点, α_1 为甲队的最优策略, β_2 为乙队的最优策略.

2. 有鞍点的二人有限常数和博弈方法

所谓二人有限常数和博弈是指局中人 1 和局中人 2 所得盈利之和为一常数, 当常数为零时, 就变成了二人零和情形. 对于有鞍点的二人有限常数和博弈方法与有鞍点的二人有限零和博弈方法完全相同, 只要将这个 "常数" 看成抽象的 "零" 即可. 关于其求解方法不再重复, 可直接看下面的例子.

例 10.2 某城市由汇合的 3 条河分割为 3 个城区, 即东、南、西 3 个城区, 分别居住着 40%, 30%, 30% 的城市居民. 目前该市尚无大型仓储式超市, 甲、乙两个公司都计划在城中修建大型仓储式超市, 公司甲计划修建两个, 公司乙计划修建一个.

每个公司都知道, 若在某个城区内设有两个以上超市, 这些超市将分摊该区的业务; 若在某个城区只有一个超市, 则该超市将独揽这个城区的业务; 若在一个城区内没有超市, 则该城区的业务将分摊给 3 个超市. 每个公司都想使自己的业务尽可能多. 试分析: 两个公司的最优策略以及各占多大的市场份额.

解 (1) 局中人为甲、乙两个公司, 均用三维数组 (x, y, z) 表示各自策略, 即在东城区建 x 个超市, 在南城区建 y 个超市, 在西城区建 z 个超市, 其中 $x, y, z \in \{0, 1, 2\}$, 且对甲公司而言 $x + y + z = 2$, 对乙公司而言 $x + y + z = 1$. 这样, 甲公司的策略集可表示为

$$S_1 = \{(2, 0, 0), (0, 2, 0), (0, 0, 2), (1, 1, 0), (1, 0, 1), (0, 1, 1)\};$$

乙公司的策略集可表示为

$$S_2 = \{(1, 0, 0), (0, 1, 0), (0, 0, 1)\}.$$

博弈的盈利可取为市场占有率.

(2) 确定盈利矩阵 $C = (c_{ij})_{6 \times 3}$. 根据题意计算出甲公司的各种盈利. 例如, 当甲公司决定只在东城区修建两个超市, 且乙公司也决定在东城区修建一个超市时, 甲公司的市场占有率为

$$40\% \times \frac{2}{3} + 30\% \times \frac{2}{3} + 30\% \times \frac{2}{3} = \frac{2}{3}.$$

此时乙公司的市场占有率为 $\frac{1}{3}$, 即当 $\alpha_1 = (2, 0, 0)$, $\beta_1 = (1, 0, 0)$ 时, 甲公司的市场占有率为

$$c_{11} = H(\alpha_1, \beta_1) = \frac{2}{3} = 0.67.$$

又如当 $\alpha_4 = (1, 1, 0)$, $\beta_1 = (1, 0, 0)$ 时, 甲公司的市场占有率为

$$c_{41} = \frac{1}{2} \times 40\% + 30\% + \frac{2}{3} \times 30\% = 0.7.$$

类似地, 可求得甲公司其他局势下的盈利 (市场占有率), 得甲公司的盈利矩阵 C, 如表 10-1 所示.

显然, $G = \{S_1, S_2; C\}$ 构成二人有限常数和博弈, 甲、乙两公司在任一局势下的盈利之和 (即市场占有率之和) 为常数 1, 这可看成抽象的 "0", 接下来完全按二人有限零和博弈的方法求解.

表 10-1

甲公司 \ 乙公司	(1,0,0)	(0,1,0)	(0,0,1)
(2,0,0)	0.67	0.6	0.6
(0,2,0)	0.5	0.67	0.57
(0,0,2)	0.5	0.57	0.67
(1,1,0)	0.7	0.75	0.7
(1,0,1)	0.7	0.7	0.75
(0,1,1)	0.6	0.72	0.72

(3) 在盈利矩阵 C 中, 对甲:

$$\max_i \min_j (c_{ij}) = \max_i \{0.6, 0.5, 0.5, 0.7, 0.7, 0.6\} = 0.7 = V_1,$$

与 V_1 对应的策略是 $\alpha_4 = (1, 1, 0), \alpha_5 = (1, 0, 1)$.

(4) 在盈利矩阵 C 中, 对乙:

$$\min_j \max_i (c_{ij}) = \min_j \{0.7, 0.75, 0.75\} = 0.7 = V_2,$$

与 V_2 对应的策略是 $\beta_1 = (1, 0, 0)$.

(5) 因为 $V_1 = V_2 = V_G = 0.7$, 所以该博弈存在纯策略解, 即存在鞍点, 鞍点为 (α_4, β_1) 及 (α_5, β_1), 即甲公司在东城区、南城区各建一个超市; 而乙公司在东城区建一个超市; 或甲公司在东城区、西城区各建一个超市, 而乙公司在东城区建一个超市, 均为最优策略组合. 此时甲公司的市场占有率为 70%, 乙公司的市场占有率为 30%. 甲公司的最优纯策略是在东城区建一个超市, 与此同时在南城区或西城区任选一个地方建一个超市. 而乙公司的最优纯策略是仅在东城区建一个超市. 博弈结果的含义是: 两个公司各在人口最多的城区建超市, 若一个公司有多个超市, 则依次在人口最多的城区各建一个. 整个博弈求解过程可直接反映在表 10-2 中.

表 10-2

甲公司 \ 乙公司	(1,0,0)	(0,1,0)	(0,0,1)	
(2,0,0)	0.67	0.6	0.6	0.6
(0,2,0)	0.5	0.67	0.57	0.5
(0,0,2)	0.5	0.57	0.67	0.5
(1,1,0)	0.7	0.75	0.7	0.7→max
(1,0,1)	0.7	0.7	0.75	0.7→max
(0,1,1)	0.6	0.72	0.72	0.6
	0.7→min	0.75	0.75	

10.1.2 有鞍点的二人有限常数和博弈方法能解决的经济问题

(1) 超市网点的合理布局问题 (常数和情形).

(2) 在黄金时段, 两家电视台为争取最大收视率选择播放内容的问题 (常数和情形).

(3) 两家名牌企业 (垄断企业) 对同一产品的市场竞争策略问题.

10.1.3 有鞍点的二人有限常数和博弈方法的评析

(1) 该方法只针对二人有限常数和且具有纯策略解的博弈类型求解.

(2) 二人有限零和博弈是二人有限常数和博弈的特殊情形. 在实际问题中, 碰到较多的可能是二人有限常数和博弈情形, 这时可将该 "常数" 看成抽象的 "0", 因而将其转化成二人有限零和博弈的问题, 解法完全相同.

(3) 该方法基于一种 "稳妥性原则", 双方均从最坏处着想从而达到妥协, 以寻找均衡策略. 因而该方法更适用于那些保守的参与人.

(4) 博弈是否具有鞍点, 可以从方法本身通过计算判断, 还可通过定理 10.1 提供的充要条件判断. 若博弈没有鞍点, 则需要用其他方法求解, 即寻找混合策略解.

(5) 使用该方法的关键不在于计算本身. 事实上, 寻找最优策略很容易 (在有鞍点的情形). 关键或难点常在于建立博弈模型的过程: 如何提出合理假定? 如何在合理假定基础上, 抽象出二个参与人及参与人各自的策略集合, 计算出盈利矩阵 C, 从而得到博弈模型:

$$G = \{S_1, S_2; C\}.$$

(6) 还可以转化成线性规划求解.

(7) 纯策略解可能不唯一.

10.2 无鞍点的二人有限常数和博弈方法

10.2.1 方法介绍及案例

1. 无鞍点的二人有限零和博弈方法

在二人有限零和博弈中, 若盈利矩阵有鞍点, 则选择鞍点作为最优策略组合. 否则, 则不存在纯策略解, 需要寻找混合策略解.

(1) 有关混合策略解的概念及定理.

定义 10.3 设有二人有限零和博弈 $G = \{S_1, S_2; C\}$, 局中人 1 以概率 x_i 选用纯策略 $\alpha_i (i = 1, 2, \cdots, m)$, 局中人 2 以概率 y_i 选用纯策略 $\beta_j (j = 1, 2, \cdots, n)$, 则分别称向量 $\boldsymbol{x} = (x_1, x_2, \cdots, x_m)^{\mathrm{T}} \left(x_i \geqslant 0, \sum_{i=1}^{m} x_i = 1 \right)$ 与向量 $\boldsymbol{y} = (y_1, y_2, \cdots, y_n)^{\mathrm{T}}$

$\left(y_i \geqslant 0, \sum\limits_{j=1}^{n} y_i = 1\right)$ 为局中人 1 和局中人 2 的混合策略, 并称混合策略组合 $(\boldsymbol{x}, \boldsymbol{y})$

为混合局势. 记 $S_1^* = \{\boldsymbol{x} | \boldsymbol{x}$ 为 m 维概率向量$\}$, $S_2^* = \{\boldsymbol{y} | \boldsymbol{y}$ 为 n 维概率向量$\}$, 称函数

$$E(\boldsymbol{x}, \boldsymbol{y}) = \sum_{i=1}^{m} x_i \left(\sum_{j=1}^{n} c_{ij} y_j\right) = \sum_{i=1}^{m} \sum_{j=1}^{n} x_i c_{ij} y_j = \boldsymbol{x}^{\mathrm{T}} c \boldsymbol{y} \tag{10.4}$$

为局中人 1 的期望盈利函数. 称 $G^* = (S_1^*, S_2^*; E)$ 为 G 的混合扩充.

定义 10.4 对二人有限零和博弈 $G = \{S_1, S_2; C\}$, 如果存在混合局势 $(\boldsymbol{x}^*, \boldsymbol{y}^*)$, 使

$$\max_{\boldsymbol{x} \in S_1^*} \min_{\boldsymbol{y} \in S_2^*} E(\boldsymbol{x}, \boldsymbol{y}) = \min_{\boldsymbol{x} \in S_2^*} \max_{\boldsymbol{y} \in S_1^*} E(\boldsymbol{x}, \boldsymbol{y}) = E(\boldsymbol{x}^*, \boldsymbol{y}^*), \tag{10.5}$$

则称 $(\boldsymbol{x}^*, \boldsymbol{y}^*)$ 为 G 的混合策略解, $\boldsymbol{x}^*$ 与 $\boldsymbol{y}^*$ 分别称为局中人 1 和局中人 2 的最优混合策略, $V = E(\boldsymbol{x}^*, \boldsymbol{y}^*)$ 称为 G^* 的值.

定理 10.4 博弈 $G = \{S_1, S_2; C\}$ 在混合策略意义下有解的充要条件是存在 $\boldsymbol{x}^* \in S_1^*$, $\boldsymbol{y} \in S_2^*$, 使得 $(\boldsymbol{x}^*, \boldsymbol{y}^*)$ 为 $E(\boldsymbol{x}, \boldsymbol{y})$ 的一个鞍点, 即对任意的 $\boldsymbol{x} \in S_1^*$ 及 $\boldsymbol{y} \in S_2^*$, 有

$$E(\boldsymbol{x}, \boldsymbol{y}^*) \leqslant E(\boldsymbol{x}^*, \boldsymbol{y}^*) \leqslant E(\boldsymbol{x}^*, \boldsymbol{y}).$$

该定理说明, 博弈在混合意义下有解等价于存在任何局中人不再愿意改变自己策略的局势.

定理 10.5 设 $\boldsymbol{x}^* \in S_1^*$, $\boldsymbol{y}^* \in S_2^*$, 则 $(\boldsymbol{x}^*, \boldsymbol{y}^*)$ 是博弈 G 的解的充要条件是存在正数 V, 使得 $\boldsymbol{x}^*$, $\boldsymbol{y}^*$ 分别是不等式组

$$\begin{cases} \sum\limits_{i=1}^{m} c_{ij} x_i \geqslant V \, (j = 1, 2, \cdots, n), \\ \sum\limits_{i=1}^{m} x_i = 1, \\ x_i \geqslant 0 \, (i = 1, 2, \cdots, m), \end{cases} \quad \text{和} \quad \begin{cases} \sum\limits_{j=1}^{n} c_{ij} y_i \leqslant V \, (j = 1, 2, \cdots, m), \\ \sum\limits_{j=1}^{n} y_i = 1, \\ y_i \geqslant 0 \, (i = 1, 2, \cdots, n) \end{cases} \tag{10.6}$$

的解, 且 $V = V_G$.

定理 10.6 设 $(\boldsymbol{x}^*, \boldsymbol{y}^*)$ 是 $G = \{S_1, S_2; C\}$ 的解.

① 若 $x_{i^*} > 0$, 则 $\sum\limits_{j} c_{ij} y_{j^*} = V$;

② 若 $y_{i^*} > 0$, 则 $\sum\limits_{i} c_{ij} x_{i^*} = V$.

定理 10.7 对任一博弈 $G = \{S_1, S_2; C\}$, 必存在混合策略解.

定义 10.5 设 $G = \{S_1, S_2; C\}$, $S_1 = \{\alpha_1, \alpha_2, \cdots, \alpha_m\}$, $S_2 = \{\beta_1, \beta_2, \cdots, \beta_n\}$, $C = (c_{ij})$, 如果对任意 $j = 1, 2, \cdots, n$, 有 $c_{i_0 j} \geqslant c_{k_0 j}$, 则称局中人 1 的纯策略 α_{i_0} 优超于纯策略 α_{k_0}.

类似地, 可以定义局中人 2 的纯策略 β_{j_0} 优超于 β_{l_0}.

定理 10.8 设 $G = \{S_1, S_2; C\}$, 如果纯策略 α_1 被其余的纯策略 α_2, α_3, $\cdots$, α_m 中之一所优超, 由 G 可得一个新的博弈 $G' = \{S_1', S_2; C'\}$, 其中 $S_1' = \{\alpha_2, \alpha_3, \cdots, \alpha_m\}$, $C' = (c_{ij}')_{(m-1) \times n}$, $c_{ij}' = c_{ij} (i = 2, 3, \cdots, m; j = 1, 2, \cdots, n)$, 则有

① $V_G' = V_G$;

② G' 中局中人 2 的最优策略就是 G 中的最优策略;

③ 若 $(x_2^*, x_3^*, \cdots, x_m^*)^{\mathrm{T}}$ 是 G' 中局中人 1 的最优策略, 则 $x^* = (0, x_2^*, x_3^*, \cdots, x_m^*)^{\mathrm{T}}$ 就是局中人 1 在 G 中的最优策略.

定理 10.9(平移同解性) 设有博弈 $G_1 = (S_1, S_2; C_1)$, $G_2 = (S_1, S_2; C_2)$, 其中 $C_1 = (c_{ij}')_{m \times n}$, $C_2 = (c_{ij}'')_{m \times n}$, $c_{ij}'' = c_{ij}' + d$(d为常数). 又设 $G_1^* = (S_1^*, S_2^*; E_1)$ 与 $G_2^* = (S_1^*, S_2^*; E_2)$ 分别是 G_1 和 G_2 的混合扩充, 则 G_2^* 与 G_1^* 同解, 且其值 $V_2 = V_1 + d$.

(2) 盈利矩阵的化简.

若存在优超策略, 则盈利矩阵阶数可降低.

①对局中人 1, 他希望博弈的局势值 c_{ij} 越大越好. 若存在第 i 行所有元素大于等于第 i 行所有元素, 即 $c_{ij} \geqslant c_{ij} (i = 1, 2, \cdots, n, j = 1, 2, \cdots, n)$, 则局中人 1 必采用 i 纯策略而舍去 i 纯策略, 不影响最优混合策略和策略鞍点值. 此时 i 策略为对 l 策略的优超策略.

②对局中人 2, 他希望局势值 c_{ij} 越小越好. 若存在第 j 列所有元素小于等于第 k 列所有元素, 即 $c_{ij} \leqslant a_{ik} (i = 1, 2, \cdots, m)$, 则局中人 2 必采用 j 纯策略而舍去 k 纯策略, 不影响最优混合策略和策略鞍点值. 此时称 j 策略为对 k 策略的优超策略.

上述原则称为优超原则. 例如, 对于一个三阶盈利矩阵 $C = \begin{pmatrix} 1 & 7 & 2 \\ 6 & 2 & 7 \\ 5 & 1 & 6 \end{pmatrix}$, 根据优超原则, 其化简过程如下:

$$C = \begin{pmatrix} 1 & 7 & 2 \\ 6 & 2 & 7 \\ 5 & 1 & 6 \end{pmatrix} \Rightarrow C_1 = \begin{pmatrix} 1 & 7 & 2 \\ 6 & 2 & 7 \end{pmatrix} \Rightarrow \begin{pmatrix} 1 & 7 \\ 6 & 2 \end{pmatrix}.$$

(3) 无鞍点的二人有限零和博弈的求解方法.

假定盈利矩阵已按上述优超原则进行化简, 接下来以前面介绍的有关概念和定理为理论基础, 分别介绍求解无鞍点的二人有限零和博弈 $G = \{S_1, S_2; C\}$ 的混合策略的几种常用方法, 包括公式法、图解法、方程组法和线性规划法.

①公式法. 对于博弈 $G = \{S_1, S_2; C\}$, 其中 C 为 2×2 的盈利矩阵且没有鞍点, 则各局中人最优混合策略中的 x_i^*, y_j^* 均大于零. 由定理 10.6 可知, 为求最优混合策略, 可求解下列等式组:

$$
\begin{cases}
c_{11}x_1 + c_{21}x_2 = V, \\
c_{12}x_1 + c_{22}x_2 = V, \\
x_1 + x_2 = 1;
\end{cases}
\tag{10.7}
$$

$$
\begin{cases}
c_{11}y_1 + c_{12}y_2 = V, \\
c_{21}y_1 + c_{22}y_2 = V, \\
y_1 + y_2 = 1.
\end{cases}
\tag{10.8}
$$

由于矩阵 C 不存在鞍点, 因此可以证明方程组 (10.7) 和方程组 (10.8) 一定有严格的非负解 $\boldsymbol{x}^* = (x_1^*, x_2^*)^{\mathrm{T}}$ 和 $\boldsymbol{y}^* = (y_1^*, y_2^*)^{\mathrm{T}}$, 其中

$$
x_1^* = \frac{c_{22} - c_{21}}{(c_{11} + c_{22}) - (c_{12} + c_{21})},
\tag{10.9}
$$

$$
x_2^* = \frac{c_{11} - c_{12}}{(c_{11} + c_{22}) - (c_{12} + c_{21})};
\tag{10.10}
$$

$$
y_1^* = \frac{c_{22} - c_{12}}{(c_{11} + c_{22}) - (c_{12} + c_{21})},
\tag{10.11}
$$

$$
y_2^* = \frac{c_{11} - c_{12}}{(c_{11} + c_{22}) - (c_{12} + c_{21})};
\tag{10.12}
$$

$$
V_G = \frac{c_{11}c_{22} - c_{12}c_{21}}{(c_{11} + c_{22}) - (c_{12} + c_{21})}.
\tag{10.13}
$$

例 10.3 求解博弈 $G = \{S_1, S_2; C\}$, 其中

$$
C = \begin{pmatrix} 1 & 3 \\ 4 & 2 \end{pmatrix}.
$$

解 易知 C 没有鞍点. 由 (10.9)—(10.13) 式计算得混合策略解为 $\boldsymbol{x}^* = \left(\dfrac{1}{2}, \dfrac{1}{2}\right)^{\mathrm{T}}$, $\boldsymbol{y}^* = \left(\dfrac{1}{4}, \dfrac{3}{4}\right)^{\mathrm{T}}$, 博弈值 $V_G = \dfrac{5}{2}$.

注 公式法只适用于盈利矩阵是 2×2 的情形.

②图解法. 适用于化简后的盈利矩阵为 $2 \times n$ 矩阵或 $m \times 2$ 矩阵的无鞍点博弈问题.

设局中人 1 的混合策略为 $(x, 1-x)^{\mathrm{T}}$, 局中人 2 的混合策略为 $(y, 1-y)^{\mathrm{T}}$, 盈利矩阵为

$$C = \left(\begin{array}{cc} c_{11} & c_{12} \\ c_{21} & c_{22} \end{array} \right),$$

则得失期望值为

$$E(\boldsymbol{x}, \boldsymbol{y}) = (x, 1-x) \left(\begin{array}{cc} c_{11} & c_{12} \\ c_{21} & c_{22} \end{array} \right) \left(\begin{array}{c} y \\ 1-y \end{array} \right).$$

局中人 1 的期望值方程为

$$V = c_{11}x + c_{21}(1-x) = c_{21} + (c_{11} - c_{21})x, \tag{10.14}$$

$$V = c_{12}x + c_{22}(1-x) = c_{22} + (c_{12} - c_{22})x. \tag{10.15}$$

将 (10.14) 式和 (10.15) 式用图形 (直线) 绘出, 将两图形先取小然后再取大, 所得点的坐标即为局中人 1 的最优混合策略.

局中人 2 的期望值方程为

$$V = c_{11}y + c_{12}(1-y) = c_{12} + (c_{11} - c_{12})y, \tag{10.16}$$

$$V = c_{21}y + c_{22}(1-y) = c_{22} + (c_{21} - c_{22})y. \tag{10.17}$$

将 (10.16) 式和 (10.17) 式用图形 (直线) 画出, 将两图形先取大然后再取小, 所得点的坐标即为局中人 2 的最优混合策略.

例 10.4   设有下列博弈:

$$C = \left(\begin{array}{ccc} 1 & 7 & 2 \\ 6 & 2 & 7 \\ 5 & 1 & 6 \end{array} \right),$$

求局中人 1 和局中人 2 的最优混合策略.

解   显然盈利矩阵 C 无鞍点. 但该矩阵存在优超策略, 可进行如下化简: 第 2 行大于第 3 行, 划去第 3 行; 由于第 3 列大于第 1 列, 再划去第 3 列, 得

$$\text{盈利矩阵} C = \left(\begin{array}{ccc} 1 & 7 & 2 \\ 6 & 2 & 7 \\ 5 & 1 & 6 \end{array} \right) \Rightarrow C' = \left(\begin{array}{ccc} 1 & 7 & 2 \\ 6 & 2 & 7 \end{array} \right) \Rightarrow C'' = \left(\begin{array}{cc} 1 & 7 \\ 6 & 2 \end{array} \right).$$

由于 C'' 为二阶方阵, 故可用图解法求解.

设局中人 1 的混合策略为 $(x, 1-x)^{\mathrm{T}}$, 局中人 2 的混合策略为 $(y, 1-y)^{\mathrm{T}}$, 得失期望值为

$$E(\boldsymbol{x}, \boldsymbol{y}) = (x, 1-x) \begin{pmatrix} 1 & 7 \\ 6 & 2 \end{pmatrix} \begin{pmatrix} y \\ 1-y \end{pmatrix}.$$

局中人 1 的期望值方程为

$$\begin{cases} V = x + 6(1-x) = 6 - 5x, & (10.18) \\ V = 7x + 2(1-x) = 2 + 5x. & (10.19) \end{cases}$$

将 (10.18) 式和 (10.19) 式用图形绘出, 如图 10-2 所示. 将两直线先取小得线段 CB 和 BA; 然后再取大, 得点 $B(0.4, 4)$, 从而局中人 1 的最优混合策略为 $(0.4, 0.6)^{\mathrm{T}}$, 博弈值 $V = 4$.

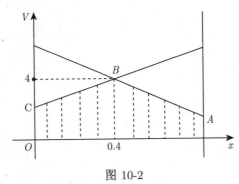

图 10-2

局中人 2 的期望值方程为

$$\begin{cases} V = y + 7(1-y) = 7 - 6y, & (10.20) \\ V = 6y + 2(1-y) = 2 + 4y. & (10.21) \end{cases}$$

将 (10.20) 式与 (10.21) 式用图形画出, 如图 10-3 所示. 将两图形先取大得线段 $A'B'$ 和 $B'C'$, 然后取小得点 $B'(0.5, 4)$, 从而得局中人 2 的最优混合策略为 $(0.5, 0.5)^{\mathrm{T}}$, 博弈值 $V = 4$.

所以, 对化简前的原盈利矩阵 C, 由定理 10.8, 局中人 1 和局中人 2 的最优混合策略分别为 $(0.4, 0.6, 0)^{\mathrm{T}}$ 及 $(0.5, 0.5, 0)^{\mathrm{T}}$, 博弈值 $V_G = 4$.

③方程组法. 该方法适用于化简后的盈利矩阵为 $n \times n$ 方阵的无鞍点博弈问题.

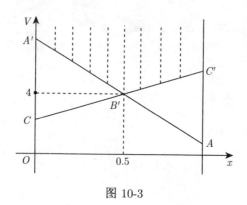

图 10-3

设局中人 1 的混合策略为 $(x_1,\ x_2,\ \cdots,\ x_n)^{\mathrm{T}}$, 局中人 2 的混合策略为 $(y_1,\ y_2,\ \cdots,\ y_n)^{\mathrm{T}}$, 盈利矩阵为

$$C = \begin{pmatrix} c_{11} & c_{12} & \cdots & c_{1n} \\ c_{21} & c_{22} & \cdots & c_{2n} \\ \vdots & \vdots & & \vdots \\ c_{n1} & c_{n2} & \cdots & c_{nn} \end{pmatrix},$$

则得失期望值为

$$V = E\left(\boldsymbol{x}, \boldsymbol{y}\right) = \boldsymbol{x}^{\mathrm{T}} A \boldsymbol{y} = (x_1, x_2, \cdots, x_n) \begin{pmatrix} c_{11} & c_{12} & \cdots & c_{1n} \\ c_{21} & c_{22} & \cdots & c_{2n} \\ \vdots & \vdots & & \vdots \\ c_{n1} & c_{n2} & \cdots & c_{nn} \end{pmatrix} \begin{pmatrix} y_1 \\ y_2 \\ \vdots \\ y_n \end{pmatrix}.$$

局中人 1 的期望值方程为

$$\begin{cases} c_{11}x_1 + c_{21}x_2 + \cdots + c_{n1}x_n = V, \\ c_{12}x_1 + c_{22}x_2 + \cdots + c_{n2}x_n = V, \\ \quad\quad \cdots\cdots\cdots\cdots \\ c_{1n}x_1 + c_{2n}x_2 + \cdots + c_{nn}x_n = V, \\ \quad\quad x_1 + x_2 + \cdots + x_n = 1. \end{cases} \tag{10.22}$$

解得局中人 1 的最优混合策略为

$$\boldsymbol{x}^* = (x_1^*, x_2^*, \cdots, x_n^*)^{\mathrm{T}}.$$

局中人 2 的期望值方程为

$$
\begin{cases}
c_{11}y_1 + c_{12}y_2 + \cdots + c_{1n}y_n = V, \\
c_{21}y_1 + c_{22}y_2 + \cdots + c_{2n}y_n = V, \\
\qquad \cdots\cdots\cdots\cdots \\
c_{n1}y_1 + c_{n2}y_2 + \cdots + c_{nn}y_n = V, \\
y_1 + y_2 + \cdots + y_n = 1.
\end{cases}
\tag{10.23}
$$

解得局中人 2 的最优混合策略为 $\boldsymbol{y}^* = (y_1^*, y_2^*, \cdots, y_n^*)^{\mathrm{T}}$.

因此, 博弈值 $V_G = V^*$.

例 10.5　某厂用 3 种不同的设备加工两种不同的产品, 已知 3 种设备分别加工两种产品时单位时间内创造的价值如表 10-3 所示. 表 10-3 中出现的负值是由于设备的消耗大于创造出的价值. 在上述情况下, 求出一个合理的加工方案.

表 10-3

使用设备	被加工产品	
	β_1	β_2
α_1	9	-3
α_2	5	-4
α_3	-2	2

解　此问题可看成一个博弈问题, 盈利矩阵为

$$
C = \begin{pmatrix} 9 & -3 \\ 5 & -4 \\ -2 & 2 \end{pmatrix}, \quad S_1 = \{\alpha_1, \alpha_2, \alpha_3\}, \quad S_2 = \{\beta_1, \beta_2\},
$$

其中 S_1 是局中人 1(工厂) 的策略集, S_2 是局中人 2(产品) 的策略集, 产品是 "虚拟局中人". 显然, 矩阵 C 存在优超策略. 由于第一行的元素大于第二行的元素, 因此局中人 1 的策略 α_1 优超于 α_2, 将 α_2 划去 (故 $x_2=0$). 用优超原则化简后的盈利矩阵变为

$$
C' = \begin{pmatrix} 9 & -3 \\ -2 & 2 \end{pmatrix}.
$$

与 C' 对应的局中人 1 的期望值方程为

$$
\begin{cases}
9x_1 - 2x_3 = V, \\
-3x_1 + 2x_3 = V, \\
x_1 + x_3 = 1.
\end{cases}
$$

解得

$$x_1^* = \frac{1}{4}, \quad x_3^* = \frac{3}{4}, \quad V^* = \frac{3}{4}.$$

与 C' 对应的局中人 2 的期望值方程为

$$\begin{cases} 9y_1 - 3y_2 = V, \\ -2y_1 + 2y_2 = V, \\ y_1 + y_2 = 1. \end{cases}$$

解得

$$y_1^* = \frac{5}{16}, \quad y_2^* = \frac{11}{16}, \quad V^* = \frac{3}{4}.$$

从而原博弈的混合策略解为

$$\boldsymbol{x}^* = \left(\frac{1}{4}, 0, \frac{3}{4}\right)^{\mathrm{T}}, \quad \boldsymbol{y}^* = \left(\frac{5}{16}, \frac{11}{16}\right)^{\mathrm{T}}, \quad V_G^* = \frac{3}{4}.$$

即工厂分别以 $\frac{1}{4}$ 及 $\frac{3}{4}$ 的概率随机使用设备 α_1 及 α_3, 而产品分别以 $\frac{5}{16}$ 及 $\frac{11}{16}$ 的概率被加工, 创造的价值为 $\frac{3}{4}$.

④线性规划法. 该方法适用于化简后的盈利矩阵是 $m \times n$ 矩阵的无鞍点博弈问题. 设局中人 1 的混合策略为 $\boldsymbol{x} = (x_1, x_2, \cdots, x_m)^{\mathrm{T}}$, 局中人 2 的混合策略为 $\boldsymbol{y} = (y_1, y_2, \cdots, y_n)^{\mathrm{T}}$, 盈利矩阵为

$$C = \begin{pmatrix} c_{11} & c_{12} & \cdots & c_{1n} \\ c_{21} & c_{22} & \cdots & c_{2n} \\ \vdots & \vdots & & \vdots \\ c_{m1} & c_{m2} & \cdots & c_{mn} \end{pmatrix},$$

则得失期望值为

$$V = E(\boldsymbol{x}, \boldsymbol{y}) = \boldsymbol{x}^{\mathrm{T}} A \boldsymbol{y} = \sum_{i=1}^{m} \sum_{j=1}^{n} x_i c_{ij} y_j,$$

且满足

$$\sum_{i=1}^{m} x_i = 1, \quad \sum_{j=1}^{n} y_j = 1.$$

不妨设 $V > 0$, 否则令 $c_{ij}' = c_{ij} + d$, 使得 $V' = V + d > 0$. 根据定理 10.5, 可作变量替换:

$$x_i' = \frac{x_i}{V}, \quad i = 1, 2, \cdots, m,$$
$$y_j' = \frac{y_j}{V}, \quad j = 1, 2, \cdots, n.$$

再结合定理 10.9 的平移同解性, 可得下列两个互为对偶的线性规划模型:

$$\max g\left(y_j'\right) = \frac{1}{V} = \sum_{j=1}^{n} y_j';$$

$$\text{s.t.} \begin{cases} \sum_{j=1}^{n} c_{ij} y_j' \leqslant 1, & i = 1, 2, \cdots, m, \\ y_j' \geqslant 0, & j = 1, 2, \cdots, n. \end{cases} \tag{10.24}$$

$$\min f(x_i') = \frac{1}{V} = \sum_{i=1}^{n} x_i';$$

$$\text{s.t.} \begin{cases} \sum_{i=1}^{m} c_{ij} x_i' \geqslant 1, & j = 1, 2, \cdots, n, \\ x_i' \geqslant 0, & i = 1, 2, \cdots, m. \end{cases} \tag{10.25}$$

解出其中一个线性规划问题, 再利用对偶性, 可得另一个线性规划问题的最优解, 由此得两个局中人的最优混合策略及最优博弈值 V_{G^*}.

设 $G^* = \{S_1^*, S_2^*; E\}$ 是 $G = \{S_1, S_2; C\}$ 的混合扩充, 则用线性规划法求 G^* 的混合策略解的步骤可归纳如下.

步骤 1: 先分析博弈 $G = \{S_1, S_2; C\}$ 有没有纯策略解, 例如, 当 $G = \{S_1, S_2; C_{3 \times 4}\}$ 时, 若 (α_1, β_4) 是 G 的纯策略解, 则令 $\boldsymbol{x}^* = (1, 0, 0)^{\mathrm{T}}$, $\boldsymbol{y}^* = (0, 0, 0, 1)^{\mathrm{T}}$, $(\boldsymbol{x}^*, \boldsymbol{y}^*)$ 即为 G^* 的解.

步骤 2: 分析 G 是否存在优超策略, 若有, 则按优超原则进行化简.

步骤 3: 必要时把 C 平移常数 d, 使全部 $c_{ij} \geqslant 1$.

步骤 4: 用单纯形法解 (10.24) 式或用对偶单纯形法解 (10.25) 式, 分别得此两模型的最优解 $\boldsymbol{x}'$ 与 $\boldsymbol{y}'$ 及其最优值 $z > 0$.

步骤 5: 令 $V = \dfrac{1}{z}$, 则局中人 1 的最优混合策略 $\boldsymbol{x}^* = V\boldsymbol{x}'$, 局中人 2 的最优混合策略 $\boldsymbol{y}^* = V\boldsymbol{y}'$, 并注意被优超的纯策略对应的概率为 0, G^* 的值 $V_{G^*} = V - d$.

例 10.6 某小城市有两家超级市场相互竞争, 超级市场 A 有 3 个广告策略, 超级市场 B 有 2 个广告策略. 已经算出当双方采取不同的广告策略时, A 方所占有的市场份额增加的百分数, 见表 10-4.

表 10-4

A \ B	β_1	β_2
α_1	1	-1
α_2	-1	2
α_3	0	1

解 A 方的策略集 $S_1 = \{\alpha_1, \alpha_2, \alpha_3\}$, B 方的策略集 $S_2 = \{\beta_1, \beta_2\}$, 且

$$C = \begin{pmatrix} 1 & -1 \\ -1 & 2 \\ 0 & 1 \end{pmatrix}, \quad G = \{S_1, S_2; C\}.$$

经分析, G 无纯策略解, 也不存在优超策略, 但 C 中元素有负值出现, 令 $c'_{ij} = c_{ij} + 2$, 得矩阵

$$C' = \begin{pmatrix} 3 & 1 \\ 1 & 4 \\ 2 & 3 \end{pmatrix},$$

对应 (10.25) 式的模型为

$$\min z = x_1 + x_2 + x_3;$$
$$\text{s.t.} \begin{cases} 3x_1 + x_2 + 2x_3 \geqslant 1, \\ x_1 + 4x_2 + 3x_3 \geqslant 1, \\ x_i \geqslant 0 \, (i = 1, 2, 3). \end{cases}$$

解得最优解 $\boldsymbol{x}' = \left(\dfrac{1}{7}, 0, \dfrac{2}{7}\right)^{\mathrm{T}}$, 最优值 $z = \dfrac{3}{7}$, 同时也得到对偶问题的最优解 $\boldsymbol{y}' = \left(\dfrac{2}{7}, \dfrac{1}{7}\right)^{\mathrm{T}}$. 令 $V = \dfrac{1}{z} = \dfrac{7}{3}$, 从而

$$\boldsymbol{x}^* = V\boldsymbol{x}' = \left(\dfrac{1}{3}, 0, \dfrac{2}{3}\right)^{\mathrm{T}}, \quad \boldsymbol{y}^* = V\boldsymbol{y}' = \left(\dfrac{2}{3}, \dfrac{1}{3}\right)^{\mathrm{T}}$$

分别为 A 方和 B 方的最优策略, G^* 的值 $V_{G^*} = V - 2 = \dfrac{1}{3}$, 即 A 方分别以概率 $\dfrac{1}{3}$ 和 $\dfrac{2}{3}$ 随机采用广告策略 α_1 和 α_3, B 方分别以概率 $\dfrac{2}{3}$ 和 $\dfrac{1}{3}$ 随机采用广告策略 β_1 和 β_2, A 方的市场份额增加 33.3%.

2. 无鞍点的二人有限常数和博弈方法

无鞍点的二人有限常数和博弈在实际中更常见, 正如有鞍点的常数和情形一样, 当将 "常数" 看成抽象的 "0" 时, 就转化成了前面无鞍点的二人有限零和博弈的情形, 其解法完全相同. 而狭义上的二人零和博弈本身是二人常数和博弈的特殊情形. 不妨也将二人有限常数和博弈从广义上也称为二人有限零和博弈, 在此不再赘述.

10.2.2 无鞍点的二人有限常数和博弈方法能解决的经济问题

(1) 超市网点的合理布局且无纯策略解的问题.

(2) 两家垄断企业的市场竞争策略博弈且无纯策略解的问题.

(3) 工厂用不同设备加工不同产品的加工方案确定问题, 且无纯策略解的情形.

(4) 两家公司对某产品的最优广告策略确定问题, 且无纯策略解的情形.

10.2.3 无鞍点的二人有限常数和博弈方法评析

(1) 公式法、图解法、方程组法及线性规划法在使用前均需对盈利矩阵进行事先分析, 看是否存在纯策略解, 是否存在优超策略, 必要时要对盈利矩阵用优超原则进行化简. 4 种方法都主要针对无纯策略解的情形. 对于有纯策略解的情形, 可看成混合策略解的特殊情况, 但其解法可以比这 4 种方法更简单.

(2) 4 种方法均基于稳妥性原则, 双方均持保守的观点寻找均衡混合局势.

(3) 公式法适用于化简后盈利矩阵为 2×2 矩阵的情形, 简单实用.

(4) 图解法直观, 适用于化简后盈利矩阵是 $2\times n$ 矩阵或 $m\times2$ 矩阵的情形. 也可用于 $3\times n$ 矩阵或 $m\times3$ 矩阵的博弈情形, 但是当 m 和 n 同时大于 3 时, 图解法不适用.

(5) 方程组法适用于化简后盈利矩阵为 $n\times n$ 方阵的情形. 该方法不能对所有的有解盈利矩阵均得到正确答案, 有可能出现概率为负的答案, 这是因为该方法本身没有顾及变量非负的要求. 如果出现了负的概率, 即 x^* 或 y^* 中含有负分量的情形, 可视具体情况, 将 (10.22) 式与 (10.23) 式中的某些等式改成不等式, 继续试算求解, 直至求出博弈的解. 这种方法由于事先假设 x_i^* 和 y_j^* 均不为零, 故当 x^* 和 y^* 的实际分量中有些为零时, (10.22) 式与 (10.23) 式一般无非负解, 而试算过程又无固定规程可循, 所以这种方法在实际应用中有一定的局限性.

(6) 线性规划法最具有一般性, 适合于盈利矩阵为 $m\times n$ 矩阵的任何情形. 它既顾及变量非负的要求, 又同时适用于非方阵的盈利矩阵, 应用十分广泛. 线性规划法以较多的定理为理论基础, 例如稳妥性原则、平移同解性, 以及用优超原则化简后对最优解的影响方面的定理等等. 提供这些定理的目的并不在于定理的推导, 重点在于帮助理解线性规划法的求解步骤, 便于其正确应用. 如果不使用计算机软件, 线性规划法的求解会涉及单纯形法或对偶单纯形法的繁琐计算, 但使用软件工具后, 其计算会十分容易而快捷.

(7) 利用优超原则化解盈利矩阵时, 有可能将原博弈的解也划去一些, 这种情况在 m 和 n 均大于 3 时仍然可能发生.

(8) 混合策略解可能不唯一, 甚至有可能是无穷多个, 但博弈值唯一.

(9) 公式法、图解法、方程组法和线性规划法这 4 种方法计算结果完全一致. 若使用软件, 例如 OR-CAI 软件或 WinQSB 软件, 并不区分哪种方法, 直接输入数据便能得到想要的结果.

(10) 对无鞍点有限常数和博弈方法的应用关键仍不在于计算, 而在于如何将实际问题抽象成博弈模型 $G = \{S_1, S_2; C\}$, 难点也在模型建立上.

10.3 二人有限非常数和博弈方法

二人非常数和博弈, 是指同一纯局势下, 两个局中人的盈利之和不为常数, 因而不能像以前一样, 只用一个盈利矩阵就可反映两方的得失. 由于每人的盈利矩阵不同, 因而这类博弈又称为双矩阵对策. 这类博弈的解也包括纯策略解和混合策略解两种情形.

10.3.1 方法介绍及案例

1. 纯策略解情形

(1) 基本概念.

设有两个局中人 A 和 B, 其中 A 的策略集 $S_1 = \{\alpha_1, \alpha_2, \cdots, \alpha_m\}$, B 的策略集 $S_2 = \{\beta_1, \beta_2, \cdots, \beta_n\}$, 局中人 A 的盈利矩阵为 $C^A = \left(c_{ij}^A\right)_{m \times n}$, 局中人 B 的盈利矩阵为 $C^B = \left(c_{ij}^B\right)_{m \times n}$, 将博弈记为 $G = \{A, B; S_1, S_2; C^A, C^B\}$ 或 $G = \{S_1, S_2; C^A, C^B\}$. 局中人 A, B 的盈利矩阵可表示为表 10-5 的形式.

表 10-5

α_i \ β_j	β_1	β_2	$\cdots$	β_n
α_1	(c_{11}^A, c_{11}^B)	(c_{12}^A, c_{12}^B)	$\cdots$	(c_{1n}^A, c_{1n}^B)
α_2	(c_{21}^A, c_{21}^B)	(c_{22}^A, c_{22}^B)	$\cdots$	(c_{2n}^A, c_{2n}^B)
$\vdots$	$\vdots$	$\vdots$		$\vdots$
α_m	(c_{m1}^A, c_{m1}^B)	(c_{m2}^A, c_{m2}^B)	$\cdots$	(c_{mn}^A, c_{mn}^B)

定义 10.6 设 $G = \{S_1, S_2; C^A, C^B\}$ 是一二人有限非常数和博弈, 若等式

$$c_{i^*j^*}^A = \min_j \max_i \left(c_{ij}^A\right), \quad c_{i^*j^*}^B = \min_i \max_j \left(c_{ij}^B\right) \tag{10.26}$$

成立, 记 $V_A = c_{i^*j^*}^A$, 并称 V_A 为局中人 A 的盈利值; 记 $V_B = c_{i^*j^*}^B$, 并称 V_B 为局中人 B 的盈利值, 则称 $(\alpha_{i^*}, \beta_{j^*})$ 为 G 在纯策略意义下的解, 或称纳什 (Nash) 均衡点, 称 α_{i^*} 和 β_{j^*} 分别为局中人 A, B 的最优纯策略.

(2) 纳什均衡的求解方法.

该方法有两种解法:

①直接利用定义 10.6 求纳什均衡.

②纳什均衡画线法 (对 $G = \{S_1, S_2; C^A, C^B\}$):

a. 在表 10-5 中, 考虑 A 的选择. 若 B 选择 β_1, 比较第一列中 A 的各盈利值大小, 若 $\max\{c_{11}^A, c_{21}^A, \cdots, c_{m1}^A\} = c_{i_1^*1}^A$, 则在 $c_{i_1^*1}^A$ 的数值下画一杠; 若 B 选择 β_2, 比较第二列中 A 的各盈利值大小, 若 $\max\{c_{12}^A, c_{22}^A, \cdots, c_{m2}^A\} = c_{i_2^*2}^A$, 则在 $c_{i_2^*2}^A$ 的数值下画一杠 …… 类似地, 若 B 选择 β_n, 则比较第 n 列中 A 的各盈利值大小, 若 $\max\{c_{1n}^A, c_{2n}^A, \cdots, c_{mn}^A\} = c_{i_n^*n}^A$, 则在 $c_{i_n^*n}^A$ 的数值下画一杠.

b. 在表 10-5 中, 考虑 B 的选择. 若 A 选择 α_1, 比较第一行中 B 的各盈利值大小, 若 $\max\{c_{11}^B, c_{12}^B, \cdots, c_{1n}^B\} = c_{1j_1^*}^B$, 则在 $c_{1j_1^*}^B$ 的数值下画一杠; 若 A 选择 α_2, 比较第二行中 B 的各盈利值大小, 若 $\max\{c_{21}^B, c_{22}^B, \cdots, c_{2n}^B\} = c_{2j_2^*}^B$, 则在 $c_{2j_2^*}^B$ 的数值下画一杠 …… 类似地, 若 A 选择 α_m, 则比较第 m 行中 B 的各盈利值大小, 若 $\max\{c_{m1}^B, c_{m2}^B, \cdots, c_{mn}^B\} = c_{mj_m^*}^B$, 则在 $c_{mj_m^*}^B$ 的数值下画一杠.

c. 观察盈利矩阵中画杠的情况, 若同一纯局势 $(\alpha_{i^*}, \beta_{j^*})$ 下 A 和 B 的盈利值下面均被画了杠, 则该局势 $(\alpha_{i^*}, \beta_{j^*})$ 为博弈的纯策略解, 或称为纳什均衡点, 而 α_{i^*} 和 β_{j^*} 分别为局中人 A 和 B 的最优纯策略. 否则不存在纯策略解.

例 10.7 用两种方法求 "囚徒困境" 的纳什均衡点, 已知囚犯 A 和囚犯 B 的盈利矩阵如表 10-6 所示, 表中的数值表示判刑的年数.

表 10-6

	坦白	不坦白
坦白	$(-3, -3)$	$(0, -10)$
不坦白	$(-10, 0)$	$(-1, -1)$

（B 为列标题, A 为行标题）

解法一 用定义 10.6 中给出的求解方法, 有

$$\min_j \max_i \left(c_{ij}^A\right) = \min_j \{-3, 0\} = -3 = c_{11}^A,$$
$$\min_i \max_j \left(c_{ij}^B\right) = \min_i \{-3, 0\} = -3 = c_{11}^B,$$

所以, (α_1, β_1) 即 (坦白, 坦白) 是所求的纳什均衡点. 两人均选 "坦白" 为最优纯策略, 各自被判 3 年徒刑.

解法二 用纳什均衡画线法. 考虑 A: 当 B 选择 "坦白" 时, 因为 $-3 > -10$, 所以 A 的最优选择是 "坦白", 在 -3 的下面画一杠; 当 B 选择 "不坦白" 时, 因为 $0 > -1$, 所以 A 的最优选择是 "坦白", 在 0 的下面画一杠. 再考虑 B: 当 A 选择 "坦白" 时, 因为 $-3 > -10$, 所以 B 的最优选择是 "坦白", 在 -3 下面画一杠; 当 A 选择 "不坦白" 时, 因为 $0 > -1$, 所以 B 的最优选择是 "坦白", 在 0 的下面画一杠, 最后发现在 (坦白, 坦白) 下, A 和 B 的盈利数下面均被画了杠, 从而 (坦白, 坦白) 为纳什均衡点, 整个求解过程见表 10-7.

表 10-7

A ＼ B	坦白	不坦白
坦白	$(-\underline{3}, -\underline{3})$	$(\underline{0}, -10)$
不坦白	$(-10, \underline{0})$	$(-1, -1)$

2. 混合策略解情形

如果不存在使 (10.26) 式成立的纯策略解, 则类似于二人常数和博弈需要求混合策略解.

(1) 基本概念及定理.

定义 10.7　在博弈 $G = \{S_1, S_2; C^A, C^B\}$ 中, 设 $\mathscr{A}$ 和 $\mathscr{B}$ 分别为 A 和 B 的策略集, 若存在策略对 $\bar{x} \in \mathscr{A}, \bar{y} \in \mathscr{B}$, 使得

$$\begin{cases} \boldsymbol{x}^{\mathrm{T}} C^A \bar{\boldsymbol{y}} \leqslant \bar{\boldsymbol{x}}^{\mathrm{T}} C^A \bar{\boldsymbol{y}} & \forall \boldsymbol{x} \in \mathscr{A}, \\ \bar{\boldsymbol{x}}^{\mathrm{T}} C^B \boldsymbol{y} \leqslant \bar{\boldsymbol{x}}^{\mathrm{T}} C^B \bar{\boldsymbol{y}}, & \forall \boldsymbol{y} \in \mathscr{B}, \end{cases} \tag{10.27}$$

则称 $(\bar{x}, \bar{y})$ 为 G 的一个非合作平衡点, 记 $V_A = \bar{\boldsymbol{x}}^{\mathrm{T}} C^A \bar{\boldsymbol{y}}, V_B = \bar{\boldsymbol{x}}^{\mathrm{T}} C^B \bar{\boldsymbol{y}}$, 则称 V_A, V_B 分别为局中人 A, B 的盈利值.

定理 10.10　每个二人有限非常数和博弈至少存在一个非合作平衡点.

定理 10.11　混合策略 $(\bar{\boldsymbol{x}}, \bar{\boldsymbol{y}})$ 为博弈 $G = \{S_1, S_2; C^A, C^B\}$ 的平衡点的充要条件是

$$\begin{cases} \displaystyle\sum_{j=1}^{n} c_{ij}^A \bar{y}_j \leqslant \bar{\boldsymbol{x}}^{\mathrm{T}} C^A \bar{\boldsymbol{y}}, & i = 1, 2, \cdots, m, \\ \displaystyle\sum_{i=1}^{m} c_{ij}^B \bar{\boldsymbol{x}}_i \leqslant \bar{\boldsymbol{x}}^{\mathrm{T}} C^B \bar{\boldsymbol{y}}, & j = 1, 2, \cdots, n. \end{cases} \tag{10.28}$$

(2) 混合策略解的求解方法.

由定义 10.7 知, 求混合策略解就是求非合作博弈的平衡点. 又根据定理 10.11, 求解非合作博弈的平衡点就是求解满足不等式约束 (10.28) 的可行点. 因此, 求混合策略解的问题就是将其转化为求不等式约束 (10.28) 的可行点. 而这点很容易通过 Lingo 软件来实现.

例 10.8　有甲、乙两支游泳队举行包括 3 个项目的对抗赛, 这两支游泳队各有一名健将级运动员 (甲队为李、乙队为王) 在 3 个项目中成绩很突出, 但规则准许他们每个人分别只能参加两项比赛, 而每队的其他两名运动员则可参加全部的 3 项比赛. 各名运动员的成绩如表 10-8 所示. 试考虑两队分别采取的策略.

表 10-8 (单位: 秒)

项目	甲队			乙队		
	赵	钱	李	王	张	孙
100 米蝶泳	54.7	58.2	52.1	53.6	56.4	59.8
100 米仰泳	62.2	63.4	58.2	56.5	59.7	61.5
100 米蛙泳	69.1	70.5	65.3	67.8	68.4	71.3

解 设 $\alpha_1, \alpha_2, \alpha_3$ 分别表示甲队中李姓健将不参加蝶泳、仰泳、蛙泳比赛的策略; $\beta_1, \beta_2, \beta_3$ 分别表示乙队中王姓健将不参加蝶泳、仰泳、蛙泳比赛的策略. $S_1 = \{\alpha_1, \alpha_2, \alpha_3\}, S_2 = \{\beta_1, \beta_2, \beta_3\}$, 下面确定盈利矩阵.

当甲队采用 α_1, 乙队采用 β_1 时, 在 100 米蝶泳中, 甲队中赵获第一钱获第三, 得 6 分; 乙队中张获第二, 得 3 分. 在 100 米仰泳中, 甲队中李获第二, 得 3 分; 乙队中王获第一, 张获第三, 得 6 分. 在 100 米蛙泳中, 甲队中李获第一, 得 5 分; 乙队中王获第二, 张获第三, 得 4 分. 即对应于策略 (α_1, β_1), 甲、乙两队的总得分 (即盈利) 为 $(14, 13)$. 类似地, 根据表 10-8 的数据可算出其他策略下甲、乙两队各自的总得分, 如表 10-9 所示.

表 10-9

甲 \ 乙	β_1	β_2	β_3
α_1	($\underline{14}$, 13)	($\underline{13}$, 14)	(12, $\underline{15}$)
α_2	(13, 14)	(12, $\underline{15}$)	(12, $\underline{15}$)
α_3	(12, 15)	(12, $\underline{15}$)	($\underline{13}$, 14)

首先利用纳什均衡划线法, 发现该博弈 $G = \{S_1, S_2; C_A, C_B\}$ 没有纯策略解, 根据定理 10.10, 必存在非合作平衡点, 即混合策略解. 根据定理 10.11, 只要求出 (10.28) 式所示的不等式约束的可行点即可. 由于人工计算较繁而用 Lingo 软件计算很容易, 因此此处只给出计算结果, 相应的 Lingo 程序将在 10.4 节软件介绍中详细给出. 计算结果为

$$\bar{x} = (0.5, 0, 0.5)^{\mathrm{T}}, \quad \bar{y} = (0, 0.5, 0.5)^{\mathrm{T}},$$

即甲队采用 α_1, α_3 策略各占 50%, 乙队采用 β_2, β_3 策略各占 50%, 甲队的平均得分为 12.5 分, 乙队的平均得分为 14.5 分.

10.3.2 二人有限非常数和博弈方法能解决的经济问题

(1) 两家商店的价格竞争问题.

(2) 市场进入阻挠问题. 即一种市场上存在一个垄断企业, 另一个企业希望进入这一市场, 垄断者为了保持自己的地位进行阻挠. 进入者可以选择 "进入" 与 "不

进入", 垄断者可以选择 "默许" 和 "阻挠". 这一问题可能存在纯策略的纳什均衡, 也可能只存在混合策略的纳什均衡.

(3) 社会福利问题. 例如, 如何确定对于贫困家庭的救济政策及力度的问题. 在政府和贫困家庭之间会构成一个二人有限非常数和博弈. 又如, 政府与流浪者之间的博弈, 政府是否要对流浪者实施救济? 流浪者是继续流浪还是寻找工作?

(4) 税收机关与纳税人之间的博弈. 税收机关是否检查纳税情况? 纳税人是否逃税?

(5) 公司与采购员之间的博弈. 公司是否需要监督采购员的违规现象 (例如拿回扣)? 采购员是拿回扣? 还是不拿回扣?

(6) 经济体制或政治体制的改革问题.

(7) 反腐败问题.

(8) 打击假冒伪劣现象的问题.

10.3.3   对二人有限非常数和博弈方法的评析

(1) 二人有限非常数和博弈在实际中比常数和博弈情形更普遍. 它可能存在纯策略解, 也可能不存在纯策略解. 当存在纯策略解时可用两种方法求纳什均衡点: 一是直接利用定义 10.6 提供的方法; 二是按纳什均衡画线法. 若不存在纯策略的纳什均衡解, 则可求混合策略解, 即非合作平衡点 (又称为混合策略的纳什均衡), 此时用定理 10.11 提供的方法求解, 即解 (10.28) 式的不等式约束的可行点, 建议用 Lingo 软件求解.

(2) 纳什均衡是完全信息静态博弈解的一般概念, 纳什均衡有严格的概念和哲学意义, 请参阅有关博弈论教材. 纳什均衡的思想也可简单地叙述为: 其中每个局中人选择的策略均是对其他局中人所选策略的最佳反应.

(3) 按该方法求出的纳什均衡可能是唯一的, 也可能不是唯一的. 当存在多个纳什均衡点时, 哪一个会成为现实中出现或者理应出现的理性结局, 是一个难以解决的问题. 另外, 有的纳什均衡并不合理.

(4) 该方法的目的就是寻找纯策略的纳什均衡点或混合策略的纳什均衡点, 所以需要进一步对结果有明确认识及合理解释. 纳什均衡有强弱之分. 强纳什均衡是指每个局中人对于对手的策略有唯一的最佳反应, 具有稳定性, 即使盈利中出现微小的扰动, 强纳什均衡仍保持不变, 而且会由于局中人改变策略而使其利益受损, 因此局中人有维持均衡策略的动力. 而弱纳什均衡则是最常用的纳什均衡概念, 可能存在局中人认为均衡策略与其他策略之间无差异的情形, 它并不能保证局中人一定会选择均衡策略. 不过强纳什均衡也有弱点: 即使在混合策略的意义下, 也不能保证其存在性, 在相当多的博弈局势中没有强纳什均衡.

(5) 当纯策略解不唯一时, 也存在混合策略的平衡点.

10.4　博弈方法软件介绍

针对二人有限常数和 (零和) 博弈 (即矩阵对策), 无论是否有鞍点, 即无论是存在纯策略解, 还是存在混合策略解, 均可用 WinQSB 软件及 OR-CAI 软件轻松实现. 在本章前面各节内容中, 我们分别介绍了不同类型的博弈有不同的求解方法, 尤其对无鞍点的二人有限零和博弈, 根据不同的适用范围, 有图解法、公式法、方程组法和线性规划法, 但若用软件来实现, 则无需区分哪种解法, 均会得到统一的正确结果. 在用 WinQSB 软件和 OR-CAI 软件求解时, 只需输入两个局中人的策略数目, 以及局中人 1 的盈利矩阵, 按界面提示进行简单操作便可得到求解结果.

此外, 对于二人有限常数和博弈中无鞍点的情形, 用线性规划法还可通过 Lingo 软件编程实现, 用方程组法还可通过 Matlab 软件实现. 不过, 这两个软件均需要有一定的编程基础, 因而使用起来没有 WinQSB 软件和 OR-CAI 软件方便. 但是对于二人有限非常数和博弈, WinQSB 软件和 OR-CAI 软件均无此项功能, 因此最好选择用 Lingo 软件编程实现, 一旦掌握了 Lingo 编程技巧, 就可解决更多更难的大型优化问题.

下面利用本章前面各节所述的典型例子, 示范一下求博弈均衡解的软件实现过程.

例 10.9　用 WinQSB 软件求解例 10.2 中的博弈问题.

解　这是一个有鞍点的二人有限常数和博弈, 用 WinQSB 软件的实现步骤如下.

步骤 1: 启动子程序 Decision Analysis. 进入决策分析主界面, 再点击 "File|New Problem", 并选择 "Two-player, Zero-sum Game", 输入本例中两个局中人各自的策略数, 如图 10-4 所示.

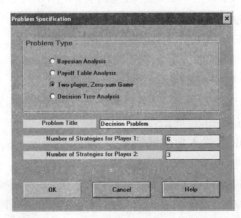

图 10-4

步骤 2：点击 "OK"，进入数据编辑界面，输入局中人 1 的盈利矩阵，如图 10-5 所示.

Player1 \ Player2	Strategy2-1	Strategy2-2	Strategy2-3
Strategy1-1	0.67	0.60	0.60
Strategy1-2	0.50	0.67	0.57
Strategy1-3	0.50	0.57	0.67
Strategy1-4	0.70	0.75	0.70
Strategy1-5	0.70	0.70	0.75
Strategy1-6	0.60	0.72	0.72

图 10-5

步骤 3：点击 "Solve and Analyze| Solve the Problem"，得结果，如图 10-6 所示.

11-12-2008	Player	Strategy	Dominance	Elimination Sequence
1	1	Strategy1-1	Dominated by Strategy1-4	1
2	1	Strategy1-2	Dominated by Strategy1-4	2
3	1	Strategy1-3	Dominated by Strategy1-4	3
4	1	Strategy1-4	Not Dominated	
5	1	Strategy1-5	Dominated by Strategy1-4	6
6	1	Strategy1-6	Dominated by Strategy1-4	7
7	2	Strategy2-1	Not Dominated	
8	2	Strategy2-2	Dominated by Strategy2-1	4
9	2	Strategy2-3	Dominated by Strategy2-1	5
***	Saddle	Point	(Equilibrium)	is Achieved!!
	The Best	Pure	Strategy for Player 1:	Strategy1-4
	The Best	Pure	Strategy for Player 2:	Strategy2-1
	Stable	Payoff	for Player 1 =	0.70
	Player 1	is	Winning!!!	

图 10-6

可见，该博弈存在鞍点，即有纯策略解 (α_4, β_1)，博弈值为 $V_G = 0.7$，即甲公司在东城区、南城区各建一个超市，而乙公司在东城区建一个超市，分别为甲公司和乙公司的最优 (纯) 策略. 此时，甲公司的市场占有率为 70%，而乙公司的市场占有率为 $1-70\% = 30\%$ (因为是常数和博弈，常数和等于 1).

例 10.10 用 WinQSB 软件求解例 10.6 中的博弈问题.

解 这是一个无鞍点的二人有限常数和博弈 (例 10.6 中用的是线性规划法求解)，现采用 WinQSB 软件的实现过程如下.

步骤 1：同例 10.9 的步骤 1，只需将局中人 1 的策略数改输入为 3，局中人 2 的策略数改为 2，得图 10-7.

步骤 2：点击 "OK"，进入数据编辑界面，输入局中人 1 的盈利矩阵，如图 10-8 所示.

步骤 3：点击 "Solve and Analyze|Solve the Problem"，得结果，如图 10-9 所示.

可见，该博弈无纯策略解，但有混合策略解，局中人 1 的最优混合策略是 (0.33, 0, 0.67)^T，局中人 2 的最优混合策略是 (0.67, 0.33)^T，博弈值 $V_G = 0.33$，即局中人 1

分别以 0.33 和 0.67 的概率随机采用广告策略 α_1 和 α_2, 局中人 2 分别以 0.67 和 0.33 的概率采用广告策略 β_1 和 β_2, 局中人 1(即 A 方) 的市场份额增加 33%.

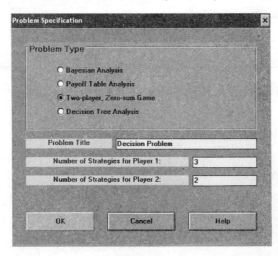

图 10-7

Player1 \ Player2	Strategy2-1	Strategy2-2
Strategy1-1	1	-1
Strategy1-2	-1	2
Strategy1-3	0	1

图 10-8

11-12-2008	Player	Strategy	Dominance	Elimination Sequence
1	1	Strategy1-1	Not Dominated	
2	1	Strategy1-2	Not Dominated	
3	1	Strategy1-3	Not Dominated	
4	2	Strategy2-1	Not Dominated	
5	2	Strategy2-2	Not Dominated	
	Player	Strategy	Optimal Probability	
1	1	Strategy1-1	0.33	
2	1	Strategy1-2	0	
3	1	Strategy1-3	0.67	
1	2	Strategy2-1	0.67	
2	2	Strategy2-2	0.33	
	Expected	Payoff	for Player 1 =	0.33

图 10-9

下面再以一最常见的混合策略例子说明线性规划法的 Lingo 软件实现.

例 10.11   甲、乙两名儿童玩 "石头 — 剪子 — 布" 的游戏, 石头胜剪子、剪子胜布、布胜石头. 那么, 甲、乙儿童应如何做, 才使自己获胜的可能性最大?

解   先写出局中人 1(甲) 的盈利矩阵, 见表 10-10.

表 10-10

甲 ＼ 乙	石头	剪子	布
石头	0	1	−1
剪子	−1	0	1
布	1	−1	0

该博弈无纯策略解, 下面用线性规划法求解. 可直接根据上述盈利矩阵及下述线性规划问题编写 Lingo 程序:

$$\max V_A;$$
$$\text{s.t.} \sum_{i=1}^{m} c_{ij} x_i \geqslant V_A,$$
$$\sum_{i=1}^{m} x_i = 1,$$
$$x_i \geqslant 0 (i = 1, 2, \cdots, m).$$

编写的 Lingo 程序如下.

```
model:
1] sets:
2] playerA/1..3/: X;
3] playerB/1..3/;
4] game(playerA, playerB); C;
5] endsets
6] data:
7] C= 0   1   -1
8]   -1   0   1
9]    1  -1   0
10] enddata
11] max=V_A;
12] @free(V_A);
13] @for(playerB(j):
14] @sum(playerA(i): C(i, j)*X(i))>=V_A);
15] @sum(playerA: X)=1;
end
```

得到最优解, (只保留相关部分):

```
Global optimal solution found at iteration: 3
```

```
objective value                              0.000000
        Variable        Value              Reduced Cost
        V_A             0.000000           0.000000
        X(1)            0.3333333          0.000000
        X(2)            0.3333333          0.000000
        X(3)            0.3333333          0.000000
```

即儿童甲分别以 $\frac{1}{3}$ 的概率出石头、剪子、布, 其盈利为 0, 对儿童乙也有同样的结论.

例 10.12 用 Lingo 软件求例 10.8 中的二人有限非常数和博弈的混合策略解 (即混合策略纳什均衡).

解 即用 Lingo 程序求解 (10.28) 式的不等式约束的可行点, 程序如下.

```
model
1] sets:
2] optA/1..3/: X;
3] optB/1..3/: Y;
4] AXB(optA, optB): Ca, Cb;
5] endsets
6] data:
7] Ca=14 13 12
8]    13 12 12
9]    12 12 13;
10] Cb=13 14 15
11]    14 15 15
12]    15 15 15;
13] enddata
14] Va=@sum(AXB(i, j): Ca(i, j)*X(i)*Y(j));
15] Vb=@sum(AXB(i, j): Cb(i, j)*X(i)*Y(j));
16] @for(optA(i):
17] @sum(optB(j): Ca(i, j)*Y(j)<=Va);
18] @for(optB(j):
19] @sum(optA(i): Cb(i, j)*X(i)<=Vb);
20] @sum(optA: X)=1; @sum(optB: Y)=1;
21] @free(Va); @free(Vb);
end
```

用 Lingo 软件求解得到:

```
Feasible solution found at iteration: 3
Variable        Value
VA              12.50000
VB              14.50000
X(1)            0.5000000
X(2)            0.000000
X(3)            0.5000000
Y(1)            0.000000
Y(2)            0.5000000
Y(3)            0.5000000
```

即甲队采用 α_1, α_3 的策略各占 50%, 乙队采用 β_2, β_3 的策略各占 50%, 甲队的平均得分为 12.5 分, 乙队的平均得分为 14.5 分.

附录1　运筹帷幄　决胜千里

运筹学的英文名称是 "operations research"，原意是操作研究、运用研究、作战研究. 译作运筹学, 是借用我国古代汉高祖刘邦对张良的评价 "运筹帷幄之中, 决胜千里之外" 一语中 "运筹" 二字 (见于《史记》). 这种意译既显示其军事起源, 也表明运筹思想在我国的萌芽.

早在我国战国时期, 就曾有过一次流传后世的赛马比赛 —— 田忌赛马. 田忌赛马的故事说明在已有的条件下, 经过筹划、安排, 选择一个最好的方案, 就会取得最好的效果.

运筹学作为一门现代科学, 现在普遍认为是在第二次世界大战期间发展起来的. 当时英、美等国迫切需要把各种稀缺资源以有效方式配置给各种不同的军事阵营以及在每一阵营内的各项活动, 这就需要大批科学家运用科学手段来处理战略与战术问题, 要求他们对各种军事阵营进行研究, 这些研究正是运筹学的开端.

第二次世界大战期间, 运筹学成功地解决了许多重要作战问题, 显示了科学的巨大威力, 为运筹学此后的发展奠定了基础.

在战后工业恢复繁荣时, 由于组织内部与日俱增的复杂性和专门化所产生的问题, 人们认识到这些问题基本上与战争中曾面临的问题有着类似的要求. 这就使运筹学在工商企业和其他部门得到了广泛应用, 逐步形成了比较完备的一套理论.

可以这样说: "运筹学是在实行管理的领域, 运用数学方法, 对需要进行管理的问题统筹规划, 作出决策的一门应用科学." 运筹学是 "管理系统的人为了获得关于系统运行的最优解而必须使用的一种科学方法". 运筹学应用许多数学工具和逻辑推理, 研究系统中人、财、物的组织管理、筹划调度等问题, 以期发挥最大效益.

这门学科的特点是以整体最优为目标, 从系统的观点出发, 力求以整个系统最优的方案来解决该系统各部门之间的利害冲突. 它已被广泛应用于研究组织内部的统筹协调问题、实际管理问题, 提供解决各类问题的优化方法, 寻求最佳的行动方案, 具有很强的实践性.

运筹学是一门定性分析与定量方法相结合的综合应用学科. 它广泛应用现有的科学技术和数学方法, 解决实际中提出的专门问题, 为决策者选择最优或较优决策提供依据.

要掌握好运筹学方法并成功应用于实践, 不仅要有丰富的自然科学和社会科学知识, 掌握一定的数理基础, 还要用系统的观念去认识问题、分析问题, 使研究的对象得到最优或满意的效果.

例如, 企业在编制年度计划时, 第一步, 收集产品市场需求、竞争对手、国内外经济政策环境、利率变化、环境保护等外部信息, 充分了解企业内部的技术力量、设计能力、生产能力和资源分布等资料; 第二步, 分析和整理得到的外部信息和内部资料, 制订企业的预期目标, 建立产品与资源消耗的关系表达式 (即数学模型), 充分利用企业资源, 使得到最大或较大的收益; 第三步, 运用数学分析方法求解数学模型, 得到产品的生产量、资源的消耗量和收益等理论值; 第四步, 分析和运用所求结果, 在计划的实施过程中进行有效的监督、控制和调整, 尽可能达到预期目标. 由此可以看出, 要编制出一个合理优秀的计划, 需要多学科的知识和运用系统的方法. 运筹学方法则贯穿上述四个步骤的全过程, 即收集资料、建立模型、求解模型和应用.

随着科学技术和生产的发展, 运筹学的应用日益广泛, 目前已渗透到诸如服务、库存、搜索、人口、对抗、控制、时间表、资源分配、厂址定位、能源、设计、生产、可靠性等各个方面, 并发挥了越来越重要的作用. 运筹学本身也在不断发展, 现在已成为包含多个分支的数学部门了.

以下是本书编写的主要分支概述, 附录 2 和附录 3 将进一步介绍.

一、主要分支

1. 数学规划

数学规划的研究对象是计划管理工作中有关安排和估值问题. 主要解决在给定条件下, 按某一衡量指标寻找最优安排方案问题. 它往往可表示为求函数在满足约束条件下的极大极小值问题.

古典的求极值方法只能处理具有简单表达式和简单约束条件的情况. 现在数学规划问题的目标函数和约束条件一般都很复杂, 且要求给出某种精确度的数字解答, 因此算法的研究特别受到重视.

比较简单的规划问题是线性规划, 即约束条件和目标函数都呈线性关系的规划. 要解决线性规划问题, 从理论上讲都要解线性方程组, 因此解线性方程组的方法以及行列式、矩阵的知识, 是线性规划中非常必要的工具. 线性规划及其解法 —— 单纯形法的出现, 对运筹学的发展起了重大的推动作用. 许多实际问题都可以化成线性规划问题来解决, 而单纯形法又是一个行之有效的方法, 加上计算机的出现, 使一些大型复杂实际问题的解决成为现实.

早在 1939 年, 康托洛维奇和希奇柯克等人就在生产组织管理和制订交通运输方案方面首先研究和应用了线性规划方法. 1947 年旦茨格等人提出了求解线性规划问题的单纯形方法, 为线性规划的理论与计算奠定了基础, 特别是电子计算机的出现和日益完善, 更使规划论得到迅速发展, 可用电子计算机来处理成千上万个约束条件和变量的大规模线性规划问题, 从解决技术问题的最优化, 到工业、农业、商业、交通运输业以及决策分析部门都可以发挥作用. 从范围来看, 小到一个班组的计划安排, 大至整个部门, 以至国民经济计划的最优化方案分析, 它都有用武之地, 具有适应性强、应用面广、计算技术比较简便的特点.

非线性规划是线性规划的进一步发展和继续. 许多实际问题如设计问题、经济平衡问题都属于非线性规划的范畴. 非线性规划扩大了数学规划的应用范围, 同时也给数学工作者提出了许多基本理论问题, 使数学中如凸分析、数值分析等也得到了发展. 非线性规划的基础性工作是在 1951 年由库恩和塔克等人完成的.

从 20 世纪 70 年代至今, 数学规划无论是在理论上和方法上, 还是在应用的深度上和广度上都得到了进一步的发展.

2. 网络分析

网络分析方法也叫图论方法. 图论是一个古老但又十分活跃的分支, 它是网络技术的基础. 图论的创始人是数学家欧拉. 1736 年他发表了图论方面的第一篇论文, 解决了著名的哥尼斯堡七桥难题, 相隔 100 年后, 在 1847 年, 基尔霍夫第一次应用图论的原理分析电网, 从而把图论引进到工程技术领域. 20 世纪 50 年代以来, 图论的理论得到了进一步发展, 将复杂庞大的工程系统和管理问题用图描述, 可以解决很多工程设计和管理决策的最优化问题. 例如, 完成工程任务的时间最少、距离最短、费用最省等. 图论受到数学、工程技术及经营管理等各方面越来越广泛的重视.

3. 存储论

存储论又称库存理论, 是运筹学中发展较早的分支. 1915 年美国经济学家哈里斯针对银行货币的储备问题进行了详细的研究, 建立了一个确定性的存储费用模型, 并求得了最佳批量公式. 后来威尔逊又重新得出了这个公式, 被称为经济订购批量公式. 第二次世界大战后, 人们开始研究随机性库存模型. 从 1959 年以后, 存储论成了运筹学中的一个独立的分支.

4. 排队论

排队论是运筹学的又一分支, 也叫做随机服务系统理论. 它的研究目的是要回答如何改进服务机构或组织被服务的对象, 使得某种指标达到最优的问题. 比如, 一个港口应该有多少个码头? 一个工厂应该有多少维修人员? 等等. 排队论主要研究各种系统的排队队长、排队的等待时间及所提供的服务等各种参数, 以便求得更好的服务. 它是研究系统随机聚散现象的理论.

排队论最初是丹麦的电话工程师埃尔朗在 1909 年研究关于电话交换机的效率开始的. 1951 年以后, 理论工作有了新的进展, 逐渐奠定了现代随机服务系统的理论基础.

　　由于排队现象是一个随机现象, 因此在研究排队现象时, 主要采用研究随机现象的概率论作为主要工具. 此外, 还有微分和微分方程. 排队论把它所要研究的对象形象地描述为顾客来到服务台前要求接待. 如果服务台已被其他顾客占用, 那么就要排队. 另一方面, 服务台也时而空闲、时而忙碌. 这就需要通过数学方法求得顾客的等待时间、排队长度等的概率分布.

　　排队论在日常生活中的应用是相当广泛的, 比如水库水量的调节、生产流水线的安排、铁路的调度、电网的设计等等.

　　5. 决策论

　　决策论研究决策问题. 所谓决策就是根据客观可能性, 借助一定的理论、方法和工具, 科学地选择最优方案的过程. 决策问题是由决策者和决策域构成的, 而决策域又由决策空间、状态空间和结果函数构成. 研究决策理论与方法的科学就是决策科学. 决策所要解决的问题是多种多样的, 从不同角度有不同的分类方法, 按决策者所面临的自然状态的确定与否可分为: 确定型决策、风险型决策和不确定型决策; 按决策所依据的目标个数可分为: 单目标决策与多目标决策; 按决策问题的性质可分为: 战略决策与策略决策; 以及按不同准则划分成的种种决策问题类型. 不同类型的决策问题应采用不同的决策方法. 决策的基本步骤为:

　　(1) 确定问题, 提出决策的目标.

　　(2) 发现、探索和拟定各种可行方案.

　　(3) 从多种可行方案中, 选出最满意的方案.

　　(4) 决策的执行与反馈, 以寻求决策的动态最优.

　　6. 博弈论

　　前面讲的田忌赛马就是典型的博弈论问题. 作为运筹学的一个分支, 博弈论的发展只有几十年的历史. 系统地创建这门学科的数学家, 现在一般公认为是美籍匈牙利数学家、计算机之父 —— 冯·诺伊曼.

　　最初用数学方法研究博弈论是在国际象棋中开始的 —— 如何确定取胜的招法. 因为这是研究双方冲突、制胜对策的问题, 所以这门学科在军事方面有着十分重要的应用. 近年来, 数学家还对水雷和舰艇、歼击机和轰炸机之间的作战、追踪等问题进行了研究, 提出了追逃双方都能自主决策的数学理论. 近年来, 随着人工智能研究的进一步发展, 对博弈论提出了更多新的要求.

　　运筹学目前还有一些新的分支, 比如可靠性理论、搜索论等等, 鉴于本书主要介绍经济运筹方法以及篇幅所限, 这里也简单作一概述.

7. 可靠性理论

可靠性理论是研究系统故障, 以提高系统可靠性问题的理论. 可靠性理论研究的系统一般分为两类:

(1) 不可修复系统: 如导弹等, 这种系统的参数是寿命、可靠度等.

(2) 可修复系统: 如一般的机电设备等, 这种系统的重要参数是有效度, 其值为系统的正常工作时间与正常工作时间加上事故修理时间之比.

8. 搜索论

搜索论是由于第二次世界大战中战争的需要而出现的运筹学分支. 主要研究在资源和探测手段受到限制的情况下, 如何设计寻找某种目标的最优方案, 并加以实施的理论和方法. 这是在第二次世界大战中, 同盟国的空军和海军在研究如何针对轴心国的潜艇活动、舰队运输和兵力部署等进行甄别的过程中产生的. 搜索论在实际应用中也取得了不少成效, 例如, 在 20 世纪 60 年代, 美国寻找在大西洋失踪的核潜艇 "打谷者号" 和 "蝎子号", 以及在地中海寻找丢失的氢弹, 都是依据搜索论获得成功的.

二、主要专业软件

利用运筹学工具解决实际问题, 还要学会一些运筹学软件的使用. 目前国内外各种版本的运筹学软件很多, 但还没有一种软件将运筹学的所有计算都包含其中, 只能根据不同需要使用不同的软件.

Excel 软件一般能解决运筹学中的大部分计算. 比较专业的软件主要有以下几种.

1. Lindo 软件

Lindo 是一种专门用于求解数学规划问题的软件包. 由于 Lindo 执行速度很快, 易于方便输入、求解和分析数学规划问题, 因此在数学、科研和工业界得到广泛应用. Lindo 主要用于解线性规划、非线性规划、二次规划和整数规划等问题, 也可以用于一些非线性和线性方程组的求解以及代数方程的求根等. Lindo 中包含了一种建模语言和许多常用的数学函数 (包括大量概论函数), 可供使用者建立规划问题时调用.

2. Lingo 软件

Lingo 用于求解非线性规划 (NLP-non-linear programming) 和二次规则 (QP-quaratic programing), 其中 Lingo 6.0 学生版可求解最多可达 300 个变量和 150 个约束的规则问题, 其标准版的求解能力亦在 10^4 量级以上. 虽然 Lindo 和 Lingo 不能直接求解目标规划问题, 但用序贯式算法可分解成一个个 Lindo 和 Lingo 能解决的规划问题.

3. Eviews

Eviews 通常称为计量经济学软件包. Eviews 是 econometrics views 的缩写, 它的本意是对社会经济关系与经济活动的数量规律, 采用计量经济学方法与技术进行"观察". 使用 Eviews 软件包可以对时间序列和非时间序列的数据进行分析, 建立序列间的统计关系式, 并用该关系式进行预测、模拟等等.

4. SPSS

SPSS(statistical package for the social science) 即社会科学统计软件包, 是著名的统计分析软件之一. 它使用 Windows 的窗口方式展示各种管理和分析数据, 使用对话框展示出各种功能选择项. 只要掌握一定的 Windows 操作技能, 粗通统计分析原理, 就可以使用该软件.

SPSS for Windows 是一个组合式软件包, 它集数据整理、分析功能于一身. 用户可以根据实际需要和计算机的功能选择模块. SPSS 的基本功能包括数据管理、统计分析、图表分析、输出管理, 等等. SPSS 统计分析过程包括描述性统计、均值比较、一般线性模型、相关分析、回归分析、对数线性模型、聚类分析、数据简化、生存分析、时间序列分析、多重响应等几大类, 每类中又分好几个统计过程, 比如回归分析中又分线性回归分析、曲线估计、Logistic 回归、Probit 回归、加权估计、两阶段最小二乘法、非线性回归等多个统计过程, 而且每个过程又允许用户选择不同的方法及参数. SPSS 也有专门的绘图系统, 可以根据数据绘制各种图形.

SPSS for Windows 的分析结果清晰、直观、易学易用, 而且可以直接读取 Excel 及 DBF 数据文件, 它和 SAS、BMDP 并称为国际上最有影响的 3 大统计软件.

5. SAS

SAS 是美国 SAS 软件研究所研制的一套大型集成应用软件系统, 具有完备的数据存取、数据管理、数据分析和数据展现功能. 尤其是创业产品 —— 统计分析系统部分, 由于其具有强大的数据分析能力, 一直为业界著名软件, 在数据处理和统计分析领域被誉为国际上的标准软件和最权威的优秀统计软件包, 广泛应用于政府行政管理、科研、教育、生产和金融等不同领域, 发挥着重要的作用. SAS 系统中提供的主要分析功能包括统计分析、经济计量分析、时间序列分析、决策分析、财务分析和全面质量管理工具等等.

SAS 系统是一个组合软件系统, 它由多个功能模块组合而成, 其基本部分是 BASE SAS 模块. BASE SAS 模块是 SAS 系统的核心, 承担着主要的数据管理任务, 并管理用户使用环境, 进行用户语言的处理, 调用其他 SAS 模块和产品. 也就是说, SAS 系统的运行, 首先必须启动 BASE SAS 模块, 它除了本身所具有数据管理、程序设计及描述统计计算功能以外, 还是 SAS 系统的中央调度室. 它除可单独存在外, 也可与其他产品或模块共同构成一个完整的系统. 各模块的安装及更新都可通过其安装程序非常方便地进行. SAS 系统具有灵活的功能扩展接口和强大的功能模块, 在 BASE SAS 的基础上, 还可以增加如下不同的模块而增加不同的功能: SAS/STAT(统计分析模块)、SAS/GRAPH(绘图模块)、SAS/QC(质量控制模块)、SAS/ETS(经济计量学和时间序列分析模块)、SAS/OR(运筹学模块)、SAS/IML(交互式矩阵程序设计语言模块)、SAS/FSP(快速数据处理的交互式菜单系统模块)、SAS/AF(交互式全屏幕软件应用系统模块) 等等. SAS 有一个智能型绘图系统, 不仅能绘各种统计图, 还能绘出地图. SAS 提供多个统计过程, 每个过程均含有极丰富的任选项. 用户还可以通过对数据集的一连串加工, 实现更为复杂的统计分析. 此外, SAS 还提供了各类概率分析函数、分位数函数、样本统计函数和随机数生成函数, 使使用户能方便地实现特殊统计要求.

6. Minitab

Minitab 同样是国际上流行的一个统计软件包, 其特点是简单易懂, 在国外大学统计学系开设的统计软件课程中, Minitab 与 SAS、BMDP 并列, 根本没有 SPSS 的份, 甚至有的学术研究机构专门教授 Minitab 之概念及其使用. Minitab for Windows 统计软件比 SAS、SPSS 等小得多, 但其功能并不弱, 特别是它的试验设计及质量控制等功能. 它提供了对存储在二维工作表中的数据进行分析的多种功能, 包括: 基本统计分析、回归分析、方差分析、多元分析、非参数分析、时间序列分析、试验设计、质量控制、模拟、绘制高质量三维图形等, 从功能来看, Minitab 除各种统计模型外, 还具有许多统计软件不具备的功能 —— 矩阵运算.

7. Statistica

Statistica 为一套完整的统计资料分析、图表、资料管理系统. 此系统不仅包含统计上的一般功能及制图程序, 还包含特殊的统计应用 (例如, 社会统计人员、生物研究员或工程师); 全新的 Statistica 在功能上更提供了 4 种线性模型的分析工具, 包括 VGLM, VGSR, VGLZ 与 VPLS. 对使用者而言, 提供完整且具可选择的使用者界面; 亦可广泛使用程式语言辅助精灵来建立一般的范围; 或整合 Statistica 与其他应用程式进行计算, 这些都是非常方便好用的模组. Statistica 能提供使用者所有需要的统计及制图程序. 另外, 能够在图表视窗中显示各种分析及有别于传统统计范畴外的最新统计作图技术, 皆获得许多使用者的好评. Statistica 为基本系列产品, 可独立使用此模组, 或搭配 Statistica 其他组合产品系列.

8. S-Plus

S 语言是由 AT&T 贝尔实验室开发的一种用来进行数据探索、统计分析、作图的解释型语言. 它的丰富的数据类型 (向量、数组、列表、对象等) 特别有利于实现新的统计算法, 其交互式运行方式及强大的图形及交互图形功能使得人们可以方便地探索数据. 目前 S 语言的实现版本主要就是 S-Plus.

S-Plus 基于 S 语言, 并由 Microsoft 公司的统计科学部进一步完善. 作为统计学家及一般研究人员的通用方法工具箱, S-Plus 强调演示图形、探索性数据分析、统计方法、开发新统计工具的计算方法, 以及可扩展性. S-Plus 有微机版本和工作站版本, 它是一个商业软件, 可以直接用来进行标准的统计分析, 以得到所需结果, 但是它的主要特点是它可以交互地从各个方面发现数据中的信息, 并可以很容易地实现一个新的统计方法.

9. Stata

Stata 作为一个小型的统计软件, 其统计分析能力远远超过了 SPSS, 在许多方面也超过了 SAS! 由于 Stata 在分析时是将数据全部读入内存, 在计算全部完成后才和磁盘交换数据, 因此其计算速度极快 (一般来说, SAS 的运算速度要比 SPSS 至少快一个数量级, 而 Stata 的某些模块和执行同样功能的 SAS 模块相比, 其速度又比 SAS 快将近一个数量级)! Stata 也是采用命令行方式来操作的, 但在使用上远比 SAS 简单, 其生存数据分析、纵向数据 (重复测量数据) 分析等模块的功能甚至超过了 SAS. 用 Stata 绘制的统计图形相当精美, 很有特色. 在长远趋势上, Stata 有超越 SAS 的可能 (据消息灵通人士透露: 在 SAS 的老家 —— 北卡, 真正搞生物统计的人青睐的反而是 Stata)!

10. SYSTAT

SYSTAT 由美国 SYSTAT 公司于 20 世纪 70 年代推出, 因其方法齐全、速度快、精度高、软件小、处理数据量大而大受欢迎, 成为目前较为流行的通用数据分析软件包之一. SYSTAT 几乎可以完成统计研究者所需要的任何统计方法, 软件包含有包括世界地图、三维图、经纬图等普通及奇特的图像模型. 它虽然还没有 SPSS 这样的软件包先进, 但比 SPSS 便宜得多, 而且硬盘容量要求更小.

11. Gauss

Gauss 数学和统计系统是一个易于使用的基于强有力的 Gauss 矩阵语言的数据分析系统.10 多年来, Gauss 被科学家、工程师、统计学家、金融分析家、生物学家和其他科技工作者用于解决各种问题: 从基础的统计分析到大规模的实际问题. 从 1984 年推广使用以来, Gauss 也成为大规模数据处理和复杂建模的标准. 世界范围内的接受和政府工业部门及学术领域范围内的使用对它的效能和多功能性给予了有力证明. Gauss 系统能从以下方面给予描述: 它是一个非常有效的数据处理者, 一种全面的程序设计语言, 一个内部相互作用的分析环境.

附录2　科学规划　理性分析

以下对数学规划方法和网络分析方法作一概括介绍.

1. 线性规划

线性规划是运筹学中研究较早、发展较快、应用广泛、方法较成熟的一个分支, 它是人们进行科学管理的一种数学方法. 在经济管理、交通运输、工农业生产等经济活动中, 提高经济效益一般通过两个途径: 一是技术方面的改进, 例如改善生产工艺, 使用新设备和新型原材料; 二是生产组织与计划的改进, 即合理安排人力物力资源. 线性规划所研究的是: 在一定条件下, 合理安排人力物力等资源, 使经济效益达到最优. 一般地, 求线性目标函数在线性约束条件下的最大值或最小值的问题, 统称为线性规划问题. 满足线性约束条件的解叫可行解, 由所有可行解组成的集合叫可行域. 决策变量、约束条件、目标函数是线性规划的三要素.

线性规划的发展可追溯到 19 世纪. 法国数学家傅里叶和瓦莱普森分别于 1832 年和 1911 年独立地提出线性规划的想法, 但未引起注意. 1939 年苏联数学家康托洛维奇在《生产组织与计划中的数学方法》一书中提出线性规划问题, 也未引起重视. 1947 年美国数学家旦茨格提出线性规划的一般数学模型和求解线性规划问题的通用方法 —— 单纯形法, 为这门学科奠定了基础.

1947 年美国数学家冯·诺伊曼提出对偶理论, 开创了线性规划的许多新的研究领域, 扩大了它的应用范围和解题能力.

1951 年美国经济学家库普曼斯把线性规划应用到经济领域, 为此与康托洛维奇一起获 1975 年诺贝尔经济学奖.

20 世纪 50 年代后, 人们对线性规划进行了大量的理论研究, 并涌现出一大批新的算法. 例如, 1954 年莱姆基提出对偶单纯形法, 1954 年加斯和萨迪等人解决了线性规划的灵敏度分析和参数规划问题, 1956 年塔克提出互补松弛定理, 1960 年旦茨格和沃尔夫提出分解算法等.

1979 年苏联数学家提出解线性规划问题的椭球算法, 并证明它是多项式时间算法. 1984 年美国贝尔电话实验室的印度数学家卡马卡提出解线性规划问题的新的多项式时间算法. 用这种方法求解线性规划问题在变量个数为 5000 时只要单纯形法所用时间的 1/50, 现已形成线性规划多项式算法理论. 20 世纪 50 年代后线性规划的应用范围不断扩大.

线性规划模型的建立和求解一般有以下 4 个步骤:

①根据影响所要达到目的的因素找到决策变量;

②由决策变量和所达目的之间的关系确定目标函数 (这时的目标函数为线性函数);

③由决策变量所受的限制条件确定决策变量所要满足的约束条件 (这时的约束条件为线性等式或不等式);

④寻求目标函数的最优值, 即最大值或最小值.

求解线性规划问题的基本方法是单纯形法, 现在已有单纯形法的标准软件, 可在电子计算机上求解约束条件和决策变量数达 10000 个以上的线性规划问题. 为了提高解题速度, 又有改进单纯形法、对偶单纯形法、原始对偶方法、分解算法和各种多项式时间算法. 对于只有两个变量的简单的线性规划问题, 也可采用图解法求解, 这种方法直观而易于理解.

2. 目标规划

目标规划是线性规划的一种特殊应用, 能够处理单个主目标与多个目标并存, 以及多个主目标与多个次目标并存的问题. 由美国学者查纳斯和库伯在 1961 年首次提出.

企业管理中经常碰到多目标决策的问题. 企业拟订生产计划时, 不仅要考虑总产值, 而且要考虑利润、产品质量和设备利用率等. 有些目标之间往往互相矛盾. 例如, 企业利润可能同环境保护目标相矛盾. 如何统筹兼顾多种目标, 选择合理方案, 是十分复杂的问题. 应用目标规划可能较好地解决这类问题.

目标规划是以线性规划为基础发展起来的, 但又不同于线性规划.

首先, 目标规划中的目标不是单一目标而是多目标, 既有总目标又有分目标. 制订目标规划时应注意协调各个分目标, 消除分目标间的矛盾, 根据总目标建立部门分目标, 形成整个目标体系, 以利总目标的实现. 各分目标必须服从总目标的实现, 不能脱离总目标.

其次, 线性规划只寻求目标函数的最大值或最小值. 而目标规划则由于是多目标, 对目标函数不是寻求最大值或最小值, 而是寻求这些目标与预计结果的最小差距, 差距越小, 目标实现的可能性越大. 目标规划中有超出目标和未达目标两种差距, 有时求超过目标的差距, 有时求未达目标的差距.

目标规划的核心问题是确定目标, 然后据以建立模型, 求解目标与预计结果的最小差距.

目标规划的模型分为以下两类:

(1) 多目标并列模型;

(2) 优先顺序模型.

目标规划可用一般线性规划求解, 也可用图解分析法求解, 还可用单体法求解, 或者先用线性规划或图解法求解后, 再用单体法验证有无错误. 目标规划有时还要用对偶原理进行运算, 依一般规则, 将原始问题转换为对偶问题, 以减少单体法运算步骤.

3. 整数规划

在线性规划问题中, 有些最优解可能是分数或小数, 但对于某些具体问题, 常要求结果必须是整数. 例如, 决策变量代表产品的件数、个数、台数、箱数、艘数、辆数等等, 则变量就只能取整数值. 为了满足整数的要求, 乍看起来似乎只要把已得的非整数解经四舍五入化整即可, 但实际上化为整数后的解却不一定是可行解和最优解, 所以应该有特殊的方法来求解这类规划问题, 这就是整数规划问题.

简言之, 整数规划是指一类要求问题中的全部或一部分变量为整数的数学规划, 整数规划问题是要求决策变量取整数值的线性规划或非线性规划问题. 一般认为非线性的整数规划可分成线性部分和整数部分, 因此常常把整数规划作为线性规划的特殊部分.

在整数规划中, 如果所有变量都限制为整数, 则称为纯整数规划; 如果仅一部分变量限制为整数, 则称为混合整数规划. 整数规划的一种特殊情形是 0-1 规划, 它的变量仅限于 0 或 1. 整数规划可具体分类如下.

①纯整数规划: 所有决策变量均要求为整数的整数规划;

②混合整数规划: 部分决策变量要求为整数的整数规划;

③纯 0-1 整数规划: 所有决策变量均要求为 0-1 的整数规划;

④混合 0-1 规划: 部分决策变量要求为 0-1 的整数规划.

整数规划是近 50 年发展起来的, 从 1958 年戈莫里提出割平面法之后形成独立分支, 目前已发展出很多解决各种整数规划问题的方法.

整数规划与线性规划的不同之处在于增加了整数约束. 不考虑整数约束所得到的线性规划模型称为整数规划的线性松弛模型. 求解整数规划的一种自然想法往往是: 能否用整数规划的线性松弛模型的最优解经过四舍五入得到整数规划的最优解呢? 回答是否定的, 因为这样四舍五入的结果甚至不是可行解.

因此, 整数规划问题比通常的线性规划问题一般难以求解. 迄今求解整数规划的基本思路大多是按一定的搜索规则, 在整数规划的线性松弛模型的可行域内寻找出整数最优解, 或确认无整数最优解. 比较简单的方法是穷举法 (或称为枚举法).

解各种整数规划问题最典型的方法是逐步生成一个相关的问题, 称它是原问题的衍生问题. 对每个衍生问题又伴随一个比它更易于求解的松弛问题 (衍生问题称为松弛问题的源问题). 通过松弛问题的解来确定它的源问题的归宿, 即源问题应被舍弃, 还是再生成一个或多个它本身的衍生问题来替代它? 之后再选择一个尚未被舍弃的或替代的原问题的衍生问题, 重复以上步骤直至不再剩有未解决的衍生问题为止. 目前比较成功又流行的方法是分枝定界法和割平面法, 它们都是在上述框架下形成的.

0-1 规划在整数规划中占有重要地位, 一方面因为许多实际问题, 例如分配问题、选地问题、送货问题都可归结为此类规划; 另一方面任何有界变量的整数规划都与 0-1 规划等价, 用 0-1 规划方法还可以把多种非线性规划问题表示成整数规划问题, 所以不少人致力于这个方向的研究. 求解 0-1 规划的常用方法是分枝定界法、0-1 型整数规划问题的隐枚举法. 对各种特殊问题还有一些特殊方法, 例如, 求解分配问题用匈牙利方法就比较方便.

4. 动态规划

在经济活动中, 有些活动过程可分为若干互相联系的阶段, 对它的每一阶段都需要作出决策, 从而使整个过程达到最优的经济效果. 对各个阶段的决策既依赖于当前面临的状态, 又要考虑影响以后的发展. 当各个阶段决策确定后, 就组成了一个决策序列, 也就确定了整个过程的一条活动路线.

决策一个前后关联的具有链状结构的多阶段过程称为多阶段决策过程. 把一个活动过程看作是多阶段决策过程的问题称为多阶段决策最优化问题. 在每个阶段中, 都要求出本阶段的各个初始状态到过程终点的最短路径和最短距离, 当逆序倒推到过程起点时, 便得到了全过程的最短路径及最短距离, 同时附带得到了一组最优结果.

在多阶段决策问题中, 各个阶段采取的决策一般来说是与时间有关的, 决策依赖于当前状态, 又引起状态的转移, 一个决策序列就是在变化的状态中产生出来的, 故有 "动态" 的含义, 称这种解决多阶段决策最优化问题的方法为动态规划方法.

动态规划是求解多阶段决策过程最优化的数学方法. 20 世纪 50 年代美国数学家贝尔曼等人在研究多阶段决策过程的优化问题时, 提出了著名的最优化原理, 把多阶段过程转化为一系列单阶段问题逐个求解, 创立了解决这类过程优化问题的新方法 —— 动态规划.

最优化原理可这样阐述: 一个最优化策略具有这样的性质: 不论过去状态和决策如何, 对前面的决策所形成的状态而言, 余下的诸决策必须构成最优策略. 简而言之, 一个最优化策略的子策略总是最优的. 一个问题满足最优化原理又称其具有最优子结构性质.

适用动态规划的问题必须满足最优化原理和无后效性. 无后效性即将各阶段按照一定的次序排列好之后, 对于某个给定的阶段状态, 它以前各阶段的状态无法直接影响它未来的决策, 而只能通过当前的这个状态. 换句话说, 每个状态都是过去历史的一个完整总结.

动态规划的基本模型可按如下步骤建立:

①确定问题的决策对象;

②对决策过程划分阶段;

③对各阶段确定状态变量;

④根据状态变量确定效用函数和目标函数;

⑤建立各阶段状态变量的转移过程, 确定状态转移方程.

在求解具有某种最优性质的动态规划问题时, 可能会有许多可行解, 我们希望找到最优解. 动态规划问题的解法通常有逆序解法和顺序解法两种. 动态规划算法的基本思想就是将待求解问题分解成若干个子问题, 先求解子问题, 然后从这些子问题的解得到原问题的解. 适合用动态规划求解的问题经分解得到的子问题一般不是互相独立的. 我们可以用一个表来记录所有已解子问题的答案, 不管该子问题以后是否被用到, 只要它被计算过, 就将其结果填入表中. 具体的动态规划算法多种多样, 但它们具有相同的填表格式.

动态规划实质上是一种以空间换时间的技术, 它在实现的过程中不得不存储产生过程中的各种状态, 所以它的空间复杂度要大于其他的算法.

在经济管理、生产调度、工程技术和最优控制等方面动态规划具有广泛应用. 对于最短路线、库存管理、资源分配、设备更新、排序、装载等问题, 用动态规划方法求解比用其他方法求解更为方便.

5. 非线性规划

非线性规划是具有非线性约束条件或目标函数的数学规划, 是运筹学的一个重要分支. 当目标函数和约束条件都是线性函数时的规划问题称为线性规划问题, 当目标函数和约束条件中有一非线性函数时, 就形成非线性规划问题.

非线性规划是 20 世纪 50 年代开始形成和发展起来的. 1951 年库恩和塔克发表的关于最优性条件 (后来称为库恩-塔克条件) 的论文是非线性规划正式诞生的一个重要标志. 20 世纪 50 年代还得出了可分离规划和二次规划的多种解法, 它们大都是以旦茨格提出的解线性规划的单纯形法为基础. 50 年代末到 60 年代末出现了许多解非线性规划问题的有效算法, 70 年代又得到进一步发展.

非线性规划研究一个 n 元实函数在一组等式或不等式的约束条件下的极值问题, 且目标函数和约束条件至少有一个是未知量的非线性函数. 非线性规划问题的一般数学模型可表述为求未知量 $x_1, x_2, \cdots, x_n$, 使其满足约束条件:

$$g_i(x_1, x_2, \cdots, x_n) \geqslant 0, \quad i = 1, 2, \cdots, m,$$
$$h_j(x_1, x_2, \cdots, x_n) = 0, \quad j = 1, 2, \cdots, k,$$

并使目标函数 $f(x_1, x_2, \cdots, x_n)$ 达到最小值 (或最大值). 其中

$$f(x_1, x_2, \cdots, x_n), \quad g_i(x_1, x_2, \cdots, x_n), \quad i = 1, 2, \cdots, m,$$
$$h_j(x_1, x_2, \cdots, x_n), \quad j = 1, 2, \cdots, k$$

都是定义在 n 维向量空间 $\mathbf{R}^n$ 的某子集 D(定义域) 上的实值函数, 且至少有一个是非线性函数.

上述模型可简记为

$$\min f(x);$$
$$\text{s.t.} g_i(x) \geqslant 0, i = 1, 2, \cdots, m,$$
$$h_j(x) = 0, j = 1, 2, \cdots, k,$$

其中 $x = (x_1, x_2, \cdots, x_n)$ 属于定义域 D, 符号 min 表示 "求最小值", 符号 s.t. 表示 "受约束于".

非线性规划有以下几种特殊情形, 分别具有相应的特殊解法.

(1) 凸规划. 凸规划是一类特殊的非线性规划. 在前述非线性规划数学模型中, 若 $f(x_1, x_2, \cdots, x_n)$ 是凸函数, $g_i(x_1, x_2, \cdots, x_n)(i = 1, 2, \cdots, m)$ 都是凹函数, $h_j(x_1, x_2, \cdots, x_n)(j = 1, 2, \cdots, k)$ 都是一次函数, 则称之为凸规划. 所谓 f 是凸函数, 是指 f 有如下性质: 它的定义域是凸集, 且对于定义域中任意两点 x, y 及任一小于 1 的正数 α, 都有下式成立:

$$f[(1 - \alpha)x + \alpha y] \leqslant (1 - \alpha)f(x) + \alpha f(y).$$

将上述不等式中的不等号反向即得凹函数的定义. 所谓凸集, 是指具有如下性质的集合: 连接集合中任意两点的直线段上的点全部属于该集合. 对于一般的非线性规划问题, 局部解不一定是整体解, 但凸规划的局部解必为整体解, 而且凸规划的可行集和最优解集都是凸集.

(2) 二次规划. 二次规划又是一类特殊的非线性规划. 它的目标函数是二次函数, 约束条件是线性的. 二次规划的理论和方法都较成熟, 求解二次规划的方法很多, 较简便易行的是沃尔夫法. 它是依据库恩塔克条件, 在线性规划单纯形法的基础上加以修正而成的. 此外还有莱姆基法、毕尔法、凯勒法等.

(3) 几何规划. 还有一类特殊的非线性规划称为几何规划. 它的目标函数和约束条件都是正定多项式 (或称正项式). 几何规划本身一般不是凸规划, 但经适当变量替换, 即可变为凸规划. 几何规划的局部最优解必为整体最优解. 求解几何规划的方法有两类: 一类是通过对偶规划求解; 另一类是直接求解原规划, 这类算法大多是根据几何不等式将多项式转化为单项式.

若目标函数具有某些函数平方和的形式, 则有专门求解平方和问题的优化方法.

(4) 非线性规划问题通常有以下解法:

①一维搜索法 —— 指寻求一元函数在某区间上的最优值点的方法. 这类方法不仅有实用价值, 而且大量多维最优化方法都依赖于一系列的一维最优化. 常用的一维搜索方法有黄金分割法、切线法和插值法.

黄金分割法又称 0.618 法, 它适用于单峰函数. 其基本思想是: 在初始寻查区间中设计一列点, 通过逐次比较其函数值, 逐步缩小寻查区间, 以得出近似最优值点.

切线法又称为牛顿法, 它也是针对单峰函数的. 其基本思想是在一个猜测点附近将目标函数的导函数线性化, 用此线性函数的零点作为新的猜测点, 逐步迭代逼近最优点.

插值法又称为多项式逼近法. 其基本思想是用多项式 (通常用二次或三次多项式) 去拟合目标函数.

此外, 还有斐波那契法、割线法、有理插值法、分批搜索法等等.

②无约束最优化方法 —— 指寻求 n 元实函数 f 在整个 n 维向量空间 $\mathbf{R}^n$ 上的最优值点的方法. 这类方法的意义在于虽然实际规划问题大多是有约束的, 但经常可将有约束问题转化为若干无约束问题来求解.

无约束最优化方法大多是逐次一维搜索的迭代算法. 这类迭代算法可分为两类: 一类需要用目标函数的导函数, 称为解析法; 另一类不涉及导数, 只用到函数值, 称为直接法. 这些迭代算法的基本思想是在一个近似点处选定一个有利的搜索方向, 沿这个方向进行一维寻查, 得出新的近似点. 然后对新点施行同样手续, 如此反复迭代, 直到满足预定的精度要求为止. 根据搜索方向的取法不同, 可以有各种算法. 属于解析型的算法有:

a. 梯度法: 又称最速下降法. 这是早期的解析法, 收敛速度较慢.

b. 牛顿法: 收敛速度快, 但不稳定, 计算也较困难.

c. 共轭梯度法: 收敛较快, 效果较好.

d. 变尺度法: 这是一类效率较高的方法, 其中达维登弗莱彻鲍威尔变尺度法, 简称 DFP 法, 是最常用的方法.

属于直接型算法的有交替方向法 (又称坐标轮换法)、模式搜索法、旋转方向法、鲍威尔共轭方向法和单纯形加速法等.

③约束最优化方法 —— 指前述一般非线性规划模型的求解方法. 常用的约束最优化方法有 4 种.

a. 拉格朗日乘子法: 它将原问题转化为求拉格朗日函数的驻点.

　　b. 制约函数法：又称系列无约束最小化方法，简称 SUMT 法．它又分为两类：一类叫惩罚函数法，或称外点法；另一类叫障碍函数法，或称内点法．它们都是将原问题转化为一系列无约束问题来求解．

　　c. 可行方向法：这是一类通过逐次选取可行下降方向去逼近最优点的迭代算法．如佐坦迪克法、弗兰克沃尔夫法、投影梯度法和简约梯度法都属于此类算法．

　　d. 近似型算法：这类算法包括序贯线性规划法和序贯二次规划法．前者将原问题化为一系列线性规划问题求解，后者将原问题化为一系列二次规划问题求解．

6. 网络分析

　　网络分析方法源于图论．图论以图为研究对象．图论中的图是由若干给定的点及连接两点的线所构成的图形，这种图形通常用来描述某些事物之间的某种特定关系，用点代表事物，用连接两点的线表示相应两个事物间具有这种关系．

　　关于图论的文字记载最早出现在欧拉 1736 年的论著中，他所考虑的原始问题有很强的实际背景，这就是著名的哥尼斯堡七桥问题．

　　哥尼斯堡 (今俄罗斯加里宁格勒) 是东普鲁士的首都，普莱格尔河横贯其中．18 世纪在这条河上建有 7 座桥 (见图 B.1)，将河中间的两个岛和河岸连接起来．人

图 B.1

们闲暇时经常在这上边散步，一天有人提出：能不能每座桥都只走一遍，最后又回到原来的位置？这个问题看起来很简单，很多人尝试各种各样的走法，但谁也没有做到．看来要得到一个明确、理想的答案并不那么容易．

　　1736 年，有人带着这个问题找到了当时的大数学家欧拉，欧拉经过一番思考，很快就用一种独特的方法给出了解答．欧拉把这个问题首先简化，他把两座小岛和河的两岸分别看作 4 个点，而把 7 座桥看作这 4 个点之间的连线．那么这个问题就被简化成：能不能用一笔就把这个图形画出来？经过进一步的分析，欧拉得出结论 —— 不可能每座桥都走一遍，最后回到原来的位置．并且给出了所有能够一笔画出来的图形所应具备的条件．这项工作使欧拉成为图论的创始人．

　　1859 年，英国数学家哈密顿发明了一种游戏：用一个规则的实心十二面体，在它的 20 个顶点标出世界著名的 20 个城市，要求游戏者找一条沿着各边通过每个顶点刚好一次的闭回路，即 "绕行世界"．这个问题后来叫哈密顿问题．用图论的语言来说，这个问题就是在十二面体的图中找出一个生成圈．由于计算机科学和编码理论中的很多问题都可以转化为哈密顿问题，从而对此引起了广泛的注意和研究．

　　在图论的发展历史中，有一个重要的关于多面体的欧拉定理．这个定理的内容是：如果一个凸多面体的顶点数是 v、棱数是 e、面数是 f，那么它们总有这样的关系：$f + v - e = 2$．由此可以得出这样一个有趣的事实：只存在 5 种正多面体．它们是正四面体、正六面体、正八面体、正十二面体、正二十面体．

在图论的发展历史中, 还有一个著名的四色猜想. 这个猜想说, 在一个平面或球面上的任何地图能够只用 4 种颜色来着色, 使得没有两个相邻的国家有相同的颜色. 每个国家必须由一个单连通域构成, 而两个国家相邻是指它们有一段公共的边界, 而不仅仅只有一个公共点.

四色猜想的提出来自英国. 1852 年, 毕业于伦敦大学的弗南西斯 · 格思里来到一家科研单位搞地图着色工作时, 发现了一种有趣的现象: "看来, 每幅地图都可以用 4 种颜色着色, 使得有共同边界的国家都被着上不同的颜色."

1872 年, 英国当时最著名的数学家凯利正式向伦敦数学学会提出了这个问题, 于是四色猜想成了世界数学界关注的问题. 世界上许多一流的数学家都纷纷参加了证明四色猜想的大会战. 1878—1880 年两年间, 著名律师兼数学家肯普和泰勒两人分别提交了证明四色猜想的论文, 宣布证明了四色定理. 但后来数学家赫伍德以自己的精确计算指出肯普的证明是错误的. 不久, 泰勒的证明也被人们否定了. 于是, 人们开始认识到, 这个貌似容易的题目, 却成了世界近代 3 大数学难题之一.

进入 20 世纪以来, 科学家们对四色猜想的证明基本上是按照肯普的想法在进行. 电子计算机问世以后, 由于计算速度迅速提高, 加之人机对话的出现, 大大加快了对四色猜想证明的进程. 1976 年, 美国数学家阿佩尔与哈肯在美国伊利诺伊大学的两台不同的电子计算机上, 用了 1200 个小时, 作了 100 亿个判断, 终于完成了四色猜想的证明. 不过不少数学家并不满足于计算机取得的成就, 他们认为应该有一种简洁明快的书面证明方法.

易见四色猜想是图论中的一个问题. 由每个地图可以导出一个图, 其中国家都是点, 当两个国家相邻时这两个点可用一条线来连接.

图论中所讨论的图由一些节点和连接这些节点的弧组成. 如果我们把中国的城市当成节点, 连接城市的国道当成弧, 那么全国的公路干线网就是图论中所说的图. 关于图的算法有很多, 但最重要的是图的遍历算法, 也就是如何通过弧访问图的各个节点. 以中国公路网为例, 我们从北京出发, 看一看北京和哪些城市直接相连, 比如说和天津、济南、石家庄、南京、沈阳、大同直接相连. 我们可以依次访问这些城市, 然后我们看看都有哪些城市和这些已经访问过的城市相连, 比如说北戴河、秦皇岛与天津相连, 青岛、烟台和济南相连, 太原、郑州和石家庄相连等等, 我们再一次访问北戴河这些城市, 直到中国所有的城市都访问过一遍为止. 这种图的遍历算法称为 "广度优先算法"(BFS), 因为它先要尽可能广地访问每个节点所直接连接的其他节点. 另外还有一种策略是从北京出发, 随便找到下一个要访问的城市, 比如是济南, 然后从济南出发到下一个城市, 比如说南京, 再访问从南京出发的城市, 一直走到头. 然后再往回找, 看看中间是否有尚未访问的城市. 这种方法叫 "深度优先算法"(DFS), 因为它是一条路走到底. 这两种方法都可以保证访问到全部的城市.

本书第 6 章是网络分析方法, 也就是图论方法的应用. 下面我们看看图论的遍历算法和搜索引擎的关系.

互联网其实就是一张大图, 我们可以把每一个网页当作一个节点, 把那些超链接当作连接网页的弧. 网页中那些蓝色的、带有下画线的文字都对应着网址, 当你点击的时候, 浏览器通过这些网址转到相应的网页中. 这些网址称为 "超链接". 有了超链接, 我们可以从任何一个网页出发, 用图的遍历算法, 自动地访问到每一个网页并把它们存起来.

我们再来看看如何下载整个互联网. 假定我们从一家门户网站的首页出发, 先下载这个网页, 然后通过分析这个网页, 可以找到藏在它里面的所有超链接, 也就等于知道了这家门户网站首页所直接连接的全部网页. 接下来访问、下载并分析这家门户网站的邮件等网页, 又能找到其他相连的网页, 让计算机不停地做下去, 就能下载整个互联网. 当然, 我们也要记载哪个网页下载过了, 以免重复.

现在的互联网非常巨大, 不可能通过一台或几台计算机就能完成下载任务. 比如雅虎公司宣称它们索引了 200 亿个网页, 假如下载一个网页需要一秒钟, 下载这 200 亿个网页就需要 634 年. 因此, 一个网络系统往往有成千上万个服务器, 并且由快速网络连接起来. 如何建立这样复杂的网络系统, 如何协调这些服务器的任务, 这也是图论在网络分析中的应用.

附录3 优化决策 共赢博弈

当今，"优化"无疑是一个热门词. 制订宏观经济规划要优化资源配置, 搞企业经营管理要优化生产计划, 作新产品设计要优化性能成本比. 就是在人们的日常生活中, 优化的要求也比比皆是: 消费时, 如何花尽可能少的钱办尽可能多的事; 出行时, 如何走最短的路程到达目的地, 等等. 总而言之, 在经济如此发展、竞争如此剧烈、资源日渐紧张的今天, 人们做任何事, 无不望求事半功倍之术, 以求或提效、或增收、或节约等等之目标. 所有类似的这种问题统称为最优化问题. 由于最优化问题背景十分广泛. 涉及的知识不尽相同, 学科分支很多. 因此这个学科名下到底包含哪些分支, 说法也不尽一致. 这里概述的是存储优化问题、排队优化问题.

决策是人类社会自古就有的活动, 决策科学化是在 20 世纪初开始形成的. 第二次世界大战以后, 到 20 世纪 60 年代, 决策研究在吸收了行为科学、系统理论、计算机科学等多门科学成果的基础上, 结合决策实践, 逐渐形成一门专门研究和探索人们如何作出正确决策的科学 —— 决策学. 决策学研究决策的范畴、概念、结构、原则、程序、方法、组织等等, 并探索这些理论与方法的应用规律. 随着决策理论与方法研究的深入与发展, 决策渗透到社会经济、生活的各个领域, 尤其应用在企业经营活动之中.

具有竞争或对抗性质的行为称为博弈行为. 在这类行为中, 参加斗争或竞争的各方各自具有不同的目标或利益. 为了达到各自的目标和利益, 各方必须考虑对手的各种可能的行动方案, 并力图选取对自己最为有利或最为合理的方案. 博弈论就是研究博弈行为中竞争各方是否存在最合理的行为方案, 以及如何找到这个合理的行为方案的数学理论和方法.

博弈有合作博弈与非合作博弈之分. 博弈行为的结果, 可能是两败俱伤, 可能是胜负, 但也可能是共赢. 两败俱伤自然是博弈的局中人都要避免的; 在竞赛、游戏、军事中, 博弈双方追求的当然是胜利; 在其他行为特别是在经济行为的博弈中, 竞争各方追求的应该是共赢. 本附录的题目所谓的共赢博弈就是这个意思.

以下分别对存储论、排队论、决策论、博弈论作一概括介绍.

1. 存储论

现代化的生产和经营活动都离不开存储, 为了使生产和经营活动能有条不紊地进行, 一般的工商企业总需要一定数量的物资储备. 例如, 一个工厂为了连续进行生产, 就需要储备一定数量的原材料或半成品; 一个商店为了满足顾客的需求. 就必须有足够的商品库存: 农业部门为了进行正常生产. 需要储备一定数量的种子、化肥、农药; 军事部门为了战备的需要, 要储备各种武器弹药等军用物品; 一个银行为了进行正常的业务, 需要有一定的货币储备; 在信息时代的今天, 人们要建立各种数据库和信息库, 要存储大量的信息等等. 因此, 存储问题是人类社会活动, 特别是生产经营活动中一个普遍存在的问题.

但是, 存储物资需要占用大量的资金、人力和物力; 有些库存物资还会引起劣化变质; 在市场经济条件下, 过多地存储物资还将承受市场价格波动的风险.

如何通过科学的存储管理, 建立一套控制库存的有效方法, 降低物资的库存水平, 减少资金的占用量, 提高资源的利用率? 这就是本书第 7 章所述的存储优化问题, 也就是存储论的基本问题.

存储论又称库存理论, 是运筹学中发展较早的分支. 1915 年美国经济学家哈里斯针对银行货币的储备问题进行了详细的研究, 建立了一个确定性的存储费用模型, 并求得了最佳批量公式. 后来威尔逊又重新得出了这个公式, 被称为经济订购批量公式. 第二次世界大战后人们开始研究随机性库存模型. 这些属于存储论的早期工作.

存储论真正作为一门理论发展起来还是 20 世纪 50 年代的事. 50 年代美国的经济学家和数学家研究了最优存储策略, 建立了存储问题的数学模型和基本存储泛函方程, 证明了解的存在性和唯一性, 并探讨了某些特殊的存储过程. 他们这研究了存储问题的概率统计性质, 确定了需求分布律, 进一步发展了存储理论. 1958 年威汀发表了《存储管理的理论》一书, 随后阿罗等发表了《存储和生产的数学理论研究》, 毛恩在 1959 年写了《存储理论》. 此后, 存储论成了运筹学中的一个独立的分支.

一个存储系统, 从中取出一定数量的库存货物, 这就是存储系统的输出; 存储的货物由于不断输出而减少, 必须及时补充, 补充就是存储系统的输入, 补充可以通过外部订货、采购等活动来进行, 也可以通过内部的生产活动来进行. 在这个系统中, 决策者可以通过控制订货时间的间隔和订货量的多少来调节系统的运行, 使得在某种准则下系统运行达到最优. 因此, 存储论中研究的主要问题可以概括为: 何时订货 (补充存储), 每次订多少货 (补充多少库存) 这两个问题.

决定何时补充, 每次补充多少的策略称为存储策略. 常见的存储策略有以下几种:

① T 循环策略: 每隔 T 时间补充存储量 Q, 使库存水平达到 S, 这种方法一般称为经济批量法.

② (s, S) 策略: 每当存储量 $x > s$ 时不补充, 当 $x \leqslant s$ 时补充存储, 补充量 $Q = S - x$, 使库存水平达到 S. 其中, s 称为最低库存量.

③ (T, s, S) 混合策略: 每经过 T 时间检查存储量 x, 当 $x > s$ 时不补充, 当 $x \leqslant s$ 时补充存储, 补充量 $Q = S - x$, 即使库存水平达到 S.

要在一类策略中选择一个最优策略, 就需要有一个衡量优劣的标准, 这就是目标函数. 在存储问题中, 通常把目标函数取为平均费用函数或平均利润函数. 选择的策略应使平均费用达到最小, 或使平均利润达到最大.

确定存储策略时, 首先要把实际问题抽象为数学模型. 然后对模型用数学方法加以研究, 得出定量的结论. 这些结论是否正确, 还要加以检验. 存储问题经过长期研究. 已得出一些行之有效的模型.

存储模型按供需情况分类可分为两类: 一类是确定性模型, 即模型中的数据皆为确定的数值; 另一类是随机性模型, 即模型中含有随机变量. 确定性模型还可分类, 见图 C.1.

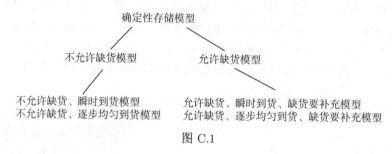

图 C.1

以上存储模型均假设存储货物的单价是常量, 得出的存储策略与货物单价无关. 但实际中的订货问题经常与单价有关. 例如, 商品有所谓零售价、批发价和出厂价之分, 购买同一种商品的数量不同, 商品的单价也不同. 一般情况下购买的数量越多. 商品的单价越低. 由于有价格优惠, 订货时就希望多订一点货物; 但多订了, 存储费必然增加, 造成资金积压. 如何在这两者之间权衡, 使得既充分利用价格, 又使总费用最小, 这就要讨论价格有折扣的存储问题.

随机性存储模型的重要特点是需求为随机的, 其概率分布为已知. 在这种情况下, 前面所讲过的模型就不适用了. 例如, 商店对某种商品进货 500 件, 这 500 件商品可能在一个月内售完, 也可能在两个月之后还有剩余, 事先不能准确预测. 这时商店如果想既不因缺货而失去销售机会, 又不因滞销而过多积压资金, 就必须采用新的存储策略.

此外, 与确定性存储模型不同的还有, 在随机存储模型中. 不允许缺货的条件也只能从概率的意义去理解. 存储策略的优劣通常是以盈利期望值的大小或损失期望值的大小作为衡量标准的.

随机性存储模型研究最多的是单阶段随机需求模型, 此时库存周期 (称为阶段) 是时间的最小单位, 仅在每一阶段开始作一次决策, 决定进货量.

在一般情况下需求量是一个随机变量, 服从一定的概率分布. 库存水平由订货和供货方式确定. 若订货仅在有限个时刻提出, 约定即时交货, 则最优存储策略的研究归结为确定一系列订货量, 使得在满足具有一定概率分布的需求时总损失费用的期望值最小, 也可提出使损失费用超过某一给定值的概率最小. 一般说, 最优库存水平由订货策略确定, 它与起始库存量、交货时滞、交货和订货方式、有无固定费用、订货次数, 以及费用与库存量是否成比例等因素有关. 可以根据不同的情况, 提出各种类型的最优存储策略.

存储模型按订货方式分类, 可分为 5 种:

①定期定量模型: 订货的数量和时间都固定不变.

②定期不定量模型: 订货时间固定不变, 而订货的数量依实际库存量和最高库存量的差别而定.

③定量不定期模型: 当库存量低于订货点时就补充订货, 订货量固定不变.

④不定量不定期模型: 订货数量和时间都不固定.

以上 4 种模型属于货源充足、随时都能按需求量补充订货的情况.

⑤有限进货率定期定量模型: 货源有限制, 需要陆续进货.

存储模型按库存管理的目的分类又可分为经济型和安全型. 经济型模型的主要目的是节约资金, 提高经济效益; 安全型模型的主要目的则是保障正常供应, 不惜加大安全库存量和安全储备期, 使缺货的可能性降到最小限度.

存储模型虽然很多, 但综合考虑各个相互矛盾的因素、求得最优化的存储则是基本原则.

2. 排队论

现实生活中存在大量的有形和无形的排队现象, 如旅客排队购票、电话交换台用户的呼叫、水库水量的调节、生产流水线的安排、铁路的调度、电网的设计等等. 这些所要研究的对象都可形象地描述为顾客来到服务台前要求接待. 如果服务台已被其他顾客占用, 就要排队等候. 另一方面, 服务台也时而空闲、时而忙碌. 通过数学方法求得顾客的等待时间、排队长度等方面的概率分布, 从而作出合理安排, 就是所谓排队论的基本思想.

排队论的基本思想是 20 世纪初丹麦电话工程师埃尔朗在解决自动电话设计问题时开始形成的. 他在热力学统计平衡理论的启发下, 成功地建立了电话统计平衡模型, 并由此得到一组递推状态方程, 从而导出著名的埃尔朗电话损失率公式. 埃尔朗发表的题为《概率论与电话会话》的论文, 标志对排队现象平稳态研究的开始, 直到 20 世纪 50 年代排队现象才进入瞬时态的研究和逼近、优化的讨论. 50 年代初, 美国数学家关于生灭过程的研究、英国数学家关于排队队形的分类方法等, 都为排队论奠定了理论基础. 此后, 塔卡奇等人又将组合方法引进排队论, 使它更能适应各种类型的排队问题. 自 70 年代以来, 人们开始研究排队网络和复杂排队问题的渐近解等, 成为研究现代排队论的新趋势.

目前, 排队论的研究无论在理论和应用两个方面都得到很大发展. 例如, 对基本过程、极限性质、排队网络等方面都出现了不少新成果, 同时在电信、运输、维修服务、存储管理及计算机存储器设计等广泛领域得到了成功的应用. 它已成为研究系统随机聚散现象和随机服务系统工作过程的数学理论和方法, 是运筹学的一个重要分支.

因为排队现象一般是一种随机现象, 所以在研究排队现象时, 主要以概率论与数理统计作为工具. 当然, 微积分、线性代数和微分方程的知识也是不可或缺的.

排队论通过对服务对象到来及服务时间的统计研究, 得出等待时间、排队长度、忙期长短等这些数量指标的统计规律, 再根据这些规律来改进排队系统的结构或重新组织被服务对象, 使得排队系统既能满足服务对象的需要, 又能使机构的费用最经济或某些指标最优.

排队系统由服务机构和服务对象 (顾客) 构成. 服务对象到来的时刻和对他服务的时间 (即占用排队系统的时间) 一般都是随机的. 因此, 排队系统由输入过程、排队规则、服务机构 3 个部分组成. 输入过程考察的是顾客到达排队系统的规律. 它可以用一定时间内顾客到达数或前后两个顾客相继到达的间隔时间来描述, 一般分为确定型和随机型两种.

例如, 在生产线上加工的零件按规定的间隔时间依次到达加工地点, 定期运行的班车、班机等都属于确定型输入.

随机型输入指一定时间内顾客到达数或前后两个顾客相继到达的间隔时间服从一定的随机分布. 比如服从泊松分布, 则在时间 t 内到达 n 个顾客的概率为

$$P_n(t) = \frac{\mathrm{e}^{-\lambda t}(\lambda t)^n}{n!} \quad (n = 0, 1, 2, \cdots, N).$$

排队论中讨论的输入过程主要是随机型的.

排队规则分为等待制、损失制和混合制 3 种. 当顾客到达时, 所有服务机构都被占用, 顾客就须排队等候, 即为等待制. 在等待制中, 为顾客进行服务的次序有先到先服务、随机服务、优先服务 (如医院接待危急病人等). 如果顾客来到后看到服务机构没有空闲立即离去, 则为损失制. 有些系统因留给顾客排队等待的空间有限, 因此超过所能容纳人数的顾客必须离开系统, 这种排队规则就是混合制.

服务机构包括服务台设置、服务方式及服务时间等. 服务机构可以是一个或多个服务台. 多个服务台可以是平行排列的, 也可以是串联排列的. 服务时间一般也分成确定型和随机型两种. 例如, 自动冲洗汽车的装置对每辆汽车进行冲洗的时间是相同的, 因而是确定型的. 随机型服务时间则服从一定的随机分布. 比如服从负

指数分布, 则其分布函数是

$$P\{v \leqslant t\} = 1 - \mathrm{e}^{-\mu t} \quad (t \geqslant 0),$$

式中为 μ 平均服务率, $\dfrac{1}{\mu}$ 为平均服务时间.

　　按照排队系统 3 个组成部分的主要特征进行分类, 一般是以相继顾客到达系统的间隔时间分布、服务时间的分布和服务台数目为分类标志. 现代常用的分类方法是英国数学家 D·G· 肯德尔提出的, 即用肯德尔记号 $X/Y/Z$ 进行分类标记. X 表示相继到达间隔时间的分布, Y 表示服务时间分布, Z 表示并列的服务台数目. 各种分布符号有: M 表示负指数分布, D 表示确定型, E_k 表示 k 阶埃尔朗分布, G_I 表示一般相互独立分布, G 表示一般随机分布, 等等.

　　例如, $M/M/1$ 表示顾客相继到达的间隔时间为负指数分布、服务时间为负指数分布和单个服务台的模型. $D/M/C$ 表示顾客按确定的间隔时间到达、服务时间为负指数分布和 C 个服务台的模型.

　　研究排队系统问题的主要目的是研究其运行效率, 考核服务质量, 以便据此提出改进措施. 通常评价排队系统优劣有 6 项指标.

　　(1) 系统负荷水平: 衡量服务台承担服务和满足需要等方面能力的指标.

　　(2) 系统空闲概率: 系统处于没有顾客来要求服务的概率.

　　(3) 队长: 系统中排队等待服务和正在服务的顾客总数, 其平均值记为 L_s.

　　(4) 队列长: 系统中排队等待服务的顾客数, 其平均值记为 L_q;

　　(5) 逗留时间: 一个顾客在系统中停留的时间, 包括等待时间和服务时间, 其平均值记为 W_s;

　　(6) 等待时间: 一个顾客在系统中排队等待的时间, 其平均值记为 W_q.

3. 决策论

　　目前对决策概念的界定仍未形成统一看法, 归纳起来基本有以下 3 种理解: 一是把决策看作是一个包括提出问题、确立目标、设计和选择方案的过程, 这是广义的理解. 二是把决策看作是从几种备选的行动方案中作出最终抉择, 是决策者的拍板定案, 这是狭义的理解. 三是认为决策是对不确定条件下发生的偶发事件所作的处理决定, 这类事件既无先例, 又没有可遵循的规律, 作出选择要冒一定的风险, 也就是说, 只有冒一定风险的选择才是决策, 这是对决策概念最狭义的理解.

　　正确理解决策概念, 应把握以下几层意思:

　　决策要有明确的目标 —— 决策是为了解决某一问题, 或是为了达到一定目标. 确定目标是决策过程的第一步. 决策所要解决的问题必须十分明确, 所要达到的目标必须十分具体. 没有明确的目标, 决策将是盲目的.

决策要有两个以上备选方案 —— 决策实质上是选择行动方案的过程. 如果只有一个备选方案, 就不存在决策的问题. 因而, 至少要有两个或两个以上方案, 人们才能从中进行比较、选择, 最后选择一个优化方案为行动方案.

选择后的行动方案必须付诸实施 —— 如果选择后的方案不付诸实施, 决策也就等于没有决策. 决策不仅是一个认识过程, 也是一个行动过程.

决策一般可分为以下几种类型:

(1) 按决策的影响范围和重要程度, 可分为战略决策和战术决策. 战略决策是指对企业发展方向和发展远景作出的决策, 是关系到企业发展的全局性、长远性、方向性的重大决策. 如对企业的经营方向、经营方针、新产品开发等决策. 战略决策由企业最高层领导作出. 它具有影响时间长、涉及范围广、作用程度深刻的特点, 是战术决策的依据和中心目标. 它的正确与否, 直接决定企业的兴衰成败, 决定企业发展的前景. 战术决策是指企业为保证战略决策的实现而对局部的经营管理业务作出的决策. 如企业原材料和机器设备的采购, 生产、销售的计划, 商品的进货来源, 人员的调配等. 战术决策一般是由企业中层管理人员作出的. 战术决策要为战略决策服务.

(2) 按决策的主体, 可分为个人决策和集体决策. 个人决策是由企业领导者凭借个人智慧、经验及所掌握的信息进行的决策. 决策速度快、效率高是其特点, 适用于常规事务及紧迫性问题的决策. 个人决策的最大缺点是带有主观性和片面性, 因此, 对全局性重大问题不宜采用. 集体决策是指由会议机构和上下结合的决策. 会议机构决策是通过董事会、经理扩大会、职工代表大会等权力机构集体成员共同作出的决策. 上下相结合决策则是领导机构与下属机构结合、领导与群众结合形成的决策. 集体决策的优点是能充分发挥集团智慧, 集思广益, 决策慎重, 从而保证决策的正确性、有效性; 其缺点是决策过程较复杂, 耗费时间较多. 它适宜于制订长远规划、全局性的决策.

(3) 按决策是否重复, 可分为程序化决策和非程序化决策. 程序化决策是指决策的问题是经常出现的问题, 已经有了处理的经验、程序、规则, 可以按常规办法来解决. 故程序化决策也称为 "常规决策". 例如, 企业对质量不合格产品的处理, 商店对过期的食品的处理, 就属程序化决策.

非程序化决策是指决策的问题是不常出现的, 没有固定模式、经验去解决, 要靠决策者作出新的判断. 非程序化决策也称非常规决策. 如企业开辟新的销售市场、调整商品流通渠道、选择新的促销方式, 等等.

(4) 按决策问题所处的条件, 可分为确定型决策、风险型决策和非确定型决策.

确定型决策是指决策过程中各备选方案在确定的客观条件下只有一种结果, 比较其结果优劣就能作出最优选择. 确定型决策是一种肯定状态下的决策. 决策者对被决策问题的条件、性质、后果都有充分了解, 各个备选方案只有一种结果. 这类决策的关键在于选择确定状态下的最佳方案.

确定型决策的分析技术一般可用上述数学规划的方法.

风险型决策是指对决策过程中提出的各个备选方案进行决策, 每个备选方案都有几种不同的可能结果, 且每一结果发生的概率是可以预测的, 这就是风险型决策. 例如, 某企业为了增加利润, 提出两个备选方案: 一个是扩大原来产品的销售; 另一个是开发新产品. 每个方案都会遇到市场需求高、低不同的几种可能性, 其发生的概率是可以预测的. 若市场需求低, 企业就要亏损, 因而决策带有一定的风险性.

这类决策问题与确定型决策只在一点上有所区别: 在风险型情况下, 未来可能结果不止一种, 究竟出现哪种结果, 不能事先确定, 只知道各种结果出现的可能性 (如概率、频率、比例或权等).

常用的风险型决策分析技术有期望值法和决策树法.

期望值法是根据各可行方案在各自然状态下收益值的概率平均值的大小, 决定各方案的取舍.

决策树法有利于使决策问题形象化, 把各种可更换的方案、可能出现的状态、可能性大小及产生的后果等, 简单地绘制在一张图上, 以便计算、研究与分析.

非确定型决策是指, 对决策过程中提出的各个备选方案进行决策, 但每个备选方案都有几种不同的可能结果, 且每一结果发生的概率是无法预测的.

常用的非确定型决策分析技术有:

乐观准则 —— 比较乐观的决策者愿意争取一切机会获得最好结果. 决策步骤是从每个备选方案中选一个最大收益值, 再从这些最大收益值中选一个最大值, 该最大值对应的方案便是入选方案.

悲观准则 —— 比较悲观的决策者愿意从最坏的结果着想, 希望最大限度地规避风险. 决策步骤是先从各备选方案中选一个最小收益值, 再从这些最小收益值中选出一个最大值, 其对应的方案便是入选方案. 这是在各种最不利的情况下从中找出一个最有利的方案的准则.

等可能性准则 —— 决策者对于状态信息毫无所知, 所以对它们一视同仁, 即认为它们出现的可能性大小相等. 这样就可按风险型情况下的方法进行决策.

决策分析一般有 4 个步骤:

①形成决策问题, 包括提出方案和确定目标;

②判断自然状态及其概率;

③拟定多个可行方案;

④评价方案并作出选择.

理性决策的前提是正确预测, 并且预测贯穿于决策的全过程.

4. 博弈论

博弈论也称为对策论, 最初是从研究象棋、桥牌、赌博中的胜负问题发展起来的, 故而得名.

世事如棋, 生活中每个人如同棋手, 其每一个行为如同在一张看不见的棋盘上布一个子, 精明慎重的棋手们相互揣摩、相互牵制、人人争赢, 下出诸多精彩纷呈、变化多端的棋局, 这都是博弈的结果. 博弈论就是研究 "棋手" 们出棋时理性化、逻辑化的 "棋艺", 就是研究 "棋手" 们如何在错综复杂、相互影响的棋局中选出自己最合理的策略.

博弈思想古已有之, 我国古代《孙子兵法》就不仅是一部军事著作, 也可算是最早的一部博弈论专著.

博弈论正式发展成为一门学科是在 20 世纪初. 1928 年冯 · 诺伊曼证明了博弈论的基本原理, 标志着博弈论的正式诞生. 20 世纪 40 年代, 美国经济学家摩根斯坦因认识到经济行为者在决策时的利益冲突, 并考虑其对理性人的选择的影响, 他与美国数学家冯 · 诺伊曼合作, 于 1944 年出版了《博弈论与经济行为》一书, 首次对人们之间利益冲突进行了定量分析, 初步确立了博弈论的基本分析框架, 标志着系统博弈理论的形成.

博弈论假定人是理性的, 理性人是指他在具体策略选择时的目的是使自己的利益最大化, 博弈论研究的是理性人之间如何进行策略选择. 换句话说, 博弈论是研究理性行为者相互作用的形式理论. 冯 · 诺伊曼和摩根斯坦因的研究认为, 理性人在进行经济决策时, 由于目标不一致时常发生冲突, 理性人的最优选择要受对方选择的影响, 理性人之间的这种互动行为使他们的决策均依赖于两个或更多的人的交互式战略. 冯 · 诺伊曼和摩根斯坦因以合作博弈为对象, 主要对二人零和博弈进行了分析. 此后, 合作博弈有了长足发展, 提出了一些数学的重要概念与思想, 以研究人们发生冲突时的合作问题.

1950 年, 纳什发表了他的博士论文《非合作博弈》, 最先对合作博弈与非合作博弈进行了区别, 提出了博弈论中最为重要的概念 —— 纳什均衡. 纳什是一个非常天才的数学家, 他的主要贡献 "纳什均衡" 是 1950—1951 年在普林斯顿读博士学位时作出的. 1950 年和 1951 年纳什的两篇关于非合作博弈论的重要论文, 彻底改变了人们对竞争和市场的看法. 他研究了非合作博弈均衡解的存在性, 揭示了博弈均衡与经济均衡的内在联系 (后人称为纳什定理). 纳什均衡点概念提供了一种非常重要的分析手段, 使博弈论研究可以在一个博弈结构里寻找比较有意义的结果. 纳什的研究奠定了现代非合作博弈论的基石, 后来的博弈论研究基本上都沿着这条主线展开的.

事实上, 合作博弈可以看作非合作博弈的特殊情况, 它略去了非合作个体之间建立合作关系的过程, 而着重研究合作的可能性与形式. 非合作博弈对分析理论更为适用, 因此, 我们今天所说的博弈论主要是指非合作博弈.

在纳什之后, 泽尔腾发展了动态的适用于每个不同时期的博弈, 促进了对策略均衡的多种精细改进的定义. 海萨尼以纳什均衡为出发点和以现实的不完全信息为条件, 证明了如何分析不完全信息下的博弈, 从而为研究信息经济学奠定了理论基础, 扩展了纳什均衡分析范围.

到了 20 世纪 70 年代, 博弈论常识性的基本概念得到了系统阐述与澄清, 博弈论成了完整而系统的体系.

博弈论特别对经济学的研究产生了重大影响. 1994 年诺贝尔经济学奖授予了对博弈论作出开拓性贡献的 3 位专家纳什、泽尔腾和海萨尼. 相隔 10 年, 2005 年诺贝尔经济学奖再度授予在博弈论领域作出杰出贡献的两位专家 —— 托马斯·谢林和罗伯特·奥曼. 博弈论广泛而深刻地改变了经济学家的思维方式, 为研究各种经济现象开拓了新视野, 博弈论成为研究经济学的基础, 成为经济学家的必备分析工具之一.

博弈论的分析范式及其学科的精密性使博弈论能够与主流经济学结合起来, 而博弈论在完全信息假设、完全竞争假设、利己理性等方面对新古典经济学的突破, 使经济理论对现实问题的分析更加深刻, 从而博弈论融入主流经济学也顺理成章.

目前, 博弈论不仅获得了在经济学中的重要地位, 在经济学中也熠熠生辉, 引人注目, 并已发展成为研究斗争或竞争行为最优策略的系统数学理论和方法, 成为运筹学的一个重要分支. 它在经济学、生物学、国际关系、计算机科学、政治学、军事战略和其他很多领域都有相当广泛的应用.

博弈论的研究方法和其他许多利用数学工具研究社会经济现象的学科一样, 都是从复杂的现象中抽象出基本的元素, 再对这些元素构成的数学模型进行分析, 而后逐步引入对其形势产生影响的其他因素, 从而分析其结果.

基于不同的抽象形式, 博弈表述方式有 3 种: 标准型、扩展型和特征函数型. 利用这 3 种表述形式, 可以研究形形色色的问题. 因此, 它被称为 "社会科学的数学".

博弈有以下基本要素:

局中人: 在一场竞赛或博弈中, 每一个有决策权的参与者都称为局中人. 只有两个局中人的博弈称为 "二人博弈", 而多于两个局中人的博弈称为 "多人博弈".

策略: 一局博弈中, 每个局中人都要选择可行的完整的行动方案. 局中人的每个可行的完整的行动方案, 称为这个局中人的一个策略. 如果在一个博弈中, 局中人的策略都是有限个, 则称为 "有限博弈", 否则称为 "无限博弈".

得失: 一局博弈结束时的结果称为得失. 每个局中人在一局博弈结束时的得失, 不仅与该局中人自身选择的策略有关, 而且与全体局中人所选取的策略有关. 所以,一局博弈结束时每个局中人的"得失"是全体局中人所取定的一组策略的函数, 通常称为支付函数.

按照局中人是否有合作协议, 博弈可分为合作博弈与非合作博弈两类. 它们的区别在于局中人之间有没有一个具有约束力的协议, 如果有, 就是合作博弈; 如果没有, 就是非合作博弈. 合作博弈研究人们达成合作时如何分配合作得到的收益, 即收益分配问题. 非合作博弈研究人们在利益相互影响的局势中如何决策, 以使自己的收益最大, 即策略选择问题.

从行为的时间顺序分, 博弈可分为静态博弈与动态博弈两类. 静态博弈是指在博弈中, 局中人同时选择或虽非同时选择但后行动者并不知道先行动者采取了什么具体行动; 动态博弈是指在博弈中, 局中人的行动有先后顺序, 且后行动者能够观察到先行动者所选择的行动. 比如棋牌类游戏就属于动态博弈, 下面讲到的囚徒困境博弈则属于静态博弈.

按照局中人对其他局中人的了解程度, 博弈可分为完全信息博弈和不完全信息博弈. 完全信息博弈是指在博弈过程中, 每一位局中人对其他局中人的特征、策略空间及收益函数都有准确的信息. 如果局中人对其他局中人的特征、策略空间及收益函数的信息了解得不够准确, 或者不是对所有局中人的特征、策略空间及收益函数都有准确的信息, 这种情况下进行的博弈就是不完全信息博弈.

在经济学中经常涉及均衡概念. 均衡意即相关量处于稳定值. 在市场的供求关系中, 某一商品有某一价格, 如果想以此价格买进的人均能买到, 而想以此价格卖出的人均能卖出, 此时就说该商品的供求达到了均衡.

所谓纳什均衡是指: 在一个博弈中, 对于某一组策略, 任何局中人都无法通过改变自己的策略使自己获利更多. 也就是说, 此时如果他改变策略, 他的收益只可能降低. 这组策略就称为这个博弈的均衡局势, 或称纳什均衡点. 纳什均衡是一稳定的博弈结果.

纳什均衡只局限于任何局中人不想单方面变换策略, 而忽视了其他局中人改变策略的可能性, 因此, 在很多情况下, 纳什均衡点的结论缺乏说服力, 研究者们形象地称之为"天真可爱的纳什均衡点".

目前经济学家们所谈的博弈一般是指非合作博弈. 合作博弈比非合作博弈复杂, 在理论上合作博弈研究的成熟程度远远不如非合作博弈. 非合作博弈又分为: 完全信息静态博弈、完全信息动态博弈、不完全信息静态博弈、不完全信息动态博弈. 与上述 4 种博弈相对应的均衡概念有: 纳什均衡、子博弈精炼纳什均衡、贝叶斯纳什均衡、精炼贝叶斯纳什均衡.

下面以囚徒困境为例, 分析其博弈情况.

囚徒困境问题: 两个犯罪嫌疑人被带进警察局单独关押审讯, 如果一方与警方合作, 供出自己与对方所做的违法之事, 而对方不招认, 则招认方将被判 1 年徒刑,不招认方被判 3 年徒刑; 如果双方都招认, 则各判 2 年徒刑; 若双方都不招认, 则因证据不足将被全部释放 (见表 C.1). 这两个犯罪嫌疑人将如何作出理性的选择呢?

表 C.1

嫌疑人 A / 嫌疑人 B	招认	不招认
招认	(2,2)	(3,1)
不招认	(1,3)	(0,0)

　　显然最好的策略是双方都不招认, 结果大家都被释放 —— 这种对双方都是最优的策略称为帕累托最优. 但是由于两人处于隔离的情况下, 无法串供. 所以, 每个人都从利己的目的出发, 选择招认是最佳策略. 因为招认可以期望得到较短的监禁 ——1 年, 但前提是同伙不招认. 显然要比对方招认了而自己不招认, 自己就得坐 3 年牢为好. 即使两人同时招认, 也只判 2 年, 总比被判 3 年为好. 所以, 两人理性的选择都是招认, 原本对双方都有利的策略 (不招认) 和结局 (释放) 就不会出现. 这样两人都选择招认的策略就是 "纳什均衡点".

　　这是一种非合作均衡. 因为, 每一方在选择策略时都没有合作, 他们只选择对自己最有利的策略, 而不考虑对手的利益. 也就是说, 这种策略组合是由局中人自己的最佳策略组合构成. 没有人会因改变自己的策略可以使自己获得更大利益.

　　"囚徒的两难选择" 有着广泛而深刻的意义. 个人理性与集体理性的冲突, 各人追求利己行为而导致的最终结局是一个 "纳什均衡", 也是对所有人都不利的结局. 他们两人都是在招认与不招认策略上首先想到自己, 这样他们必然服刑较长. 只有当他们都首先替对方着想时, 才可以得到最短监禁时间的结果.

　　一般经济均衡理论是 19 世纪末由瓦尔拉斯提出的, 瓦尔拉斯的一般均衡理论以完全竞争经济的分析为主要内容, 他的模型中包括消费者、生产者以及大量财货 3 方构成的经济系统. 他的理论是, 此时若存在适当的价格体系, 在此价格体系下各主体作为价格的接受者进行活动, 就能使消费者得到最大效益, 生产者获得最大利润, 且使财货达到一致的完全竞争均衡状态.

　　一般经济均衡理论的严格证明要用到集值映射的不动点理论, 该理论于 1952 年由数学家德布鲁所给出, 他也因此于 1983 年获得了诺贝尔经济学奖.

　　"纳什均衡" 是对亚当 · 斯密的 "看不见的手" 的原理提出挑战. 按照斯密的理论, 在市场经济中, 每一个人都从利己的目的出发, 而最终全社会达到利他的效果. 他的名言是: "有一只看不见的手引导他去促进一种目标, 而这种目标决不是他所追求的东西. 由于追逐他自己的利益, 他经常促进了社会利益, 其效果要比他真正想促进社会利益时所得到的效果为大." "通过追求自身利益, 他常常会比其实际上想做的那样更有效地促进社会利益." 长期以来, 西方经济学家坚持斯密的信条, 他们相信自私自利的个体在利益驱动下会使社会达到和谐一致. 他们相信在自由的市场经济中, 大量自由的、极端自利的、追逐最大利润和最大效用的个人的分散行为经由价格和竞争机制调节, 会自动趋于和谐、有效、均衡, 达到最佳效率状态. 而且, 福利经济学告诉人们, 一般均衡必然是帕累托最优的, 从而证明资本主义制度在资源配置上是完美的.

在囚徒困境中, 唯一的纳什均衡是双方均坦白, 因为在其他策略组合下任何一方都有改变策略以获利的动机. 囚徒困境的帕累托最优是双方均抵赖, 但在局中人个人理性选择下做不到帕累托最优. 因此, 帕累托最优并不一定能在纳什均衡点上实现. 也就是说, 在个体之间存在利益的冲突下, 理性人选择的结果在总体上可能并不是最有效的, 个人理性与团体理性之间出现了冲突. 新古典经济学家认为, 在市场机制作用下, 个人理性与团体理性是一致的, 市场经济会达到或者会趋向帕累托最优, 但在引入利益冲突后, 这一结论不再成立.

从 "纳什均衡" 我们引出了 "看不见的手" 的原理的一个悖论: 从利己目的出发, 结果损人不利己, 既不利己也不利他. 两个囚徒的命运就是如此. 从这个意义上说, "纳什均衡" 提出的悖论实际上动摇了西方经济学的基石. 因此, 从 "纳什均衡" 中我们还可以悟出一条真理: 合作是有利的 "利己策略".

博弈论揭示了利己理性的弱点, 动摇了一般均衡理论. 博弈论强调人在市场经济活动中的主体地位, 重视人与人之间关系的研究, 开始对人与人之间直接关系进行研究, 特别是开始注意到理性的个人理性行为可能导致的集体非理性. 人的主体地位在博弈理论中得到回归.

从 "纳什均衡" 的普遍意义中我们可以深刻领悟司空见惯的经济、社会、政治、国防、管理和日常生活中的博弈现象. 如价格战、军备竞赛、污染等等都是类似于 "囚徒困境" 的例子.

参考文献

[1] 胡运权. 运筹学教程. 北京：清华大学出版社, 2003.

[2] 魏权龄. 运筹学简明教程. 北京：中国人民大学出版社, 2005.

[3] 罗荣桂. 新编运筹学题解. 武汉：华中科技大学出版社, 2002.

[4] 徐利治. 现代数学手册. 武汉：华中科技大学出版社, 2001.

[5] 张从军等. 常见经济问题的数学解析. 南京：东南大学出版社, 2004.

[6] [美]L·R·富尔兹. 组合最优化. 上海：上海翻译出版公司, 1988.

[7] Frederick S. Hilier. 运筹学导论 8 版. 胡运权等译. 北京：清华大学出版社, 2007.

[8] 薛声家, 左小德. 管理运筹学. 3 版. 广州：暨南大学出版社, 2007.

[9] 陈宝林. 最优化理论与算法. 2 版. 北京：清华大学出版社, 2005.

[10] 钱颂迪. 运筹学. 北京：清华大学出版社, 1990.

[11] 朱道立, 徐庆, 叶耀华. 运筹学. 北京：高等教育出版社, 2006.

[12] 盛昭瀚, 曹忻. 最优化方法基本教程. 南京：东南大学出版社, 1992.

[13] 宋增尼. 图论及其应用. 南京：东南大学出版社, 1997.

[14] 徐渝, 胡奇英. 运筹学. 西安：陕西人民出版社, 2001.

[15] 运筹学教学编写组. 运筹学. 3 版. 北京：清华大学出版社, 2005.

[16] 谢金星等. 优化建模与 LINDO/LINGO 软件. 北京：清华大学出版社, 2005.

[17] 韩中庚. 实用运筹学. 北京：清华大学出版社, 2007.

[18] 徐选华. 运筹学. 2 版. 长沙：湖南人民出版社, 2007.

[19] 张杰等. 运筹学模型与实验. 北京：中国电力出版社, 2007.

[20] 高作峰等. 对策理论与经济管理决策. 北京：中国林业出版社, 2006.

[21] 张维迎. 博弈论与信息经济学. 上海：上海人民出版社, 1997.

[22] 徐玖平等. 运筹学（I 类）. 3 版. 北京：科学出版社, 2007.

[23] 熊伟. 运筹学. 北京：机械工业出版社, 2006.

[24] 于春田等. 运筹学. 北京：科学出版社, 2006.

[25] 徐玖平等. 运筹学——数据·模型·决策. 北京：科学出版社, 2006.

[26] 林建良. 运筹学及实验. 广州：华南理工大学出版社, 2006.

[27] 刁在筠等. 运筹学. 3 版. 北京：高等教育出版社, 2007.

[28] 徐光辉. 随机服务系统. 北京：科学出版社, 1980.

[29] 哈尔·瓦里安. 微观经济学现代观点. 费方域等译. 上海：上海人民出版社与上海三联书店, 2006.

[30] 高鸿业. 西方经济学. 北京：中国人民大学出版社, 2005.

[31] 蒋殿春. 博弈论如何改写了微观经济学. 经济学家, 1997, (6): 86–95.

[32] 张培刚, 方齐云. 博弈论的应用及其展望. 经济评论, 1998, (2): 13–14.

[33] MBA 智库百科 (http: //wiki.mbalib.com/).

[34] http: //www.math.org.cn/article.php/41.

[35] http: //blog.csdn.net/hiyaolee/archive/2005/10/29/518826.aspx.

[36] http: //baike.baidu.com/view/79350.htm.

[37] http: //baike.baidu.com/view/18930.htm.

[38] 张从军, 李锦路, 王育全, 吴波. 感悟数学 —— 数学文化与数学学科导论. 北京: 科学出版社, 2014.